Lope de Aguirre
Fürst der Freiheit

Miguel Otero Silva

Lope de Aguirre Fürst der Freiheit

Roman

Aus dem Spanischen von Hildegard Moral

Kiepenheuer & Witsch

Zum besseren Verständnis des Textes werden einige Namen, Begriffe und historische Zusammenhänge am Ende des Buches erklärt.

© Titel der Originalausgabe *Lope de Aguirre*
Prinicip de la libertad
Aus dem Spanischen von Hildegard Moral

Schutzumschlag Klaus Detjen, München
Satzstudio Hülskötter, Burscheid
Druck und Bindearbeiten Bercker Graphischer Betrieb, Kevelaer
ISBN 3 462 01428 5

Für Fusa

Lope de Aguirre der Soldat

»Gott steh' uns bei! Lope de Araoz schnitten sie die Zunge ab.«

Der erste Streit unserer Familie mit dem Grafen de Guevara ereignete sich ein Jahr vor meiner Geburt, damals war mein Großvater mütterlicherseits Lope de Araoz mit den Stimmen des Fleckens Oñate zum ordentlichen Alkalden gewählt worden, der Graf de Guevara war gesetzlich verpflichtet, unter die Bestallungsurkunde zu schreiben: »Ich ernenne und bestelle zu meinem Alkalden«, der Graf entwischte nach Vitoria oder vergrub sich in der Burg von Zumelzegui, halsstarrig und hartnäckig, wollte der Graf nicht unterzeichnen, die Bewohner von Oñate waren zornig und aufgebracht, weil sie ihn nicht fanden, sie ließen die Glocken Sturm läuten, versammelten sich scharenweise vor der Kirche San Miguel und beschlossen, dem rechtsgelehrten Alkalden, der der Alkalde des Grafen war, den Amtsstab zu entreißen, ihn meinem Großvater mütterlicherseits Lope de Araoz zu geben, der der von ihnen gewählte Alkalde war, der Graf tobte vor Wut, bewaffnete Männer überfielen unsere Ländereien, meinem Großvater nahmen sie den Amtsstab mit Gewalt weg, sie stellten ihn unter Hausarrest und verboten ihm auf Lebenszeit, Ämter auszuüben.

Der Zwischenfall mit der Zunge geschah fünf Jahre später, ich war schon geboren, und meine Mutter hatte mir den Namen Lope zu Ehren ihres rebellischen Vaters gegeben, ich, Lope de Aguirre, kroch zwischen Beinen aus Nußbaum und Eiche herum, niemand kümmerte sich um mich, von größerer Bedeutung als ich waren mein älterer Bruder Esteban und ein aschfarbener Hofhund, der verächtlich an meinem Hintern schnupperte, der gerade gekrönte König Karl besuchte die Flamen, der Graf de Guevara nahm im Gefolge an den Kniefällen teil, mein unverbesserlicher Großvater Lope de Araoz posaunte in lautesten Tönen in der Schenke von Calezarra: »Die da hinter dem König herlaufen, vorneweg unser Graf de Guevara, Herr und Gebieter über Oñate, sind eine Bande von Kriechern und Trunkenbolden!«

Als der Graf zurückkehrte, hinterbrachten ihm über zwanzig Schufte das Gesagte, der Graf befahl dieses Mal, daß meinem Großvater alle Güter beschlagnahmt und die Zunge abgeschnitten werden sollte, sie holten ihn mit einem Seil um den Hals aus dem Gefängnis heraus, er ritt auf einem schmutzigen kleinen Esel durch die Straßen von Oñate, die Stiefel des Reiters schleiften über das Pflaster, so brachten sie ihn zum Jaumendi, wo des Grafen Pranger errichtet war, der Ausrufer verkündigte seine Schande: »Lope de Araoz ist zu drei Jahren Verbannung verurteilt, wenn er versucht, nach Oñate zurückzukommen, wird ihm auch die linke Hand abgehackt!« Sie schnitten ihm die Zunge mit einem in der Schmiede der Lazarragas gehämmerten Dolch ab, so viel Blut quoll aus seinem Mund, daß kein einziger roter Tropfen in seinem Körper zu bleiben drohte.

»Mein Bruder appellierte an den Königlichen Rat und gewann dann den Prozeß, als sie ihm die Zunge schon abgeschnitten hatten. In seiner Todesstunde mußte er durch Zeichen beichten«, sagt mein Großonkel Julián de Araoz.

Mein Großonkel Julián de Araoz hat mir diese Geschichte an die hundertmal wiederholt, damit ich sie niemals vergesse, mein Großonkel Julián de Araoz gleicht einem Rebholz, so knorrig und ausgetrocknet ist er, Tag und Nacht geht er ganz in Schwarz gekleidet, so daß man von weitem nicht sieht, ob er ein Mönch oder ein Mensch ist, unter seinem glockenförmigen hohen Hut hängen gelbe Haarsträhnen wie von einem alten Hammel hervor, in Araoz wurde er geboren und aus Araoz hat er niemals fortgehen wollen, Araoz ist kein von Menschen planmäßig errichtetes Dorf, sondern eine Handvoll Dächer, die Gottes Hand zwischen die Schluchten des Gebirges geschleudert hat, von einem Haus zum andern führen keine Straßen, sondern gewundene, von Farnen und Vogelgesang gesäumte Wege, in der Mitte des zersprengten Weilers leuchtet weiß ein Platz, es lohnt sich nicht, ihn Platz zu nennen, eher gepflasterte Fläche, die als Vorplatz der Kirche und Begrenzung der überdachten Gasse dient, wo Pelota gespielt wird, zwischen den Fugen der Fliesen wuchert das Kraut.

»Und die Menschen von Araoz protestieren nie?« frage ich, obwohl ich weiß, daß sie protestieren.

»Immer haben wir protestiert, immer werden wir protestieren«, sagt mein Großonkel Julián de Araoz.

Und dann erinnert er sich an eine andere demütigende und sehr alte Geschichte: »Iñigo de Guevara, der erste Herr über Oñate, eignete sich einen ganzen Fluß an, um allein zu fischen, allein zu baden, allein zu pinkeln.«

»Eines Tages werden wir sie verjagen«, sagt mein Großonkel Julián de Araoz und pflanzt seinen Knüppel gegen die Geschichte auf.

Der Erzengel Michael, Schutzpatron von Oñate, ist ein bewaffneter und kämpferischer Heiliger, kein betender Mönch oder hilfloser Märtyrer. Der heilige Michael ist ein aus rasendem Gestein gemeißelter himmlischer Geist, ein Anführer der Sterne, der sein Flammenschwert in den Schlund eines besiegten Drachen stößt. Luzifer ist nicht mehr das glückselige Licht, ist nicht mehr der hinterhältige Liebling, der seine Brüder vor Gott anklagte, sondern ein schauerliches Geschöpf mit sieben Köpfen und zehn Hörnern, Schlangenschwanz und Leopardenklauen, fürchterlichen Hauern und haarigem Hängemaul, er sieht dich bitter an, als ob du schuld wärest an seiner Niederlage, Lope de Aguirre. Die Flügel des heiligen Michael weiten sich über dem Harnisch aus bläulichem Stahl und öffnen sich dem Wind wie flatternde Fahnen. Die linke Hand des heiligen Michael hält eine Waage, er ist es, der die Folgen unserer Sünden und Tugenden bemessen wird, er ist es, der entscheiden wird, welche Seelen zum Paradies aufsteigen und welche von uns in die Hölle fahren werden. Aber keinem Pilger fällt es ein, über die Symbolik der Waage nachzudenken, lieber verweilt er betäubt und verblüfft bei der Betrachtung des flammenden Schwertes, der brünierten Rüstung, die den Krieger schützt, des leuchtenden Blickes unter dem Helmrand, der erbarmungslosen Unterwerfung Satans. Grünlich und gekrümmt, auf den Sand eines unsichtbaren Meeres gestellt, sieht Satan dich jetzt wie in einem unerträglichen geheimen Einverständnis an, Lope de Aguirre. Spuck auf ihn, verfluch ihn, zeig ihm das Zeichen des Kreuzes, gottloser Teufel, bösartige Pest, Sohn der Allererhabensten Hure, Amen.

Lope de Aguirre stieg von den Häusern in Araoz herunter zur Talsohle, bis zur Schlucht, wo der Fluß von der Schwärze einer Grotte verschlungen wird. Jetzt kommt er von unten herauf, geradewegs zur Straße, die nach Aránzazu führt. Ihn umringt gleich Kobolden schillerndes Grün, vom durchsichtigen Grün, das kaum wie ein stilles Wasser scheint, weil es anderes Grün widerspiegelt, bis hin zum rauhen und schwärzlichen, das die Ausläufer des Gebirges verdunkelt. Da ist das Grün, das wie Edelsteine funkelt, und ein anderes, das in kränklicher Heiterkeit verblaßt. Lope de Aguirre verbringt seine Jugend eingetaucht in einen großen grünen Graben, eingekreist von einem Ring unverwundbarer Hügel, betäubt von dem Aroma der Zypressen und des Wacholders. Die einzige abweichende Farbe ist das Grau der ungeheuren Kalkfelsen, die die Pflanzenmeere durchbrechen wie Schiffskiele.

(Du fühlst dich kleiner als du bist, Lope de Aguirre, dein Unglück ist, daß du nicht genug gewachsen bist, du bist so groß wie, sprechen wir nicht davon.)

Lope de Aguirre reitet durch die felsige, mit Gestrüpp bewachsene Gegend ohne Sattel auf der braunen Stute, die ihn von allen Tieren des Pferchs am besten kennt. Lope de Aguirres Handwerk ist es, Pferde zu hüten, er führt sie zur Tränke an den Fluß, eines Tages wird er sie zähmen lernen, er verließ die Schule um der Herde willen, ohne daß jemand bei ihm daheim es zur Kenntnis nahm, seine einzige Lektüre ist das äußerst lügenhafte Buch von Amadís de Gaula, aber sein Onkel Julián kennt die Wahrheiten der Bibel und die Geschichte von Rom, und davon erzählt er, wenn sie Rebhühner jagen.

Die Jungfrau von Aránzazu erhebt sich nicht über dem bezwungenen Teufel wie der heilige Michael, sondern über einem Weißdorn. Das Wunder ihrer Erscheinung gehört ebenfalls zu Onkel Juliáns rituellen Plaudereien. Der Hirt Rodrigo de Balzátegui stieg eines Samstags von den Hängen des Alona herab, und plötzlich entdeckten seine Augen im Dickicht einer Schlucht einen Schimmer wie von Rosen über schlehendunklem

Blau. Es war die Jungfrau mit dem Jesuskind in den Armen, mit einem grünen Weißdorn und einer Hirtenglocke. Die Mercedariermönche errichteten eine Wallfahrtskapelle, um das Wunder zu preisen, mit der Zeit übernahmen die Franziskaner die Kapelle und das Bildnis, wie sie alles übernehmen. Bei dieser Gelegenheit bemächtigten sie sich der wundertätigsten Jungfrau der Welt: sie entfesselt Regen bei Dürre, hält die Überschwemmung der Flüsse an, löst den Bann der Zauberer, besänftigt streitsüchtige Gemüter, macht Lahme gehen und Unfruchtbare gebären.

Lope de Aguirres christliches Herz kommt als Pilger nach Aránzazu, aber nicht nur, um der Jungfrau seine Verehrung zu erweisen, sondern im selben Maße Juanisca Garibay, der Nichte von Bruder Pedro Arriarán, dem einzigen Mercedarier, der nicht aus Aránzazu fortging, als seine Mitbrüder den Ort verließen.

»Guten Tag, Lope de Aguirre.«

Juanisca Garibay spricht, im Rahmen einer Tür aus dunkler Eiche, grobe und großköpfige Nägel verzieren das Holz, die Wände sind grau und trist, der Schornstein hebt sich empor wie ein schwärzliches und unförmiges Gespenst, nur die blaue Schürze des Mädchens lindert den Anblick.

Lope de Aguirre steigt von der Stute und befestigt den Halfter an einem Hufeisen, das aus der Mauer hervorragt. Juanisca Garibay gesellt sich zu ihm (sie ist größer als du, einen ganzen Kopf größer, du stellst es wieder einmal fest, als sie sich auf deinen Arm stützt, um über den Graben zu springen, ihr Haar riecht nach Basilikumblättern), und sie gehen dann zusammen die Wege entlang, als ob sie sich abgesprochen hätten. Das Paar wendet sich einer abgelegenen, einsamen Esche zu, um den Flug der Schwalben zu betrachten oder vielleicht die zerrissene Haut des Abends.

Da geschah es, daß der Himmel sich verdunkelte, daß die Vögel verstummten, daß die Viehglöckchen in der Niederung zu läuten begannen. Am Geläut der Glöckchen erkennt man von weit her, ob ein Schaf den Abhang hinaufklettert oder ob es stolpernd die Felswand herunterkommt oder ob es Schritt für Schritt auf der Ebene vorwärtsgeht oder ob es plötzlich stehenbleibt. Das Geläut der Glöckchen ist ein bronzenes Flügelschlagen, dessen Melodie die Haut der Nacht leckt und reizt. Um seine Tropfen im Schatten unversehrt fallen zu hören, muß man die Ohren vor dem Summen der Zeit und den Litaneien des eigenen Blutes verschließen. Auf diese Weise lauscht ihnen Juanisca Garibay, Lope de Aguirres Atem so nahe, daß er den Duft ihres Haares spürt, Juanisca Garibay atmet nicht schneller, als er sie mitten auf die Lippen küßt, sie bebt nicht in den Armen, die sie umschließen, sie lauscht weiter nachdenklich und abwesend dem Geläut der Glöckchen.

»Ich liebe dich, Lope de Aguirre«, sagt sie halblaut.

»Misch nicht den Zider mit dem Wein aus Navarra, Antón Llamoso«, sage ich zu ihm, ohne ihn anzuschauen.

Antón Llamoso befolgt gehorsam meine Ratschläge, die schlechten wie die guten. Er ist größer als ich, stärker als ich, aber er verhält sich im Leben so, als wäre ich sein Aufseher. Seine freiwillige, totale Unterwerfung hat, glaube ich, ihren Ursprung in einer Schlägerei zwischen uns beiden auf der Plaza de Santa Marina vor schon sehr langer Zeit, wir gingen noch in die Schule. Antón Llamoso, haarig und mit zusammengewachsenen Augenbrauen, finster und ungepflegt, glich schon als Junge einem Bären, einem von denen, für die die Gemeinde zehn Dukaten Belohnung zahlt, wenn man sie tötet. Sein unbesiegbarer Arm zerschmetterte die Bälle an der Kirchenmauer. Niemals kam mir der Gedanke, daß wir mit den Fäusten aneinandergeraten könnten, ich habe nie geglaubt, daß ich auf diese Welt gekommen bin, um Prügel zu beziehen. Ich mußte ihm gerade an dem Tage entgegentreten, als ich es am wenigsten ahnte, wenn sich mir die Augen trüben, vergesse ich Risiken und Gefahren, mein Onkel Julián sagt, daß ich mich in einen Famongomadán vom Kochenden See verwandle.

»Zwerg Aguirre«, sagte Antón Llamoso an jenem Palmsonntag auf der Plaza de Santa Marina zu mir. »Kannst du die Trommel schlagen«?

»Sag nicht Zwerg zu mir, ich bin kein Zwerg«, antwortete ich ihm.

»Schon gut, Zwerg Aguirre, ich werde dich nicht wieder Zwerg nennen, aber ganz Oñate meint, daß du ein Zwerg bist«, und er begann zu lachen.

Da gab ich ihm eine Ohrfeige, obwohl er stärker ist als ich, größer ist als ich, mir trübten sich die Augen, Onkel Julián. Antón Llamoso stürzte sich auf mich wie ein losgelassener Stier, ich wurde mir im Handumdrehen wieder meiner Grenzen bewußt, ich wich listig dem Anlauf aus, stellte ihm mit dem linken Fuß einen Haken, Antón Llamoso schlug kopfüber auf das Pflaster, bevor er aufzustehen versuchte, war ich an seiner Seite, verpaßte ihm mit links und mit rechts Fußtritte in die Schläfen, zu seinem Unglück trug ich meine mit Nägeln beschlagenen Stiefel, ich fuhr fort, ihn zu treten, bis er das Bewußtsein verlor, eilig kamen die Pfannenschmiede von der Bruderschaft des heiligen Emilius herbei, trugen mich in den Armen davon, damit ich ihn nicht tötete, Antón Llamoso verbrachte mit verbundenem Kopf und geschwollenen Augen eine Woche im Bett, eine ganze Zeitlang erschien er nicht in der Schule, er sprach nicht mit mir bis Michaelis, an den Feiertagen hatte er die Schläge vergessen, er ist nicht nachtragend, wir waren wieder Freunde, er schlägt die Trommel, und ich spiele die Alboka. Jeden Tag hört er mehr auf meine Worte, ich erkläre ihm die Wunder, die er nicht versteht, zum Beispiel: die Entstehung einer neuen Welt vor kaum vierzig Jahren, so wie du sie mir erklärst, Onkel Julián.

»Hör auf zu trinken, Antón Llamoso, du bist betrunken wie sieben Weinfässer«, sage ich zu ihm.

Mein Vorwurf ärgert ihn, er hält sich nicht für betrunken, er bezahlt den Wein mit schroffer Geste, dann ruft er:

»Ich lade dich ein, Huren in den Fluß zu werfen, Lope de Aguirre!« und fängt an zu lachen.

»Los!« antworte ich zu seinem Erstaunen und gehe mit entschlossenen Schritten aus der Schenke, er folgt mir.

Die beiden Zünfte, die ich auf dieser Welt am meisten verabscheue, sind die Huren und die Franzosen. Die Franzosen, weil sie geizig, schäbig und wucherisch sind. Sie kommen nach Oñate, um Geld zu machen, ganz gleich wie, die Münzen wandern zuerst in die Matratzenfüllung, dann nach Frankreich. Was nun die Huren angeht, Onkel Julián, vermag ich die Gründe meiner Abneigung nicht in Worte umzusetzen, aber bei Gott, ich hasse sie. Die einzige heilsame Anordnung, die unser Alkalde getroffen hat, ist die Strafe von »zehn Tagen Gefängnis für denjenigen, der einer herumstrolchenden Frau in seinem Hause Unterkunft gewährt«.

Das Hurenhaus ist zu erkennen an seiner trüben Lampe, dort am trostlosen Ende der finstersten Straße der Stadt. Der Türklopfer ist ein Wildschweinkopf mit aufgerichteten Hauern. Antón Llamoso ist unverschämt betrunken, der Wein macht ihn blöder als gewöhnlich, es ist besser, wenn er nicht spricht.

»Das Boot gehört meinem Bruder Esteban, die Nacht ist schön mit so vielen Sternen, der Fluß ist wie Kristall, wir laden euch zu einer Bootsfahrt ein«, sage ich.

Die zwei Frauen sind Biskayerinnen, aus Bermeo, vielleicht Fischerinnen, die von ihren Ehemännern verlassen wurden, keine Huren im eigentlichen Sinne. Die dickere der beiden hat die Hinterbacken einer schweren Zugstute, sie gehört Antón Llamoso. Die kleine hat ein Sardinenmäulchen, schilpt wie ein Spatz, riecht nach Muscheleintopf und geht an meiner Seite ohne Anzeichen von Begeisterung.

Am Ufer des Olabarrieta ist das Boot festgemacht. Wie sollte es meinem Bruder Esteban gehören! Weiß Gott, wem es gehört! Antón Llamoso steigt als erster ein und reicht den beiden Magdalenen nazarenisch die Hände, ich steige zuletzt ein und packe die Riemen, ich rudere das Boot im Zickzack, bis es in der Mitte der Strömung liegt.

Unsere einfältigen Gäste kommen weder dazu, den Kristall des Flußes zu betrachten, noch das Licht der Sterne zu genießen. Antón Llamoso gibt der Zugstute mit beiden Händen einen Stoß, die gewaltigen Hinterbacken platschen auf das Wasser und wirbeln es auf wie ein Orkan. Gleich darauf wiegt er die kleine in seinen Armen wie einen Säugling und läßt sie zärtlich in den Fluß fallen. Die Huren können schwimmen, sie sind aus Bermeo, sie laufen nicht Gefahr zu ertrinken. Dem Riesenweib ist es gelungen, sich am linken Bootsrand festzuklammern, ich schlage ihr mit dem Riemen auf die Fingerknöchel, Schlag für Schlag zwinge ich sie, wieder unterzutauchen, das Walroß! Die andere, mein Sardinchen, sitzt im Uferschlamm und mischt in das Wimmern einer dummen Gans die Verwünschungen einer Harpyie.

Da ließen wir sie zurück, durchnäßt, heiser, unglücklich. Bei den ersten Häusern von Oñate bleibt Antón Llamoso stehen, um auf die steinerne Mähne des Löwen am Brunnen zu pinkeln.

»Was für ein schönes Fest, Lope de Aguirre!« sagt er und bricht in Lachen aus.

Bei dem Begräbnis des Vaters wird nur von Indien gesprochen, von der Welt des Christoph Kolumbus, von dem gewaltigen Arkanum, das von drei spanischen Karavellen entjungfert wurde. Der Vater liegt in seinem Sarg aus Holz; ein so frisches Holz, daß es nach Baum, nicht nach einer Totenlade riecht. Sein hartes und falkenscharfes Profil ragt wie ein Messer aus den weibischen weißen Atlasstoffen hervor, die es umhüllen. Er scheint nicht tot, sondern in sich versunken, obwohl er, ehrlich gesagt, im Leben nie seine Zeit mit Denken vergeudet hat: er brummte und arbeitete. Zuerst war er Holzfäller. Am Ende schaffte er die riesigen Bäume nicht mehr. Er fand sich damit ab, das Land zu pflügen, die Saat auszuwerfen, das Getreide zu mähen.

Der Vater war ein eigensinniger und barscher Alter. Er traktierte die Rücken seiner zwei Söhne mit Knüppeln, bis sie sechzehn Jahre alt waren; er setzte dem kleinen Lope viel mehr zu als dem älteren Esteban. Gründe, sie zu verprügeln, gab es genug: sie schütteten Töpfe voll kochenden Wassers auf die Bettler, sie legten der Katze von Señora Micaela eine Schlinge um und hingen sie am höchsten Ast der nächsten Buche auf, sie rissen nachts zwei Bretter aus der Brücke von Zubioca, über die im Morgengrauen die Lasttiere gingen, sie hielten sich Skorpione, um sie dann in den armseligen Betten alter Betschwestern auszusetzen, einmal beschmierten sie die Kutte von Pater Calixto mit Kot.

Niemand spricht über etwas anderes als Indien, keiner hört auf die lateinischen Brocken von Bruder Pedro

Mártir noch auf das verhaltene Wehklagen der Mutter noch auf den Regen, der gemächlich in den Hof fällt. Als die Glocke vier schlägt, nähern sich Onkel Julián und ein anderer Alter in Trauerkleidung dem Toten, auch Esteban und Lope de Aguirre treten heran, sie werden ihn auf den Schultern bis zum Friedhof tragen, der nur wenige Ellen vom Hause entfernt ist. Am Eingang zum Gottesacker richtet eine Kapelle Bittgebete, die in ihre Mauern geschrieben sind, an Gott. Auf dem Weg, der zu den Gräbern führt, preisen zwei Kreuze aus Nußbaum, in deren Querbalken der Künstler Schädel, Schenkelknochen und Schweißtücher schnitzte, das Sterben. Der Sarg wird ohne Aufhebens begraben, Bruder Pedro Mártir besprengt die regennassen Erdklumpen mit Weihwasser, schweigend und mit gesenktem Kopf kehren sie zurück, vierzig Männer gehen Schritt für Schritt unter den dicken Regentropfen, als sie um eine Ecke biegen, sprechen sie wieder von Indien, von den Konquistadoren, vom Gold. Im Baskenland, in Spanien, in der ganzen alten Welt wird von nichts anderem gesprochen.

BRUDER PEDRO MARTIR *(vom Dominikanerorden, aus Segovia gebürtig, Beichtvater der Familie):* Geh nach Indien, Lope de Aguirre. Unser Spanien ist ein von Gott auserwähltes Volk, um die Bollwerke seiner Doktrin zu schützen, um ohne Rast gegen die Ketzerei und das Heidentum zu kämpfen. Mehr als sieben Jahrhunderte, von Pelayo bis Ferdinand, kämpften wir bis zur Erschöpfung mit Waffen und mit Fäusten und mit Zähnen, um den iberischen Löwen vom muselmanischen Joch zu befreien, um seinen falschen Allah und seine betrügerischen Kalifen von unserem Boden zu vertreiben.

DON MIGUEL DE URIBARRI *(mein Taufpate, Besitzer*

von Gipsbrennereien und Getreidemühlen): Geh nach Indien, Patenkind. In seinen Meeren findet man Perlen von der Dicke einer Nuß und in seinen Hügeln Smaragde von der Größe eines Apfels. Es gibt Städte mit silbernen Dächern, wo das Wasser aus Krügen von Achat getrunken wird und die Kinder mit Reifen aus Türkis spielen.

MEIN ONKEL JULIAN *(Weber von Hirngespinsten, Leser von Ritterromanen und Schulmeister)*: Geh nach Indien, mein Junge. Das sind keine Lügen, die Heldentaten der Amadise und der Galaore, die wir immer für Erfindungen hielten. Noch sind die griechischen und römischen Ruhmestaten, die die Dichter besingen, Schwindeleien. Noch sind die Märchenwelten, die wir sehen, wenn wir träumen, Phantasien. In Indien ähneln die Flüsse und Seen eingeschlossenen Süßwassermeeren, aus deren Tiefen in der Nacht Hydren mit vielen Köpfen auftauchen, die aus ihren vielen Nüstern Flammen stoßen.

JUANISCA GARIBAY *(In Aránzazu, als die Glöckchen verstummen):* Geh nach Indien, *nere maitia.* Du bist nicht dazu geboren, Zweiter zu sein; du bist nicht dazu geboren, dich mit mir zu verheiraten oder mit irgend einem anderen Mädchen aus diesen Gehöften, du bist nicht dazu geboren, daß dein Geburtsort deinen Flug hemme.

BRUDER PEDRO MARTIR *(als ob er auf der Kanzel stünde):* Geh nach Indien, Lope de Aguirre. Wir haben die Juden aus unserem Land geworfen, um uns vor ihren antichristlichen Gesängen und ihrer verderblichen Weisheit zu schützen. Niemand hat mit solcher Kraft wie wir den Arm der Heiligen Inquisition geschwungen, um ohne Rücksicht die Abweichungen vom Glauben und die Angriffe gegen den Obersten Pontifex zu strafen. Wir werden nicht säumen, den Hochmut der Suleimans und Barbarossas zu demütigen, die von neuem die Christenheit mit der schändlichen Macht des Islams bedrohen. Auf ewig werden wir den Namen Martin Luthers, des Abkömmlings von Kain und Beelzebub, der die Spaltung unserer Kirche und das Zerbrechen unserer Symbole predigt, aus den Seiten der Geschichte tilgen.

Mein Pate Don Miguel de Uribarri *(die Augen von einem dicken blauen Band hebend, in dem er Buch führt):* Geh nach Indien, Patenkind. In Indien gibt es Gebiete ohne Grenzen, dort pflanzt man Zuckerrohr, Baumwolle, Indigo; und die Erde zahlt dir deinen Schweiß tausendfach zurück. Es gibt Herden von Indianern, die dir als Eigentum zugesprochen werden, um deine Dienste für den König zu belohnen, und die Tag und Nacht arbeiten, um deinen Besitz zu mehren. Und das alles überstrahlt das Gold. Nicht das Zaubergold der Alchimisten noch das Gold, das die Juden und die Katalonier in ihren Töpfen herstellen, sondern wirkliches Gold, das Gott zwischen die Falten der Erde legte, damit die Menschen sich seiner bedienen. Tempel aus massivem Gold, Prinzen, die sich in goldenem Staub baden, schwere Halsketten aus Gold, die dir die Indianer gegen einen Spiegel eintauschen.

Mein Onkel Julian de Araoz *(starr auf den stillen Fluß blickend, wo er seine Schnur eingetaucht hat, die Hände gespannt in Erwartung des Zitterns):* Geh nach Indien, mein Junge. In Indien gibt es gefiederte Sirenen, die den Reisenden mit süßen Melodien verführen, und wilde Amazonen, die jede Nacht ihre Gefangenen vergewaltigen. Da gibt es gespenstische Adler, die den Menschen in ihren Fängen bis zu den beschneiten Felswänden tragen, wo ihre Brut nistet, und riesige Schmetterlinge, deren blaue Flügel das Licht der Sonne verdecken. Da gibt es Bäume, aus denen, wenn man sie ritzt, duftender Saft quillt, und Blätter, die, wenn man sie verbrennt, verlockendere Visionen erzeugen als die des heiligen Antonius, und Kakteen, die einen durchsichtigen und berauschenden Wein abgeben.

JUANISCA GARIBAY *(an den Weinstock gelehnt, der an den Wänden emporklettert, die dicksten Trauben von einer dunklen Rebe abreißend, ohne sich nach mir umzusehen):* Geh nach Indien, *nere bizia.* Niemand weiß es, nur ich weiß, was dieser dein kleiner Körper verbirgt, dessen Wenigkeit dich so quält. Fahrender Ritter, Held, Konquistador, Heerführer, großer Rebell, all das wirst du sein.

BRUDER PEDRO MARTIR *(feierlich, im Predigerton, zu Füßen einer Marmorstatue des Erzengels Michael):* Geh nach Indien, Lope de Aguirre. In der gegenwärtigen Stunde hat uns der Allmächtige Gott die erhabenste aller Missionen anvertraut, nämlich die, eine unbekannte Welt zum Christentum zu bekehren, wo Millionen fremdartiger Wesen geboren werden und sterben, Unmengen wilder Indianer, von denen man noch nicht sicher weiß, ob sie vernunftbegabte Seelen haben. Aber wenn sie sie vielleicht haben, ist es unsere unzweifelhafte Pflicht, sie vor dem ewigen Feuer zu erretten, sie mit Hilfe der ruhmreichen Hand unserer Krieger und des aufklärenden Wortes unserer Kirche in den Schoß des Herrn zu geleiten. Geh nach Indien, Lope de Aguirre, und fordere deinen Anteil an dem Schicksal, das der Herrgott unserer Rasse vorgezeichnet hat.

MEIN TAUFPATE MIGUEL DE URIBARRI *(seine Stimme übertönt Gebete und Gemurmel der Frauen des Hauses):* Geh nach Indien, Patenkind. Hier in Oñate wirst du nicht mehr werden als Stutenhirt oder Nagelschmied, das Leben wird mit Lanzenschmieden und Häutegerben vergehen, du wirst am Kamin sitzend sterben mit einem schläfrigen Hund zu deinen Füßen, so wie alle in diesem Dorf gestorben sind und wie wir alle sterben werden. Geh nach Indien, Patenkind, und kehre nach Oñate zurück als ein mächtiger Mann mit großen Kisten voller Golddublonen und Silberschmuck im Gepäck.

MEIN ONKEL JULIAN DE ARAOZ *(mit seinem Knüppel gegen Sonnenuntergang weisend):* Geh nach Indien, mein Junge. In Indien gibt es Zwerge so klein wie Fingerhüte, die mit Pfeilen gegen die Skorpione kämpfen, und Riesen, die ungeheure Bäume mit der Wurzel ausreißen und sie sich wie Stroh auf die Schultern werfen. Es gibt ein Elixir so weiß wie Milch, das den Alten, wenn sie es trinken, die unerreichbare Jugend zurückgibt, und zimtfarbene Jungfrauen, die nackend den Konquistadoren über die Strände entgegenlaufen.

JUANISCA GARIBAY *(mit geschlossenen Augen):* Geh nach Indien, *nere biorza*. Deinen Namen werden die Bücher über deine Enkel hinaus erwähnen.

Eine ziemliche Zeit lang, sagen wir, ein Jahr, lief sich Lope de Aguirre seine Schuhsohlen in Gassen und Straßen ab, begegnete er Tag und Nacht kranken Mönchen, die um Almosen bettelten und unnötige Credos beteten. Nach Sevilla trugen ihn die Wasser des Guadalquivir als freien Passagier auf einem Floß, das sich unter einer Ladung Melonen, Quitten und Bergamottpomeranzen bog. Lope de Aguirre schlief mit dem Rücken auf den Bohlen, wenn er nicht schlief, zählte er resigniert die Sterne, lauschte er der heiseren Stimme des anderen Vagabunden, eines alten Asturiers, der Romanzen von Enttäuschung und Tod aufsagte. Lope de Aguirre stieg an einem Maimorgen hinunter auf einen Kai voller Farben und Geschrei, der von lästernden und lügenhaften Leuten wimmelte, die Hunde bellten mit Guitarrenbegleitung, Sevilla war ein Wirrwarr von Gesängen und Rufen, Dogaressa des Getreides, Sultanin des Öls, Kaiserin des Weins. Lope de Aguirre landete in einem Mietshaus, das von einer Guipuzcoanerin aus Vergara verwaltet wurde, einem von düsteren Löchern umgebenen Hof, das dunkelste Loch war seins. Nachts verschmolzen alle Räume in Finsternis, sie hingen von einer Ölfunzel ab, die sich hier und dort widerspiegelte. Lope de Aguirre verließ seine Behausung bei Tagesanbruch, durchwanderte dieselben Straßen wie gestern, stieß dieselben Flüche aus, klammerte sich an denselben Gedanken. Der Morgen füllte sich schnell mit Soldaten, Bettlern, Studenten, Pelerinen, Togen, Hauben, Mantillen und Fächern. Lope de Aguirre nahm beharrlich seinen Weg zur Casa de la Contratación, dort wurden die Flotten zusammengestellt, die Namen der Bewerber aufgeschrieben, Genehmigungen erteilt, Steuern eingezogen, Erbschaften geregelt, Urteile gesprochen, Lektionen in der Steuermannskunst erteilt, in allen Ecken wurde unaufhörlich von Indien gesprochen. Die Casa de la Contratación war ein geräumiges und farbloses, in einiger Entfernung von der Giralda errichtetes Lagerhaus, weit von seinem Portal blühten die Azaleen des Flusses. Wenn es dir gelungen war, die unverschämten Fragen des Zerberus zu umgehen, betratst du einen gepflasterten Gang, an seinem linken Ende schimmerte eine mit Fliesen besetzte Fontäne, am rechten grübelte ein Brunnen mit Marmorrand. Die beiden unteren Stockwerke des Gebäudes waren mit Pergamenten und alten Büchern vollgestopfte Säle, Schlupfwinkel von Mäusen und Kakerlaken, Höhlen von Buchhaltern und Schreibern, Landeplatz von Bewerbern und Eindringlingen. Personen verschiedenster Art und Gesinnung gingen hinein und hinaus, die Treppen hinauf und hinunter, dieser bat um Nachricht über den in Florida verschwundenen Bruder, jener wollte Perlen von der Insel Margarita kaufen. Montags berauschtest du dich an Träumen, mittwochs verlorst du den Mut, freitags wurdest du wütend, die Tintenkleckser rieten dir, in der nächsten Woche wiederzukommen, oder verlangten eine Bürgschaft von dir, die du nicht aufbringen konntest, Don Rodrigo Durán bot dir einen Platz als Bauer in Tierra Firme an, du antwortetest ihm, du seist kein Bauer, sondern Soldat, gegenüber war die Kirche Santa Isabel, aber es kam dir niemals in den Sinn, dort zu beten. Sevilla war eine blühende Stadt, der Phönix des Erdkreises, die Königin des Ozeans, nach Orangenblüten und Muskatellerwein durftend, zurückgestrahlt von den Spiegeln eines Flusses, der nur um sie zu sehen, von den Bergen heruntergekommen war. Du, Lope de Aguirre, wohntest in einem Mietshaus, schliefst im schmutzigen Vorort von Triana, um zu deinem Hause zurückzukehren, mußtest du über Abfallhaufen und tote Katzen springen, dir den Weg durch Wolken von Gestank und Gejammer von Bettlern bahnen, brutal die tatsächlichen oder simulierenden Kranken wegstoßen, die dir den Weg verstellten, die Casa de la Contratación nahm sorgfältig deine Anträge und deine Flüche zu den Akten, am Ende riß dir die Geduld, und du zogst zu den Zigeunern.

Wie ich dazu kam, mit den Zigeunern das Zelt zu teilen, ohne einen Tropfen ihres Blutes in mir zu haben, ist eine Geschichte, die von einem verrückten Zufall herrührt. Der alte Händler kam dreist in den Hof mit einer Schindmähre am Zügel, er wollte sie zu einem übertriebenen Preis verkaufen, log, als er das Alter des Tieres sagte, log, als er seine Abstammung pries, log, als er schwor, daß dessen Knochen heil seien. Das da war ein Klepper mit verrenkten Knien, die Schulterblätter stießen durch die Haut, ich gab ihm mehr als fünfzehn Leidensjahre. Der Händler schloß aus meinem Aussehen, daß ich nicht einen roten Heller hatte, um ihn zu kaufen, er schöpfte aus meinem Blick den Verdacht, daß mein boshaftes Naturell mir riet, ihm nicht zu glauben, er bemerkte sogar, daß ich zuviel von Pferden verstand. Aber ich mischte mich nicht ein, als er ihn einem Nachbarn, einem geizigen und zeremoniösen Portugiesen, zum Verkauf anbot, mehr noch, ich half ihm, den Handel abzuschließen, und unterstützte seine Flunkereien mit Kopfnicken. Der Zigeuner und ich gelangten von der Verständigung zur Freundschaft, er heißt Tomás, aber sie nennen ihn den Grauschimmel, ich hatte jenes elende Mietshaus satt, war der Casa de la Contratación überdrüssig, die mir jeden Tag die Tür vor der Nase zuschlug, ich machte dem Grauschimmel den Vorschlag, mit ihnen und ihren Pferden zu leben, der Zigeuner kam nicht aus dem Staunen heraus, als er einen christlichen Edelmann und Basken derart reden hörte, er fand Gefallen an mir, obwohl ich nicht zu gefallen pflege, sagte, daß er nicht in meiner Haut stecken möchte, aber er entsprach meiner Bitte.

So wie die Franzosen und Andalusier für mich nach Galle schmecken, so versüßen mir die Zigeuner das Gemüt. Machen sich Euer Gnaden nicht die Mühe, mir zu erwidern, daß sie Diebe sind, denn das weiß ich schon. Aber lassen Euer Gnaden als Entlastung gelten, daß für sie Diebstahl kein Delikt ist, sondern ein Mittel, um sich das Leben zu verdienen, ein Beruf, und kein Beruf ist Sünde, abgesehen von der Hurerei. Ebenso ist das Töten eines Mitmenschen ein Verbrechen, aber wenn derjenige, der tötet, ein Soldat im Kriege oder im Einsatz ist, hat er diese Schuld um der Ausübung seines Gewerbes willen auf sich geladen, und Gott verzeiht ihm. Die erste Arbeit, die mir mein Freund der Zigeuner vorschlug, war die, in seiner Begleitung zu stehlen, und obwohl das Nichtstehlen eines der Hauptgebote ist, die Moses auf dem Sinai empfing, ging ich gutwillig mit dem Grauschimmel zu der Behausung eines wucherischen Juden, wo er zwei Goldtaler und ich weiß nicht wieviele Maravedis klaute, während ich die Umgebung beobachtete wie ein Wachtposten. Und wenn ich mich hartnäckig weigerte, ihn ein zweites Mal zu begleiten, war es nicht nur wegen der religiösen Vorschrift, sondern weil uns Basken, obwohl es angeberisch klingt, das zu sagen, gestohlenes Geld nicht gefällt.

Werfen Euer Gnaden auch nicht ein, daß die Zigeuner der blutschänderischen Liebe zugetan sind, denn das weiß ich auch. Sie dulden den Inzest, das leugne ich nicht, aber sie verschmähen den Ehebruch, und darin halten sie sich an die Gesetze des Alten Testaments. Das Gesetz Gottes verbietet uns, die Frau unseres Nächsten zu begehren, Josef machte sich aus dem Staube, um der von Putifar nicht zu Gefallen zu sein, aber in keinem Kapitel wird der Beischlaf mit unseren Schwestern verdammt oder mit einer noch näheren und achtbareren Verwandten. Selbst die Katechismusschüler wissen und lernen, daß die menschliche Rasse vor ihrer dritten Generation ausgestorben wäre, wenn Kain oder vielleicht Abel oder wahrscheinlicher noch ein dritter Sohn Adams namens Set zu sittsam oder zu ängstlich gewesen wäre, diese dritte Generation im Leib seiner Mutter zu zeugen, denn einen anderen gab es nicht.

Die erste Tugend, die ich von den Zigeunern lernte, war das Leiden, denn die Liebe zur Freiheit war schon von Oñate her in meiner Brust verwurzelt. Aber wer nicht bereit ist, Entbehrungen zu ertragen und Härten zu trotzen, der läuft Gefahr, seine Freiheit zu verraten. Man schläft auf einer Matratze, wenn man eine Matratze hat, aber wenn man sie nicht hat, schläft man auf einer Matte oder im Stroh, oder man schläft nicht. Man ißt vom Wirtshaustisch, wenn es Fleisch und Wein gibt, aber wenn es das nicht gibt, ißt man abends Brot und Früchte, die die Erde schenkt, oder man ißt nicht zu abend. Man ruht den Körper aus, wenn man Zeit hat, um auszuruhen, und Schatten, um sich hinzulegen, aber wenn man das nicht hat, setzt man den Weg fort, ohne die Schultern von dem Gewicht zu erleichtern, das sie tragen. Müßige Knochen schimmeln, müßige Hände verweichlichen, müßige Augen werden triefend, müßiger Geist verfällt. Über Felder und Höhen zu wandern, unter freiem Himmel zu schlafen, den Stab zu werfen, den Zapateado zu tanzen, auf Bäume zu klettern, im

Fluß zu schwimmen, den Regen nicht zu scheuen, nicht unter der Sonne zu schmelzen noch im Schnee zusammenzuschrumpfen, das alles lehrten mich die Zigeuner.

Von ihnen lernte ich auch, Pferde zu zähmen, eine Arbeit, für die es mir nicht an Begabung fehlte. Ich hatte meine Jugendjahre auf Stutenrücken verbracht, beim Hüten zwischen Guezalka und Artia. Aber eine Sache ist es, auf einem gezähmten Pferd zu reiten, und eine ganz andere, ein wildes zu zähmen. Euer Gnaden müssen wissen, daß dieses Fohlen, das ich heute zu besteigen hatte, bis vorgestern nie gesattelt worden war. Vor einer Woche kam es im Lager an, der Grauschimmel brachte es um Mitternacht, niemand weiß, in welchem fremden Gehege er es entdeckte. Als der Morgen graute, fuhr ich ihm mit der Hand über die dunkle Mähne, brachte ihm Möhren und Würfelzucker, dann hielt der Grauschimmel es mir fest, und ich tat, als ob ich auf ihm ritte, damit es sich an mein Gewicht gewöhnte. Ich sagte dem Grauschimmel nicht, daß er es loslassen solle, denn ich fühlte, daß es noch wild und bockig war, es würde mich abwerfen. Schließlich bat ich ihn, uns allein zu lassen, denn das Fohlen hatte begonnen, mich für seinen Freund zu halten, fast sagte es mir das. Glauben Euer Gnaden nicht, daß es Pferde gibt, die von Geburt an störrisch oder verdorben sind, so widerspenstig sind nur die schlechtgezähmten, die keinen Zureiter fanden, der sie verstand. Die Zähmung ist weder eine Kraft- noch eine Mutprobe, sondern eine Frucht der Schlauheit. Nach drei Monaten unter Zigeunern bäumt sich unter mir kein Fohlen mehr auf, um mich abzuwerfen, noch rennt es gegen die Einpfählung, um mich zu zerschmettern, noch geht es mir wie verrückt auf freiem Felde durch. Bei der Kunst des Zähmens sind alle Glieder des Körpers beteiligt, die Lenden, um das Fohlen in seinen Schwüngen zu begleiten, die Hände und die Arme, um die Zügel zu bewegen, wie es sich gehört, die Beine, um die Flanken zusammenzupressen, die Fersen, um die Befehle zu geben, der Ruf aus dem Mund, um es zum Laufen anzuspornen, das Gehirn, um die Schwierigkeiten zu meistern. Sehen sich Euer Gnaden diesen Rappen ein wenig genauer an, niemand würde sagen, daß man ihn gerade zureitet, niemand würde darauf kommen, daß zum ersten Mal ein Reiter auf ihm sitzt.

Als letztes lehrten sie mich, mit Schwert und Degen umzugehen: die Arkebuse genügt nicht, um nach Indien zu gehen, das können mir Euer Gnaden glauben. Der Zigeuner, der mich in der Selbstverteidigung unterrichtete, ist weiser als die Traktate von Pedro Muncio, obwohl er sie nicht gelesen hat, er kann nicht lesen. Diesen meinen Fechtlehrer nennen sie den Kanonikus, Respektlosigkeiten der Zigeuner, Gott steh' mir bei! Er machte mich mit den Geheimnissen seines Meisterstoßes vertraut, zwang mich, tausendmal die Finten zu wiederholen, bis ich sie instinktmäßig beherrschte. Der Kanonikus ist ein ernsthafter und beschlagener Fechter, er verliert seine Zeit nicht mit Phantasien und Spielereien, sein Ziel ist nicht, den Gegner zu entzücken, sondern ihn tödlich zu verwunden. Es empfiehlt sich, ihm die Stirn aufzuritzen, das Blut rinnt über die Augen herunter und blendet ihn, wenn er erst blind ist, ist es einfacher, ihm zu geben, was er verdient, sagt der Kanonikus. Das Wichtigste ist, den Blick fest auf die Augen des Gegners zu heften, seine Bewegungen, seine Ängste, seine Absichten zu erraten, sagt der Kanonikus.

Dieses ganze Wissen wird dir nichts nützen, Lope de Aguirre, solange du nicht einem Feind aus Fleisch und Blut gegenüberstehst. Niemand weiß, was er mit dem Schwert in der Hand wert ist, bis er es benutzt, um wirklich zu verwunden. Zur Belehrung, zur Übung, bei Festen kämpfen, ist nicht kämpfen. Wenn du zum ersten Mal dein Leben im Zweikampf aufs Spiel setzst, wenn du begreifst, daß du, um es zu retten, den andern aus dem Wege räumen mußt, geb Gott, daß dir in dem Augenblick nicht die Hand zittert.

Ich schwöre Euer Gnaden, daß sie mir nicht zitterte. Das Mißgeschick ereignete sich in einer der Gassen von Triana, die zum Mietshaus führen, wo ich gewohnt hatte. Hin und wieder entfernte ich mich von meinen Zigeunern und betrat Sevilla, um in der Casa de la Contratación vorbeizuschauen und nachzufragen, ob es Neuigkeiten über Reisen nach Indien gebe. Abends näherte ich mich der Tür der Guipuzcoanerin, die das Mietshaus verwaltete, sie war Witwe, einigermaßen ansehnlich trotz des behaarten Leberflecks, der auf ihrer Wange prangte, sie empfing mich mit zärtlichen Augen. Die gute Frau sprach mit mir in meiner Sprache, bewirtete mich mit Limonade und Malvasier, hob für mich Gläschen feinen Weins und von Nonnenhänden bereitete Kringel auf, setzte sich dann bequem hin und erzählte mir Geistreiches von ihrem verstorbenen Mann, sie seufzte zärtlich, es gab keinen anderen Ausweg, als sie auf einem großen Bett mit dicker Decke und Überlaken, das fast die Hälfte ihrer Wohnung einnahm, zu trösten, und wenn ich diesen liebevollen Zeitvertreib ans Tageslicht bringe, so deshalb, weil ohne ihn nicht verständlich ist, was hinterher geschah. Es war Besuchsabend bei der Witwe gewesen, meine Schritte bogen schon um eine Ecke und entfernten sich in Richtung des Lagers, aus dem Schatten tauchte ein halbbetrunkener Häscher auf, begann lauthals zu gröhlen, seine Schreie beschuldigten mich des Diebstahls und anderer Übeltaten. Ich wollte ihn mit Vernunft zum Schweigen bringen, ein Streit mit Kommissaren oder Bütteln gehörte nicht zu meinen Plänen, das Lästermaul nahm meine Besonnenheit für Angst und wurde noch dreister, fügte den vorigen Beleidigungen noch die der Feigheit hinzu, mir trübten sich die Augen, ich zog das Schwert heraus, ohne den Meisterstoß zu vergessen, den mich der Kanonikus gelehrt hatte, wie hätte ich ihn vergessen können! Ich muß Euer Gnaden gestehen, daß ich mich plötzlich ruhiger fühlte als vorher, meine Augen wurden klar, der Häscher begann törichte Säbelhiebe auszuteilen, ich konnte sie leicht mit meinem Schwert parieren, im Nu wandte ich ihm gegenüber die geeignetsten Lehren des Kanonikus an, er stürzte rücklings auf das Pflaster und schrie dabei unaufhörlich wie ein Besessener, er rief den Apostel Jakobus an und die Jungfrau von Guadelupe, nannte mich nicht mehr Dieb, sondern Verbrecher. Ich sage Euer Gnaden, daß ich keine Zeit hatte, den Stahl zu säubern, ein schmutziger Morgen begann heraufzuziehen, ich machte mich an die Wände gedrückt davon, die Leute wurden vom Wehklagen des Verwundeten wach, erschienen an Türen und Fenstern, der Verwundete hörte auf zu schreien, ich glaube nicht, daß er ganz tot war, das Schwert drang ihm auf der linken Seite in die Brust, durch ein Wunder der Jungfrau und fünfzehn Nähstiche des Chirurgen konnte er gesund werden. Glauben mir Euer Gnaden, daß jener merkwürdige Zwischenfall mir kein Unglück sondern Glück brachte? Vier Tage später kehrte ich nach Sevilla zurück, niemand erwähnte das Mißgeschick des Büttels, ich konnte niemals erfahren, ob er lebte oder tot war, in der Casa de la Contratación erwartete mich Don Rodrigo Durán mit vortrefflichen Neuigkeiten, man hatte ihm die Genehmigung gegeben, mit seinen Galeonen auszulaufen, er würde über zweihundert Mann an Bord nehmen, ich war einer von ihnen.

Name? Lope de Aguirre. Alter? Zweiundzwanzig Jahre. Eltern? Esteban de Aguirre und Elvira de Araoz. Welches Schiff werdet Ihr nehmen? Die »San Antonio«. Ankunftshafen? Cartagena de Indias. Beruf? Bauer. Ich mußte Bauer sagen und nicht Soldat, weil für jene Schiffsreise Bauern und nicht Soldaten benötigt wurden.

Die »San Antonio« lichtete die Anker in Sanlúcar de Barrameda am zwölften Mai fünfzehnhundertvierunddreißig, die Türme verloren wir mittags aus den Augen, eine für den Frühling ungewöhnliche Sonne kasteite unsere Köpfe. Die »San Antonio« bildete ein Paar mit der »San Francisco«, diese sollte drei Stunden später in See stechen. Es waren zwei alterprobte Segler venezianischer Herkunft, lange Jahre waren sie in mittelländischen Gewässern herumgefahren, christliche Waren transportierend und vor maurischen Galeeren fliehend. Der andalusische Zahlmeister Rodrigo Durán kaufte sie in Neapel zum Ausschußpreis, ließ ihnen einen grauen Anstrich geben, damit sie noch trister aussahen, und bestimmte sie für den Handel mit der Neuen Welt, mochten sie ankommen oder nicht. Die »San Antonio« war ein Kasten mit einhundertfünfzig Tonnen Last und mehr als zweihundert lebenden Wesen an Bord: dem Besitzer Don Rodrigo Durán, der zu Lande das Oberhaupt war, dem Steuermann, der auf hoher See das Oberhaupt war, dem Bootsmann, den Matrosen, den Schiffsjungen, dem Hofmeister, dem Koch, dem Zimmermann, dem Böttcher, dem Barbier, der sich auch als Medikus aufspielte, dem Apotheker, den Schreibern, den Soldaten, den Inspektoren, den Priestern, den Nonnen, den Bauern mit ihren jeweiligen Bäuerinnen, den Schafen, den Schweinen, dem Geflügel und mir, Lope de Aguirre. Was die leblose Ladung angeht, so bestand sie aus Ölschläuchen und dickbäuchigen Weinfässern, einer Schicht Kisten verschiedenen, nicht zu ergründenden Inhalts sowie dem Gepäck der Reisenden, das von den Betten, um in der Neuen Welt zu schlafen, bis zu den Schinken und Zwiebäcken für die Ernährung während der Überfahrt reichte. Es blieb kaum Platz, wo man sich hinlegen konnte, um zu schlafen, wo man niederknien konnte, um den Rosenkranz zu beten, wo man sich hinhocken konnte, um seine Notdurft zu verrichten.

Die Mißlichkeiten verschlimmerten sich, als das Schiff anfing, Bocksprünge zu machen, und die Leute seekrank wurden, die in ihrer Mehrzahl keine Erfahrung mit Reisen zu Wasser hatten, nicht einmal auf einem Fluß. Die erste, die sich übergab, war eine der Bäuerinnen, sie hatte Schweinswürste gegessen, nach ihr kam einer von den Priestern, den das jammervolle Schauspiel gerührt und angesteckt hatte, von da an beherrschte sich niemand mehr, man mußte über jenes schleimige Zeug gehen, jenen sauren Gestank einatmen, ich erbrach mich nicht aus purer baskischer Starrköpfigkeit. Um das Unglück vollzumachen, wurde das Trinkwasser in Rationen von einer halben Azumbre täglich verteilt, keiner hatte etwas übrig, um sich zu waschen, die schlechten Gerüche verpesteten den frischen Duft des Meeres. Ohne die weinerlichen und reuevollen Klagen zu zählen und die Feigheit, die auch sehr schlecht riecht. Die Hälfte der Reisenden verfluchte ihr freiwilliges Schicksal, jene Reise war eine unerträglichere Qual als die ewige Verdammnis, wer hatte uns denn geheißen, dieses verrückte Holzpferd zu besteigen, das sie zu Unrecht Galeone nennen, von den Kanarischen Inseln kehren wir nach Spanien zurück, wir schwören bei allen Heiligen, daß wir über Tenerife nicht hinausfahren werden. Tatsache ist aber, daß bei der Ausschiffung in Gomera alle ihre Lebensfreude zurückgewannen, die Farbe kehrte auf die Wangen der Blassen zurück, die Schenken der Insel rochen nach Käse und Wurstwaren, niemand erinnerte sich ans Erbrechen, niemand verwünschte die Läuse, die uns gepeinigt hatten, man sprach wieder von Indien mit Verzückung und Habsucht und Ruhmesdrang. Selbst Sor Edvigis, die dreimal auf Deck ohnmächtig geworden war, die Arme träumte davon, in einem phantastischen Kloster auf der Española Oberin zu werden, alle glaubten wir, daß sie mitten in der dritten Ekstase sterben würde, einer von den Mönchen nahm ihr unter dem Flimmern der Sterne die Beichte ab, bei Sonnenaufgang gab er ihr die letzte Ölung, es schien unvermeidlich, daß wir ihren robusten Leichnam ins Wasser werfen müßten, selbst Sor Edvigis stieg auf eigenen Füßen an Land und betete ein Salve mit auf wunderbare Weise wiederhergestellter Stimme.

Von Gomera bis zur Neuen Welt waren die Mißgeschicke dieselben und dauerten länger, aber jetzt achtete niemand auf sie. Die Träumereien von Indien verhüllten Elend und Schmutz mit einem seltsamen Schleier, die Münder hörten auf, sich zu erbrechen und zu fluchen, Lauten kamen zum Vorschein, Volkslieder wetteiferten miteinander, aus den Kistchen erschienen Spielkarten und Würfel, Weinkaraffen gingen von Hand zu Hand. Weder Gesang noch Spiel sind meine Schwächen, obwohl ich niemals verheimlicht habe, daß ich gern meinen Durst lösche. Beim Licht einer Flasche Klaretts befreundete ich mich nahezu mit einem Schreiber oder Rechtsverdreher, der zum zweiten Mal nach Indien fuhr, beim ersten Mal war es ihm nicht gelungen, reich zurückzukehren, weil einige unehrenhaft erworbene Beulen ihn daran hinderten, ein anderes Los sollte ihm bei diesem neuen Versuch beschert sein, der Gouverneur von Calamar oder Cartagena, Don Pedro de

Heredia, war sein Pate, er wird allen Euren Bitten Gehör schenken, Euer Gnaden werden unverzüglich den begehrten Posten als Soldat bekommen, sagte er zu mir. Er lieh mir auch einen in Salamanca gedruckten Ritterroman mit dem Titel »Tirant der Weiße«, den ich wenigstens dreimal las, denn nichts anderes konnte ich tun, außer mich am Meer müde sehen. Es war ein unendliches Meer, so verlassen, so sehr der Spiegel von gestern und von morgen, daß ich mir einen Sturm zu wünschen begann, der es in ein anderes Meer verwandeln würde, einen Sturm, der glücklicherweise nie kam. Eines Abends entzündete sich vor uns der Himmel im Westen, nicht in stillen roten Wolken, sondern in Flammen, die wie Peitschen züngelten, mir erschien es wie eine große Stadt, die bis zu ihren Grundfesten brannte, Sor Edvigis ihrerseits glaubte auf dem Weg ins Fegefeuer, vielleicht sogar in die Hölle zu sein, sie erhob sich von ihrer Matratze wie die Toten der Apokalypse, Herr, mäßige deinen Zorn! Hab Erbarmen mit uns! Der Bootsmeister besänftigte sie mit einem Schluck reinen Branntweins. Am Tage nach der trügerischen Feuersbrunst versank unser Schiff in einem dichten Nebel, einer nicht greifbaren Watte, die das Grün des Meeres und das Blau des Himmels verschluckte, Stunde um Stunde segelten wir inmitten jenes lauwarmen Spitzengewebes, das uns wie ein Mutterleib umhüllte, als wir daraus hervorkamen, strahlte in der Höhe eine prachtvolle Sonne, ein leuchtendes Feuer, das uns umzingelte und sich auf die Hölzer des Schiffes auszubreiten drohte, die Hölzer verbrannten nicht, wohl aber der Weizen, den wir mit uns führten, drei Schafe verendeten keuchend, niemals war meine Haut von einer derartigen Hitze gegeißelt worden, ich krümmte mich unter einem Fieber aus Stahl und Glut, meine Stirn stand in Flammen wie ein Schmiedeofen, ich wurde mir bewußt, daß ich die Grenze zum Wahnsinn überschritten hatte, aber ich sagte nichts, ich kauerte mich unbeweglich und schweigend zwischen zwei Ballen. Der heilige Michael stieg unerbittlich vom Himmel herab, um Luzifer einmal mehr mit der Lanze zu treffen, ich hörte ihn, wie er vom höchsten Mast auf die Kielhölzer sprang, ich sah ihn, wie er sich in eine wutentbrannte Galionsfigur verwandelte, der entsetzte Satan wagte nicht, den Kopf aus dem Wasser zu heben. Dann wurde der Himmel kristallklar, die Schläge meines Herzens gewannen ihre Ruhe zurück, der heilige Michael erhob sich in majestätischem und sieghaften Flug, an seiner Stelle erschienen Schwärme von Vögeln, Sturmtaucher, Krähen, Binsenschwänze, Pelikane, Möwen, Baßtölpel und einige von unbekanntem Grün, die gleichen, die Christoph Kolumbus bei seiner ersten Reise willkommen hießen. Plötzlich zeichnete sich in der Ferne ein brauner Fleck ab, wir verstummten, sahen nach und nach das Gekritzel der Palmenwälder näherkommen und das rohe Grau der Felsen, es war die Deseada, das Samenkorn der Neuen Welt.

(Brief des Feldwebels *Lope de Aguirre an Don Carlos den Unbesiegbaren, durch Gottes Gnade erhabenster Kaiser, König von Deutschland, durch dieselbe Gnade König von Kastilien, von Aragonien, von León, von Navarra, von Galizien, von Toledo, von Sevilla, von Cordova, von den Algarven, von Algeciras, von Gibraltar, von Granada, von Jaen, von Murcia, von Valencia, von Mallorca, von Sardinien, von Korsika, von beiden Sizilien, von Jerusalem, von den Kanarischen Inseln, von den Indischen Inseln und Tierra Firme am Ozeanischen Meer, Erzherzog von Österreich, Herzog von Burgund und von Brabant und von Mailand, Markgraf von Oristano und von Goziano, Herzog von Athen und von Neopatria und von Roussillon, Herr von Biskaya und von Molina, Graf von Flandern und von Tirol und von Barcelona, etc. etc.)*

»Allerchristlichster und allmächtigster Herr:
Ich heiße Lope de Aguirre, und vor sechzehn Jahren schiffte ich mich im Hafen von San Lúcar de Barrameda ein, anstelle von Gepäck brachte ich den Vorsatz mit, Eurer Heiligen Königlichen Katholischen Majestät zu dienen, wohlentschlossen, das Leben zu opfern, wenn es notwendig sein sollte, um Spanien zu höherem Ruhm zu verhelfen, bereit, an Entdeckungen teilzunehmen, die den Besitztümern Eurer Majestät mehr Flüsse und Halbinseln hinzufügen würden, voll Eifer, wilde Indianer zu fangen, die sich in der Gefangenschaft von ihren bösen Dämonen befreit fühlen und mit Freuden den Glauben Christi annehmen würden. Ich war zu jener Zeit ein Jüngling von kleiner Statur doch riesiger Sehnsucht, niemals Sehnsucht nach Reichtümern und Besitz, die letzten Endes erniedrigende Güter sind, sondern nach Ruhm und Schlachten, denn dafür wird man geboren, wenn man geboren zu werden versteht.

Diesen Brief oder Ausbruch meiner Seele, der so Gott will, niemals in die erlauchten Hände Eurer Majestät gelangen wird, so groß ist die Entfernung und noch größer die Hindernisse, die zwischen Euren Händen und den meinen liegen, schreibt Eurer Majestät der niedrigste seiner Diener, ein baskischer Soldat, den die Schwermut des Herzens bedrückt, die man in Cuzco zur Abenddämmerung fühlt und die mich zwingt, die Erinnerungen zu lüften, denn es wäre ein böser Fehler, sie im Innern schwären zu lassen.

Es kränkte mich sehr, erhabener Kaiser, daß nicht der Auftrag, Schlachten zu schlagen, um die Grenzen des spanischen Reiches zu vergrößern, das Los war, das mir zufiel, als ich Cartagena betrat und Soldat wurde, sondern die schmachvolle Aufgabe, Indianergräber zu durchsuchen, um den Verstorbenen die Trinkschalen und die massiven Idole aus Gold zu stehlen, die ihre Angehörigen mit ihnen begraben hatten. Mit solchen Raubzügen strapazierte Don Pedro de Heredia, damals Gouverneur von Cartagena und unser Hauptmann, vollends seine Truppen, und der Besitz des Goldes gefiel ihm mehr als Gottes Barmherzigkeit. Und da bin ich nun, dieser leidenschaftliche und winzige Diener Eurer Majestät, der seine Träume von Eroberung zum Schweigen bringen muß; aus einem Krieger in einen Friedhofsschänder verwandelt, ein Sakrileg, das die Heilige Inquisition mit ihren erbarmungslosen Scheiterhaufen bestraft; und raube den unglücklichen Seelen der Indianer die Ruhe, und ich erwähne hier die Seelen, weil ihre Eigenschaft als menschliche Wesen sie ihnen zubilligt, obwohl ein Mönch aus Murcia, der sich unter uns befand, Gott zum Zeugen anrief, daß sie keine haben. So hartnäckig und peinlich wurde die Habsucht von Don Pedro de Heredia und seinem Bruder Alfonso, daß ich, so hitzig auch unsere Scharmützel mit den Indianern sein mochten, es am Ende satt hatte, im Cenú, Pancenú und Fincenú herumzuziehen, Skelette zu durchwühlen und Schädel abzustauben, und es vorzog, in Begleitung des Hauptmanns Francisco César, eines tapferen und verwegenen Mannes aus Cordova, der nicht seinesgleichen hatte, aus dem Lager zu fliehen. Auf diese Weise begaben wir uns nach Castilla del Oro, und Gouverneur Barrionuevo empfing uns wohlwollend, denn auch ihm behagte die lasterhafte Habsucht der Heredias nicht.

Glück und Unglück in großem Maße erfuhr ich in dem genannten Castilla del Oro und in Veragua, wo die Eingeborenen den blutrünstigen Jaguar anbeten, der nach ihrem Glauben ein schreckliches, gelbes, schwarzgeflecktes und mit langen Hauern bewaffnetes Tier war, und sie beteten gleichzeitig die Göttin Dabaida an, die nach ihrem Glauben eine edle und schöne Dame war, in deren Tempeln, so hieß es, sehr feines und gutes Gold im Überfluß glänzte. Der Gouverneur von Panama, Don Francisco de Barrionuevo, versteifte sich auf das unmögliche Unterfangen, die Wasser des unendlichen von Nuñez de Balboa entdeckten Meeres mit den anderen riesigen Wassern des ozeanischen Meeres von Kolumbus zu verbinden, eine großartige und unsinnige Tat, die nur Gottes wundertätige Hand vollbringen könnte. Aber der besagte Gouverneur steckte mich mit seinen Phantasien an, und monatelang durchwanderte ich wilde Wälder und Schluchten; die finsteren Gebirgszüge des Darién ließen mich die Sonnenstrahlen vergessen; ich durchquerte grüne Sümpfe, aus deren Schlamm Schwärme von Mücken zum Himmel fliegen und tödliches Fieber quillt; ich trotzte dem Biß giftiger Vipern und anderer Höllenschlangen, die Glöckchen am Schwanz tragen; ich härtete mich ab, indem ich auf Flößen, Pirogen und Brigantinen reißende Ströme hinauffuhr; zweimal hätte ich ums Haar den falschen Kaimanen als Speise gedient; zutiefst betrübte mich das Wehklagen unheilverkündender Vögel, die mein Todesurteil zu bejammern schienen; und ich mußte ohne Rast noch Ruh den schrecklichen vergifteten Pfeilen der Indianer Widerstand leisten, die die beharrlichsten Gemüter einschüchtern; und in meinen Armen verschieden drei unserer Soldaten, denen das Gift der Pfeilspitzen die Gesichtshaut schwarz färbte, bevor es ihnen den Tod brachte. Karge Münzen wog die Waage des Inspektors als Zahlung und Belohnung für meine Mühen, aber ich rechnete es mir als höchste Genugtuung und Ehre an, als ich nach einiger Zeit einen in Valladolid ausgestellten königlichen Schein erhielt, mit dem man mir die Gunst eines Stadtratsamtes in Peru erwies »zum Lohn für Eure Dienste, Tüchtigkeit und Geschicklichkeit«, wie in dem Schriftstück zu lesen war. Nunmehr Ratsherr, begab ich mich hierher nach Cuzco, das in unvergleichlichem Maße wunderbar ist, und als ich es betrat, erfüllte mich sein Anblick mit so großem Entzücken, daß ich sogleich die Erinnerung an das Erlittene begrub und tausendmal Eure Majestät und Gott unseren Herrn pries.

Dennoch fand ich nicht die Ruhe, die ich auch nicht suchte in diesem fabelhaftesten und zugleich aufrührerischsten Teil der Neuen Welt. Überdies frage ich mich: was soll der Ochse, der nicht pflügt, und der Krieger, der nicht kämpft? In diesem Peru träumt man kreuz und quer von den Chunchos, so wie man in Panama nach dem Dabaibe seufzte und in Quito nach dem Land des Zimts und in der ganzen Tierra Firme nach dem Eldorado. Die Indianer sagten ich weiß nicht was und doch weiß ich es: daß sich hinter den Chunchos eine Stadt erhebt, deren Plätze mit goldenen Barren gepflastert sind; daß hier die Silberadern die Nähte der Erde zu zerreißen drohen; daß sich dort sanfte Wiesen und kristallklare Flüsse ausdehnen, die Spiegel des irdischen Paradieses scheinen. Dreimal blendete mich die Illusion der Chunchos, und ebenso viele Male brach ich auf, um Indianer zu fangen und im Dienste Eurer Majestät Siedlungen zu gründen, und von allen kehrte ich niedergeschlagen nach Hause zurück, nachdem ich um dieser Sache willen die schlimmsten Widerwärtigkeiten erduldet hatte, die das menschliche Herz zu erleiden vermag. Den ersten Zug unternahm ich im Gefolge des Griechen Pedro de Candía, und keinen Nutzen zogen wir daraus, außer daß wir hundertmal vom richtigen Wege abkamen und uns inmitten der düstersten Gebirge der Erde verirrten, die sintfluthaftesten Regengüsse des Himmels auf unsere Köpfe bekamen, mit Äxten und Macheten Fußpfade freischlagen mußten, uns in Abgründe hinunterließen mit Hilfe von Seilen, die hier Lianen genannt werden, ein paar Indianer töteten, die sich nicht zu verteidigen suchten, und nach Cuzco zurückkehrten mit zerknirschtem Gemüt, geschwollenen Füßen und jämmerlichem, von Dornen zerstochenem Körper.

Ebenso und noch schlimmer war mein zweiter Zug zu den Chunchos, ausgeführt unter dem Befehl von Peranzures, der als seinen Stellvertreter Juan Antonio Palomino mitnahm. Und obwohl beide gleichermaßen erfahrene Hauptleute waren und zu diesem Zug mehr als dreihundert spanische Soldaten aufbrachen, außerdem achttausend Indianer und Neger an Dienerschaft, hatten wir alle schlechten Nutzen und großes Unglück davon. Auf unsere Körper hagelte es die allerschlimmsten Feinde herab, und der entsetzlichste von ihnen war für uns der Hunger. Mitten in zerklüfteten und dunklen Gebirgsländern brauchten wir unseren Proviant auf; und wir konnten weder Mais noch Yucca entdecken, noch Kräuter, die wir hätten aussaugen können; und wir mußten eines nach dem andern unsere Pferde schlachten, um zuerst ihr Fleisch zu essen und dann ihre Häute, Eingeweide und männlichen Glieder, denn vor nichts an ihnen ekelte es uns. Von da an begannen die Indianer und Indianerinnen, auf Schritt und Tritt zu sterben; und die lebenden Indianer aßen dann vor Kummer weinend die toten Indianer, so groß war ihr Hunger, und ich empfand großes Mitleid mit ihnen. Obendrein mußten wir diesmal mit wilden Indianern kämpfen, die uns viele Tote und Verwundete verursachten. Von den Indianern und Negern, die zu unserem Zug gehörten, überlebten kaum viertausend oder besser gesagt, die Hälfte von denen, die aus Cuzco auszogen; und von den Spaniern starben einhundertvierundfünfzig oder besser gesagt, die Hälfte weniger einen von denen, die wir zu Beginn des Zuges dabeigewesen waren, und dieser eine weniger bin vermutlich ich gewesen, der allmächtige Gott sei gelobt! Als wir in die Stadt Cuzco zurückkamen, fielen diejenigen, denen es zurückzukehren gelang, zu Boden, denn wir konnten uns nicht mehr auf den Beinen halten, und die Leute, die uns nicht wiedererkannten, sahen in uns Gespenster unserer selbst, und wir alle zusammen schworen, daß wir nicht noch einmal zu den Chunchos vordringen würden bis in alle Ewigkeit, amen.

Aber Gott gefiel es, mein Herz unbeugsam zu machen, und ich sage das nicht, um mich zu brüsten. Kaum waren mein Hunger gestillt und meine Wunden geheilt, machte ich mich zusammen mit Diego de Rojas auf zu einem dritten Zug nach Südosten, und jenseits eines großen Sees gründeten wir eine Stadt, die La Plata genannt wurde, und alsdann kamen wir im Tal von Tarija an. Und obwohl ich mir bei diesem Zug neues Leid und Fieber holte, ließ ich mich nicht lange bitten, um zum vierten Mal in die südlichen Lande aufzubrechen, diesmal unter dem Befehl von Perálvarez de Holguín. Aber dieses Mal kamen wir über Chuquiavo nicht hinaus, wo wir erfuhren, daß Almagros Leute in der Stadt der Könige Don Francisco Pizarro getötet hatten, und man uns aufrief, gegen sie zu kämpfen. In aller Eile kehrten wir nach Cuzco zurück, und nahe von dort in Chupas entbrannte eine gewaltige Schlacht, in der Gouverneur Vaca de Castro und die Pizarros die Almagros besiegten und vertrieben, und mein Hauptmann Perálvarez de Holguín verlor sein Leben in diesem Gefecht, und ich bewahrte meine Person davor, daran teilzunehmen, nicht aus Furcht, meinem Tode zu begegnen, denn diese Angst hat mich niemals besessen, sondern aus guten Gründen, die mich rechtfertigen, wie Eure Majestät sogleich sehen werden, wenn Eure Majestät sich weiterhin der Mühe unterziehen, diesen Brief zu lesen.

Nehmen es Eure Majestät für die reine Wahrheit, daß meine Augen sich seit meiner Ankunft in Peru, das ich für das herrlichste Land des Erdkreises halte, gezwungen sahen, die Heldentaten der Pizarros und der Almagros mitzuerleben, aber auch die Streitigkeiten unter ihnen, den Hader, der sie am Ende aus dieser Welt entfernt hat, die einen wie die anderen. Gar wohl weiß ich, daß sie weder aus Ergebenheit zu Eurer Majestät noch zum höheren Ruhme Spaniens miteinander stritten, sondern aus Gier nach Gold, die sie bis ins Mark verzehrte. Die Ankunft von Francisco Pizarro und Diego de Almagro in diesem Teil Eures Reiches stand mehr unter dem Zeichen von Geschäften als von Abenteuer, und alle wissen, daß die Händler und Nutznießer des Unternehmens in Panama blieben, um auf den Gewinn zu warten, und es ist allgemein bekannt, daß Waffen und Sold als Anleihe von einem gewissen Kleriker Luque im voraus bezahlt wurden, der die Gelder eines anderen gewissen Lizentiaten Espinosa verwaltete, denn so hießen die besagten Händler. Ferner betrachteten Pizarro und Almagro einander nicht als Waffenbrüder, sondern eher mit dem Groll rivalisierender Piraten, verstohlen und eifersüchtig darüber wachend, wer von ihnen mehr Silber aus seinen Heldentaten herausschlug. Ich halte dafür, daß kein Christenmensch es zu verneinen wagen würde, daß alle beide kühne Konquistadoren waren und daß sie ihr Leben über hundertmal im Kampf aufs Spiel setzten, jedoch während ich das billige, frage ich mich, welcher ehrbare Mann, der Haus und Familie zurückließ, um nach Indien aufzubrechen, drückt sich vor Leiden und Tod? Eure Majestät sagten bei einem rühmlichen Anlaß, daß die Größe des Menschen außer Verwegenheit und Mut noch anderer Beigaben bedürfe, und, meiner Treu, eben an solchen Tugenden mangelte es den Pizarros wie den Almagros. Vergeben mir Eure Majestät, allerhöchster und mächtigster Kaiser, meine ungeschliffene Offenherzigkeit um der großen Liebe willen, die ich für Euch hege; aber ich muß Eurer Majestät sehr geradeheraus sagen, daß weder die Almagros noch die Pizarros jemals Engel auf meinem Altar waren und ganz besonders nicht die letzteren, denn die Almagros verschwendeten wenigstens die Gelder, die sie erpreßt hatten, während die Pizarros sie in eisernen Truhen verschlossen und alsdann die Schlüssel verloren, bis sie sich, wie es geschah, in die reichsten Leute von Peru, vielleicht des gesamten Weltalls, verwandelten. Desgleichen töteten die Pizarros und die Almagros ohne Fug und Recht Menschenleben, sie wüteten mit einer Grausamkeit, die sich gegen sie selbst wandte und das gute Ansehen Eurer Majestät in Mitleidenschaft zog. Waren es nicht überflüssige Schandtaten, die Indianer zu verhöhnen und zu martern, wo es doch mehr als genug war, ihnen das Gold wegzunehmen? Welchen Vorteil zog man daraus, daß man den Inka Atahualpa ermordete, nachdem man ihn gezwungen hatte, ein Lösegeld in derartiger Höhe zu bezahlen, wo es ein christlicheres und ruhmvolleres Werk gewesen wäre, ihn als Gefangenen zu schicken, um Eurer Majestät die Füße zu küssen? Es traf sich, daß ich mich an dem traurigen Tage in der Menge der Neugierigen befand, als Hernando Pizarro auf dem Platz von Cuzco sechshundert Eingeborenen die rechten Hände abzuhacken befahl, wodurch er sechshundert einhändige Feinde Eurer Majestät am Leben ließ; und ebenso traf mich das unglückliche Los, der letzten Stunde einer nicht geringen Zahl menschlicher Wesen beizuwohnen, die zur Folter und zur Richtstätte geführt wurden. Nicht daß meine Seele erschrickt, durchlauchtigster König und Kaiser, bei dem Gedanken, einen Mitmenschen zu töten, denn kein Christ kann sich dem entziehen, wenn es die Vorsehung bestimmt, aber es ist auch eine unumstößliche Tatsache, daß ich sechzehn Jahre vergehen sah, während derer ich besonnen und geduldig ein mühsames Leben in der Neuen Welt ertragen habe, und bis zum Mondschein der heutigen Nacht habe ich nicht einen Menschen willkürlich getötet, denn ich rechne nicht die Feinde, die mein Schwert im Getümmel der Schlachten durchbohrte, noch die anderen, die die Kugeln meiner Arkebuse im Kriege trafen; denn ich ahne und glaube, daß die im Kampfe Getöteten kein Gewissen trüben, werden sie doch bei der Selbstverteidigung getötet oder zu Ehren der Fahnen Eurer Majestät, was von Natur aus ein rechtmäßiger Anlaß ist. Die Bücher werden in den kommenden Jahrhunderten sagen, wie die Hoffart und die Habsucht, nachdem sie gewaltige Zwistigkeiten unter ihnen ausgelöst hatten, die Pizarros veranlaßten die Almagros zu erstechen, und die Almagros, die Pizarros zu erdolchen, bis die Gesandten Eurer Majestät den letzten Almagro und den letzten Pizarro in dieser Welt auslöschten, wobei die besagten Gesandten von dem Wunsche beseelt waren, Peru zu erlösen und seinen Bewohnern den Frieden wiederzugeben.

Verzeihen mir Eure großherzige Majestät meine Dreistigkeit und Kühnheit, aber ich kann in diesem ungeschickten Brief nicht die schlechte Meinung unerwähnt lassen, die ich von einem jener königlichen Beauftragten habe, eben dem schon erwähnten Gouverneur und Richter mit dem Familiennamen Vaca de Castro, den Eure Majestät mit dem Auftrag sandten, ein gerechtigkeitsliebender Vermittler zu sein, und dennoch zögerte er nicht lange, seine Parteinahme für die Pizarros zu enthüllen, und nach der Schlacht von Chupas, die er dank der außerordentlich klugen militärischen Fähigkeiten seines teuflischen Adjutanten Francisco de Carvajal gewinnen konnte, gab er sich nicht damit zufrieden, Diego de Almagro dem Jüngeren den Hals abzuschneiden, sondern er war Tag und Nacht damit beschäftigt, die unzähligen Besiegten zu henken, unter ihnen meinen Landsmann Pedro de Oñate und Francisco de Mendíbar und noch allzu viele weitere Basken. So sauber und reinlich war der Magistrat Vaca de Castro, daß er, nachdem er in Menschenblut gebadet hatte, zu tausend Listen griff, um in Gold zu baden, und er handelte als Krämer, wenn er es nicht als Wucherer tat, und berief sich auf sein Amt, um Monopole zu behaupten und Konkurrenten zu schädigen, und er eignete sich Gelder an, die der Real Audiencia gehörten; was für ein gerechter, was für ein barmherziger, was für ein uneigennütziger Magistrat, der von einem Richter kaum mehr als das Diplom hatte!

Von den Pizarros war ganz gewiß der unerträglichste der allberühmte und hochnäsige Gonzalo Pizarro, der Eurer Majestät so viel Ärger und Kummer verursacht hat. Er war von stattlichem Äußeren und schönem Angesicht und hochgewachsen und zum Platzen reich dank des Goldes, das er den Inkakaisern raubte, und der Silberminen, die er in Potosí ausbeutete, und weil er eine Unzahl von Indianern auspreßte, die in seinen Minen umkamen. Aber der übersättigte Gonzalo Pizarro fühlte sich plötzlich von einem rebellischen Fieber aufgestachelt, das ihn niemals vorher geschüttelt hatte, als in Peru die Verordnungen bekannt wurden, die Eure Majestät verfügt hatten, um die Versklavung der Indianer zu lindern, den Encomenderos und Verwaltern die Indianerzuteilungen zu entziehen und zu verbieten, daß die Eingeborenen durch unmenschliche Arbeit zugrundegerichtet würden. Wohlverdientes Unheil widerfuhr letzten Endes jenem treulosen großen Rebellen, der das Maß eines armseligen Rebellen dennoch nicht überragte, war doch sein Aufstand den Ratschlägen und Geschwätzigkeiten der Indianerhändler zuzuschreiben, und die Tücke der Auditoren stand Pate bei seiner Rechtfertigung, und er führte Krieg gegen Eure Majestät mit dem allzu vorsichtigen Ruf »Es lebe der König« und nicht »Nieder mit dem König«, wie es einem wirklichen Rebellen zu rufen geziemt hätte, wenn ihn nicht die gnadenlose Strafe, kopfüber in die Hölle zu fahren, eingeschüchtert hätte.

Sehr hohe und edle Gründe bewegten Eure Majestät, als Ihr die obengenannten Verordnungen erließet, und gebe Gott, daß es sich als falsch und lügenhaft erweist, was jetzt von Mund zu Mund geht, daß nämlich Eure Majestät im Begriff sind, sie zu widerrufen. Und desgleichen wolle Gott, daß Eure Majestät es niemals bereuen, mit dem Stab des Vizekönigs und dem Auftrag, die mildtätigen Verordnungen auszuführen, den sehr standhaften Herrn Blasco Nuñez de Vela nach Peru geschickt zu haben, den ehrbarsten und mutigsten Hauptmann, den Eure Majestät in Dienst genommen haben. Gegen seinen festen Willen, den Auftrag zu erfüllen, den ihm Eure Majestät erteilt hatten, konnten weder Spott noch Verleumdung etwas ausrichten; ihn kümmerte überhaupt nicht, daß die ruchlosesten Mönche ihn einen Tyrannen, Taugenichts, Narren und Wüterich nannten, in keiner Weise schreckte ihn, daß Gonzalo Pizarro seine unzähligen mit Kugeln und Pulver wohlversehenen Anhänger gegen ihn schickte; nicht einen Augenblick ließen ihn die Schamlosigkeiten der unehrlichen Auditoren zaudern; er hatte sich in Andalusien mit dem königlichen Befehl eingeschifft, die Verordnungen in die Tat umzusetzen, und er setzte sie rücksichtslos in die Tat um, auch wenn jeder Indianer, dem er die Freiheit zurückgab, einen Schritt in Richtung seines eigenen Todes bedeutete. Er kehrte nicht vorsichtig nach Spanien zurück, um Eurer Majestät über die erlittenen Verrätereien Bericht zu erstatten; er rückte nicht um Haaresbreite von den Verordnungen ab, um etwa die aufgewiegelten Geizhälse zu besänftigen; trotzig hob er ein mageres Heer aus mit dem Vorsatz, es seinen überlegenen Feinden entgegenzustellen, und er fiel im Kampf gegen sie, und ihm wurde der tugendhafte Kopf von elenden Händen abgeschnitten. Hartnäckige, Verrückte, Einfältige wie diesen sollten Eure Majestät immerzu als Statthalter der Indischen Inseln und der Tierra Firme am Ozeanischen Meer einsetzen, denn das würde der spanischen Nation zum Ruhme gereichen und etlichen Ministern Eurer Majestät, die deren bedürfen, zu angemessener Belehrung.

Nunmehr wieder auf die Abenteuer dieses Eures niedrigen Vasallen Lope de Aguirre zurückkommend, wollen es Eure Majestät für die nackte Wahrheit nehmen, mein König und Herr, daß, während die aufrührerische Leidenschaft in Peru um sich griff und die Besitzer von Haziendas und Estanzias mit Lust und Wonne Gonzalos Fahnen folgten und Gonzalo als Idol und Statthalter dieser Gebiete gerühmt und verehrt wurde und seine Siege in der Stadt der Könige prunkvoll mit Banketten und Stierkämpfen gefeiert wurden, die mindestens vierzigtausend Dukaten kosteten, ich, der Soldat Lope de Aguirre, weder den Possenreißer in der Farce spielte noch mich von dem gonzalischen Schwindel prellen ließ; ganz im Gegenteil, ich beeilte mich, die verlorene Sache des unglücklichen Vizekönigs zu verteidigen, zusammen mit Gabriel de Pernía, einem wie ich den Befehlen und Anordnungen Eurer Majestät gehorsamen Feldwebel. Außerdem machte ich mich sogleich, nachdem der Vizekönig von den eidbrüchigen Auditoren abgesetzt und eingekerkert worden war, zum Mitverschwörer einer zu seiner Befreiung eingefädelten Rebellion, und um ein Haar gelang unser Plan, der zu einem glücklichen Ausgang geführt hätte, wenn nicht eine jener kleinen verliebten und in Gonzalo Pizarros Vorzüge vernarrten Huren, Gott verdamm sie! einen Wink gegeben hätte, und daß man mir nicht die Kehle durchschnitt, verdanke ich Hauptmann Lorenzo de Aldaña, und mir blieb nichts anderes übrig, als nach Cajamarca zu fliehen. Dort vereinte ich meine Absichten mit denen von Melchor Verdugo, der, ohne eigentlich ein Heiliger zu sein, Eurer Majestät treu und ergeben blieb und den Versuchungen widerstand, mit denen ihn die Tyrannen lockten, um ihn für sich zu gewinnen und auf den Pfad der Untreue und des Aufruhrs zu lenken. Als wir uns in Cajamarca befanden, erhielten wir einen Brief von Gonzalo Pizarro, der sehr bemüht war, uns für seine Kriegstaten zu gewinnen;

aber anstatt ihm Gehör zu schenken, brachen Melchor Verdugo und ich nach Trujillo auf; und als wir dort ankamen, unterwarfen wir die ganze Stadt mit List und Schläue und erklärten sie als loyal gegenüber Eurer Majestät; und als es uns an Kräften fehlte, um den Platz zu halten, weil der vom Teufel besessene Francisco Carvajal mit einem großen Heer auf uns zukam, nahmen wir am Strand ein Schiff und stachen in See, vierzig Soldaten, unter denen sich dieser demütige Vasall Eurer Majestät befand, der zum Oberfeldwebel befördert war; und in Nicaraguas Sanden warfen wir schließlich Anker, keineswegs in kopfloser Flucht, sondern mit dem festen Willen, Leute zu sammeln und an ihrer Spitze nach Peru zurückzukehren, um gegen den Tyrannen zu kämpfen, auch wenn wir bei dem Unterfangen das Leben verlieren sollten.

Sobald wir dann im Hafen von Realejo angekommen waren, war es unsere größte Tat, die Truppen zu bekämpfen und zu schlagen, die General Pedro de Hinojosa gegen uns schickte, der sich zu jener Zeit damit brüstete, stolzer Parteigänger Pizarros zu sein, und sich noch nicht in das Lager Eurer Majestät geschlagen hatte, wie er es vernünftigerweise später tat. Im Verlauf unserer Irrfahrten widerfuhren uns zahllose Mißgeschicke, wir durchquerten niemals vorher von Menschen betretene Gegenden, durchschifften niemals vorher befahrene Flüsse, versäumten vielleicht so wichtige Entdeckungen, wie sie zuvor Vasco Nuñez de Balboa gemacht hatte, und verließen den See von Nicaragua durch einen Desaguadero genannten Fluß, bis wir in das Nordmeer kamen, und besetzten zuletzt die Stadt Nombre de Dios, die in den Händen der Pizarros war. General Hinojosa, der sich wie gesagt damals rühmte, Feind Eurer Majestät zu sein, und das ist kein Scherz, schickte neue Truppen gegen uns, und wir sahen uns in der Zwangslage, die Stadt anzünden und verbrennen zu müssen und sie dann zu verlassen und Kurs auf Cartagena zu nehmen.

In Cartagena de Indias, wohin das Schicksal uns führte, erhielten wir Kenntnis von dem sehr berühmten Prälaten Don Pedro de la Gasca, der von Eurer Majestät mit allen irdischen Vollmachten ausgestattet und von der königlichen Krone ausgesandt war, um Gonzalo Pizarros stolze Vermessenheit zu demütigen, und der in Tierra Firme voll des Eifers gelandet war, diesen Auftrag zu erfüllen, jedoch nicht mit Gewalt und Mut, worin Gonzalo sich überlegen zu zeigen pflegte, sondern mit Verstand und Diplomatie, Musen, die Gonzalo nicht zu den seinen zählte, und ich weiß, was ich sage. An den genannten vortrefflichen Don Pedro de la Gasca, war er doch der rechtmäßige Vertreter Eurer Majestät, schrieben wir, Melchor Verdugo und dieser Euer Oberfeldwebel, um unsere Dienste anzubieten, aber der ehrwürdige Priester schätzte unsere Bereitwilligkeit nicht sehr, denn er war von seinem Wesen her gegen uns eingenommen wegen der kühnen Taten, die wir, um Eurer Majestät nützlich zu sein, begangen hatten, und er bat uns höflich, in Erwartung seiner Befehle friedlich in Nicaragua zu lagern. Melchor Verdugo faßte den Entschluß, nach Spanien zurückzukehren, wo ihn Eure Majestät mit der Jakobslilie reichlich für seine Dienste belohnte, während ich meine christlichen Schritte nach Nicaragua richtete, um die Einberufung von Don Pedro de la Gasca abzuwarten, die, bei Gott, niemals kam.

Wie Don Pedro de la Gasca, häßlich von Angesicht und fast so bucklig wie die Hexen, daß es einen grauste, und zum Ausgleich von göttlichem Verstand und mit einer Zunge wie die Engel im Himmel, Gonzalo Pizarro zu besiegen und zu überwinden vermochte, ohne eine

Kugel zu verschwenden, ist eine wohlgefällige Geschichte, die Eure Majestät Wort für Wort kennen, denn es waren Eure überaus siegreiche Majestät, die sie ausgedacht und geplant hatten. Die Briefe, die der ehrwürdige La Gasca Tag und Nacht in seiner in Alcalá und Salamanca erlernten Schreibweise verfaßte; die Begnadigung aller Schuldigen, die er wie geweihtes Brot austeilen ließ; seine sanften, mit scharfen Drohungen vermischten Gnadenversprechungen; so viele Listen untergruben unverzüglich die Standhaftigkeit von Pizarros Anhängern. Als erste erlagen die ihm am nächsten stehenden Hauptleute den Schmeicheleien, und auch die Händler und Kaufleute, die Gonzalo dazu verleitet hatten, seine Aufstände anzuzetteln, ließen ihren Dünkel fallen. Die einen wie die andern hatten anfangs den Kleriker verspottet und verhöhnt, indem sie ihn das Lizentiatlein oder Gasca Gasqueta nannten, liefen dann aber in großer Zahl zu ihm über und ließen schließlich Gonzalo allein mit dem Henker nach der prächtigen Schlacht von Xaquixahuana, in der die Heere Eurer Majestät beim Sieg einen einzigen Soldaten verloren, und der Verstorbene war von seiner Geburt an einfältig gewesen.

La Gasca hatte mich beide Male zurückgewiesen, das zweite Mal, als ich ihm von Nicaragua aus beharrlich meinen Dienst als Feldwebel anbot, und er verfuhr ebenso mit zwei biskayischen Fähnrichen, die stellungslos herumliefen, denn es schien der Wille des Lizentiaten zu sein, die Verräter allein mit der Kraft der pizarrotreuen Hauptleute und Soldaten, die zu ihm übergelaufen waren, zu vernichten, und in der Tat vernichtete er sie, und bis zum Jahre achtundvierzig, nachdem der Tyrann Gonzalo Pizarro besiegt, unterworfen, getötet und begraben war, hatte ich keine Gelegenheit, nach Peru und nach Cuzco zurückzukehren, wo ich die Mauern meines Hauses errichtet und meine Tochter Elvira aufgezogen hatte. Mein Name wurde nicht berücksichtigt bei der Verteilung von Gunstbezeigungen, die Präsident La Gasca nach dem Sieg in Haynarima vornahm und veranstaltete; erstens, weil ich niemals eine Bezahlung oder Unterstützung als Vergütung für die Eurer großherzigen Majestät in Indien geleisteten Dienste verlangt noch erhalten habe, und schließlich, weil Präsident La Gasca mehr davon hielt, die Reuebezeugungen der ehemaligen Pizarroleute zu belohnen, als auf die Kümmernisse derjenigen zu achten, die wir niemals Pizarros Anhänger waren. Und Gott weiß, wenn ich Eurer Majestät über diese Kleinigkeiten berichte, so ist es nicht, um mich über den Prälaten La Gasca zu beklagen, dessen Klugheit und Umsicht ich so aufrichtig verehre, sondern um das Innere meiner Seele in der Niederschrift dieses Briefes zu offenbaren, den Eure Majestät niemals empfangen werden. Ich halte die heitere Armut für ehrbar, und das habe ich in irgend einem Buch geschrieben gesehen.

Es küßt die erhabenen Füße Eurer Majestät Euer ergebenster und gehorsamster Vasall, der sich danach verzehrt, Eurer Majestät erneut mit den Waffen in der Hand zu dienen.

Lope de Aguirre der Soldat.«

Als er zum ersten Mal nach Cuzco kam, niemals vorher, begriff Lope de Aguirre, daß es wirklich eine neue Welt gab. Neu und uralt. Was auf den Friedhöfen des Cenú ausgegraben wurde, die Kämpfe in Panamas Urwäldern, nichts davon war schöpferischer Blitz gewesen, sondern wilde Natur (diese hebt den Kopf auch in den ältesten Gebieten); und Scharmützel mit den Indianern, um ihnen das Gold zu rauben (der Krieg und die Habsucht waren keine neuen Leidenschaften für den Menschen und für die Spanier schon gar nicht).

Die Entdeckung weilt und pocht in diesem Stein, der von inkaischen Fäusten bezwungen, von einer wunderbaren Geometrie geschliffen, von einer menschlichen Kraft, die keine Spuren ihres Wirkens hinterließ, hoch zum Himmel errichtet wurde. Lope de Aguirre war zwischen Schluchten und Bergen geboren und aufgewachsen, aber niemals in die Weisheit des Steins eingedrungen — erst vor diesen Bauwerken; niemals verwirrte ihn das Arkanum der Gebirge — erst in der Tiefe dieser von fremdartigen Göttern bewohnten und von Legenden, die das furchtloseste Herz erschrecken, umwobenen Täler.

Der Ratsherr Lope de Aguirre traf 1536 in Cuzco ein, und bei seiner Ankunft zog er die Konquistadorenhaut aus, um nur noch ein menschliches Wesen zu sein, das nach einer Heimat und einer Behausung suchte. Das erkannte er ganz genau, als der erste Mondschein und der erste Regen auf ihn fielen. Die Morgendämmerung fand ihn bei dem Bau eines Hauses mit einer Feuerstätte aus Stein und einer Lagerstatt, die gleichfalls aus Stein war. Ein Haus im Viertel Pumacc Chupan, was »der Schwanz des Pumas« bedeutet, ganz nahe beim Zusammenfluß zweier Flüsse: des Huaynay und des Tullumayo. Ein Winkel, auf den beschneite Schluchten niederdrückten und Hügel, die die meilenweite Entfernung blau färbte.

Eines Nachmittags ging an seiner Türöffnung eine Indianerin vorüber, die hinter den übrigen zurückgeblieben war. Sie trug einen Krug auf der Schulter und war mit einem schwarzen Baumwollrock bekleidet, einem roten Hemd, einem bunten Umhang und einer Mütze, die knapp den hinteren Teil ihres Haares bedeckte. Sie hieß Cruspa (das ist dasselbe wie Kreuz), weil der Katechismuslehrer sie auf diesen Namen getauft hatte, aber sie hatte auch einen einheimischen Namen, den sie niemandem anvertraute. Vielleicht stammte sie von einer edlen Familie aus Cuzco ab, denn so waren ihre Haltung und ihr Benehmen, aber auch über ihre Herkunft sprach sie nicht. Sie hatte ein Gesicht, als ob sie weinte, ein Lächeln, als ob sie schluchzte, durch ihre Stimme klangen Tränen, trotzdem weinte sie nicht, noch sah irgend einer sie jemals weinen.

Die Schar der Frauen ging jeden Nachmittag am Hause des Ratsherrn Lope de Aguirre vorüber, die Indianerin Cruspa blieb, ohne es zu wollen, mit ihrem Krug auf der Schulter und ihrem traurigen Blick hinter den anderen zurück. Lope de Aguirre näherte sich ihr eines Samstags im August, dem Monat der Aussaat, *charca Yapuy quilla,* fragte er sie, ob es ihr gefallen würde, in sein Haus zu kommen und das Brot zu kneten, sie sagte ja, und in derselben Nacht brachte sie ihre Einsamkeit, um mit ihm zu leben.

Sieben Jahre ließ Elvira auf sich warten. Die mestizische Tochter wurde geboren, nachdem Lope de Aguirre geschlagen von seinem letzten Zug zu den Chunchos zurückgekehrt war, jenem mit Perálvarez de Holguín, der nicht über Chuquiavo hinauskam, wie Aguirre selbst es Karl V. in seinem Brief oder »Ausbruch seiner Seele« erzählt. Da wurde Elvira geboren, sie hatten sie schon nicht mehr erwartet oder gefürchtet, und sie erbte weder das kummervolle Aussehen der Mutter noch das schroffe Profil des Vaters, sondern strahlte eine besänftigende Anmut aus, so wie das Bildnis der Jungfrau von Aránzazu.

Das Kind war kaum ein Jahr alt und begann in den steinernen Gängen herumzutapsen, als Lope de Aguirre für Vizekönig Blasco Nuñez und die königlichen Verordnungen Partei nahm; er mußte nach Trujillo entfliehen, dann landete er mit Melchor Verdugo in Panama. Vier Jahre später kehrte er nach Cuzco zurück, nachdem Gonzalo Pizarros Erhebung niedergeschlagen und der Kopf des Rebellen abgeschnitten war, und um die Zeit betete das Kind schon das Salve Regina und stimmte klagende Weisen auf Quechua an, die seine Mutter es gelehrt hatte.

Lope de Aguirre, wir wissen es schon, erhielt weder Lohn für seine Dienste noch Gunstbezeigungen für seine beharrliche Treue zur Sache des Königs. Er versichert, daß er sie auch nicht erbat. Er zog es vor, den Krieg zu vergessen, ihn einzutauschen gegen die ruhigen Wolken von Cuzco, das Haus aus Stein, Elvira, Cruspa, die Pferde. In Sevilla war er Zureiter gewesen, das konnte er wieder machen, natürlich konnte er das. Diese Pferde waren, das versteht sich, nicht die gleichen wie in Andalusien; die eisigen Winde und das Gewicht der Berge hatten ihre Farben verblassen lassen; jene waren behend, unruhig, prächtig; diese sind klein, robust, düster und zu jeder Tücke fähig. Lope de Aguirre überquert die Esplanade beim Hin und Her des Zähmens. Elvira ist auf die Umzäunung geklettert und schreit vor Stolz, Cruspa hat traurige Augen und sagt nichts. Aber das Kind hat recht. Es gibt weder in Cuzco noch in seiner Umgebung einen Zureiter, der es wagt, sich mit Lope de Aguirre in der Beherrschung des Handwerks, in der Festigkeit der Unterarme, in Schläue zu vergleichen. Ihn suchen die reichen Encomenderos persönlich auf, wenn sie auf ihren Landgütern Fohlen haben, die zugeritten werden sollen, auch die Seelsorger, die auch Wucherer und Besitzer von Pferdeställen zu sein pflegen, kommen zu ihm. Ein einziges Mal warf ihn ein Fohlen ab, ein Schweißfuchs, der behaart war wie ein Teufel, Elvira brach auf der Palisade in Tränen aus, nicht aus Jammer über den Sturz, sondern weil sie ihn ungerecht fand.

Aber Lope de Aguirre gab sich nicht damit zufrieden, Pferde zu zähmen oder mit verzückter Seele zu beobachten, wie die Berge dunkel und hell wurden. Er erstrebte ein anderes Schicksal, nicht für sich, nicht für Cruspa, sondern für das Kind. Die Stadt Potosí war glanzvoll wie die Länder, die Cortés entdeckt hatte, ihre unerschöpflichen Silberadern bereicherten die Inkakönige und bereichern gleichermaßen die Konquistadoren. »Wer Potosí nicht gesehen hat, hat Indien nicht gesehen«, sagen alle Reisenden. Es gibt auf der Erde keinen Berg, der mehr glänzt oder so schwanger von kostbarem Silber ist. In den Öfen schmelzen die Indianer seine Metalle und verwandeln sie in Geschirr und Schmuck von großer Schönheit.

Lope de Aguirre macht sich auf nach Potosí, er reitet auf dem leichtfüßigsten seiner peruanischen Pferde, legt hundertsechzig Meilen ebenen und bergigen Weges zurück, die von den Indianern bearbeiteten Steine sind

Spiegel des Windes im Lichte der Nacht, die Wasser einer unendlichen Lagune umspülen ein langes Stück Weg seine Silhouette und die seines Pferdes, wie eine Prozession von Gespenstern ragen die Disteln empor, deren Saft die Ameisen aussogen. In Potosí wird er Halsketten und Armbänder, Kelche und Schatullen, heilige Sebastiane und Heilige Jungfrauen mit dem Rosenkranz kaufen, alle aus Silber, er wird seine Ware mit reichlichem Gewinn in anderen Städten absetzen und mit Gütern und Geschenken für Elvira beladen nach Cuzco zurückkehren, diese heiteren Gedanken verursachten sein Unglück und sein Verderben.

(Mauern von Potosí. Im Hintergrund verschwimmen die Umrisse der Berge Gayna Potochi und Apo Potochi. Außerhalb der Mauern erheben sich planlos die Strohhütten der Indianer. Am Fuße der Mauern brodelt die Geschäftigkeit der Händler und Fußgänger. Auf den Mauern flattert eine weiße Fahne mit rotem Kreuz, die die Fahne der Stadt ist. Lope de Aguirre erscheint an der Spitze seiner Schar.)

LOPE DE AGUIRRE: Ich verlasse die Kaiserliche Stadt von Potosí, die reichste und wunderbarste der Erde. Ich habe meine Koppel Lasttiere mit Geschirr und Schmuck aus Silber beladen, das die Hände von Indianern schmolzen und bearbeiteten. Ich gehe nach Tucumán, das eine von friedliebenden, großherzigen und christlichen Menschen bewohnte Gegend ist. Dort sagen die Männer und Frauen immer die Wahrheit, halten das gegebene Wort, verraten einander nicht. Ihnen werde ich meine Ladung zu gutem Preis verkaufen; ich werde Pferde mit breiter Kruppe und starker Brust kaufen, und etliche klingende Golddublonen werden mir bleiben. Dann, ja dann werde ich nach Cuzco zurückkehren, wo mich Elviras Lächeln, mein Haus aus Stein und Cruspas Traurigkeit erwarten.

Chor alter Kaufleute: Du ahnst nicht, du besitzt nicht die Gabe, o unglücklicher Lope de Aguirre, den Orkan von Haß zu ahnen, der dein Leben zerrütten wird. Verlaß Potosí nicht, gib den indianischen Silberschmieden die Dinge zurück, die du von ihnen gekauft hast, fordere nicht das unheilverkündende Zeichen heraus, das in der Luft über deinem Kopfe geschrieben steht.

Lope de Aguirre: Ich bin ein besonnener und gesetzesfürchtiger Edelmann, ein Soldat, der um des ehrbaren Handels willen auf die Waffen verzichtete. Ich habe in meiner Begleitung eine Schar Indianer, die mit meiner guten Behandlung zufrieden sind, die ohne Mühe meine silbernen Bildnisse und Kelche transportieren und den Proviant für den Tag. An ihrer Spitze gehe ich, der Freund dieser Eingeborenen und Kenner dieser Gegenden, ein Mann ohne Hader und ohne Furcht. Welch bösartiges Unheil trachtet sich mir in den Weg zu stellen wie das Haupt einer Schlange? Welch unsinniges Orakel erdreistet sich, mein Unglück vorauszusagen?

Chor alter Kaufleute: Juan Yumpa, der ein indianischer Astrolog und Philosoph ist; Juan Yumpa, der hundert Jahre vollendet hat und die Sprache der Sterne zu lesen versteht; Juan Yumpa, der mit den toten Kindern spricht, die die Gärten des Himmels begießen; Juan Yumpa warnt dich im Namen seiner Götter: verlaß heute nicht Potosí!

Lope de Aguirre: Erwartet ihr etwa, daß mein christliches Gewissen den Voraussagungen eines chichatrunkenen und vom Alter halbnärrischen Indianers Glauben schenkt? Wollt ihr mich dazu verleiten, die Religion Jesu Christi geringer zu schätzen als die Tempel jener wilden Götter? Habt ihr den Verstand verloren?

CHOR ALTER KAUFLEUTE: Verlaß heute nicht Potosí, Lope de Aguirre, Juan Yumpa, der mit den toten Kindern spricht, warnt dich . . .

(Es erscheinen der Alkalde Francisco Esquivel und seine Frau Rosario Esquivel.)

FRANCISCO ESQUIVEL: Soldaten, verhaftet jenen Händler von kleiner Gestalt und niedrigem Wuchs, der einen Trupp Indianer in seinem Dienst hat! Verhaftet ihn, Soldaten, und führt ihn mit gefesselten Händen in den Kerker! Klar und ausdrücklich machen die Verordnungen darauf aufmerksam, daß es ein Delikt ist, die Eingeborenen mit zu hohem Gewicht zu belasten, und jene beiden, die zum Trupp dieses Mannes gehören, gehen mit großen Warenballen auf den Schultern gebeugt des Weges.

LOPE DE AGUIRRE: Das ist keine gute Justiz, die Euer Gnaden sich da zu üben anschicken, Herr Alkalde. Meine Indianer tragen keine übergroßen Warenballen, sondern leeres Silbergeschirr und Bündel mit Lebensmitteln, um ihren eigenen Hunger zu stillen. Auch sind meine Indianer nicht die einzigen, die Euer Gnaden heute beladen die Mauern der Stadt haben durchschreiten sehen. Sämtliche Trupps von Kaufleuten haben Indianer bei sich, die auf diese Weise arbeiten; nicht einer hat Potosí verlassen, der nicht welche bei sich hätte. Warum richten Euer Gnaden die Aufmerksamkeit gerade auf mich? Haltet Ihr mich für schwach oder feige, nur weil ich weniger hochgewachsen bin als die anderen? Einen großen Fehler begehen Euer Gnaden in solchem Falle, denn in diesem meinem kleinen Körper schläft ein baskischer Löwe, der weder Beleidigungen noch Demütigungen duldet. Das sollen Euer Gnaden sich wohl gesagt sein lassen.

FRANCISCO ESQUIVEL: Soldaten, bringt ihn gut gefesselt in den Kerker, weil er die Verordnungen übertreten hat und unverschämt war. Haltet ihn gut in einer dunklen Zelle in Verwahrung, bis ihm mein Urteil zugestellt und die Strafe alsdann an seinem Körper vollzogen wird.

LOPE DE AGUIRRE: Ich werde es nicht zulassen, daß gemeine Hände von Häschern und Kerkermeistern mir die Haut besudeln. Ich werde mit eigenen Schritten dorthin gehen, wohin mich das Schicksal lenkt.

(Lope de Aguirre geht, gefolgt von den Soldaten, hinaus.)

CHOR ALTER KAUFLEUTE: Habt acht, Herr Alkalde, habt acht, vergeßt nicht, daß die Männer von kleiner Größe sich in gewaltige Teufel zu verwandeln pflegen, wenn man sie beleidigt und in die Enge treibt. Die Klugheit möge Euch umstimmen, Herr Alkalde.

FRANCISCO ESQUIVEL: Eure Warnungen und Eure Ratschläge klingen dreist. Ich bin der Alkalde, und es ist mein Auftrag, den Gesetzen Achtung zu verschaffen und meine Autorität geltend zu machen. Der Verbrecher Lope de Aguirre wird zweihundert Peitschenhiebe erhalten als Züchtigung für die Mißachtung der Verordnungen und als Strafe für die ungehörige Antwort, die er auf meine Worte gegeben hat. Solches sind mein Wille und mein Urteil.

CHOR ALTER KAUFLEUTE: Zweihundert Peitschenhiebe haben Euer Gnaden gesagt? Wissen Euer Gnaden, daß der Gefangene als Feldwebel im Lager der Freunde des Königs kämpfte: in Cartagena de Indias und in Castilla del Oro? Wissen Euer Gnaden, daß Lope de Aguirre ein baskischer Edelmann ist und daß sein Wappen von einem Adler mit zum Fluge ausgebreiteten Flügeln bekrönt ist? Wissen Euer Gnaden, daß die Aguirres allgemein tapfere und stolze Männer sind, die zu Zorn und Rache neigen?

ROSARIO ESQUIVEL: Verschließt nicht, mein Gatte,

die Ohren vor den Ratschlägen der ehrwürdigen Kaufleute dieser Stadt. Verzeiht mir die Kühnheit, öffentlich in dieser Weise zu Euch zu reden, aber es bewegt mich nicht der Drang, Euch zu widersprechen, auch kein Gefühl des Mitleids für den Mann, den man schlagen wird. Mich erschreckt aber die Vorahnung, daß die Vollstreckung Eures Urteils unendliches Unheil über unserem Heim auslösen wird. Die Augen des Gefangenen leuchteten wie die Schneide eines Dolches; seine Hände verkrampften sich wie ausgerissene Wurzeln. Ich bitte Euch, mein Gatte, widerruft Euer Urteil.

FRANCISCO ESQUIVEL: Bote, eilt unverzüglich zu dem Kerker, wo Lope de Aguirre eingeschlossen ist, und befehlt dem Büttel Martín Arteaga in meinem Namen, zweihundert Peitschenhiebe auf den Rücken des Verhafteten abzugeben. Beeilt Euch, Bote!

(Der Bote geht hinaus.)

CHOR ALTER KAUFLEUTE: Die Wut und das Blut kommen auf dein Haus zu wie von den Händen des Satans entfesselte Flüsse, Lizentiat Esquivel. Der alte Indianer Juan Yumpa, der mit den toten Kindern spricht und die Zukunft in den Kokablättern liest, erwähnt immerzu deinen Namen, wenn er seine Totenhymnen murmelt.

ROSARIO ESQUIVEL: In meinen Träumen brandet ein tobendes Meer und brechen sich haushohe Wellen, die Euren abgeschnittenen Kopf an den Strand schleudern. Ich habe Angst, mein Gatte!

CHOR VON FRAUEN AUS POTOSI: Weh mir! Uns Frauen ist es eigen, daß wir unser Herz sich zusammenziehen fühlen angesichts von Gewalt und ihren Verheerungen. Unserem Instinkt ist es eigen, Unheil vorauszuahnen, das die geliebten Wesen bedroht. Aber schon kommt der Bote herbei, und seinem ungestümen Schritt ist anzusehen, daß er schlimme Nachricht bringt.

(Der Bote erscheint.)

DER BOTE: Als ich vor den Türen des Kerkers ankam, Herr Alkalde, schrie der Gefangene Lope de Aguirre, man möge die ihm als Strafe auferlegte Haft gegen den Galgen vertauschen. Schlagt mir den Kopf ab, stoßt mir ein Schwert ins Herz, aber entehrt mein Fleisch nicht durch Gefangenschaft! so rief er, und er war so außer sich, daß seine Fäuste die Ketten zu zerreißen drohten. Dann kam ich an und teilte dem Büttel Eure Befehle mit. Lope de Aguirre wurde so bleich wie eine Leiche, als er meine Worte hörte, er entblößte sich von selbst, stieg von selbst auf das Maultier, das ihn zum Marterpfahl tragen sollte; er hörte plötzlich auf zu sprechen; sein Schweigen war schrecklicher als seine Verwünschungen . . .

(Lope de Aguirre erscheint mit blutbedecktem Rücken.)

LOPE DE AGUIRRE: Schweig, Bote, ich selbst werde das Ende dieser Geschichte erzählen! Zweihundert Peitschenhiebe fielen auf meinen nackten Rücken und Hintern. Die Stimme des Büttels zählte sie, und gleichzeitig zählte sie mein Gewissen. Die Peitsche zerfetzte meine Haut wie die Schnabelhiebe eines Kondors, das Blut floß bis zu den Füßen wie kochendes Quecksilber, und ich fühlte keinen Schmerz, weil mein Zorn so heftig war, daß er keinen Raum ließ für irgendein anderes Gefühl; und ich weinte nicht, weil niemand bei mir zu Hause mich weinen lehrte; und ich klagte nicht, weil die Männer meines Geschlechts nicht klagen. Nach dem zweihundertsten Peitschenhieb, ich zählte sie einen nach dem andern bis zum letzten, stürzte ich bewußtlos nieder auf die Steine des Platzes, und man übergoß mich mit einem Eimer ätzender und schändlicher Salzlake.

CHOR VON FRAUEN AUS POTOSI: Komm in unser Haus, wir wollen dir die Wunden pflegen. Du wirst genesen mit den Umschlägen aus Zauberkräutern, die der Taquioncoy bereitet, und mit einem halben Rosenkranz für die Gottesmutter und mit dem Lied des großen Chimú und mit der Weisheit der indianischen Heilkunst. Du wirst genesen und zu den geheiligten Steinen von Cuzco zurückkehren, wo deine Frau und deine Tochter, dein Haus und deine Pferde auf dich warten. Und sobald der Januar wieder da ist, der Monat der Buße und des Regens, wird man kaum mehr die Spur deiner Wunden sehen, und du wirst allmählich die Schmach vergessen und dir einbilden, daß dein heutiges Unglück nur ein Traum war.

LOPE DE AGUIRRE: Niemals werde ich, und lebte ich noch Jahrhunderte, auch nur eine Minute dieses entsetzlichen Tages vergessen; meine Brust kennt kein Vergessen. Euer Gnaden, Herr Alkalde, haben mich ohne Recht und ohne Grund schlagen lassen, allein aus der schmutzigen Laune, mich zu entehren. Ihr hörtet nicht auf die Einwände der alten Kaufleute, noch erweichten Euch die flehenden Tränen Eurer eigenen Gattin. Euer Gnaden lechzten danach, das Blut des kleinen Lope de Aguirre fließen zu sehen, und Gott erwies Euch die Gnade, es fließen zu sehen. Hier habt Ihr es, Euer Gnaden, wie es aus meinen heißen Adern tropft. Euer Gnaden können ruhig die Finger darin befeuchten, es wie Balsam beriechen, es wie Wein kosten, wenn Ihr wollt. Es ist kein vergiftetes Blut, das schwöre ich Euer Gnaden.

(Francisco Esquivel und Rosario Esquivel gehen hinaus.)

CHOR VON FRAUEN AUS POTOSI: Verbrenne nicht dein Leben im Feuer der Rachsucht, Lope de Aguirre, verbrenne nicht deine Seele in den Flammen der Hölle.

LOPE DE AGUIRRE: Ich werde niemals wieder das Leben eines Mannes leben, solange ich nicht Tropfen für Tropfen die mir angetane Beleidigung gerächt habe.

Wozu nach Cuzco zurückkehren, wenn ich weder die Anmut meiner Tochter noch die Wärme meiner Frau genießen kann, solange das Joch des Hohns auf meinem Nacken lastet. Dieses klebrige Rinnsal, das meinen Rücken befeuchtet, wird nicht trocknen, dieser Schmerz, der mir die Seele zerreißt, wird nicht vernarben, solange meine Augen nicht bis zu meinen Füßen das Blut desjenigen fließen sahen, der das meine ungerechterweise vergossen hat. Für den fliehenden Francisco Esquivel wird es kein Versteck auf der Erde und keinen Schlupfwinkel im Himmel geben; wo immer auch er sich verbergen mag, wird ihn der Kompaß des Hasses finden, in den sich mein Herz verwandelt hat. Ich bitte den mächtigen Erzengel Michael, daß er meine Seele erhärte wie einen Felsen, meine Nägel schärfe wie Nadeln, daß er weder Ermüdung noch Erbarmen in meine Brust einlasse, daß er mich grausam wie die Wölfe und verschwiegen wie die Schlangen mache, bis ich diesen Ruchlosen gestraft habe, so wie dein gnadenloses Erzengelsschwert den vermessenen Luzifer unterwarf, amen.

(Lope de Aguirre geht langsam hinaus. Über den Mauern bricht die Nacht herein.)

CHOR ALTER KAUFLEUTE: Für Lope de Aguirre beginnt eine lange Nacht der Verfolgung und des Lauerns. Der verhängnisvolle Rachedurst wird ein um seinen Hals gewundenes Band aus Eisen sein, ein unauslöschliches Donnern, das seinen Füßen keine Ruhe gewähren wird, seinen Augen keinen Schlaf, seinem Munde keinen Hunger. Lope de Aguirre wird die Wunden, die seinen Rücken durchfurchen, wie bösartige Rosen pflegen; er wird sie mit seinen eigenen Nägeln vertiefen, damit sie offen und blutig bleiben. Das Bild der Peitschenhiebe wird ihn überallhin begleiten wie ein wütender Schwarm von Wespen.

Chor von Frauen aus Potosi: Drei Jahre und vier Monate lang wird Lope de Aguirre den Spuren seines Feindes durch Perus Lande und über seine Grenzen hinaus folgen. Zu Fuß und barfüßig wird er in hochgelegenes Ödland steigen, unwegsame Urwälder durchqueren, reißende Flüsse durchwaten. Er wird Kräuter kauen wie die Pferde und die Lamas, Wasser der Bewässerungskanäle aus der hohlen Hand trinken, zwischen Felsen und Dorngestrüpp schlafen, unempfindlich gegen Leiden und Schwäche, gestärkt durch das Licht der Rache, das aus seinen Augen strömen wird.

Chor alter Kaufleute: Vergeblich wird Alkalde Francisco Esquivel Hunderte von Meilen zwischen sich und das ihn hetzende Gespenst von Lope de Aguirre legen. Vergeblich wird er sich in einem alten Kloster in der Stadt der Könige in den Schutz der Dominikanermönche und des Heiligen Inquisitors flüchten, weil er eines Nachts Lope de Aguirres Schritte hallen hört, die wieder und wieder durch die anliegenden Gassen gehen, und in einer anderen Nacht in dem verschwommenen Schatten einer Straßenecke seine winzige, höllische, von einer Öllampe beleuchtete Gestalt erspäht. Vergeblich wird er allein in der treuen Begleitung seiner Gattin Rosario Esquivel in Cajamarca Zuflucht suchen, weil eines Sonntagmorgens Lope de Aguirre dort ist und in der Kirche zur Heiligen Empfängnis die Messe hört, er kniet auf einem der Betstühle, die dem Hochaltar am nächsten sind, er täuscht Schläge auf die Brust vor, täuscht vor, daß er die Wunden Christi im Kreuz ansieht und daß sie ihn schmerzen. Vergeblich wird Alkalde Francisco Esquivel dreihundert Meilen klettern, um bis nach Quito hinaufzusteigen, einer unfreundlichen und düsteren Stadt, die von verschlagenen und trübsinnigen Leuten bewohnt, aber mit Bischof und Domkapitel ausgestattet ist, weil jener, der sich im

Halbdunkel der Portale versteckt, oder jener, der barfuß und mit zerzausten Haaren wie ein Verrückter plötzlich hinter den Wasserbecken auftaucht, Lope de Aguirre ist.

CHOR VON FRAUEN AUS POTOSI: O unversöhnlicher Rächer! Du hast dich drei Jahre und vier Monate lang nicht einen Augenblick in der Jagd aufhalten lassen. Eines Septembertages beschloß Alkalde Francisco Esquivel, nach Spanien zurückzukehren, er wollte die Wasser und den Himmel des ozeanischen Meeres zwischen sein Leben und Lope de Aguirres Zorn legen. Schon sind die Gatten im Hafen von Callao, schon hat man ihre Truhen und ihre Bücher an Bord geschafft, als Rosario Esquivel undeutlich eine Gestalt wahrnimmt, die den Fockmast des Schiffes erklommen hat, einen alten Matrosen, der, wenn er nicht Lope de Aguirre ist, ihm allzusehr ähnelt, es ist klüger, wieder an Land zu gehen. Es war nicht Lope de Aguirre, das ist gewiß, aber er ähnelte ihm allzusehr.

CHOR ALTER KAUFLEUTE: Drei Jahre und vier Monate, eintausendzweihundert Tage und Nächte sind vergangen, und Alkalde Francisco Esquivel hat nicht ein Korn Ruhe essen, nicht einen Tropfen Frieden trinken können. Da ist er und nähert sich erneut Potosí, rastlos und argwöhnisch wie ein Hirsch.

(Francisco Esquivel und Rosario Esquivel erscheinen.)

FRANCISCO ESQUIVEL: Kann man sie noch mit vollem Verstand Leben nennen, diese ewige Angst, nicht zu wissen, ob der heutige Tag der Tag unseres Todes ist? Das ist ein unmenschlicher Tiger, der meine Schritte wittert, eine Hand, die jede Nacht den Dolch wetzt, ein Wille, der danach giert, jenes Eisen in meine Brust zu versenken. In jedes Dickicht kann er sich geduckt haben, aus jeder Tür kann sein Arm hervorkommen, in jeder Speise kann sich sein Gift verbergen, aus jedem Traum kann ich nicht mehr erwachen.

ROSARIO ESQUIVEL: Und kein Heim haben, weil man alles verlassen muß, wenn sein Schatten sich an den Wänden abzeichnet, und keinen Garten bebauen können, kein Feuer anzünden, keine Vögel singen hören, weil das ganze Haus jedes Mal verlassen zurückbleibt, wenn eine Stimme in unsere Ohren raunt: »Da ist Lope de Aguirre. Lope de Aguirre ist angekommen!«

FRANCISCO ESQUIVEL: Weniger hart ist es, dem Tod die Stirn zu bieten, als noch länger den kleinen täglichen Tod des auf ihn Wartens zu erleiden. Wir werden nach Cuzco gehen, Frau, und zu Füßen seiner stattlichen Berge soll sich mein Schicksal entscheiden. Cuzco ist der Ort, wo Lope de Aguirre sich niederließ und sein Haus baute, in Cuzco leben und erwarten ihn seine Frau und seine Tochter. Vielleicht vermögen das Haus, die Frau, die Tochter seine Hand aufzuhalten, bevor sie einen Menschen tötet, denn wenn er zum Verbrecher wird, richtet er sie zugrunde. Wir werden nach Cuzco gehen, Frau, und mein Schwert wird sich mit seinem Schwert kreuzen, und es wird geschehen, was Gott beschlossen hat.

ROSARIO ESQUIVEL: In Cuzco erwartet dich die Ruhe oder der Tod. Laß uns gehen!

(Francisco Esquivel und Rosario Esquivel gehen hinaus. Über den Mauern wird es Tag.)

CHOR ALTER KAUFLEUTE: So wie die Sonne ihre Tiefen verläßt und sich über die Linie des Horizonts erhebt, um uns ihr Licht zu geben, so steigt von den schwarzen Himmeln der Flügel der Tragödie herab, um uns mit Schatten zu bedecken. Lope de Aguirre, der Francisco Esquivels Spuren über Ebenen und Berge gefolgt ist, wird ihnen ebenso blindwütig bis Cuzco folgen. In Cuzco, zu Füßen der majestätischen Berge, unter dem Schutze der tausendjährigen Steine, im Schatten friedlicher Kirchen, wird Lope de Aguirre nicht an der Schwelle seiner Rache stehenbleiben.

Chor von Frauen aus Potosi: Es ist der Zorn des Erzengels Michael, der seine Schritte beschleunigt, der seinen Blick entzündet, der seinen Stahl härtet. Lope de Aguirre fühlt, daß die Schwingen des Erzengels Michael seine Schultern beflügeln, daß der Zorn des Erzengels Michael ihn drängt zu töten.

Chor alter Kaufleute: Lope de Aguirre macht sich ohne Zögern auf die gefährlichsten Wege, die nach Cuzco führen, er überquert die hohen und glatten Steine, die den Apurima überbrücken, schleppt sich Fußpfade der Inkas entlang, die Abgründe sind, durcheilt die feindseligen Gebirgsländer der Aimaras, kommt schließlich mit zerfetzten Füßen und entblößtem Herzen in Cuzco an.

Chor von Frauen aus Potosi: Weh mir! Es ist der Zorn des Erzengels Michael, der seine Hand lenkt.

(Der Bote erscheint.)

Der Bote: Ich bringe unheilvolle Nachrichten. Nichts nützte Francisco Esquivel der Schutz, den ihm die Obrigkeit von Cuzco anbot. Nichts nützten die Vorkehrungen, die er selbst traf, um sich zu schützen, weder daß er sich in den inneren Räumen des Hauses einschloß, noch daß er sich nicht auf offener Straße zeigte. Nichts nützte ihm die Wachsamkeit, die Rosario Esquivel anordnete und die die Indianer und Neger der Dienerschaft ausübten. Eines Montags um die Mittagszeit, als Francisco Esquivel alte Pergamente in seiner Bibliothek betrachtete und die Wolken von Cuzco stillstanden wie Segler ohne Brise, erschien von ich weiß nicht woher Lope de Aguirres Bildnis, als ob es Wände und Türen durchschritten hätte. Francisco Esquivel hatte keine Zeit, das Schwert zu ziehen, noch um Hilfe zu rufen . . .

(Lope de Aguirre erscheint mit blutbefleckten Händen.)

LOPE DE AGUIRRE: Nein, Bote. Nein, ihr alten Kaufleute. Nein, ihr Frauen von Potosí. Ihm blieb keine Zeit, das Schwert zu ziehen, nach Hilfe zu rufen, sich Gott zu empfehlen. Mit diesen Händen stieß ich ihm meinen Dolch in die Schläfe, in die Brust, in den Leib, in den Rücken. Mit diesen meinen eigenen Händen.

(Rosario Esquivel erscheint stöhnend und weinend.)

ROSARIO ESQUIVEL: Warum hast du ihn getötet, Lope de Aguirre? Warum nahmst du mir das Heim, den Gefährten, die Liebe, den Grund zu leben? Warum beflecktest du deine Ehre und verdammtest du deine Seele?

LOPE DE AGUIRRE: Der verstorbene Francisco Esquivel setzte mich der öffentlichen Schande aus, ohne Grund und Recht. Der verstorbene Francisco Esquivel setzte sich über meinen Rang eines königlichen Feldwebels hinweg, mißachtete das adlige Blut, das durch meine Adern fließt, entehrte meinen guten Namen eines ehrbaren Kaufmannes. Der verstorbene Francisco Esquivel verurteilte mich zu zweihundert Peitschenhieben, ohne Grund und Recht, eine Strafe, die für mich unerträglicher ist als der Galgen und unauslöschlicher als die Hölle. Jene Peitschenhiebe trafen mein Fleisch und meine Knochen wie die Hammerschläge eines Schmieds, denn sie gaben mir als menschlichem Wesen eine andere Gestalt, ein anderes Gewissen, einen anderen Willen, ein anderes Schicksal. Mein neues, von Francisco Esquivels Peitschenhieben geformtes Herz verfolgte ihn rastlos, bedrängte ihn Tag und Nacht, bis es ihn allein antraf, ihm endlich jene kleine Strafe erteilte, die die Größe seiner Beleidigung nicht aufwiegt. Ich habe begonnen, mich zu rächen, ich werde hartnäckig fortfahren, mich zu rächen, ich werde mich bis zur Stunde meines Todes rächen.

Seit jenem Blut sind meine Augen nicht mehr dieselben, die Dinge und die Menschen sind eingehüllt in eine dichte Glut, die sie leuchten läßt wie Lampen, nichts mehr versüßt mir das Leben außer Elviras Liebe, das Kind glaubt jeden Morgen das Trommeln der Hufe meines Pferdes auf den Steinen von Cuzco zu vernehmen, überall spüren mir Soldaten und Häscher nach, sie wollen den Tod des Alkalden Francisco Esquivel an mir rächen, sie haben den Galgen schon auf einem Platz ohne Bäume errichtet, den Strick erprobt und bereit, das tödliche Schwert geschärft, die Lunte der Arkebuse angezündet, schon wiehert das Pferd, das meinen gevierteilten Körper schleifen soll, nichts davon beunruhigt noch erschreckt mich, durch meine Adern fließt ein Strudel glühenden Vitriols oder salziger Lava, mir genügt dein Tod nicht, Francisco Esquivel, du warst es nicht allein, der meinen Rücken mit der Peitsche schlug, sie alle zusammen waren es, die Vögte die Richter die Alkalden die Mönche die Encomenderos, sie lösten einander ab, um mein Fleisch zu peitschen und meine Wunden zu verspotten, es sind dieselben, die erbarmungslos die Indianer ausplündern, die wegen geringfügiger Vergehen die ihnen gehörenden Indianer mit Halsstöcken und Fußschellen peinigen oder sie in entfernte Gegenden aussenden, um in ihrer Abwesenheit ihre Frauen zu vergewaltigen, die falsche Testamente aufsetzen, verbrecherisches Feuer an ganze Ortschaften legen, den Unglücklichen, die um Gerechtigkeit flehen, die Nasen und die Hände abschneiden, die ekelhaftesten Sünder sind die Mönche, Pater Juan Bautista Aldabán entkleidet die unverheirateten Indianerinnen, die zur Beichte zu ihm kommen, steckt ihnen die Finger in die Geschlechtsteile und in den After, peitscht ihnen zur Buße den Hintern aus, Vikar Domingo Matamoros versammelt junge Negermädchen unter dem Vorwand, sie in der christlichen Lehre zu unterweisen, und vergewaltigt eines nach dem andern in der Sakristei, der Franziskanermönch Felipe Avendaño lauscht den Sünden der Mädchen in einem so dunklen Beichtstuhl, daß sie nicht sehen können, welches Unheil er ihnen zufügt, sie wissen hinterher nicht, warum sie schwanger geworden sind.

Die Hochmütigen die Grausamen die Geizigen die Ungerechten, sie alle möchten mich töten, es bleibt mir nichts außer Elviras Liebe, mir bleiben auch Freunde, mir bleibt Antonio Santillán aus Valladolid, mir bleibt Diego Cataño aus Córdoba, der Vogt läßt die Glocken Sturm läuten, um meine Flucht bekanntzumachen, der Alkalde läßt seine Häscher und seine Hunde zu meiner Verfolgung los, die Mönche predigen von ihren Kanzeln schändliche Denunziation, mit einem Kruzifix in der Hand schüchtern sie ihre Gemeinde ein, »wissen, wo sich Lope de Aguirre aufhält und es nicht anzeigen, ist Todsünde«, Antonio Santillán und Diego Cataño reichen mir die Hand, als ich sie um Hilfe bitte, sie verstecken mich in einem Schweinestall nahe beim Kloster Nuestra Señora de las Mercedes, zwischen den Schweinen zu schlafen, schützt mich vor der Kälte, die grimmig von den Bergen herunterkommt, die Häscher fahnden pausenlos in den Kirchen und Klöstern, die Äbte und Äbtissinnen öffnen betrübt die Türen: »Der große Verbrecher, den ihr sucht, hat hier nicht um Zuflucht gebeten; wenn er gekommen wäre, hätten wir ihn in aller Offenheit ausgehändigt«, vierzig volle Tage lebe und atme ich in dem stinkenden Dreck der Schweineställe, Antonio Santillán und Diego Cataño besuchen mich um Mitternacht, um mir Brot und Wasser zu bringen, bei den Schweinen bleibe ich bis zu der Stunde, da der Vogt und der Alkalde mich für tot zu halten beginnen, ein indianischer Schenkwirt sagt: »Ich sah ihn flüchten, wie er allein bergan stieg«, »Die Kälte da oben läßt keinen Menschen davonkommen«, »Ich sah schwarze Vögel kreisen«, darauf erklären mich die Diener des Königs für tot, Antonio Santillán und Diego Cataño verwandeln mir die Baskenhaut in Negerhaut, der Saft einer Frucht, die hier Vitoc und in Cartagena Jagua genannt wird, ergibt eine dunkle Farbe, die nur mit der Haut abgeht, ich bin zu einem frisch eingetroffenen Neger aus Guinea oder einem heiligen Johannes Bonaventura geworden, sie ziehen mir zerlumpte Sklavenkleidung an, wir verlassen Cuzco in der prallen Mittagssonne, voran geht der schwarze Sklave, der ich bin, barfuß und halbbetrunken, um meine Stellung als schwarzer Sklave echter erscheinen zu lassen, hinterher kommen meine Herren Antonio Santillán und Diego Cataño zu Pferde mit Arkebusen und einem Jagdfalken, wir passieren die Linie der Posten, die die Grenzen der Stadt bewachen, ich setze schwarz und allein den Weg fort, der nach Guamanga hinunterführt, Guamanga hat das angenehmste Klima der Neuen Welt, Don Pedro Aguirre nimmt mich in seinem Hause auf und schenkt mir fünfhundert Pesos in bar, er ist nicht mit mir verwandt, jedoch wie ich aus Oñate gebürtig, er umarmt mich und sagt einfach: »Du tatest recht daran, dich an Francisco Esquivel zu rächen«, er begleitet mich auf seinem Pferd bis zu den Charcas, hier in den Charcas sind wir Aufständischen und Verfolgten zusammengedrängt und warten auf unsere Gelegenheit, die Peitschenhiebe des Königs von Spanien fallen Tag und Nacht weiter auf meine Lenden.

»Wir sind keine Soldaten mehr«, sagt mein biskayischer Freund Pedro de Munguía, der rauh und grollend ist wie ein Wolf.

»Wir sind eine Sippschaft von Vagabunden«, sage ich mit lauter Stimme. »Wir sind mehr als siebentausend armselige Vagabunden, die rastlos über die Straßen von Peru ziehen; von Cuzco nach Collao, von Collao nach La Plata, von La Plata nach Potosí, und wir sehen aus wie die Wegelagerer.«

»Der hochwohlgeborene Don Pedro de la Gasca, unvergleichlicher Meister der Ungerechtigkeit, hat die größte Schuld«, sagt Pedro de Munguía mit leiser Stimme. »Als es daran ging, die Belohnungen zu verteilen, bedachte er die Verräter reichlich, und knauserig vergaß er die Treuen.«

»Mich haben sie nicht vergessen«, sage ich und schlage mir mit den Fäusten auf die Brust. »Mich haben sie wohl berücksichtigt und meine Dienste mit zweihundert Hieben auf die Rippen belohnt und mir das Fell und die Ehre in Fetzen gerissen und in mein Blut dieses Gift geträufelt, mit dem man nicht geboren wird.«

»Die Täler und die Dörfer sehen uns wie Strolche mit zerrissenen Schuhen und wie Bettler mit zerlumpten Hosen vorbeiziehen. Was bleibt uns noch von spanischen Konquistadoren?« sagt Pedro de Munguía.

»Uns bleibt die Wut«, sage ich. »Die Eroberung Indiens haben wir mit verzweifelter Wut durchgeführt, indem wir Schaum aus dem Mund stießen, wilde Indianer töteten, uns gegenseitig töteten.«

»Wir sind siebentausend zu Wegelagerern gewordene Soldaten«, sagt Pedro de Munguía. »In dieser Lage sind diejenigen, die von den Pizarros gerufen wurden, um den Aufstand des Manco Inca niederzuschlagen, sind wir, die wir von La Gasca gerufen wurden, um Gonzalo

Pizarros Aufstand zu unterdrücken. Auf den einen wie auf den andern Ruf kamen wir herbei aus Chile, Quito, Popayán, Cartagena, Panama oder Nicaragua. Jetzt verlangt man von uns, daß wir die Erde pflügen wie die Ochsen, daß wir Lasten tragen wie die Saumtiere, daß wir Plunder verkaufen wie die Indianer in ihren Schenken. Aber wir sind nicht mehr als Soldaten, bei Gott! und wir haben das ozeanische Meer nicht überquert, um gemeine Arbeiten zu verrichten, sondern um zu kämpfen.«

»Vergeblich versuchte ich mich als Kaufmann, heute verfluche ich den Augenblick, in dem mir ein solches Vorhaben einfiel, mit zweihundert Peitschenhieben bezahlten sie meine Mühe, Gott soll mich strafen, wenn ich noch einmal so eine Dummheit begehe«, sage ich.

»Uns bleibt eine Hoffnung«, sagt Pedro de Munguía und senkt seine Stimme noch mehr. »General Pedro de Hinojosa ist als gewählter Gouverneur auf dem Weg zu den Charcas.«

»General Pedro de Hinojosa?« sage ich. »Gonzalo Pizarros Anhänger, der uns, die Soldaten Melchor Verdugos, wutentbrannt in Panama verfolgte, weil wir treu zum König von Spanien hielten? Der dann mit seiner ganzen Flotte zum König und zu La Gasca überlief und mit dem Befehl nach Peru zurückkehrte, genau den Pizarro bis auf den Tod zu bekämpfen, der ihm seine Freundschaft und seine Wertschätzung geschenkt hatte? Der als Preis für seine falsche Reue bei der Verteilung von Huaynarima in den Genuß der reichlichsten Gunstbezeigungen kam? Der sich später in einem neuen Aufstand gegen die Auditoren mitverschwor und in dem Augenblick, wo er sein Wort einlösen sollte, abermals umfiel? Der kommt als Gouverneur der Charcas hierher, um die Würde zu genießen, die er dank seiner unzähligen Treubrüche erlangte?«

»Meiner Treu, Lope de Aguirre, General Pedro de Hinojosa ist ein hartnäckiger Rebell«, sagte Pedro de Munguía. »Er ist es, der uns die Waffen geben wird, um sie gegen die Ungerechtigkeit zu ergreifen. Ich sage dir, daß die Auditoren ihn, um seinen Aufstand in der Stadt der Könige zu verhindern, in die Charcas geschickt haben, aber hier in den Charcas wird er sich schneller erheben, und viele furchtlose Soldaten wie wir werden ihm folgen. Ich schlage dir vor mitzumachen, Lope de Aguirre.«

»General Pedro de Hinojosa?« sage ich schließlich. »Ich halte ihn für den größten aller Verräter, die das menschliche Geschlecht hervorgebracht hat, und Judas Ischariot möge mir die Unhöflichkeit verzeihen. Aber wenn ihr auf seine Schamlosigkeit vertraut und mit so viel Überzeugung versichert, daß er mit der Absicht kommt, uns Waffen zu geben und die Gelegenheit, sie anzuwenden, bei Gott, dann werde ich mich nicht weigern, mit euch zu gehen. Es wird uns nicht an Zeit fehlen, ihn zu töten, sobald er uns verrät.«

General Hinojosa verriet uns, und wir töteten ihn, unter Aufschüben und unklaren Versprechungen ließ er die Tage verstreichen, »Die geeignete Stunde wird kommen, meine Hauptleute«, »Sobald die Real Audiencia die versprochene Munition und Ausrüstung in meine Hände legt, werdet ihr mir zu dem grausamsten Aufstand folgen, den Peru je gesehen hat«, niederträchtiger Wortbrecher! »Die Wahrheit ist, daß bei einer Rente von zweihunderttausend Pesos kein General rebelliert«, letzteres behauptet Ega de Guzmán in Potosí, und ich vermute, daß er mehr als recht hat, zwischen Potosí und La Plata streichen wir Soldaten zu Hunderten herum mit geflicktem Herzen und müßigen Händen, Armut hat das Gesicht einer Hure, General

Pedro de Hinojosa speist unser Gemüt mit Schmeicheleien, »Ihr seid die tapfersten Krieger auf Erden«, »Ihr seid die Blüte Perus«, und er entschließt sich nicht, das Schwert aus der Scheide zu ziehen, weil die Silberbarren sich in den Räumen seines Hauses aufeinandertürmen. Unser Anführer Vasco Godínez verliert am Ende die Geduld und beschließt, Don Sebastián de Castilla zu rufen, Don Sebastián de Castilla ist ein stolzer, wenn auch unehelicher Sohn des Grafen de Gomera, der sich in Cuzco verbirgt und von Ruhm träumt, ich kenne seinen Ruf und seine Person und halte ihn für sehr rechtschaffen bei der Einlösung seiner Versprechen, anders als du, Pedro de Hinojosa, der du Leben und Geld verlieren wirst, weil du dein Leben und dein Geld zu sehr liebst, Sebastián de Castilla kommt gegen Weihnachten mit sieben in seiner Gunst stehenden Arkebusiern nach Cuzco, Ega de Guzmán kommt mit vor Ungestüm blitzenden Augen aus Potosí herunter, um ihn zu empfangen, »Es ist notwendig, General Hinojosa zu töten«, sagt Ega de Guzmán, »Man muß ihn töten«, entgegne ich, »Man muß ihn töten«, stimmen die anderen zu, »Wir werden ihn töten«, sagt Don Sebastián de Castilla ernst.

General Pedro de Hinojosa entging dem Tode nicht, weil der Hochmut der schlechteste Ratgeber des Menschen ist. In der Stadt der Könige hatte der Weissager Catalino Tarragona ihm prophezeit:

»Steigen Eure Exzellenz nicht auf die Berge, denn von ihren Höhen sehen meine Augen Blutströme herabfließen.«

»Mir jagen deine Hexereien keine Angst ein«, antwortete ihm Pedro de Hinojosa.

Die zweite Warnung hörte er in Cuzco von den Lippen des sehr mißtrauischen Marschalls Alonso de Alvarado:

»Seid vorsichtig in den Charcas, die Gegend ist ein Schlupfwinkel der heimtückischsten Tyrannen.«

»Unter meiner Herrschaft und Führung werden sie sich in zahme Schafe verwandeln«, antwortete Pedro de Hinojosa.

Auch hier in La Plata hatte er ebenfalls kein Ohr für das, was ihm Lizentiat Polo de Ondegardo sagte, der ihn Nacht für Nacht besuchen kam und beharrlich warnte:

»Sie sind dabei, eine Verschwörung anzuzetteln, um uns zu töten, General.«

»Ich kann alle Aufrührer allein vernichten«, antwortete Pedro de Hinojosa.

Auch Martín de Robles und Pedro de Meneses, die einst Todfeinde und nunmehr verdächtig unzertrennlich waren, erzählten ihm dieselbe Geschichte.

»Kümmert euch um eure eigenen Angelegenheiten und laßt mich in Frieden«, antwortete ihnen verächtlich Pedro de Hinojosa.

Noch weniger hörte er auf den Franziskanermönch Santiago de Quintanilla, der Beichtgeheimnisse hortete, um sich dann durch sie zu bereichern.

»Sie werden Euch töten, General. Fünf Beichtkinder haben es mir schon durch das Gitter gestammelt.«

»Niemand beichtet seine Sünden, bevor er sie begeht, Pater«, antwortete ihm Pedro de Hinojosa.

Ihn beunruhigte nicht einmal der blutige Glanz, den die Sonne über Porco ergoß, noch die Flammen von schmutzigem Purpur, die den Himmel von Cachimayo durchzogen, noch die Responsorien der barbarischen Zauberer, die jene rätselhaften Erscheinungen deuteten.

»Das Blut des großen Viracocha wird vergossen werden«, murmelten sie zwischen den Zähnen.

»Schert euch zum Teufel, ihr Scheißindianer, mit

euren Prophezeiungen«, antwortete Pedro de Hinojosa, und so blieb er blind und hochmütig bis zum Ende, unwillig auf den Türklopfer zu hören, mit dem der Tod an seine Tür schlug.

Der Morgen, an dem Pedro de Hinojosa starb, war so kalt, daß wir mit den Zähnen klapperten, und zwar nicht vor Angst. In der Herberge von Hernando Guillada versammelten wir dreiundzwanzig Soldaten uns mit Don Sebastián de Castilla, der unser Anführer war, im Vorraum empfingen Pedro de Saucedo und Baltazar die Osorio jeden mit dem Degen in der Faust und der Drohung im Munde: Wer hereinkommt, wird nicht wieder hinausgehen! Wir dreiundzwanzig sahen die Nacht vergehen, eingeschlossen in dem Raum, der zum Eßzimmer führte, ekelhaft wetteiferte der Gestank der Furze mit dem der Füße, Don Sebastián hatte Panzerhemden und Arkebusen unter uns ausgeteilt, der Morgen graute, als unsere Wächter mit der Nachricht kamen:

»Die Neger haben die Haustüren des Generals schon geöffnet!«

Da gab Don Sebastián de Castilla die Befehle:

»Ihr sieben kommt mit mir! Ihr anderen fünfzehn bleibt hier unter dem Kommando von Garci Tello dem Jüngeren!«

Mich traf das Los, zu diesen letzteren zu gehören.

Nach einer Weile drangen die Schreie unserer Gefährten zu uns: »Es lebe der König, der Tyrann ist tot!«

Und dann, zurück in der Herberge, erzählten sie uns die Tat: »Zuerst töteten wir Leutnant Alonso de Castro, der herauskam, um uns zu empfangen, ein Degenstoß von Anselmo de Herevias heftete ihn an die Wand wie eine Fledermaus, dann stießen wir im Hof auf General Hinojosa, Garci Tello der Ältere durchbohrte ihm die Brust mit seinem Schwert, ohne auf seine Klagen und Proteste zu hören, Antonio de Sepúlveda und Anselmo de Herevias brachten ihn mit Schlägen ganz zu Tode, sie droschen mit den Silberbarren, die der Verschiedene angehäuft hatte, auf ihn ein. »Ich will beichten!« rief dreimal der sterbende Don Pedro de Hinojosa, »Es lebe der König, der Tyrann ist tot!« antworteten wir ihm bei jedem Mal, schließlich gab er seinen Geist auf, und dann plünderten wir sehr gründlich das Haus.

Wir unsererseits töteten keinen Menschen, wir konnten keinen töten, wir verließen fest entschlossen die Herberge, um General Hinojosas Ratgeber und Kumpanen zu suchen, alle waren sie frühzeitig geflohen, Martín de Robles rannte mit allen Kräften im Nachthemd durch die Maisfelder davon, Pablo de Meneses verschluckte der Erdboden, Lizentiat Polo de Ondegardo entwich auf einem hellkupferroten Pferd, das die wundertätige heilige Rita ihm beschert hatte, der Mönch Santiago de Quintanilla vergrub sich gar nicht zimperlich in der Latrine des Klosters, es war nicht der Mühe wert, sich die Hände mit Kot zu beschmieren, um ihn zu fangen, wir liefen alle zuhauf auf den Platz, um den Sieg zu feiern und durchzuzählen, wir sind einhundertzweiundfünfzig.

Der tapfere Hauptmann Ega de Guzmán besetzte die Festung von Potosí, so wie wir die unsrige besetzt hatten, dann begannen sogleich Verrätereien hervorzusprießen wie die Würmer, ich hatte sie tausendmal verfluchen hören, aber niemals hatte ich in meinem Gesicht ihren klebrigen und grünen Speichel gefühlt, die Geschichte der Neuen Welt ist aus dem Lehm von Verrätereien geknetet, die Pizarros waren sehr große Verräter, andere und kleinere Verräter stürzten die

Pizarros ins Unglück, wer in Peru rebelliert, bewahrt sich immer in einem Winkel seines Kopfes den Ausweg der Reue auf, heute sage ich es aus bitterer eigener Erfahrung, verfluchter Teufel! der Verrat ist das Gift, das unseren Aufstand in den Charcas und den von Ega de Guzmán in Potosí tödlich verwundet, der erste, der ihn begeht, ist Hauptmann Juan Ramón, der von uns mit mehr als fünfzig Leuten ausgeschickt wurde, um Marschall Alvarado in Cuzco zu töten, Juan Ramón hält auf halbem Wege an und ruft »Es lebe der König!« und läuft ins feindliche Lager über, als unser Anführer Vasco Godínez es erfährt, macht sich der große Hurensohn auch bereit, seinerseits zu verraten.

Von allen elenden Männern auf der Erde kann es keiner an Schlechtigkeit mit diesem Vasco Godínez aus meiner Geschichte aufnehmen, es war Vasco Godínez, der die Verschwörung gegen General Hinojosa und seinen Tod einfädelte, Vasco Godínez schickte Boten zu Don Sebastián de Castilla mit der Bitte, sich an die Spitze unserer Tyrannei zu stellen, Vasco Godínez schlug sich zum Feldmeister unseres Heeres vor, und Don Sebastián de Castilla ernannte ihn bereitwillig dazu. Derselbe Vasco Godínez umarmt jetzt unseren General Sebastián de Castilla mit geheuchelter brüderlicher Zuneigung, derselbe Vasco Godínez nutzt diese Umarmung, um ihm seinen wortbrüchigen Degen in den Rücken zu stoßen, sogleich stürzen sich Baltazar Velásquez und andere Schurken auf den verwundeten Führer, alle zusammen bringen sie ihn mit Dolchstichen um, Vasco Godínez trat die Leiche mit Füßen und rief Es lebe der König, der Tyrann ist tot! Vasco Godínez eilte nach Cuzco, um Verzeihung zu erflehen, die sie ihm glücklicherweise niemals gewährten, das Gericht des Königs verurteilte ihn zum Tode durch den Galgen, und am nächsten Tage hingen sie ihn auf, wir, die wir der Rebellion des verstorbenen Sebastián de Castilla die Treue hielten, blieben am Leben und uns selbst überlassen.

Dann kam die Zeit der Strafe, Marschall Alonso de Alvarado wurde die Ahndung der Freveltaten anvertraut, es war notwendig, selbst die Knochen derjenigen zu brechen, die Don Sebastián de Castilla in seiner Dreistigkeit unterstützt hatten, beabsichtigte doch Don Sebastián de Castilla nichts weniger als sich zum König von Peru und von Quito ausrufen zu lassen, Marschall Alonso de Alvarado ließ fünf Mitverschwörer enthaupten, sieben vierteilen, neun am Galgen aufhängen, dreizehn erdrosseln, verbannte die weniger Beteiligten auf Lebenszeit, mich suchte er verbissen, Lope de Aguirre soll die Stiche, die den Alkalden Francisco Esquivel aus dieser Welt entfernten, am Schandpfahl büßen, Lope de Aguirre soll gevierteilt werden, weil er mit dem Tyrannen Sebastián de Castilla bei dessen Aufstand gemeinsame Sache machte, Lope de Aguirre soll enthauptet werden, weil er zum schändlichen Tod des Generals Pedro de Hinojosa beigetragen hat, Lope de Aguirre gelang es, aus La Plata zu fliehen, um sich Marschall Alvarados bösartigen Absichten zu entziehen, ein baskischer Schreiber namens Leguisamón schenkte mir ein fast noch wildes Pferd, ich verlor mich im Dunkel eines waldigen Weges, den ich nicht kannte, stieß auf diese Höhlen, wo ich seit mehreren Monaten lebe wie ein Tier, ich ernähre mich von fader Yucca, die ich mit meinen Nägeln aus der Erde klaube, und von rohen Fischen, die ich mit meinen Händen aus den Teichen hole, Eidechsen verfangen sich in meinem Barthaar, Maistriebe sprießen an meinen Füßen, so verwildert findet mich Pedro de Manguía, als er wundersamerweise meine Spur findet und mich holen kommt.

»Francisco Hernández Girón hat sich in Cuzco erhoben, und die Ortschaften Guamanga, Arequipa und Condesuyo haben sich ihm angeschlossen«, sagte Pedro de Munguía.

(Francisco Hernández Girón wird das Opfer ruchlosen Verrats werden, so wie es vor ihm Gonzalo Pizarro und Francisco Carvajal und Sebastián de Castilla wurden, Francisco Hernández Girón wird von seinen Anhängern verlassen werden, und die Leute des Königs werden ihn erdrosseln, als exemplarische Bestrafung für seine Rebellion.

»Francisco Hernández Girón«, sagt Pedro de Munguía, »bieten alle diejenigen Zuspruch und Beistand an, die sich durch die Verordnungen geschädigt fühlen und die in ihrem Innern wegen La Gascas ungerechter Verteilung unzufrieden sind und die aus Empörung über Marschall Alvarados so grausame Rachetaten oder aus Furcht vor ihnen zittern, und die müßigen Soldaten, die von einem Krieg träumten, um wieder Soldaten zu sein, und die Händler, die schon bei der Ankündigung von Streitigkeiten ihre Preise vervielfachen. Bereits vor Beginn der Kämpfe hat Francisco Hernández Girón ein Heer von mehr als tausend Mann an Arkebusiern, Pikenieren, Kavallerie und Artillerie auf seiner Seite.«

(Am Ende wird er von allen verstoßen und allein gelassen werden, jeder einzelne dieser tausend Männer, die ihm heute folgen, wird ihm nur bis zu der feigen Stunde, wo er ihm den Rücken zuwendet, treu sein, von seinen Freunden verkauft und von seinen Feinden gehenkt zu werden, ist das Schicksal eines jeden, der in Peru das Banner der Rebellion schwenkt, kommt Pedro de Munguía etwa, um mir vorzuschlagen, daß ich mich Hernández Giróns verräterischen Hauptleuten anschließe?)

»Marschall Alvarado«, sagt Pedro de Munguía, »hat

eine allgemeine Begnadigung der Beschuldigten aller Arten von Verbrechen und Vergehen versprochen, eine Begnadigung, die diejenigen einschließt, die an dem Aufstand von Don Sebastián de Castilla oder an irgend einem anderen Aufstand teilgenommen haben. Dafür verlangt er nur, daß die Begnadigten, besser gesagt, wir uns der königlichen Standarte unterstellen, um gegen die bewaffneten Truppen des Tyrannen Hernández Girón zu ziehen.«

(Ziemlich gefährlich und stark muß Hernández Coróns Streitmacht geworden sein, wenn sie Marschall Alvarado zwingt, seine blutigen Gemetzel in so großherzige Milde zu verwandeln, kommt Pedro de Munguía etwa, um mir vorzuschlagen, daß wir Zuflucht zu der Begnadigung nehmen sollten, die uns Marschall Alvarados abscheuliche Hände anbieten?)

»Ich komme, um dir vorzuschlagen«, sagt Pedro de Munguía, »daß wir Zuflucht zu der erwähnten Begnadigung nehmen und unverzüglich Soldaten des Marschalls Alvarado und demütige Vasallen des Königs von Spanien werden. Wenn wir unser Leben behalten wollen, bleibt uns keine andere Wahl. Marschall Alvarado wird nicht aufhören, Köpfe abzuschlagen, menschliche Körper an den Bäumen aufzuhängen, die Flüchtigen wie wilde Tiere zu hetzen, mehr Blut zu vergießen als selbst Nero. Am Ende wird er auf unsere Verstecke stoßen und uns zerstückeln wie Schlachtvieh.«

(Bei Gott und meinem Gewissen, ich werde die Begnadigung annehmen! Marschall Alvarado wird mich an die gefährlichsten Kampfplätze stellen, mir die gefahrvollsten Aufträge erteilen, dafür sorgen, daß mich Hernández Giróns Arkebusen töten, da es den seinen nicht gelang, mich zu töten, aber ein noch unwürdigerer Tod erwartet mich in der Verlassenheit dieser Höhlen, vergiftet von den Giftzähnen der Schlangen, lebendig gefressen von den Würmern, ertrunken zwischen den Binsen der Lagune, ich werde unter Marschall Alvarados Fahnen anmustern, ohne daß deswegen mein tödlicher Haß gegen ihn auch nur um ein Quentchen abnimmt.)

Marschall Alvarados Heer kam von den Charcas nach Cuzco herunter, und seine Stärke wuchs von Tag zu Tag. Soldaten, die monatelang durch die Straßen von Potosí irrten, und Einwohner, die niemals Soldaten gewesen waren, verließen die Stadt, um sich den Truppen des verhaßten Marschalls anzuschließen. Die Verfolgten kamen aus ihren Schlupfwinkeln; es gab kein Vergehen, das nicht dem verziehen wurde, der sich in den Dienst des Königs stellte. Die einen kamen mit eigenen Waffen, andere versorgte der Marschall mit Ausrüstung und Uniformen, viele brachten ihre Pferde und Maultiere mit, alle schrien Es lebe der König und Nieder mit dem Tyrannen Hernández Girón! Der Zug kam wie ein großer Fluß durch die Schluchten des Gebirgslandes herunter; bei jeder Windung vergrößerte er sich um neue Scharen von Freiwilligen. Als er die graue Umgebung von Cuzco erblickte, folgten dem Marschall mehr als eintausendzweihundert Mann an Arkebusieren, Pikenieren und Kavalleriesoldaten.

Cuzco erwartete ihn mit einer stürmischen Begeisterung, die nicht zu seinen gleichgültigen Steinen paßte, Fahnen und Wimpel hingen an den düsteren Mauern. Farbiggekleidete Frauen standen in den dunklen Hauseingängen. Mestizenkinder plätscherten entzückt in Schlammpfützen und Abwässern. Männer verschiedenen Alters liefen durch die gewundenen Gassen, eifrig bemüht, in die Heerscharen des Marschalls aufgenommen zu werden. Der Bischof verteilte den Segen; die Glocken läuteten Halleluja. Aus den Wohnungen sprossen wie durch einen Zauber Hellebarden und Arkebusen; in den Innenhöfen wurden Lanzen und Partisanen geschmiedet; aus den Kellergewölben tauchten Pulverfässer auf; von den benachbarten Bergen stiegen Spanier zu Pferde und barfüßige Indianer herab.

In diesem selben Cuzco hatte sich Francisco Hernández Girón einige Wochen zuvor erhoben. Seine Aufrufe ließen die Freiheit hochleben, auf seinen Standarten stand geschrieben, daß die Armen sich satt essen würden, *ecten pauperes et saturabuntur*, Gott hat mich gesandt, um die Ketten der Neger zu zerbrechen, alle Unzufriedenen von Peru werden sich mir mit dem Vorsatz anschließen, die schurkenhaften Auditoren in die Flucht zu schlagen, alle werden mir bei dem Unternehmen helfen, eine gerechte Behandlung durchzusetzen. Hernández Girón nahm die Stadt ein, und dabei gab es nicht mehr als vier Tote; zwei in den Wirren des Zusammenstoßes und die anderen zwei wegen eines Mißverständnisses seines Rechtsgelehrten, eine Mäßigung im Blutvergießen, die bei den Ereignissen in Peru nicht üblich war. In Cuzco selbst konnte er ein Heer von dreihundert Mann an Fußsoldaten und hundert Berittenen zusammenbringen, außer denen, die sich in Guamanga, Arequipa und Condesuyo erhoben hatten, um sein Abenteuer zu unterstützen. Die einen folgten ihm aus echter Neigung, andere, um ihr Glück in den Wechselfällen des Krieges zu versuchen, und nicht wenige aus Furcht, daß ihre Indifferenz hinterher an ihnen gerächt werden könnte. Aber alle hegten den heimlichen Vorsatz, bei der ersten Schlappe in das Lager des Königs überzulaufen. Das wenigstens glaubte auf der Gegenseite Lope de Aguirre, der argwöhnisch und mißtrauisch wie sonst keiner geworden war.

Hernández Girón kehrt den Steinen von Cuzco den Rücken und lenkt seine Schritte nach Norden, auf die

Stadt der Könige zu, die das Haupt von Peru und die Bastion der Auditoren ist. Die Verwegenheit des Rebellen ist außerordentlich, militärischen Sachverstand hat er mehr als genug, und außerdem begünstigen ihn die Streitereien zwischen den Regierenden und ihren Generalen. Eitler Trug, murrt Lope de Aguirre. Hernández Girón wird morgen von seinen Anhängern verkauft werden, er wird am Galgen sterben wie Pizarro und Carvajal oder durch Dolchstiche wie Don Sebastián de Castilla.

Unterschätzen Euer Gnaden nicht die rühmliche Schlacht, die der Tyrann Hernández Girón gerade gewonnen hat. General Pablo de Meneses zog ihm mit einem Heer, das besser bewaffnet war als seines, und mit frischeren Pferden entgegen. Hernández Girón bot ihm die Stirn in den Tiefebenen von Villacuri, vernichtete das Heer und schlug es in rasendem Galopp durch Sand und Sumpf in die Flucht. Erbärmlicher Sieg, denkt Lope de Aguirre. Am Ende des Kampfes liefen über zwanzig siegreiche Soldaten zu den geschlagenen Feinden über, um in ihrer Gesellschaft zu fliehen.

Lope de Aguirre hatte Marschall Alvarados Begnadigung angenommen, um dem unvermeidlichen Tode zu entgehen. Der Marschall unterstellte ihn dem Befehl von Hauptmann Juan Ramón, jenem Schuft, der als erster von Don Sebastián de Castillo abgefallen war. (Marschall Alvarado nahm seinen Verrat mit Wohlgefallen auf und ernannte ihn zum Hauptmann der Fußsoldaten.) Jetzt marschiert Juan Ramón an der Spitze von einhundertfünfzig Arkebusiern, den abgehärtesten und den sichersten Schützen. Unter ihnen marschiert, ungläubig, enttäuscht, vielleicht resigniert, Lope de Aguirre.

Fünfhundert Soldaten, vielleicht weniger, folgen Hernández Girón. Darunter hundert Arkebusier mit unfehlbarer Treffsicherheit. Dieser hier, mit Namen Aureliano Granado, kämpfte in Mexiko und brachte den Ruf mit, einer der tödlichsten Schützen der Neuen Welt zu sein.

»Ich kenne eine nicht weit entfernte Gegend«, sagt Oberst Diego de Villalva zu Hernández Girón, »wo uns niemand schlagen kann, denn nichts werden ihm die Schwadronen zu Fuß und zu Pferde nützen, die er anführt. Sie liegt im Gebiet der Aimaraindianer, nahe bei der Ortschaft Challuanca. Nicht einmal, wenn uns zehntausend Soldaten angreifen sollten, würden sie unsere fünfhundert besiegen können, wenn die Vorsehung des Himmels es uns erlaubt, in jenem Vorgebirge Schutz zu finden.«

Die Zitadelle heißt Chuquinga und befindet sich oben auf einigen hohen Felsen, die vom linken Ufer des Flusses Abancay aufsteigen. Es sind die Überreste einer Festung, die von den alten Aucarunaindianern erbaut wurde, die sich in Kriegslisten besser auskennen als viele christliche Generäle. In den verfallenen Mauern sind zwei Eingänge, ein sichtbarer, der zum Abhang führt, ein anderer, der in einer Ecke liegt und von Gestrüpp und Gestein verborgen ist, geeignet, um sich von ihm aus auf die Nachhut des Feindes zu stürzen.

»Um auf die Höhe von Chuquinga bis zu uns zu gelangen«, sagt Oberst Diego de Villalva, »ist es unbedingt nötig, in einen drei Meilen langen steinigen Engpaß einzudringen, einer nach dem andern die Schluchten zu durchqueren, sich in ein leichtes Ziel für unsere Arkebusier zu verwandeln. Es heißt, daß Marschall Alvarado über tausend Mann mitbringt, nicht gerechnet zahlreiches indianisches Gefolge. Aber wenn er sie in jenen Hohlweg treibt und ihnen befiehlt, wie blinde Stiere anzugreifen, kann nicht einmal Gottes Allmacht sie vor einer Katastrophe bewahren.«

»Der Marschall ist so hochmütig, daß er es tun wird«, sagt Hernández Girón.

Er tat es, bei Gott, er tat es. Durch seine Kundschafter auf dem Laufenden, in welcher Gegend Hernández Girón sich befand, brach der Marschall unverzüglich auf, um ihn zu fangen, mit seinen tausendzweihundert kriegsbereiten Männern, mit seinen klugen Ratgebern, seinen feurigen Hauptleuten, seinem Tausend indianischer Krieger, seinen Hunderten von Reittieren, Arkebusen, Piken, Geschützen, Fahnen, Trommeln und Trompeten. Ein schönes Heer, so gut bewaffnet, so gut ausgerüstet und mit so tapferen Herzen. Nach Tagesmärschen von zehn Meilen, ohne daß ihn die überschwemmten Ebenen noch die beschneiten Berge kümmerten, erfrorene Indianer und Pferde hinter sich zurücklassend, kam Marschall Alvarado in der Nähe von Chuquinga an, wo Hernández Girón ihn wohlverschanzt erwartete.

Marschall Alvarados erste Anordnung war, Hauptmann Juan Ramón mit seinen hundertfünfzig Arkebusiern auszuschicken, um mit den Rebellen zu scharmützeln, sie mit Schüssen einzuschüchtern und mit lauter Stimme aufzufordern, in das Lager des Königs überzulaufen. Hernández Girón und Oberst Diego de Villalva sahen sie den Abhang herunterkommen, bis zum Flußufer herabsteigen und sich von einem kupfernen Horn angespornt aufrichten. Man unterschied deutlich die Worte und sah scharf umrissen die Gestalten, es war eine wolkenlose Morgendämmerung, noch schimmerte der Mond mit Mitternachtsglanz.

»Es lebe der König! Nieder mit den Tyrannen!« schrie Felipe Enrique mit herausfordernder Stimme, und ihm antwortete ein Arkebusenschuß in die Brust, der ihn und seine gerade vollendeten achtzehn Jahre tot hinfallen ließ.

»Ich bin Mata, ich bin Mata, welcher tötet!« schrie Leutnant Gonzalo de Mata, der damit prahlte, witzig zu sein, und gern Wortspiele machte.

»Nun, dann töte ich dich!« erwiderte ihm Aureliano Granados ruhige Stimme, und gleich darauf traf ihn ein Schuß in den Kopf und spaltete den in zwei Teile wie einen Kürbis.

»Verlaßt den Tyrannen! Kommt zurück auf unsere Seite, die Großmut des Königs wird euch aufnehmen, Waffenbrüder!« rief der stets geschwätzige Hauptmann Gonzalo de Arreinaga.

Dieses Mal war es der rebellische Führer Juan de Piedrahita, der mit voller Kraft seine Arkebuse abfeuerte. Der genannte Arreinaga fiel schwer verwundet in das Wasser des Flusses, und dann ging Feldwebel Jerónimo de Soria zu Boden, und fünf weitere Arkebusier fanden den Tod, zwei von ihnen mit Namen Ramírez, die nur zufällig beide so hießen, denn verwandt waren sie nicht miteinander.

So teuer kam der Versuch zu stehen, daß Hauptmann Juan Ramón es vorzog, sich zurückzuziehen, mit fünfundzwanzig Männern weniger an Erschossenen, Verletzten und zwei, die an den tiefsten Stellen des Flusses ertrunken waren, nicht gerechnet Francisco de Bilbao, der in das Lager des Tyrannen Hernández Girón überlief, um ein Gelübde einzulösen, das er der Heiligen Jungfrau auf dem Pfeiler gemacht hatte. Lope de Aguirre hörte die feindlichen Kugeln in geringer Entfernung pfeifen, aber keine traf seinen Körper während dieser ersten Episode des Kampfes.

Nach jenem unheilvollen Scharmützel versammelte Marschall Alvarado die Hauptpersonen seines Stabes unter seinem Zeltdach, nicht um ihre Ratschläge zu befolgen, sondern um nicht auf sie zu hören, wie man später sehen wird. Sowohl Lorenzo de Aldana wie

Gómez de Alvarado wie Diego de Maldonado wie Gómez de Solís meinten, die Warte von Hernández Girón anzugreifen, bedeute, das Risiko einer schimpflichen Niederlage und eines übermäßigen Verlustes von Menschenleben einzugehen.

»Es ist besser, ihn in seiner Festung in Ruhe zu lassen und geduldig abzuwarten, bis der Hunger und andere Entbehrungen ihn zwingen herunterzukommen«, sagte Lorenzo de Aldana.

»In zwei oder drei Tagen wird er herunterkommen, um mit uns zu kämpfen oder sich in eine andere Gegend zurückzuziehen, und viele seiner Leute werden die Gelegenheit beim Schopf ergreifen und sich auf unsere Seite schlagen«, sagte Gómez de Alvarado.

Der Marschall schwieg mit nicht geringem Mißvergnügen. Mit Wohlgefallen hörte er nur die schneidigen Worte von Martín de Robles, einem dickköpfigen und jeder Philosophiererei abholden Asturier, der nicht auf die Listen der Kriegskunst vertraute, sondern auf die Kugeln seiner Arkebusen und den Mut seiner Soldaten.

Jedoch vertrat Lorenzo de Aldana seine Meinung so beharrlich, und seine Erfahrung als in hundert Schlachten gegen Kaziken und Tyrannen erprobter General verlieh ihm so viel Autorität, daß der Marschall ihm schließlich versprach, seinen unklugen Plan, ohne weiteres die feindliche Zitadelle anzugreifen, zu vergessen. Angesichts dieser Worte schwanden Lorenzo de Aldanas Befürchtungen, und beruhigt verließ er das Lager in Begleitung von mehreren Feldwebeln und Kanonieren in der Absicht, die Aufständischen von einer Böschung am Fluß aus mit Störfeuer zu belegen und sie so zu reizen, daß sie aus ihrem Schlupfwinkel herunterkämen.

Der Marschall war weit davon entfernt, überzeugt zu sein; er sah das Licht des Sieges zum Greifen nahe schimmern, und man wollte es ihm mit Reden auslöschen. Der Mittag spiegelte sich auf den Lanzen der Soldaten und dem Geschirr der Pferde, noch einer von Hernández Giróns Männern lief zum König über und sagte, was die Überläufer immer sagen, daß auf der Gegenseite keine Kampfeslust herrsche, sondern das Verlangen zu fliehen, und sogleich bäumte sich das hitzige Temperament des Marschalls von neuem auf. Er rief seine Hauptleute zusammen, diesmal ohne Lorenzo de Aldana, der sich zwei Meilen weit entfernt hatte, um seinen Plan auszuführen, und teilte ihnen ohne Umschweife mit, daß er zum Angriff entschlossen sei und weder Einwände noch Erwägungen zulassen werde.

»Nun ist es soweit, und ich werde dabei sterben, das weiß ich«, sagte Gómez de Alvarado beim Verlassen des Zeltes, und drei Stunden später erwies sich, daß er weder übertrieben noch gelogen hatte.

Der Marschall fühlte sich vom Zorn des Apostels Jakobus durchdrungen und vom Geist des Cid gelenkt. Martín de Robles, dem ungeduldigsten seiner Hauptleute, befahl er, mit seinen Arkebusiern den Fluß zu überqueren und den linken Flügel Hernández Giróns anzugreifen, bis er einbreche. Juan Ramón sollte mit seinen hundertfünfundzwanzig Mann, darunter Lope de Aguirre, den Berg erklimmen und die rechte Flanke des Tyrannen überfallen. Tausend Indianer, die mit Schreien und Steinwürfen kämpften, sollten die Festung von der rückwärtigen Schlucht her erstürmen. Der Marschall selbst würde zuletzt den Fluß überqueren, mit klingendem Spiel und fliegenden Fahnen, um die Vernichtung der Verräter zu vollenden und zu preisen.

»Sie kommen genau so, wie ich die Heilige Dreieinigkeit gebeten hatte, daß sie kommen sollten«, sagt Oberst Diego de Villalva zu Hernández Girón. »Befehlen Euer Gnaden den Arkebusiern, daß sie mit Geduld zielen, und Ihr werdet die Soldaten des guten Marschalls fallen sehen wie die Kaninchen.«

Martín de Robles platzten die Hoden fast aus der Brust. Warum das vereinbarte Hornsignal abwarten? Wild stürmte er auf die uneinnehmbare Mauer, wer sagte denn, daß sie uneinnehmbar war? Niemand soll sich erkühnen, mir den Siegesruhm streitig zu machen, Nieder mit dem Tyrannen! Es lebe der König! Es lebe Marschall Alonso de Alvarado! Es lebe der unbesiegbare Hauptmann Martín de Robles! In diesem Taumel blieb er, bis ein Kugelhagel ihn wieder zur Vernunft brachte, das Blut der Verwundeten färbte den Fluß purpurrot, das Pulver wurde naß, im Wasser versanken Lanzen und Arkebusen, der Toten waren mehr als fünfzehn, niemals verfehlte Aureliano Granados tödlicher Finger sein Ziel, die Angreifer wichen entmutigt zurück, Martín de Robles wich am Ende ebenfalls zurück.

Juan Ramón nahm den Kampf auf, so wie man es ihm befohlen hatte. Sein Auftrag bestand darin, einen Abhang in derselben Höhe wie die alte Festung zu besetzen und von dort aus das Feuer gegen die Bösewichte zu eröffnen. Man mußte durch spitze Felsen und rutschigen Schlamm hinaufklettern, im Visier der Arkebusen, die von beiden Maueröffnungen her schossen. Lope de Aguirre, behend und kurzwüchsig wie die Affen, war der erste, der oben auf der Anhöhe ankam und gerade so lange dort blieb, wie es brauchte, um zwei Arkebusenkugeln in das rechte Bein zu erhalten, fast rissen sie es ihm ab. Lope de Aguirres Körper stürzte sich überschlagend den Abhang hinunter, bis er reglos in den Sand des Flusses fiel. Aus seinen aufgeschürften Händen und seinem von Steinen zerschlagenen Gesicht quoll mehr Blut als aus dem durchlöcherten Bein. Er blieb am Ufer liegen, ohne zu wissen, ob er lebendig oder tot war, und an diesem Punkt endete für ihn eine Schlacht, die für die Kämpfenden noch nicht entschieden war.

Die Schlacht von Chuquinga fing gerade erst an. Martín de Robles sammelte seine Truppe und ging erneut über den Fluß. Nach manchen Versuchen gelang es Martín de Robles, eine der oberen Terrassen zu besetzen. Am Ende wurde der starrköpfige Asturier verwundet. Marschall Alvarados Pferd wurde verletzt, und er brach sich beim Sturz eine Rippe. Schrecklich war das Blutbad unter den unglücklichen Indianern, die mit Schreien und Steinwürfen für den König kämpften. Hernández Geróns Arkebusiern gingen das Pulver und die Kugeln aus, sie mußten den Toten und Verwundeten die Munition abnehmen. Bei Sonnenuntergang hatte das königliche Heer mehr als siebzig Leute verloren, nicht gerechnet die Indianer. Jetzt werden wir sie angreifen, sagte Oberst Diego de Villalva. Francisco Hernández Girón stellte sich persönlich an die Spitze einer Schwadron. Ihre Hörner und Trommeln schmetterten Sieg. Eiserne Lanzen und Pferdebrüste fielen über die Truppen des Marschalls her. Dreihundert Teufel sprangen aus der Zitadelle herunter, um den stark mitgenommenen Feind zu bestürmen. Da flohen die treuen Diener Seiner Majestät. Der Tyrann Hernández Girón hatte die Schlacht von Chuquinga gewonnen. Es sollte die letzte Schlacht sein, in der er siegte, die letzte überhaupt, bei der in Peru die Rebellierenden gewannen.

Lope de Aguirre lag weiterhin auf dem Sand, ohne Kenntnis der Geschichte. Bei dieser Gelegenheit sollte die Geschichte sanft mit ihm umgehen. Francisco Hernández Girón erwies sich als ein Sieger von edler Gesinnung. Er tötete die Gefangenen nicht, mißhandelte nicht die Besiegten, ließ seine Toten neben den Toten des Gegners begraben, ließ seine Verwundeten neben den Verwundeten des Unterlegenen pflegen. Lope de Aguirre öffnete die Augen, als die Nacht hereinbrach. Die Blutkruste, die seine Stirn bedeckte, hinderte ihn, das Dunkel zu sehen. Dagegen sah er Lichter, die niemand angezündet hatte. Der hier scheint tot, ist es aber nicht, sagte der erste Chirurg und bückte sich, um das zerfetzte Fleisch zu untersuchen. Man wird ihm das Bein abschneiden müssen, bevor der Brand kommt, sagte der zweite Chirurg. Und das waren die ersten Worte, die Lope de Aguirre vernahm, als er aus dem Schlaf erwachte.

Sie schnitten ihm weder das Bein ab, noch kam der Brand. Der Schuß wurde von einer Arkebuse mit zwei Kugeln abgegeben, sagte der erste Chirurg. Der erste Chirurg war auch Bader und hatte gelernt, Wunden und Schlangenbisse mit indianischen Kräutern und christlichen Gebeten zu heilen. *Yayap Churip Yspiritu Santup Sutimpi Amén Jesús.* Der zweite Chirurg wusch die doppelte Wunde mit kochendem Wasser aus. Der mulattische Gehilfe brachte einen eisernen Topf herbei, in dem das Öl siedete. Lope de Aguirre brüllte unter dem brennenden Biß des Kauteriums. Lope de Aguirre verblutete langsam aus seinen verstümmelten Adern. Der erste Chirurg weitete mit seiner Lanzette die unförmigen Ränder der Wunde. Der zweite Chirurg legte eine dunkle Knetmasse aus geröstetem Mehl und Pulver und Salz und Asche in die blutige Vertiefung. Der mulattische Gehilfe gab Lope de Aguirre Theriak zu trinken, der mit dem Saft von Asklepiadazee gemischt war. Der erste Chirurg mühte sich ab, zerrend und tastend die Knochensplitter wieder an ihren Platz zu rücken. Lope de Aguirre brüllte erneut wie ein sterbender Stier. Der mulattische Gehilfe hielt mit seinen

Fingern den Fuß wie mit Zangen kräftig fest. Der erste Chirurg benutzte von einem Tuch abgerissene Streifen, um das Bein zu verbinden, und Leisten aus Burserazee, um es zu schienen. Die aufgerissenen Hände und das zerschundene Gesicht bestrichen sie ihm jeden Tag und jede Nacht mit einem Balsam, der so schaumig war wie Seife und so dick wie Öl. Einen Monat oder vielleicht länger pflegten sie ihn in einem überdachten Pferch, der am Flußufer als Spital diente. Hauptmann Juan de Piedrahita, der sich als der tapferste der aufständischen Soldaten erwies und dessen Heldenmut zum großen Teil der Sieg von Chuquinga zu verdanken war, ist zum Feldmeister ernannt worden und geht jeden Tag zu Lope de Aguirre, um mit ihm zu plaudern. Er will ihn für Hernández Choróns Fahnen gewinnen, die die Fahnen der Freiheit sind, sagt er. Wenn er sich nicht so schwer verletzt wüßte, würde Lope de Aguirre mit ihnen gehen, um die Schlachten zu verlieren, die sie ohne jeden Zweifel verlieren werden. Sie legen ihn auf eine Trage aus Stroh und Zweigen, die von den Händen zweier Soldaten aus Aragonien geflochten wurde. Auf ihr tragen sie ihn drei Meilen lang über bergiges und eine Meile über steiniges Gelände bis zur Ortschaft Challuanca. Nicht wenige Male wird er auf dem Weg bewußtlos. Sein rechtes Bein lahmt für immer, das Gesicht und die Hände sind versengt für immer.

Ich klopfte an die Haustür, beim dritten Schlag mit dem Türklopfer öffnete meine Tochter Elvira und brach in Tränen aus, ich glaubte, sie weinte, weil sie mein angesengtes Gesicht und meine halbverbrannten Hände sah, weil sie mich hinkend und fast schleppend wie einen unendlich alten und geschlagenen Mann auf sie zukommen sah, aber meine Tochter weinte nicht deswegen, sie weinte, weil ihre Mutter Cruspa im vergangen Jahr gestorben war und ich es nicht wußte, ein Wechselfieber hatte sie in weniger als einer Woche dahingerafft, das erzählten die beiden in Trauer gekleideten Frauen, die aus dem Schatten auftauchten, Juana Torralba sagte, daß weder die Aderlasse der Chirurgen noch die Beschwörungen der schwarzen Zauberer etwas genützt hätten, María de Arriola sagte, die Gebete an den heiligen Blasius und die Kerzen für die heilige Katharina seien Verschwendung gewesen, Cruspa starb ohne zu klagen, so wie die ihrer Rasse sterben, sie erlosch, ohne mit der Wimper zu zucken, so wie sie immer geleuchtet hatte, meine Tochter wollte mich zum Friedhof begleiten, der aus Stein ist wie die ganze Stadt, Cruspas Grab ist ein glatter grauer Stein mit einem schiefen Kreuz an seinem Kopfende, zwischen den Rissen erheben sich zwei gelbe traurige Lilien, meine Tochter Elvira nimmt mich bei der Hand, um nach Hause zurückzukehren, nun nie mehr Lope de Aguirre, jetzt bin ich der lahme Aguirre, der einäugige Aguirre, der verrückte Aguirre, der Zwerg Aguirre, wie mich einmal Antón Llamoso auf dem Platz von Oñate nannte, erstaunt und höchstverwundert war ich, als ich diesem selben Antón Llamoso in Cuzco begegnete, er durchquerte ganz Spanien und das ozeanische Meer und die Hälfte der Neuen Welt, bis er mich fand, er erstickte, begraben zwischen Türmen und baskischen Bergen, er wurde menschenscheu wie die Wölfe, die Leute mieden den Umgang mit ihm, Sonntag für Sonntag ging er zu mir nach Hause in Araoz, um nach Nachrichten von Lope de Aguirre zu fragen, und bei mir zu Hause wußten sie nichts über meinen Verbleib, schließlich schiffte er sich nach Indien ein und fand meine Spur in Cartagena, jemand sagte ihm, ich sei in den peruanischen Kriegen getötet worden, und er glaubte es nicht, er suchte mich in Quito und in der Stadt der Könige, in dieser letzteren berichtete man ihm die unglückliche Geschichte von meiner Auspeitschung und der Strafe, die meine Hände dem Alkalden Esquivel erteilten, da kam er herauf nach Cuzco, und hier ist er, endlich finde ich dich, Lope de Aguirre, und er fängt an zu lachen.

Bald darauf kam auch mein treuer biskayischer Freund Pedro de Munguía in dieser Stadt an, er beeilte sich, zu mir nach Hause zu kommen, erzählte mir, wie er bis zur letzten Niederlage des Tyrannen Hernández Girón in Pucara weiter im königlichen Heer Soldat gewesen war. Hernández Girón hörte dieses Mal nicht auf Oberst Diego de Villalva, der ihm zu kluger Vorsicht riet; er zog es vor, sich an die Prophezeiungen der Astrologen und Wahrsager zu halten, die ihm einen übernatürlichen Sieg voraussagten, denn das stand in den Sternen geschrieben, was in allen Sternen und Himmeln von Peru geschrieben steht, ist Treubruch und Verrat, zur Halbzeit der Schlacht von Pucara lief Tomás Vázquez, Hernández Giróns draufgängerischster Hauptmann, zum Feind über, und wenig später tat

Juan de Piedrahita, der sein Feldmeister und von der Gerechtigkeit der Sache am überzeugtesten war, dasselbe, Lizentiat Diego de Alvarado und Oberst Diego de Villalva liefen niemals über, aber zur Strafe für ihre Treue wurden sie gefangengenommen und geköpft, zwanzig aufständische Neger, die auch nicht um Milde baten, wurden erdrosselt, Hernández Girón blieb allein und flüchtete durch Dickichte und Wüsten, sie fingen ihn auf dem Wege zum Rimac, brachten ihn zur Stadt der Könige, um ihn zu enthaupten, der leblose Kopf wurde zwischen denen von Gonzalo Pizarro und Francisco Carvajal ausgestellt, und Gott weiß, daß damit für immer die Aufstände in Peru aufgehört haben, sagt Pedro de Munguía. Wenn es Hernández Girón, auf dessen Fahnen das Wort Freiheit geschrieben war, nicht gelang zu siegen, wenn Hernández Girón, der die Armen zu sättigen und die Ketten der Neger zu zerreißen versprach, die Völker nicht zu entfesseln vermochte, wer wird es da morgen wagen, die Macht der Vizekönige und Auditoren herauszufordern? Das fragt sich Pedro de Muinguía in meinem Hause, und ich beginne laut die Verrätereien zu verfluchen, und Antón Llamoso lauscht mir mit erstaunten Augen, und meine Tochter Elvira bringt mir einen Becher Milch, um mich zu beruhigen.

Dieses zerbrochene Bein, diese verstümmelten Hände erlauben mir nicht, Pferde zu zähmen, die Glocken des Klosters Nuestra Señora de las Mercedes läuten und läuten, man hört nichts anderes als Glocken, die im Gehirn dröhnen, wütende Glockenschwengel, die Verrat, Verrat, rufen, wenn sie für einen Toten läuten, Verrat, Verrat, wenn der Engel des Herrn Maria erscheint, getragen von diesem zerbrochenen Bein werde ich zur Schenke gehen, wo ich Pedro de Munguía und Antón Llamoso weintrinkend antreffen werde, in Peru möchte sich niemand mehr in Waffen erheben, ich, ja, ich würde mich erheben, denn ich höre im Gleichklang mit dem Regen das Blut von Don Sebastián de Castilla fließen, ich höre mein eigenes Blut fließen unter den Peitschenhieben des Henkers, den Peitschenhieben des Alkalden, den Peitschenhieben der Auditoren, den Peitschenhieben des Königs, es ist mir nicht gestattet, Pferde zu zähmen, es ist mir nicht möglich, die Steine von Cuzco auf meinem wunden Rücken zu ertragen, ich wage nicht an Verrat zu denken, denn ich beginne, allein zu schreien in meinem Haus in meinem Zimmer in meinem Bett, die Glocken der Kathedrale ersticken meine Schreie, Elvira erscheint in der Türöffnung wie die Jungfrau von Aránzazu, es ist nicht Elvira, ich selbst bin es, der die Gestalt des Kindes annimmt, um mich meiner zerfetzten Hände meines verkürzten Beins meines gekrümmten und stumpfen Schattens zu erbarmen, der zahnlose Lope de Aguirre, der kreuzlahme Lope de Aguirre ist nicht besiegt, meinen Namen werden die Bücher wiederholen, die Wasser von Cuzco sind elende schwarze Kanäle, die Straßen aus Schiefer hinunterlaufen, Antón Llamoso steigt die Treppe eines Inkatempels hinauf mit seinem Kopf in der Hand, es ist nicht Antón Llamosos Kopf, sondern meiner, der fratzenhaft grinst, ich tauge nicht mehr zum Pferdezähmen, Pedro de Munguía versichert und behauptet hartnäckig, daß ich mehr von einem Befreier in mir habe als selbst Hernández Girón, zwei gelbe Lilien sind aus Cruspas Knochen gesprossen, verflucht seien die Glocken von Nuestra Señora de las Mercedes.

Plötzlich trifft Lorenzo Zalduendo aus Pamplona in Cuzco ein, mit funkelnden Waffen und auf einem kastanienbraunen Pferd, das eine Blesse auf der Stirn hat. Der schmucke Besucher bringt einen Brief für Martín de Guzmán, einen abenteuerlichen Andalusier, der vor vielen Jahren mit Lope de Aguirre zusammen war, als sie im Cenú Indianerfriedhöfe durchwühlten, und der jetzt in Gesellschaft seines Neffen, des jungen Fernando de Guzmán, friedlich in Cuzco lebt. Der Brief ist von General Pedro de Ursúa unterzeichnet, und in ihm werden die Guzmáns eingeladen, zusammen mit allen spanischen Soldaten, die in dieser Gegend herumstreifen, an dem wunderbaren Feldzug zu den Omaguas teilzunehmen. Der besagte General Pedro de Ursúa hat als Überbringer dieses Briefes keinen geringeren gesandt, als Lorenzo Zalduendo, der sein Sekretär, Ratgeber und Landsmann ist.

Das Haus der Guzmáns möchte sevillanisch sein, obwohl die gebieterische Macht des Steins es ihm nicht erlaubt. Im Innenhof stehen Töpfe mit Nelken. Auf dem Tisch wird süßer und dickflüssiger Wein aufgetragen, dazu Zwiebäcke, aber es sind keine weißen Frauen, sondern hörige Indianerinnen, die bedienen, die Pflanzen begießen und zum Kloster gehen, um die Süßigkeiten zu kaufen.

Lorenzo Zalduendo erzählt eine Geschichte, die die Heldentaten des Generals Pedro de Ursúa preist, eines Navarrers aus dem Tal von Baztán, einem eher französischen als navarresischen Teil der Welt, nach Meinung eines Onkels von Lope de Aguirre, der drei Winter dort verbrachte.

»General Pedro de Ursúa kam als Leutnant seines Vetters Don Miguel de Almendáriz nach Indien, aber dann erwarb er sich durch eigene Fähigkeiten den Ruf eines tapferen Führers. Er war es, der die Musoindianer besiegte und befriedete, die mit vergifteten Pfeilen und barbarischer Roheit ihre Smaragde und ihr Gold im Neuen Königreich von Granada verteidigten. Und hinterher gründete er zwei Städte, die er auf die Namen Pamplona und Tudela taufte«, sagt Lorenzo Zalduendo mit von Heimatstolz entflammter Zunge.

»Ich lernte ihn in der Stadt Santa Marta kennen«, unterbricht ihn Martín de Guzmán. »Damals war er auf wunderbare Weise einem Hinterhalt entkommen, den ihm sechstausend Taironaindianer am Origuafluß gelegt hatten, ihm und zwölf Soldaten, die er bei sich hatte. Das Wunder war Gott und Pedro de Ursúas gewaltiger Treffsicherheit zu verdanken. Wahrhaftig, an Geschicklichkeit mit der Arkebuse kann es nur ein anderer aus Baztán namens García de Arce mit ihm aufnehmen, sein Busenfreund, der überallhin mit ihm geht. Die beiden allein töteten bei jener Gelegenheit nicht weniger als zweihundert Indianer.«

»Sein Mut und seine Schläue sind ebenfalls einzigartig«, sagt Lorenzo Zalduendo, indem er wieder das Wort ergreift. »Beides stellte er unter Beweis durch die Heldentat, die er in Panama vollführte, um die entsprungenen Neger des Königs Bayamo zu unterwerfen. Mehr als sechshundert Negersklaven waren aus ihrer Knechtschaft entflohen und hatten damit die sie an ihre Herren bindende Verpflichtung gebrochen, um sich in den undurchdringlichen Wäldern des Darién zu verstecken, aus denen sie unversehens herauszukommen pflegten, um Lasttiere zu überfallen und in Herbergen einzubrechen. So selbstsicher fühlten sie sich, daß sie einen von ihnen zum König bestimmten, ihn Bayamo I. nannten und ihn mit Hofstaat, Thron und übriger Pracht ausstatteten. Und so trieben sie ihr Unwesen bis zu dem Augenblick, wo Don Pedro de Ursúa die schwierige Aufgabe anvertraut wurde, sie zu unterwerfen, noch schwieriger, wenn man bedenkt, daß es nicht möglich war, ihnen in den Höhlen und Dickichten, wo sie sich aufhielten, eine Schlacht zu liefern. Da war es, daß Don Pedro de Ursúas Erfindungsgeist mit Ruhm bedeckt wurde. Zuerst verwandte er alle Mühe darauf, vier von Bayamos Negern zu fangen, die auf Raub ausgezogen waren, dann folterte er sie, bis sie die genaue Stelle nannten, an der sich ihr Anführer verbarg. Dann erhängte er sie und machte sich auf die Suche nach dem sogenannten König, er durchquerte Sümpfe, erklomm Berge und entjungferte Urwälder, aber nicht mit dem Vorsatz, einen grausamen Krieg gegen ihn zu führen, sondern er schmeichelte ihm mit reichen Geschenken und versprach ihm außerdem, allen Negern das Recht zuzuerkennen, in einem freien und abgesonderten Territorium zu leben. Es gelang ihm, Bayamo von seinen guten Absichten zu überzeugen, und um Frieden und Freundschaft zu feiern, lud er ihn zusammen mit seinem Hofstaat zu einem Bankett ein, dessen Weine vergiftet waren. Die Messer vollendeten das vom Gift begonnene Werk, und nur der falsche König Bayamo entrann dem Tode, um als Gefangener nach Nombre de Dios geführt zu werden.«

»Wie alt ist General Ursúa?« fragt Lope de Aguirre, der nicht als stumm gelten möchte.

»Knappe fünfunddreißig Jahre alt«, antwortet Lorenzo Zalduendo sogleich, als ob er die Frage erwartet hätte. »Aber er erwarb sich so viel und so verdienten Ruhm nach der Befriedung der Musoindianer und der Vernichtung der entsprungenen Neger, daß Markgraf de Cañete nicht zögerte, ihn zum Gouverneur und Generalkapitän des Marañonflusses zu ernennen, obwohl Persönlichkeiten von sehr großer Bedeutung den Zug zu den Omaguas für sich beanspruchten und verlangten, unter ihnen Hauptmann Juan Pérez de Guevara und auch Gómez de Alvarado, der der reichste Mann Perus ist und sich bereit erklärte, fünfhunderttausend Pesos aus seinem Vermögen auszugeben, um die

Kosten des Unternehmens mitzutragen. Trotzdem wählte der Vizekönig Don Pedro de Ursúa, dessen einzige irdische Güter seine unvergleichliche Tapferkeit und seine Treue zum König von Spanien sind. Letztere ist so gewichtig, daß viele ihn Pedro Leal nennen anstatt Pedro Ursúa.

Nach so außerordentlichen Lobreden hört Lorenzo Zalduendo auf, von dem Gepriesenen zu sprechen, um sich über die Reichtümer und Schätze der Omaguas zu verbreiten, die sich zum Traum und Köder der Soldaten in Peru verwandelt haben. Es traf sich, daß ein Kazike der Brasilindianer mit dem Namen Viarazu auf der Flucht in der Stadt der Könige ankam und dem Vizekönig und jedem, der ihm Gehör schenken wollte, von der Existenz eines hundertmal reicheren Landes als Peru erzählte, das der Prinz Quarica regiert, der tausendmal mehr von Gold bedeckt ist als Atahualpa. Das Gebiet der Omaguas besteht aus fruchtbaren Tälern wie das von Adam verlorene Paradies; die Wasser eines unendlichen Sees spiegeln das Zittern wunderbarer Städte wider; in den Tempeln werden goldene Jaguare mit Krallen aus Rubinen und Augen aus Diamanten angebetet. Um in dieses Territorium zu gelangen, muß man den Spuren von Francisco de Orellana folgen, einen Fluß entlang, der vielleicht der riesigste von allen Flüssen des Universums ist.

»Wir werden alle mit Pedro de Ursúa gehen!« ruft Martín de Guzmán uns und schlägt sich mit den Fäusten auf die feurige Brust.

»Wir werden alle gehen«, sagt Lope de Aguirre ohne so viel Theater.

Auf dem Rückweg zu seinem Hause sagt Lope de Aguirre: »Dieser neue Vizekönig Andrés Hurtado de Mendoza, Markgraf de Cañete, Freiherr der Stadt Argete, ist genauso schlau wie der Lizentiat La Gasca, wenngleich grausamer und heimtückischer als sein berühmtes Vorbild, das weiß Gott, Antón Llamoso. Nichts nützten Juan de Piedrahita noch Tomás Vázquez noch Martín de Robles noch Alonso Díaz die Begnadigungen, die ihnen im Namen des Königs gewährt worden waren, der besagte Markgraf de Cañete ließ sie alle aufhängen. Es war wohl verdient, sage ich mir, halte ich es doch für eine Schmach, zum König übergelaufen zu sein, aber es war nicht zur Strafe für ihren Verrat, daß der Markgraf sie an den Galgen brachte, sondern um sie für ihre rebellische Haltung, die sie früher gezeigt hatten, zahlen zu lassen.

Antón Llamoso sagen weder diese Namen noch diese Erwägungen irgend etwas.

»Da Vizekönig Markgraf de Cañete uns viertausend Soldaten, die wir ohne Beschäftigung und ohne einen Heller in Peru herumirren, nicht auf einmal aufhängen kann und er genau weiß, daß der Hunger und der Müßiggang in Peru der Ursprung aller Aufstände sind, bietet er uns eben Feldzüge und Entdeckungen nach Süden und nach Osten inmitten finsterer Urwälder und wilder Flüsse an, und wenn wir Ruhm finden, wird er für den König sein, und wenn wir den Tod finden, wird er für uns sein«, sagt Lope de Aguirre.

Antón Llamoso hört ihm versunken zu, verwundert über so wohlklingende Worte.

»Und alle werden wir dem Ruf des Markgrafen folgen, denn das Gold ist Luzifer, der uns versucht und ins Verderben stürzt. Ganz unten auf dem Grunde unserer Seele glaubt niemand mehr an den Prinzen, der sich am Ufer einer Lagune den Mund mit goldenem Staub ausspült, noch an die goldenen Kälber, die größer sind als das von Moses, noch an die Straßen, die mit Silberplatten gepflastert sind, noch an die Orangen aus Rubinen, noch an die Treppen aus Amethyst, noch an das Land des Zimts, noch an den Zauber von Manoa noch an die versunkenen Tempel der Göttin Dabaida.

Antón Llamoso grunzt Unverständliches.

»Das waren Legenden, die von wilden Indianern erfunden wurden, um sie der Wirklichkeit unserer Pferde und Arkebusen gegenüberzustellen. Das waren Abgründe, die von der Vorstellungskraft der Eingeborenen dieser Länder errichtet wurden, um die Habgier der Spanier in ihre Tiefen hinunterstürzen zu lassen. Und, bei Gott, solche Listen und Tricks hatten ihre Wirkung. Zu Hunderten fanden unsere Soldaten Elend und Tod anstelle der wunderbaren Welt, die sie suchten«, sagt Lope de Aguirre.

Antón Llamoso wagt ihm nicht ins Gesicht zu sehen.

»Ganz unten auf dem Grunde seiner Seele glaubt niemand mehr an das alte Eldorado, aber alle hoffen, ein neues Eldorado zu finden. Sie kamen nicht nach Indien, um das Land zu bebauen oder Pferde zu züchten, sondern um bequem reich zu werden. Spanische Soldaten werden aus allen Teilen Perus hervorsprießen, voller Sehnsucht, die Schwindeleien dieser Brasilindianer für bare Münze zu nehmen, bereit, die größten Gefahren bei der Verfolgung der Reichtümer der Omaguas zu laufen, ungeduldig, den Amazonen zu Gefallen zu sein, die sich nackend in das Gras legen, um sich mit ihren Gefangenen zu ergötzen. Ich berausche mich an keinem dieser Märchen, Antón Llamoso. Überlegungen und Gründe ganz anderer Art treiben mich zu Pedro de Ursúas Feldzug«, sagt ernst Lope de Aguirre.

Antón Llamoso fängt an zu lachen.

Die Glocken von Cuzco läuten zum letzten Mal Lope de Aguirre hat zu lange gelebt ich gehe auf die Suche nach meinem Tod auf einem Fuchs von niedrigem Wuchs und mit üppiger Mähne was mich am Leben hält ist allein meine

Tochter Elvira ich werde sie nicht in Cuzco lassen auf den Knien vor Cruspas Grab in den Händen der Priester die Jungfrauen täuschen und vergewaltigen in den Händen der lüsternen Encomenderos in den Händen der schändenden Hofmeister ich gehe auf die Suche nach meinem Tod oder meinem Ruhm oder beidem niemals werde ich mich von meiner Tochter Elvira trennen die ich selbst bin mehr als ich selbst Elvira wird auf den Zug zu den Omaguas gehen mit María Arriola die sie betreut mit Juana Torralba die sie umsorgt mit Antón Llamoso der ihr schützender Schatten ist mit Lope de Aguirre denn niemand wird es wagen sie zu entehren wenn ich an ihrer Seite bin ich habe keine Zähne mehr nur Zahnfleisch ich habe keine Haare mehr nur weiße Zotteln meine Hände zittern wenn sie das Schwert ergreifen mein rechtes Bein ist ein dürrer Kloben trotzdem hat meine Brust eine großartige Berufung zu erfüllen eine Welt von Unrecht zu rächen ich bin Michael der Zorn Gottes ich bin Luzifer der Rebell bis zum Tode ich werde Elvira nicht der Willkür geiler Männer überlassen wir lösten den Haushalt in Cuzco auf und begaben uns auf die felsigen Wege die zur Stadt der Könige führen voran Elvira mit den Frauen die sie begleiten dahinter ich zusammen mit Antón Llamoso auf zwei langhaarigen peruanischen Pferden dann folgen wohlberitten Lorenzo Zalduendo und die Guzmáns es beschließt die Karawane Pedro de Munguía die Glocken von Cuzco sind nicht mehr zu hören plötzlich erdröhnen höllische Donnerschläge die den Himmel zum Krachen bringen die Torralba bekreuzigt sich eilends Martín de Guzmán flucht heftig Elvira sieht mich erschrocken an und lächelt als ich ihr den Blick zurückgebe.

Deine Mutter ist nicht in den Gebirgsländern der Inkas geboren, sondern an den Ufern des Meeres, sie ist in Lambayeque geboren, das sind Leute von anderem Blut und mit anderen Gedanken, Seeleute, die vom vielen Horchen auf die Brandung an die Freiheit glauben, Fischer, die vom vielen Blicken auf den Sandstrand manchmal an Pachacamac, dem Schöpfer der Welt und der grünen Länder, zweifeln, deine Mutter betrachtete die Männer mit so viel sanfter Beharrlichkeit, daß sie ihnen den Puls zum Rasen und sie zum Stottern brachte, eines Abends sah Prinz Huascar, der Sohn von Huayna Capac und rechmäßiger Erbe des Inkathrons, sie in Cuzco tanzen, der Prinz lud sie ein, mit ihm im verschwommenen Halbdunkel des Palastes Colcanpata zu schlafen, der Prinz war ein kräftiger und wilder Jüngling, der sein Geschlecht noch nicht in weiblichem Honig befeuchtet hatte, deine Mutter unterrichtete ihn im Ritus des Geschlechtsverkehrs auf Matten aus gelben Federn zwischen vom Widerschein des Lichts bläulichen Granitwänden, der Mund deiner Mutter verstand zu küssen wie kein anderer Mund, Prinz Huascar erwarb im Duft jenes Leibes die Leidenschaft für das Fleisch, die ihn mit der Zeit Reich und Leben kosten sollte, deine Mutter hatte so überaus große Augen, daß der ganze Himmel von Peru in sie hineinging, deine Mutter hieß Chestan Xefcuin, und im tiefsten Grunde ihrer Seele haßte sie die imperiale Macht von Tahuantinsuyo, denn die in Lambayeque Geborenen lebten von anderen Träumen und anderer Sonne, deine Mutter entkleidete sich auf den Festen von Chupinamca, um den Casayaco zu tanzen, bei den Bewegungen des Tanzes bebten die Nasenflügel deiner Mutter wie der Kropf einer Taube, in der Erregung des Tanzes wurden die Brustwarzen deiner Mutter hart wie Tropfen aus Ebenholz, am Ende des Tanzes erzitterte deine Mutter unter ungewöhnlicher Feuchte, deine Mutter hieß Chestan Xefcuin und entging durch ein Wunder dem Tode bei der Niedermetzelung von Huascars Konkubinen, die Atahualpa in Cuzco befahl, sie wurde nicht erstochen wie die anderen, weil deine Mutter zu jener Zeit aus Heimweh nach dem Meer und den Liedern der Küste zu den Dünen von Lambayeque zurückgekehrt war, in Lambayeque fanden sie die Konquistadoren, und auch sie verstummten geblendet von dem Glanz ihres Fleisches, als die weißen Viracochas aus dem Meer auftauchten, lebte deine Mutter Chestan Xefcuin in Gesellschaft von Mitaya Uitama, die mit dem Schicksal geboren war, ihre Dienerin zu sein, Bruder Benito de Jarandilla taufte Mitaya Uitama, um ihr so die Türen des Himmels zu öffnen, *Bautizacunqui cristiana tucunqui diostra yupanqui hanacman rinque hanacman rinque,* man gab ihr den erhabenen Namen Maria, aber sie behielt lieber den demütigen Beinamen Mitaya, der Dienerin niedriger Herkunft bedeutet, mit vierzig Jahren war deine Mutter weiterhin schön wie keine andere Frau, Don Blas de Atienza, der Vasco Núñez de Balboa bei der Entdeckung eines neuen ozeanischen Meeres begleitet hatte, war der von ihr Auserwählte unter zehn Hauptleuten, die sie eingeladen hatten, das Bett mit ihnen zu teilen, Don Blas de Atienza nahm sie mit sich nach Trujillo und war ihr letzter Geliebter, Don Blas de Atienza war dein Vater, und nach seinem Willen heißt du Inés.

Deine Kindheit genoß Gärten mit Orangen, Granatäpfeln, Quitten, Pomeranzen und Zitronen, seit Almagro sie gründete, bemühte sich die Stadt Trujillo, ein blühender und betriebsamer Ort zu sein, deinen Vater achteten die Encomenderos und die Richter als ehemaligen Hauptmann Balboas, deine Mutter vollendete die schönsten sechzig Jahre von ganz Peru, dich, ihre Tochter, belauerten die weißen die mestizischen die schwarzen die indianischen Männer mit wollüstigen Blicken, sie erforschten mit ihren Augen die unvollendeten Brüste den heftigen Mund die gedrechselten Schenkel den aufreizenden Hintern, dein Vater wurde zornig, wenn er es bemerkte, nicht so deine Mutter, die zufrieden lächelte, und noch viel weniger Mitaya Uitama, die sie alle listig herausforderte, Lecker ist es, mein Fräulein, nicht wahr? fragte Mitaya Uitama die Besucher, der Mestize Felipe Salcamoya versprach dir, daß er sich töten würde, wenn du ihn nicht liebtest, und du liebtest ihn nicht, und er tötete sich durch einen Dolchstich in derselben Nacht, in der die Masken den Saynata tanzten, um deine fünfzehn Jahre zu feiern, ein anderer Mestize namens Pablo de Alvín wurde dein Bräutigam, ohne daß du es wahrnahmst, er gab dir endlose Küsse im Schatten der Johannisbrotbäume, er wurde fast ohnmächtig bei diesen Küssen, der arme Pablo de Alvín, und ich sage armer, weil dein Vater es erfuhr, ihm mit dem Tode drohte, und dein Bräutigam landete auf den Flügeln der Todesangst in Chile, Mitaya Uitama erzählte dir ihre Erinnerungen beim Licht eines Dochtes, Mein Körper hat viele Männer gekannt Fräulein, Nichts auf der Welt ist so zart wie die Härte eines Mannes Fräulein, Keine Wonne ist der vergleichlich, die wir fühlen, wenn ein Mann in uns eindringt Fräulein, Wenn ein Mann über unserem Atem stöhnt Fräulein, Du bist viel schöner als es deine Mutter war, sagte

Mitaya Uitama, wenn deine Mutter nicht anwesend war, da verliebte sich Don Pedro de Arco in dich, deine Mutter verkündete es dir, bekümmert und seufzend, sie wußte, daß du ihn niemals lieben könntest, sie wußte auch, daß es euch untersagt war, einen so ehrenvollen Herrn abzuweisen, Don Pedro de Arco war ein Freund des Vizekönigs und Besitzer des halben Tales von Chiacama, auf seinen Getreidefeldern arbeiteten emsig drei Mühlen und auf seinen Zuckerrohrpflanzungen rauchte der Schornstein einer Brennerei, Don Pedro de Arco war dicht und weiß behaart wie ein weißer Guanako, du warst achtzehn Jahre alt, als sie euch vermählten, euch vermählte der Bischof, denn zu jener Zeit hatte Trujillo schon einen Bischof und einen Vogt und zwei Klöster, der Bischof murmelte Gebete auf lateinisch, und deine Mutter tanzte den Catauri, und das war das letzte Mal in ihrem Leben, daß sie tanzte, du verlorst die Jungfräulichkeit in der Hochzeitsnacht, so wie es das göttliche Gesetz befiehlt, bei Mitaya Uitama beklagtest du dich über den Schmerz des Zerreißens, Dich schmerzte es, weil du nicht verliebt bist, Die verliebten Frauen schmerzt es auch, aber sie klagen nicht, sagte Mitaya Uitama, auch als du schon verheiratet warst, blickten dich alle Männer einschließlich des Bischofs und des Vogts mit dem Drang brünstiger Pferde an, Du bist nun einmal die schönste Frau in Peru, sagte deine Mutter, Mitaya Uitama wollte nur wissen, ob Don Pedro de Arco dich gut fickte, Spanier und Mestizen verbrachten schlaflose Nächte und sehnten sich nach deiner Nacktheit, aber keiner getraute sich, es dir zu sagen, es getraute sich schließlich der Edle Francisco de Mendoza, Neffe des Vizekönigs Hurtado de Mendoza, der in militärischen Angelegenheiten nach Trujillo kam, inmitten des Trubels der Feiertage näherte sich dir Don Francisco de Mendoza, um dir unerhörte Dinge zuzuflüstern, die dich in Erstaunen versetzten, eines Abends drückte er mit kühner Hand eine deiner Brüste, an einem anderen Abend säuselte er dir listig hinter deinem Fächer zu, daß deine Stimme ihm die männlichsten Teile seines Körpers errege, in der dritten Nacht hatte Don Pedro de Arco, dein Gemahl, die Stadt verlassen, um nach seinem Mehl und seinem Zucker zu sehen, Mitaya Uitama öffnete Don Francisco de Mendoza die Tür zu deinem Zimmer, durch das Fenster springend, kam er von Regen bespritzt zu dir, so sehr hatte er den Wunsch, dich zu besitzen, gezügelt, daß die Lust beim ersten Mal nicht länger als einen Atemzug dauerte, nach kurzer Zeit gewann er die Kraft zurück und stieß seinen Sporn heftig in die tiefste Tiefe deines Innern, er besaß dich zum letzten Mal, als der Regenguß aufgehört hatte und die Morgendämmerung die Wolken aufzulösen begann, Fickte er dich gut Fräulein? war die begierige Frage von Mitaya Uitama, und du wußtest nicht, was du ihr antworten solltest, du vergaßt, Doña Inés meines Herzens, daß Trujillo ein neidisches und verleumderisches Dorf ist, man wisperte über die Art, wie Don Francisco dich ansah, über die Liebe, die Don Francisco niedergeschlagen vor den abweisenden Balkons deines Hauses festhielt, das Gerede kam dem Vizekönig in der Stadt der Könige zu Ohren, Don Andrés Hurtado de Mendoza zwang fuchsteufelswild seinen Neffen, sich ohne eine weitere Liebesnacht in Trujillo, außer jener deiner drei schwachen Augenblicke, nach Spanien einzuschiffen, dein Gatte Don Pedro de Arco kehrte von seinen Haziendas zurück, ihn schüttelte ein Husten, der euch ganze Nächte wachhielt, er konnte nicht schlafen wegen seiner Krankheit und du nicht wegen deiner Gedanken, dein Gatte Don Pedro de Arco legte die Beichte ab und starb vier Monate später, du gingst in Trauer gekleidet und schwermütig die Gänge auf und ab, Du bist die schönste Witwe in ganz Peru, sagte deine Mutter, Eines Tages wird der Mann kommen, der dich fickt, wie du es verdienst, sagte Mitaya Uitama.

Als das Schiff, mit dem Don Pedro de Ursúa ankam, in Guanchaco Anker warf, trugst du noch Trauerkleidung, dein Gatte Don Pedro de Arco war vor drei Jahren gestorben, deinen Vater, Don Blas de Atienza, rafften die Pocken im vergangenen November dahin, plötzlich fand sich deine Mutter, Chestan Xefcuin, damit ab zu altern und summte düstere Quenaquenaweisen in den dunkelsten Gemächern des Hauses, Mitaya Uitama war genauso alt wie deine Mutter, aber sie kämpfte gegen die Zeit, Mitaya Uitama erzählte dir seltsame Legenden, die du niemals vorher von ihr gehört hattest, lasterhafte Bilder von Wollust und Zauberei, von furiosem Beischlaf zwischen Bruder und Schwester am Ufer einer Lagune, von riesigen Wurzeln, die sich in Phallen verwandelten, von emporgerichteten Phallen, die sich in Felsen verwandelten, Mitaya Uitama schloß mitten in ihrer Erzählung halb die Augen und versank in Erinnerungen, eines unvorhergesehenen Tages kam Don Pedro de Ursúa in Trujillo an, die Schreiber sagten, er habe dreihundert Indianer und zweihundert Neger in Panama getötet, sie sagten, Vizekönig Markgraf de Cañete habe ihn zum Befehlshaber über einen Feldzug zu den Omaguas ernannt, indem er mehrere mächtige Herren überging, die sich darum bewarben, ein so wichtiges Unternehmen anzuführen, nichts von diesen Gerüchten oder Wahrheiten rührte dich, Inés de Atienza, wohl rührte dich sein Bart, so rot wie Mais am Kolben, sein Profil, so stolz wie das eines himmlischen Erzengels, sein fester Schritt des Soldaten, der von seinem Mut überzeugt ist, die Fröhlichkeit, die sein Lächeln ausströmte, die männliche Beredtsamkeit seiner Hände, während er sprach, sein Ruf als erfolgreicher und diskreter Frauenheld, als Don Pedro de Ursúa dich zum ersten Mal sah, ahnte er, was geschehen würde, er war nach Trujillo gekommen, um Beiträge für seinen Feldzug zu erbitten, um zukünftige Statthalterschaften, zukünftige Bischofsämter, zukünftige Scheffel Gold für gegenwärtige lumpige tausend Pesos zu versprechen, Don Pedro de Ursúa besaß nicht mehr als seine Kleidung und sein Pferd, am Fronleichnamsdonnerstag lernte er dich im Hause von Don Lorenzo Albornoz kennen, Visitator der Heiligen Römischen Kirche und unermüdlicher Einnehmer von Zehnten und Erstlingsabgaben und Vertreter Seiner Heiligkeit des Papstes, Don Pedro de Ursúa erzählte dir von der makellosen Farbe der Smaragde, die die Musoindianer aus der Erde reißen, du hörtest es nicht, weil du auf das Funkeln seiner Augen achtetest, weil du den Anzug von Tuch aus Segovia und den Spitzenkragen aus Flandern bewundertest, die der stattliche Hauptmann trug, Don Pedro de Ursúa fragte dich unversehens, ob du am Samstag in die Messe gehen würdest, und du antwortetest ihm, ja, um neun Uhr im Kloster von Santo Domingo, und lächeltest verschämt, du kehrtest mit erhitzten Wangen nach Hause zurück, und Mitaya Uitama brauchte dich nichts zu fragen, die Frau genießt die Liebe wie die Vikunja und erleidet sie wie die Hündinnen, das sagte Mitaya Uitama halblaut, sie war nicht mehr dieselbe Mitaya Uitama, die dich früher listig in Richtung der Männerhosen schob, am Samstag um neun stand Don Pedro de Ursúa zwischen den Pfeilern des Klosters, du kamst mit Mitaya Uitama und gingst an ihm vorbei, kaum ohne ihn anzublicken, obwohl du seine Gegenwart fühltest, wittertest, spürtest, Don Pedro de Ursúa holte dich nach der Messe am Ausgang ein, und ihr begannt nebeneinander herzugehen, ohne daß du wußtest, wohin, das ganze neugierige und boshafte Trujillo bespitzelte euch, Mitaya Uitama blieb nach und nach zurück, Don Pedro de Ursúa nahm einen Schlüssel aus seiner Tasche und öffnete die Tür zu dem Hause, das er zum Wohnen gemietet hatte, vergiß nicht, Inés de Atienza, daß es einer anständigen Witwe wie dir nicht erlaubt ist, das Heim eines alleinstehenden und ansehnlichen Mannes zu betreten, ganz Trujillo bespitzelt dich durch die Schlüssellöcher und Jalousien, Don Pedro de Ursúa schiebt dich sanft an den Schultern, und du trittst mit erhobenem Kopf in einen gewöhnlichen und feindseligen Raum, die Möbel bestehen aus steifen Stühlen mit auf braunes Holz genageltem Leder, in der Mitte steht ein Tisch mit einer gestickten Decke darauf, wie kann man ganz ohne Blattgrün und Levkojenduft leben? Don Pedro de Ursúa, der niemals ein Liebeswort zu dir gesagt hatte, nahm dich in seine Arme und küßte dich auf den Mund, du küßtest ihn, als ob ihr das ganze Leben lang Geliebte gewesen wäret, er führte dich an der Hand wie ein Kind zu dem Gemach, wo die Weiße eines anmaßenden Bettes leuchtete, in diesem selben Bett hatte er mit anderen gelegen, vielleicht hatte er sich in der vergangenen Nacht mit einer Dirne dort gewälzt, ohne daran zu denken oder nur daran denkend, zogst du dir das Kleid mit ernsten Bewegungen eines Eingeborenenrituals aus, er geriet aus der Fassung vor Erstaunen über den Glanz deiner Haut, ging die Fenster schließen, damit nicht so viel Licht auf dich fiele, du nahmst nicht wahr, daß er sich auch entkleidete, aber du fühltest plötzlich seine warmen Hände, die sich auf deine Brüste legten, die von deinen Brüsten heruntterglitten über die Rundungen deiner Hüften, die in die Mitte deines Körpers zurückkamen und auf deinem zitternden Leib verhielten, du fühltest die Nähe seiner Lippen, die die deinen suchten und sie feucht und heftig fanden, dann ging sein Fleisch in dein Fleisch ein wie eine harte und zuckende Frucht, und da sagte er dir zum ersten Mal, daß er dich liebte, er sagte es dir, als sein Körper und deiner sich schon im Takt einer feuchten Musik bewegten, die nirgendwo tönte, als sein Glied und deine Vulva im selben Erguß innersten Marks barsten, geschüttelt vom gleichen Stöhnen der Hingabe und des Sieges, soviel Lust hattest du niemals empfunden, Inés de Atienza, Inés de Atienza, die du auf die Straße hinaustrittst, und es hat zu dunkeln begonnen, und ganz Trujillo steht vor den Türen, um dich vorbeigehen zu sehen. Mitaya Uitama kehrt mit dir nach Hause zurück, ohne die Lippen zu öffnen, sie kann dich nicht fragen, ob Don Pedro de Ursúa dich gut gefickt hat, die arme Mitaya Uitama weint.

Was schert es dich, was sie denken und sagen, die enttäuschten Männer von Trujillo, die Klatschbasen von Trujillo, der ehrwürdige Bischof von Trujillo? Du gehst über Straßen und Plätze ohne den Schutz von Mitaya Uitama, du wendest dich mit festem Schritt zu dem Haus, wo Don Pedro de Ursúa sich hinter den Gardinen vor Ungeduld verzehrt, Don Pedro de Ursúa zählt im Geist die Pferde, die auf dem Pflaster vorbeikommen, sein Herz hat ihm angekündigt, daß du genau nach dem neunten eintreffen wirst, manchmal triffst du ein, aber andere Male verspätest du dich, oder es sind zahlreiche Reiter, und er wird unruhig, weil neunzehn vorbeigeritten sind und du noch nicht erscheinst, aber hier bist du endlich, und aus seinen Gedanken verschwinden das Zählen und die Ängste, an diesem Nachmittag sagt Don Pedro de Ursúa nackend zu dir nackend, daß er in einer Woche zum Motilonesfluß aufbrechen wird, er kann nicht länger in Trujillo bleiben, Leutnant Pedro Ramiro schickt ihm von Santa Cruz einen Boten nach dem andern, Meister Juan Corzo hat auf der Werft elf Schiffe fertig, dich schüttelt ein heftiges Verlangen zu weinen und zu schelten, du erhebst die Stimme, um ihn unmenschlich zu nennen und ihn zu beschuldigen, daß er dich nicht genügend liebt, du sagst zu ihm Nur dich selbst liebst du, Pedro de Ursúa, er will dir antworten, verletzt von deiner Ungerechtigkeit, er antwortet dir nicht, er zieht es vor, dir einen kreuzweisen und heißen Kuß zu geben, der niemals zu Ende geht, der erst unterbrochen wird, als sein Mund sich von deinem löst und hinuntergleitet zu deinen erregten Brüsten, und du fühlst, wie deine Brustwarzen sich zwischen seinen Lippen vor Liebe entblättern, dann gleitet er hinunter, um dir eine nach der andern deine Zehen zu küssen und ihnen zehn kleine verschiedene Gebete zuzuflüstern, deren Worte du nicht unterscheiden kannst, dann küßt er dir das verborgene Winkelchen, das er niemals küssen dürfte, denn das kann dich vorzeitig töten, du sagst zu ihm Fick mich wie ein Vikunja, denn dir ist jene alte Statuette eingefallen, die dir Mitaya Uitama einmal zeigte, ein kniender Indianer besaß seine Indianerin so wie die männlichen Vikunjalamas die weiblichen Vikunjas besitzen, du krümmst dich im Bogen und stützt die Stirn auf das Kopfkissen, Don Pedro de Ursúa fickt dich schlicht wie ein Vikunja, du fühlst ihn in deine weibliche Höhlung eingeschlossen und verschmolzen, während er innere Wände berührt, die er niemals erreicht hatte, du schluchzst Ja mein Geliebter Ja mein Geliebter, Ja mein Geliebter, bis ihr beide auf die Bettlaken sinkt, niedergeworfen vom selben Blitz, während sich im Dunkel die Münder suchen, die sich verloren hatten.

»Es ist Wahnsinn, Pedro de Ursúa, aber wenn du es wagst, mich als Soldaten in deine Truppe aufzunehmen, gehe ich mit dir.«

»Es ist Wahnsinn, Inés de Atienza, aber ich werde dich mitnehmen.«

Es war ein fürchterlicher Wahnsinn, unglückliche Doña Inés, der in den Sternen geschrieben stand.

Lope de Aguirre der Verräter

Ein und ein halbes Jahr sind vergangen, seit Pedro de Ursúa aus dem Urwald fortging, um Geld und Soldaten zu suchen, denn beide Dinge haben wir sehr nötig. Über diese Verspätung sprechen wieder einmal Pedro Ramiro, Juan de Aguirre und Meister Juan Corzo, während der Nachmittag sich über dem Motilonesfluß neigt, der auch Huallaga heißt. Schon hat Meister Juan Corzo seine Arbeiten als Schiffsbauer zu einem guten Ende gebracht. Seine schmucken Brigantinen warten nur darauf, ins Wasser gelassen zu werden. Manchmal schwitzten wir unter einer Fegefeuerhitze, andere Male klapperten unsere Zähne unter nicht endenwollenden Regengüssen. Die Indianer und die Neger fällen ungeheure Bäume im benachbarten Urwald. Von hier aus hört man den donnernden Aufschlag des Stamms, wenn er auf die Erde stürzt. In der Strömung des Flusses treiben die mit abgeschlagenen Bäumen beladenen Flöße hinab zum Engpaß der Werft. Die Säger rammen den geschliffenen Stahl in die harten Rinden. Die Schmiede schüren die züngelnden Flammen, schlagen pausenlos auf die Ambosse, hämmern Nägel und Äxte. Die Zimmerleute klopfen mit ihren Hämmern, hobeln das Holz, verwandeln die Äste der Bäume in Schiffsgerippe. Die Kalfaterer füllen die Fugen zwischen den Brettern mit Werg aus, überziehen die Decks und Bordwände der zukünftigen Schiffe mit Teer. Meister Juan Corzo kommt und geht zwischen Schwärmen von Stechmücken. Er kommt und geht, von der Sonne verbrannt oder vom Regen durchnäßt oder vom Fieber geschüttelt. Meister Juan Corzo ruft seine Befehle fünfzig Männern verschiedenen Blutes zu, Kastiliern, Extremadurern, Biskayern, Navarrern, Katalanen, Mulatten, Mestizen, Negern, Indianern. Nachts singt der Ayaymama, ein überaus trauriger Vogel, dessen Litaneien zum Weinen reizen, verflucht sei seine gefiederte Mutter! Auf der Werft von Meister Juan Corzo haben wir zwei Brigantinen und neun flache Boote von der Art, die man Schuten nennt, gebaut. In jede Schute passen vierzig Pferde und zweihundert Personen mit ihren Bündeln und Hunden.

Leutnant Pedro Ramiro wartet noch verzweifelter auf Pedro de Ursúa als Meister Juan Corzo. Leutnant Pedro Ramiro, Gründer und Ratsherr von Santa Cruz de Capocovar, vertritt hier in Abwesenheit die Autorität des Gouverneurs. Santa Cruz de Capocovar ist ein Eingeborenenort, der die Werft mit Tagelöhnern, Werkzeugen und Lebensmitteln versorgt. Die Häuser sind schmale Holzhütten, die mit Klumpen aus Lehm und Bündeln aus trockenem Stroh verstärkt sind. In Santa Cruz de Capocovar treffen alle ein, die aus entlegenen Gegenden herunterkommen und sich dem Zug zu den Omaguas anschließen wollen. Aus Cuzco, aus Quito, aus Popayán und noch weiter von Norden kommen sie, angelockt vom Geruch des Goldes und der Faszination des Abenteuers. Gegen Abend drängen sie sich in den Schenken oder an den Tischen zusammen, wo die Münzen und die schmierigen Spielkarten von Hand zu Hand gehen. Ein Asturier arpeggiert auf seiner Gitarre und singt mit müder Stimme alte Romanzen. Draußen hört man die Trommeln der Neger, die ihre Götter anrufen. Weiter entfernt zerreißen die untröstlichen Flöten der Jibaroindianer ihren Kummer. Die Soldaten gehen schwankend hinaus und füllen die Gassen mit Unverschämtheiten und Flüchen. Der Tischler

Mariano Ferrer spricht allein vor der Tür seines Hauses, Mariano Ferrer ist vom vielen Lügen verrückt geworden. Eine Geißel tödlichen Fiebers raffte neun Indianer, drei Neger und einen Galizier dahin. Am letzten Donnerstag schleppten sie den mulattischen Tagelöhner Pedro Madroño aus dem Dickicht des Waldes an, eine Shushubeschlange hatte ihn gebissen, sein Bauch schwoll an wie ein praller Weinschlauch, weder Gebete noch Medikamente konnten ihn retten. Gestern abend wurde Feldwebel Leandro Mora erstochen, der von niemand Spöttereien oder Drohungen duldete. Ebenfalls gestern abend versuchten die halbbetrunkenen Brüder Yrazábal, die Ortschaft an zwei oder drei Stellen in Brand zu stecken. Leutnant Pedro Ramiro befürchtet, daß noch schlimmere Dinge geschehen könnten, wenn Don Pedro de Ursúa nicht zurückkommt, wenn Meister Juan Corzos Schiffe nicht abfahren.

Was Juan de Aguirre angeht, den Schatzmeister des Zuges, so rauft er sich die Haare und verflucht sein Schicksal. Die letzten tausend Pesos gab er für den nötigsten Proviant aus, Vieh, Kassawa, Öl und Wein, um zu verhindern, daß die Leute unruhig wurden und auseinanderliefen. Aber wenn Don Pedro de Ursúa nicht eiligst kommt oder der Apostel Jakobus nicht eines seiner Wunder vollbringt, ist er verloren. Schatzmeister Juan de Aguirre träumt jede Nacht, daß seine Leiche hin und her schaukelt, er sieht sie an einem dichtbelaubten Kapokbaum hängen, der seine Zweige vor der kleinen Kirche von Santa Cruz de Capocovar ausbreitet.

Schließlich kehrte Don Pedro de Ursúa in den Urwald zurück, wo alles auf ihn wartete. In der Stadt Chachapoyas beklagt er sich bitter, daß er nicht wenigstens die

Hälfte der zweihunderttausend Pesos zusammenbekommen hat, die er so nötig brauchte. Don Pedro de Ursúa hat eine so schöne und überzeugende Zungenfertigkeit, er malt Städte aus Gold und Burgen aus Silber, er schreibt die Phantasie mit soviel Wirklichkeit, daß die Händler in der Stadt der Könige ihm schließlich glauben und ihm Tausende von Talern versprechen, Schurken! als es soweit war, hat keiner das gegebene Wort gehalten, wer mir zehntausend anbot, gibt nicht einmal tausend, wer mir fünftausend versprach, weigert sich, mich zu empfangen, nur jene Abenteurer geben alles, die ihren Glauben in meine Stärke und ihre Erwartungen auf die Herrlichkeit von Eldorado setzen, die bei diesem Zug ebenso ihr Vermögen wie ihr Leben aufs Spiel setzen, Pedro Alonso Galeas trägt dreitausend Pesos bei, Gonzalo de Zuñiga zweitausend Pesos und drei Pferde, ebenfalls zweitausend Pesos Pedrarias de Almesto und Juan de Valladares, Juan Vázquez Sahagún verkauft seinen ganzen Besitz, Inés de Atienza verschleudert ihr Haus für siebentausend Pesos, um mit mir zu kommen, trotzdem geht für Juan de Aguirre die Rechnung nicht auf, wie kann sie auch? es fehlt Geld, um Vieh zu kaufen, und Geld für den Sold der Soldaten und für die Pulverfässer und für die Bleibarren und für die Weintonnen, alter Satan, ich verkaufe dir meine Seele für eine Handvoll lumpiger Pesos, um diese Aufgabe vollenden zu können, bei der es um meinen Ruhm und um mein Leben geht!

Zu jener Zeit ereignete sich die Geschichte mit dem Priester Portillo, die jeder gern auf seine Weise erzählt, der Priester und Vikar von Moyabamba hatte sechstausend Pesos zusammengebracht, auf Kosten von Hunger und Entbehrungen und auf Kosten der Indianer, die er arbeiten ließ, ohne sie mit Geld oder etwas anderem zu bezahlen, diesen Geistlichen namens Portillo lockte es, mit Don Pedro de Ursúas Brigantinen zu reisen, nicht nur, weil er das Bistum von Omaguas anstrebte, das der Gouverneur ihm versprach, sondern auch wegen des Goldkitzels, der ihm den Schlaf raubte, *»Dieses Volk hat eine große Sünde begangen, als es sich einen Gott aus Gold schuf«*, las er im Buch des Exodus, Priester Portillo teilte nicht Moses' Skrupel, o Herr, gewähre mir nicht die Rettung meiner Seele, sondern ein Hinterviertel des Kalbes aus dem Alten Testament! der Priester zahlte Don Pedro de Ursúa einen Vorschuß von eintausendfünfhundert Pesos, dann konnte er ihm den Rest nicht geben, weil ihn der Riß in seinem Herzen daran hinderte, den die Geizhälse erleiden, wenn sie gezwungen sind, ihren Beutel aufzuschnüren, Don Pedro de Ursúa (oder vielmehr der Mulatte Pedro Miranda, der ein Schuft war, oder vielleicht der junge Fernando de Guzmán, der sich als findiger Andalusier hervortat) klügelte eine List aus, um dem Priester die noch geschuldeten viertausendfünfhundert Pesos zu entreißen, sie spielten die Komödie von einem Sterbenden, der um Mitternacht nach der Beichte jammerte, der Priester eilte im Nachthemd herbei, um ihm die Absolution zu erteilen, der falsche Sterbende und seine drei Gefährten setzten ihm eine Arkebuse mit angezündeter Lunte auf die Brust und zwei geschliffene Dolche ins Kreuz, darauf unterzeichnet der Priester sämtliche Papiere, die sie ihm zu unterzeichnen geben, sie setzen ihn auf einen Grauschimmel und führen ihn so wie er ist mit nackten Hoden davon, der alte Vikar winselt auf den Knien vor Don Pedro de Ursúa, mein abgenutzter und kränklicher Körper ist nicht kräftig genug, um zu reisen oder zu kämpfen, ich tauge nicht einmal dazu, Sünden zu vergeben, weil meine eigenen zu groß sind, mein Geiz ist eine ekelerregende Wunde, meine Geilheit hat mehrere mestizische Kinder gezeugt, eines

Nachts vergewaltigte ich ein Indianermädchen in der Sakristei, manchmal treibe ich Unzucht mit Lamas und Eselinnen, ich verdiene es nicht, in den Omaguas noch sonstwo Bischof zu sein, Don Pedro de Ursúa wird ihn mitnehmen, ohne auf seine Selbsterniedrigung zu hören.

Feldwebel Lope de Aguirre weigerte sich, an der Posse teilzunehmen, jene gotteslästerliche Intrige schien ihm kriegerischer und christlicher Männer unwürdig, ich werde dir meine Meinung sagen, Lorenzo Zalduendo, wenn der Pfaffe sich weigert, die viertausend Pesos herauszugeben, die wir dringend nötig haben, tötet man ihn einfach und raubt dem toten Körper die Pesos, das ist anständiger als ihn mit Gewalt auf einen harten Feldzug mitzuschleppen, der seine schwachen Rippen brechen wird, er wird wenige Tage nach der Einschiffung an Auszehrung sterben, wie es in der Tat geschah.

Ärgerlicher als die unterhaltsame Geschichte vom Pater Portillo, meine liebste Inés, waren die Ereignisse, die den Tod von Pedro Ramiro, dem Ratsherrn von Santa Cruz de Capocovar, verursachten sowie den darauf folgenden Tod der Hauptleute Diego de Frías, den der Vizekönig mir so sehr empfohlen hatte, und Francisco Díaz de Alvés, der mein Waffenbruder im Neuen Königreich und entfernt mit mir verwandt war. (Don Pedro de Ursúa schreibt lange Briefe an Doña Inés de Atienza, die noch in Trujillo weilt, sich nach ihm verzehrt und sehnlichst darauf wartet, zu ihm zu kommen.) Es traf sich, herzliebste Inés, daß ich Frías und Díaz de Alvés als Anführer eines Zuges in das Gebiet der Tavoloroindianer schickte, auf die Suche nach Yucca und eßbaren Tieren, die auf dieser Seite knapp sind, und zu ihrem Wegweiser bestimmte ich meinen Leutnant Pedro Ramiro, der die Labyrinthe des Urwaldes kannte wie seine Handfläche und jeden von ihnen an die passendste Stelle bringen würde. Ich wußte nicht, allerliebste Inés, daß die Herzen von Frías und Díaz de Alvés vom Neid zerfressen waren wegen des Vertrauens, das ich Pedro Ramiro schenkte, hatte ich ihn doch zum stellvertretenden Ratsherrn von Santa Cruz de Capocovar ernannt und trug mich mit dem Gedanken, ihn zum Feldmeister der Streitkräfte auf meinem Zug zu den Omaguas zu ernennen. Folge dieses Neides war, meine angebetete Inés, daß Frías und Díaz de Alvés unvermutet beschlossen, das begonnene Unternehmen aufzugeben, sich von Pedro de Ramiro und seinen Leuten zu trennen und mit sehr heimtückischen Absichten ins Lager zurückzukommen. So heimtückisch waren sie, meine ersehnte Inés, daß sie, als sie auf zwei ihnen entgegenkommende Soldaten stießen, diesen fälschlich bekundeten, Pedro Ramiro habe sich gegen den König und gegen mich erhoben, und nachdem sie die Soldaten überzeugt hatten, ermunterten sie diese, ihn gefangen zu nehmen und hinzurichten. Und da sie den besagten Pedro Ramiro am Ufer eines Flusses antrafen, wie er seine Leute jeweils zu dritt in einem Kanu übersetzte, faßten sie den abscheulichen Entschluß, sich im Gestrüpp zu verstecken und auf die Gelegenheit zu warten, bis mein Leutnant auf dieser Seite allein in Begleitung des schwarzen Dieners, der ihm immer aufwartete, zurückblieb. Da, meine heißgeliebte Inés, stürzten sie sich auf ihn und banden ihn an den Händen und knebelten ihm den Mund, und am Ende ließen sie ihm durch einen schwarzen Sklaven von Frías, dem sie die Ausführung einer solchen Übeltat übertrugen, den Kopf abschlagen. Anschließend überquerten sie den Fluß und logen Pedro Ramiros Leuten vor, sie hätten den stellvertretenden Ratsherrn in meinem Auftrag und zur Strafe für einen schrecklichen Verrat, den er begangen habe, getötet. Aber das Schicksal wollte es, daß es Pedro Ramiros schwarzem Sklaven gelang zu fliehen und sich im Dickicht zu verstecken und von dort aus zu beobachten, wie sein Herr schändlich getötet wurde, und dann eiligst nach Santa Cruz de Capocovar zu kommen und mir ohne Atem zu holen den wahren Hergang zu erzählen. Auf diese Weise war ich wohlunterrichtet über diese Ruchlosigkeit, und als Frías und Díaz de Alvés mir honigsüße Briefe schrieben, um mir einen lügenhaften Bericht zu geben, wie Pedro Ramiro sich gegen meine Autorität erhoben habe und wie sie ihn gefangenhielten und meine Zustimmung und Erlaubnis erbäten für ihr Vorhaben, ihn zu erdrosseln, tat ich so, als ob ich ihnen den Schwindel glaubte, und lud sie höflich ein, ins Lager zurückzukommen. Als sie vor meinen Augen erschienen, Inés meiner Träume, ließ ich sie festnehmen und dann von dreißig Zeugen, die keine anderen waren als die dreißig Soldaten, die das Verbrechen vom gegenüberliegenden Ufer des Flusses mitangesehen hatten, ihrer Untat beschuldigen, und ich verurteilte die vier Mörder zum Tode durch Erhängen an den Ästen des Kapokbaumes vor der Kirche dieses Ortes. Es schmerzte mich nicht wenig, meine innigstgeliebte Inés, an jenem Baum einen Günstling des Vizekönigs und einen Vetter von mir hängen zu sehen, die außerdem tapfere und für mein zukünftiges Unternehmen nötige Krieger waren, aber ihre Untreue unbestraft zu lassen, hieße Gefahr laufen, die Wertschätzung und Achtung der Männer zu verlieren, die mir folgen. Die Nachrichten, die ich dir schreibe, meine zärtlich geliebte Inés, sind außerordentlich schlecht, habe ich doch auf einmal drei meiner besten Hauptleute verloren, aber du weißt, daß ich vor keinem Unglück verzage, daß ich mich nicht rühme, bescheiden, sondern stolz und selbstsicher zu sein, noch stolzer und selbstsicherer seit dem Tage und Augenblick, da ich dich kenne und dich liebe und dich genieße und dich besitze, Inés meiner Küsse und meines Samens. (Und von nun an zerschmolz Pedro de Ursúa hemmungslos in Liebe und Fleischlichkeit über mehrere Blätter hinweg, die eines Samstagsabends in die Hände von Doña Inés de Atienza gelangten und sie erzittern ließen wie die Flamme einer Kerze.)

Doña Inés de Atienza erblickte die ersten Häuser von Santa Cruz de Capocovar eines Sonntagsnachmittags um drei Uhr und näherte sich ihnen, indem sie sich den Weg durch eine feuchte und klebrige Hitze bahnte, die Platzregen anzeigte. Die Kunde ihrer Ankunft hatten die beiden Priester in ihren Beichtstühlen gemurmelt, die Frauen hatten sie verbreitet, in den Schenken war sie laut erörtert worden. Don Fernando de Guzmán, wie sonst keiner, stets zu Jubel und Festlichkeit aufgelegt, ging von Haus zu Haus, um die Leute zusammenzurufen. Laßt uns alle der schönsten Frau von Peru einen prächtigen Empfang bereiten! Don Fernando de Guzmán hatte Doña Inés niemals weder von nahe noch von fern gesehen, aber nur vor ihm (vielleicht wegen seiner Stellung als Sohn vornehmer und in Sevilla wohlangesehener Eltern) gestattete sich Don Pedro de Ursúa in vertraulichen Gesprächen, die Schönheit seiner Dame zu preisen.

Von früher Stunde an sollten auf Befehl des Gouverneurs die Hähne der Fässer geöffnet werden, der Wein floß wie Quellwasser, die Glocken der Kapelle läuteten, als ob ein Prinz geboren wäre, rosafarbene Bänder hingen von den Strohdächern und den spitzbogigen Fenstern, die kriegerischen Trommeln der Spanier wirbelten, und ihnen antworteten im Kandomberhythmus die Trommeln der Neger, die Reiter tummelten und drillten emsig ihre Pferde, die Arkebusen schossen in die Luft, es roch nach Pulver und Schweiß.

Plötzlich erschienen auf dem staubigen Wege die gefiederten Helme der Soldaten, die die Prozession eröffneten, wie Vögel flatterten die Willkommen heißenden Fahnen und Banner, und im Einklang brachen die Salven und Schreie los, dann breitete sich nach und nach eine ehrfürchtige Stille aus, während sie der Ortsmitte näherkam. Alle hatten gehört, daß Doña Inés de Atienza die schönste Frau von Peru sei, aber niemand hatte eine so große Entfaltung dunkler und geheimnisvoller Schönheit vermutet. Schwarz waren die Augen, schwarz war das Haupthaar, schwarz die Mantille, die sie kaum verhüllte, schwarz der samtene Rock, den sie trug. Weiß war dagegen das Fell der Stute, die sie auf ihrem Rücken hertrug, blau das Saumzeug, golden die Verzierungen, rot der Kopfputz.

Don Pedro de Ursúa, stolz und ernst, reichte ihr die Hand, um ihr beim Absteigen vom Pferd zu helfen. In dieser Minute konnten sie, die Männer und die Frauen, die ganze Größe ihres Zaubers abschätzen. Sie war so schlankwüchsig, daß sie sich absichtlich gebeugt hielt, um ihren Geliebten, den Gouverneur, nicht zu überragen. Jene ungeschliffenen und unbefriedigten Krieger und jene eifersüchtigen und verdrossenen Frauen ahnten unter dem Gewebe ihrer Kleidung das Vorhandensein ihrer schönen langen Beine, ihres breiten und harten Mestizinnengesäßes, ihrer kleinen runden Brüste, der feurigen Schwärze ihres Geschlechts. Die Hauptleute Lorenzo Zalduendo und Juan Alonso de La Bandera, der mulattische Büttel Pedro Miranda, der Soldat der Zahlmeisterei Pedro Hernández, der Kaplan Alonso de Henao und verschiedene andere, die nie bekannt wurden, fühlten, wie ihr Blut unter dem unausweichlichen Blick jener Frau schäumte. Feldwebel

Lope de Aguirre hingegen erhob die Augen zum Himmel, denn schon fielen die ersten dicken Tropfen auf die Köpfe der Menge.

Die Fischer ergründen das schlechte oder gute Ergebnis ihrer Züge in den Wassern der Flüsse; die Fischer nehmen ein wenig von diesem Wasser in ihre Hände, küssen es und murmeln das Gebet vom Mayachulla; das Wasser sagt ihnen dann, ob ihre Kanus von Fischen überfüllt sein werden oder ob sie gegen Abend mit leeren Körben zurückkehren. Die Bauern erforschen die Zukunft ihrer Ernten im Licht der Sterne, die die Schöpferinnen und Ordnerinnen der Felder sind; wenn die drei Sterne, die Schwestern sind, groß und leuchtend am Himmel erscheinen, wissen die Bauern, daß die Maisfelder sich mit Ähren füllen werden und die Erde von prallen Kartoffeln geschwängert sein wird; aber wenn die Sterne ihren Umfang verkleinern und ihr Funkeln verringern, wird sich Leiden auf die Saaten legen. Die Jäger richten sich in ihrer Vorausschau auf Kommendes nach den Geistern, die aus der Malpighiazee aufsteigen, jenem Kraut, das wunderbare Visionen erzeugt, Seen und Gärten, Frauen und Melodien; dank der Delirien, die die Malpighiazee erzeugt, erspähen die Jäger die Dickichte, wo die Kaninchen und das Hochwild Schutz suchen, das Gezweig, wo die Rebhühner und Tauben nisten, und in welcher Höhle der Puma schläft, der das Vieh tötet, und an welchem Ufer der Kaiman mit seinen heimtückischen Kiefern lauert. Die Inkakönige treten ihrem Schicksal durch Befragung des blutigen Herzens der Lamas entgegen; der Priester schlachtet ein junges und zartes Lama, öffnet ihm die Seite mit einem Lanzenstich und zieht die zuckenden Eingeweide heraus, um in ihnen das Zeichen seines Herrschers zu lesen; die letzten Schläge jenes kleinen

Lebens kündigen die guten und die schlechte Ereignisse an, die den Völkern und ihren Königen die Geschichte vorbehält. Die Zukunft der Greise sagt Supay voraus, der bösartige Engel, der nach Schwefel und altem Urin stinkt. Die Zukunft der Kinder scheint durch das Licht der Masochina, des heiligen Feuers, das viele Monate brennt, ohne zu verlöschen. Die Zukunft der Frauen enthüllt ihnen Cuniraya Viracocha durch die Sprache der Kokablätter.

»Aber die Zukunft des Mannes«, sagte deine Mutter Chestan Xefcuin, »die Zukunft des muskulösen und mannhaften Mannes, der mit Glied und Hoden wohlausgestattet ist, die läßt sich nur erkennen, wenn man das Mark seiner lauflüssigen Stärke prüft, wenn man den Blick auf jene Tropfen weißen Honigs heftet, die der erste Anfang allen Lebens sind.«

Draußen tagte es über dem Grün des Urwaldes, Inés de Atienza, als du erwachtest. Du standest lautlos von dem Bett auf, wo Don Pedro de Ursúa bis Mitternacht mit dir geschlafen hatte, und nähertest dich auf Zehenspitzen der Hängematte, wo er jetzt ausgestreckt lag. Er hörte dich kommen, machte dir Platz neben sich, du schmiegtest deinen Körper von der Stirn bis zu den Füßen an den seinen, und ein zärtlicher Schauer süßer Ameisen rieselte über deine Haut. Don Pedro de Ursúa, unersättlich, küßte dich auf den Mund, und dein gieriger Mund gab ihm den Kuß zurück, als deine Hand langsam seine aufgerichtete Manneskriolle zu streicheln begann. Nicht mit der Hand, stöhnte er; doch, mit der Hand, erwidertest du; und er wagte nicht, erneut zu bitten, weil deine Finger ihm eine dunkle Lust entlockten, die mehr und mehr wuchs. Das Reiben deiner Hand hörte nicht auf, hörte nicht auf bis zu dem Augenblick, da Don Pedro de Ursúa von der herben Wonne eines heftigen Schauders geschüttelt wurde und du zwischen deinen Fingern den ergossenen Samen fühltest. Da löstest du dich aus seinen Armen, sprangst aus der Hängematte und liefst zum Fensterladen, durch den das erste Morgenlicht hereindrang.

Deine entsetzten Augen, Inés de Atienza, sehen nichts als Tod, Tumult und Tod, Stahl und Tod, grausamsten Tod für Don Pedro de Ursúa, grausamsten Tod für dich selbst, den du nicht zurückweisen darfst, kannst und willst. Diese lebendige Masse, die deine Handfläche befeuchtet, wirft dir von ihrem Perlmutterweiß ein herzzerreißendes Echo zurück, das deine Knochen durchschüttelt. Im Weiß dieser zitternden Brühe spiegeln sich Gesichter, Profile, die du am Tage deiner Ankunft nur undeutlich sahst. Da sind Lorenzo Zalduendo, Juan Alonso de La Bandera und der Mulatte Pedro Miranda, die drei begehren deinen Körper wie brünstige Tiere. Da ist der Alkalde Alonso de Montoya, dem Don Pedro de Ursúa Fußschellen anlegen ließ, weil er sich weigerte, freiwillig mit auf den Zug zu kommen, Don Alonso de Montoya folgt deinen Schritten von seinem Gitter aus mit unversöhnlichem Haß. Da ist der schmeichlerische und gezierte Don Fernando de Guzmán, Don Fernando de Guzmán zerfließt in Lobpreisungen deiner Schönheit und in Ruhmesreden auf Don Pedro de Ursúas Tapferkeit, welche ehrgeizigen Absichten tarnt die Schöntuerei von Don Fernando de Guzmán? Da ist Feldwebel Lope de Aguirre, verunstaltet und hinkend, Feldwebel Lope de Aguirre sieht dich niemals an.

Nach vielem Murren und nicht wenigem Fluchen fuhren wir eines sechsundzwanzigsten Septembers, am Tage des heiligen Cyprians, von der Werft ab. Pater Henao berichtet und kommentiert, daß der heilige Cyprian ein heidnischer Schwarzkünstler war, der durch Gottes Gnade zum Christentum gelangte. Kaiser Diokletian ließ ihm den Hals abschneiden, wohlverdienterweise (sage ich), weil er übergetreten war. Zum Ausgleich haben wir in drei Tagen das Fest des Erzengels Michael, des Schutzpatrons meines Heimatortes Oñate und meiner Person Lope de Aguirre. Das ist ein Heiliger von echtem Schrot und Korn, die eingelegte Lanze der göttlichen Vorsehung, deinem Schutze bleibe ich anvertraut, damit du mich bei den Unbilden der Reise behütest und mir hilfst, mich vor meinen gegenwärtigen und zukünftigen bösen Feinden zu bewahren.

So viele Unglücksfälle hagelte es vor der Abfahrt auf unsere Köpfe, daß es schien, als ob ein boshafter Teufel uns dazu verurteilen wollte, für immer an dieser Biegung eines traurigen und sumpfigen Flusses zu verzweifeln. Das größte Mißgeschick, das uns widerfuhr, war das Zerbrechen von Meister Juan Corzos Schiffen. Wir hatten elf Schiffe, und es hatte viele Monate voller Schweiß gedauert, um sie zu bauen. Sechs von ihnen gingen entzwei, als wir sie in den Fluß hinabließen, das Wasser drang in großen Schwallen durch die schartig gewordenen Fugen, das Holz zerbrach wie trockene Stoppeln, die Schuten schaukelten eine Weile nahe am Ufer, und dann gingen sie unter. Meister Juan Corzo beschuldigte und verwünschte die langen Monate, die die Schiffe unbenutzt auf der Werft lagen, sintflutartige Regengüsse über sich ergehen ließen, Ungeziefer in ihren leeren Laderäumen beherbergten, auf dem Sand liegend Don Pedro de Ursúa erwarteten, der nicht kam. Um dem Stapellauf seiner Flotte beizuwohnen, kam der Gouverneur würdevoll aus dem Zelt, wo Doña Inés ihm Tag und Nacht die Seele und andere Teile seines Körpers auspreßte. Während die Schuten eine nach der andern versanken, Pedro de Ursúa, verwandelte sich deine Gesichtsfarbe von rosa in gelb. In dem Augenblick, da die Brigantine zu Bruch ging, begannst du zu fluchen wie ein Fuhrmann und ein Renegat, sogar auf Gott hast du lauthals geschissen, Pater Henao bekreuzigte sich voll Entsetzen dreimal nacheinander. Um ein Haar hättest du Meister Juan Corzo einen tödlichen Stoß in den Wanst versetzt, so wie ich es getan hätte, wenn ich du gewesen wäre, denn der Hurensohn verdiente keine andere Behandlung. Du begnügtest dich damit, ihm Fußschellen anlegen zu lassen, und am nächsten Tag nahmst du sie ihm ab und befahlst ihm, sich unverzüglich an die Wiederherstellung der verfaulten Schiffe zu machen. Meister Juan Corzo springt nun von hier nach dort wie ein total Verrückter, er stößt die Indianer ins Wasser, um sie zu zwingen, Bretter herauszufischen, er treibt mit lauten Rufen die Zimmerleute und die Schmiede und die Kalfaterer an, Meister Juan Corzo ist bis über die Ohren mit Schmutz besudelt und verbringt die Nächte, ohne zu schlafen, mit dem Anspornen der Negertrupps, die sich in der Arbeit ablösen. Auch ich, der ich nur wenig oder gar nicht schlafe, verschwende meine Nächte mit Wachen, mir macht es Spaß zu sehen, wie die Neger sich im Mondschein abrackern, und das Lied eines Tatataotatataovogels zu hören, der aus der Dunkelheit Meister Juan Corzo zur Frühmette ruft.

Aber am Ende wird Gloria gesungen, wie der Priester von Oñate, Bruder Pedro Mártir sagte, am Ende gelang es uns, jenen schändlichen Morast am Tage des heiligen Cyprians hinter uns zu lassen. Unsere elf nagelneuen Schiffe waren auf zwei Brigantinen und drei geflickte und erneuten Untergang befürchtende Schuten zusammengeschmolzen. Anstelle des Verlorenen hatten wir über zweihundert kleine Wasserfahrzeuge, hauptsächlich Flöße und Kanus, dabei. Unsere Holzfäller schlugen den dicksten Baum, den unsere Augen je erblickt hatten, und fertigten aus seinem Stamm das riesigste Kanu, das jemals die Flüsse der Welt durchpflügte. An Bord dieses ungeheuren Einbaums reist Gouverneur Pedro de Ursúa in Begleitung seiner Freunde und geschätztesten Hauptleute. Als sich diese ebenso verschiedenartige wie zahlreiche Flotte von Ufer zu Ufer auseinanderfaltet, rechnet mein gewissenhafter Kamerad Pedro de Munguía zusammen: 400 spanische Soldaten, 24 dunkelhäutige Hilfssoldaten an Negern und Mulatten, 600 Stück Dienerschaft an Indianern und Indianerinnen, dazu 14 weiße Frauen, die am Zug teilnehmen (einschließlich Doña Inés de Atienza und meine Tochter Elvira, die nicht Weiße, sondern Mestizinnen sind). Die übrige Ladung besteht aus Kleidungsbündeln und Geräten für Kammer und Küche, aus Waffen und Schilden aller Art, Fässern mit Pulver und anderen mit Wein, Lautenschlagen und Hundegebell, ich weiß nicht wievielen Ziegen und Schafen, ich weiß auch nicht wievielen Rindern und Kälbern, 27 gut aufgeputzten Pferden, diese letzteren, ja, die zählte ich ganz genau.

Die unglücklichste Folge, die das Zerbrechen von Meister Juan Corzos Schiffen für sämtliche Leute nach sich zog, war die, daß ein guter Teil des Gepäcks und Eigentums an Land zurückgelassen werden mußte, weil es auf den Flößen und in den Kanus keinen Platz fand. Sie mußten eine große Menge des Viehs, das sie mitgebracht hatten, um in dem versprochenen Land eine Hazienda zu gründen, schlachten und salzen und die Truthähne und Hühner an die zwölf armseligen Einwohner verkaufen, die in Santa Cruz de Capocovar zurückblieben, und die Pferde am Ufer lassen, was das Unmenschlichste war. Mehr als hundert Pferde schnauben unruhig an den Gestaden, ohne Zügel und ohne Herren. Wie kann ein Mann seinem Reittier entsagen in diesen Gegenden, wo das Pferd der nützlichste Teil unseres Wesens ist? Nicht wenige Soldaten waren im Begriff, auf die Reise zu verzichten, um ihre Pferde nicht zu verlassen. General Pedro de Ursúa gestattete es ihnen nicht. Die einen überredete er, indem er sie mit schönen Worten daran erinnerte, daß der Schatz der Omaguas nur einen knappen Monat entfernt sei. Die anderen, die sich niemals überzeugen ließen, nimmt er gewaltsam als Ruderer des Bootes von Doña Inés mit. Da rudert Meister Juan Corzo, der noch für das Mißgeschick seiner Schiffe büßt, mit ihnen. Und da rudert auch der erbitterte Alkalde Alonso de Montoya, der nicht zu erkennen gibt, was er fühlt.

Wo mag García de Arce sein? Was mag aus Juan de Vargas geworden sein? Drei Monate ist es her, daß Gouverneur Pedro de Ursúa sie flußabwärts schickte. Sie hatten den Auftrag, uns mit Vorräten und guten Nachrichten beladen bei der Mündung eines großen Flusses entgegenzukommen, den Gouverneur Juan de Salinas entdeckt hatte und den die einen Cocama und die anderen Ucayali nennen. Vorweg brach García de Arce mit dreißig Männern auf, sie fuhren in Kanus aus leichtem Holz und auf Flößen aus mit kräftigen Lianen zusammengebundenen Stämmen. Ihm folgte Juan de Vargas mit weiteren siebzig Leuten, und auf Befehl des

Gouverneurs Ursúa nahm er eine unserer beiden Brigantinen mit. Alle werden wir uns später wiedertreffen, so Gott will: die Kanus und die Flöße von García de Arce, die Brigantine von Juan de Vargas und die ganze Masse unserer Flotte, an der Mündung des Flusses Cocama, den andere Ucayali nennen.

Anläßlich dieser Ereignisse erinnere ich mich daran, daß Gonzalo Pizarro seinen geschätzten Hauptmann Francisco de Orellana in diese selben oder in ähnliche Gewässer und ebenfalls auf die Suche nach Proviant ausschickte. Die Geschichte bezeugt, daß er ihn niemals wiedersah, denn Orellana war kein simpler Schildkrötensammler, sondern ein ruhmsüchtiger Entdecker. Francisco de Orellana durchschiffte ohne anzuhalten monatelang Sturzbäche und Strudel, bezwang den allergrößten Fluß des Universums, geriet ins ozeanische Meer, beladen mit ewigem Ruhm, Gonzalo Pizarro wartete im Wald auf ihn und tötete seine Pferde, um den Hunger seiner zerlumpten Heerscharen zu lindern. Wo mag García de Arce sein? Was mag aus Juan de Vargas geworden sein? Gouverneur Pedro de Ursúa vertraut ihnen blind, er hat Juan de Vargas zum Generalleutnant ernannt, García de Arce ist sein Freund und höchster Günstling. Aber das war auch Francisco de Orellana in Gonzalo Pizarros Einschätzung, meine ich, und trotzdem erlitt seine Treue ohne Schwierigkeiten Schiffbruch in den tosenden Wassern dieser unermeßlichen Flüsse.

Meine Tochter Elvira steht am Rande der Schute und beobachtet, wie die Wasserstrudel sich kräuseln, während wir darüber hinfahren. Das trübe Licht des Nachmittags läßt sie noch kindlicher erscheinen, verzeiht mir, wenn ich sage, engelhafter. Antón Llamoso hat mich zwei oder drei Mal gefragt: warum hast du das

Kind mitgenommen? Wäre es nicht vernünftiger und klüger gewesen, es in Gesellschaft von María de Arriola und Juana Torralba in Cuzco zurückzulassen?

María de Arriola, die Gesellschafterin, ist eine schweigsame, fast mürrische Frau, sie verkaufte Wein und Früchte in Alava, sie glaubt auf baskische Weise an Gott und an die Heiligen im Himmel, besonders verhaßt sind ihr Diebstahl und die Sünden des Fleisches. Juana Torralba ist ganz anders, mal sagt sie, daß sie in Soria geboren ist, mal, daß es in Logroño war, sie kam aus einem bestimmten Grunde nach Indien, sie rannte hinter einem andalusischen Schreiber her, der ihr die Ehe versprochen hatte, der unglückliche Bräutigam kam nicht dazu, sein Versprechen zu erfüllen, weil er unter einem Frostschauer des Quartanfiebers für immer erkaltete, Juana Torralba sah mein Kind Elvira das Licht der Welt erblicken, und seitdem sieht und betrachtet sie es gleichsam als die Tochter, die der Schreiber nicht in ihrem Leib erzeugte, Juana Torralba zog nach Cruspas Tod in unser Haus, als ich ankündigte, daß ich das Kind auf diesen Zug mitnehmen würde, raffte Juana Torralba, ohne ein Wort zu sagen, ihre armseligen Kleider zusammen und kam mit uns. Ich habe nur sie auf der Welt, sagte sie zu mir. Juana Torralba leistet María de Arriola beim Beten der abendlichen Rosenkränze Gesellschaft, allerdings schläft sie immer ein, bevor sie bei den Litaneien ankommen.

Antón Llamoso fragt mich, warum ich das Kind mitgenommen habe, anstatt es in Cuzco unter Schutz und Obhut der beiden Dienerinnen zu lassen. Ich antworte ihm nicht, ich darf ihm nicht antworten. Was ich fürchtete, wenn ich das Kind dem schwachen Schutz von zwei Frauen anvertraut hätte, war eine Gefahr, über die man mit niemand laut sprechen kann. Wer würde es vor der Lüsternheit der Priester verteidigen, die das Dunkel der Beichtstühle als Winkel der Verderbnis gebrauchen? Wer würde es vor der Gewalttätigkeit der geilen Soldaten bewahren, vor der Unverschämtheit der wollüstigen Encomenderos, vor den Schlichen der begehrlichen Richter, vor den flehenden Bitten der sinnlichen Mulatten? In jener Stadt der schweren Häuser und rauhen Berge, wo mein Kind Elvira einer Rose in einem Garten aus Stein glich, träumen die Männer jederzeit von Obszönitäten und Unzucht. Hör mir gut zu, Antón Llamoso, da du schon so sehr darauf bestehst, meine Gründe zu kennen. Auf diesem Zug zu den Omaguas sind mehr als dreihundert Männer, mehr als dreihundert Abenteurer mit harter Haut und zottigem Herzen, aber keiner von ihnen wird es wagen, meine Tochter Elvira mit scheelen Augen anzusehen, niemand wird sich erkühnen, ihre Unschuld mit hinterlistigen Wünschen zu beschmutzen, solange ich an ihrer Seite bin, solange ihr an ihrer Seite seid, du und Pedro de Munguía, Martín Pérez und Diego Tirado, Juan de Aguirre und Custodio Hernández, Roberto Zozaya und Joanes de Iturraga, und viele andere, die ihr meine Freunde seid, die ihr morgen meine Marañones sein werdet, und Gott weiß, was ich meine. Im Ekklesiastes steht ein Satz geschrieben, Antón Llamoso, den ich auswendig gelernt habe: *Die Tochter hält ihren Vater wach, denn die Sorge um sie raubt ihm den Schlaf aus Furcht darüber, daß ihre Jungfräulichkeit befleckt werden könnte.* So heißt es im Ekklesiastes, Antón Llamoso, und so denken wir, die wir den Geboten der Heiligen Römischen Kirche unterworfen sind.

Steuermann Juan de Valladares, der vom Bug der Brigantine aus den Kurs der ganzen Flotte bestimmt, schwitzt Blut, um seine Schiffe inmitten dieses unbekannten und heimtückischen Flusses vorwärts zu bringen. Plötzlich kommen wir an eine ruhige Stelle, die uns stundenlang in ihrer Stille festhält, dann wirbelt uns ein rasender Strudel wie verrückt im Kreis herum, jede halbe Meile belauert uns eine Sandbank oder die verborgene Kante eines Felsens, oder die Strömung wird so schnell, daß wir sie nicht meistern können und, ohne es zu wollen, zum Ufer abgetrieben werden. Unsere einzige Brigantine (die andere fuhr unter dem Kommando von Juan de Vargas vorweg) strandete auf einem der vielen Riffe, und das mit solcher Wucht, daß der Kiel zertrümmert wurde und die Breitseiten durch mehr als einen Riß Wasser einließen. Die Steuerleute und Matrosen der besagten Brigantine sahen sich mitten in dieser Bedrängnis, als das riesenlange Kanu sie einholte, auf dem das Oberkommando reist. Der Gouverneur hielt nicht an, um ihnen zu Hilfe zu kommen, seine Bemühungen beschränkten sich darauf, von seinem Sitz aufzustehen und ihnen ohne allzuviel Aufhebens zuzurufen:

»Beeilt euch! In der Provinz der Caperuzos werden wir uns wiedersehen!«

Unsere Schute hingegen änderte ihren Kurs und versuchte, ihnen zu helfen. In ihrem Eifer, die Löcher zu stopfen, bedienten sich die Leckgeschlagenen der verschiedenartigsten Dinge: alte Decken, aufgetrennte Schabracken, Wolle aus den Matratzen, Zweige von den Bäumen, ausgedörrtes Leder, Stämme, die das Wasser antrieb, bis sie es schafften, die Lücken zu dichten, und die Nähte mit aufgenagelten Brettern und mit Teer aufbereiteten.

In der Provinz der Caperuzos ankerte Lorenzo Zalduendo, der vorausgeschickt worden war, um Proviant zu besorgen. Nichts weiß man bisher von García de Arce noch von Juan de Vargas, obgleich man vermutet und annimmt, daß die beiden uns bei der Mündung des

Flusses Cocama, den andere Ucayali nennen, erwarten. Die Caperuzos, Indianer, die diesen Spitznamen haben, wegen der lächerlichen Advokatenbaretts, mit denen sie sich den Kopf bedecken, tauschen uns einen Scheffel Mais und ein von Schildkröten übervolles Kanu gegen ein schartiges toledanisches Messer ein, das wir ihnen geben. Am Steilufer der Caperuzos wird die Wiederherstellung der Brigantine beendet, und jetzt segelt sie unter dem Kommando von Pedro Alonso Galeas flußabwärts García de Arce und Juan de Vargas entgegen. Die einzige weitere Neuigkeit an jenem Ort war die, daß der Alkalde Alonso de Montoya von den Fußschellen, die ihm die Knöchel drückten, und von dem Kummet, das seine Kehle entehrte, befreit wurde. Vergeblich ist mein Versuch, mich mit ihm anzufreunden, denn Alonso de Montoya stößt nur knurrende Laute des Grolls und Racheschwüre aus.

Wir fahren achtzig Meilen weiter, bis wir bei der Mündung des Ucayali, den andere Cocama nennen, ankommen. An dieser gewaltigen Wasserkreuzung ist es, wo wirklich und tatsächlich der Amazonasfluß entspringt. Hier finden wir Juan de Vargas mit seinen Leuten. Voll Mißtrauen und Befremden bemerken wir, daß García de Arce nicht im Kreis derjenigen ist, die uns empfangen.

»Weiß Gott, wo García de Arce sich aufhält«, sagte Juan de Vargas in seinem Tonfall des schmucken Madriders. »Die Caperuzos erzählten uns, daß er an ihren Ufern vorbeigefahren ist, ohne anzuhalten. An dieser Stelle sollte er auf mich warten, so war es vereinbart, aber seine Ungeduld, flußabwärts zu eilen, erlaubte ihm auch hier nicht anzuhalten.«

Wir alle meinen und argwöhnen, daß García de Arce vom Ehrgeiz nach persönlichen Heldentaten besessen ist und daß er vorhat, zu eigenem Ruhm und Reichtum ein Eldorado zu entdecken, alle argwöhnen wir das außer dem Gouverneur, der felsenfest den Glauben an seine Ergebenheit bewahrt. Der allergetreueste García de Arce kämpfte unter ihm gegen die Musoindianer im Neuen Königreich, half ihm, die tödliche Falle zu stellen, die die entsprungenen Neger von Panama vernichtete, und begleitete ihn getreulich bei den Gründungen von Pamplona und Tudela. Zwischen den Zähnen murmelt Pater Henao, daß an einem gewissen mit Strömen von Chicha geheiligten Fronleichnamsfest General Pedro de Ursúa und sein besagter Adjutant García de Arce zwei indianische Jungfrauen schwängerten und diese ihnen jeweils eine Tochter schenkten.

»Beunruhigt euch nicht«, sagt fest und ruhig der Gouverneur. »García de Arce erwartet uns mit guten Nachrichten eine Strecke Weges weiter voraus.«

Juan de Vargas salutiert und erstattet Bericht:

»Gemäß den Weisungen Eurer Exzellenz, General Ursúa, und angesichts der Schwierigkeit, García de Arce an diesem vereinbarten Ort anzutreffen, beschloß ich, den Cocama stromaufwärts zu fahren auf der Suche nach dem Proviant, über den uns die Leute von Juan de Salinas in Kenntnis setzten, als sie sich uns anschlossen. Ich nahm die kräftigsten Soldaten mit mir und ließ die Kranken und die Schwachen unter Führung von Gonzalo Duarte in diesem Lager zurück. In der Tat, und so wie es die Leute von Juan de Salinas gesagt hatten, stießen wir nach zweiundzwanzig Tagesreisen den Cocama aufwärts auf Indianerdörfer, die uns mit Mais, Früchten und Yucca versorgten, manchmal im guten und andere Male im bösen. Ich kam schließlich an diesen Ort zurück, mit vielen Kanus voller Lebensmittel und nicht wenigen gefangenen Indianern und Indianerinnen, und dann mußte ich das traurigste und jammervollste Schauspiel erleben.«

Juan de Vargas senkt jetzt die Stimme, er will nur für den Gouverneur sprechen, mein Luchsgehör verliert kein Wort:

»Ich fand die Leute neben der Brigantine liegend vor, die einen krank, vor Ermattung zusammengebrochen die anderen, alle halbtot vor Hunger und Trübsal. Drei spanische Soldaten waren an den Entbehrungen zugrunde gegangen, und ihre Leichen wurden in den Fluß geworfen, um zu vermeiden, daß die Geier sie fräßen, hatte doch niemand Kraft, sie auf christliche Weise zu begraben. Auch fünfzehn Körper verstorbener Indianer endeten im Wasser, zur großen Freude der Kaimane und Raubfische des Flusses.«

Juan de Vargas fährt mit ganz leiser Stimme in seinem Bericht fort:

»Um das Unglück vollzumachen, verging die Zeit, und die Flotte Eurer Exzellenz tauchte nicht auf, und in vielen Unzufriedenen erwachte die Absicht zu rebellieren. Da waren die, die den Zug aufgeben und nach Peru zurückkehren wollten, andere, wagemutigere, neigten dazu, allein flußabwärts den Weg fortzusetzen auf der Suche nach günstigeren Gegenden, die schlimmsten wollten mich einfach töten. Es war nötig, mehrere von ihnen zu bestrafen, obwohl ich mir alle Mühe gab, den größten Teil mit Begründungen und Erwägungen zu überzeugen, indem ich ihnen erklärte, daß Eure Exzellenz ein Edelmann sind, der sein Wort hält und auf seine Ehre achtet, und daß Ihr Euch lebendig oder tot mit uns vereinigen würdet, so wie Ihr es versprochen hattet.«

Es verhielt sich in der Tat so mit den Schicksalsschlägen, von denen Juan de Vargas erzählte, aber unsere Anwesenheit besänftigte den Unwillen und beseitigte den Verdruß, so daß die drei toten Gefährten in Vergessenheit gerieten. Es wurden Lebensmittel verteilt, Mais und Yucca, Kassawa und gesalzene Fische, Früchte und

Wild, ohne daß die Erbitterung derjenigen vermieden werden konnte, die meinten, es sei nicht gleichmäßig und gerecht aufgeteilt worden. Sie murrten, Doña Inés habe das Auserlesenste erhalten, weil sie die schöne Konkubine des Gouverneurs sei. Ich meinerseits, der ich nicht den Versuchungen von Yucca und Kassawa erliege, beschränkte mich darauf, das Notwendige zu bekommen, damit mein Kind Elvira und die zwei sie umsorgenden Frauen keinen Hunger litten.

Vor unseren Augen erschließt sich das unendliche und beängstigende süße Meer, das der Amazonenfluß genannt wird, der Marañón meiner Marañones, sage ich.

Du warst kaum Tropfen der Morgendämmerung auf die Kuppel des Vilcanota gefallen auf den spitzen dunklen Gipfel des Vilcanota Harpune des obersten Schöpfers Viracocha eingerammt in die höchsten Warten der Inkas unverletzliche Stimme des Schnees zerreißt Sterne aus aschgrauem Wasser Kobolde aus Rauch überspringen die Höhlungen anmaßender Klippen Lichter von Seelen im Fegefeuer kommen auf siedenden Messern aus den Wolken herab Bündel von Blitzen ausgestreut in das Tosen des Apurimac der Wut und Donnern zwischen Flanken von Bergen mit sich reißt Apurimac Kreisen silberfarbenen Sperbers über der Starrheit der Abgründe Apurimac Löscher brennender Goldwälder Apurimac Jaguar schnaubenden Wassers Puma aus Schaum bis zum Auffinden des Mantaro verschlungen erzeugen sie die nackte Strömung des Eni wallfahrende Durchsichtigkeit zum Treffen mit dem Perené mannhafter Prinz glänzender Falten der höllische Höhlen gebohrt und Geheimnisse grauer Schlingpflanzen entflochten hat Eni und Perené verwandeln dich durch das Ineinanderlaufen ihrer Wasser in Tambo wilder Tambo der du dich windest du erfindest vielfältige Wege aus Opal dich halten die Berge nicht auf dich besänftigen die Ebenen nicht du fällst in die Arme von Urubamba

Bruder Urubamba Sohn deines eigenen felsigen und menschenscheuen Vaters Urubamba geboren von deiner eigenen Mutter aus Alabaster und Eis von deiner Wegrichtung abgelenkt durch das unerbittliche Rückgrat der Anden aber nicht einmal Gott selbst könnte die Geburt des Ucayali verhindern unstete Melodie des Tambo lüsternes Wiehern des Urubamba beide gestern lauwarme vom Vilcanota herabgestürzte Fäden werden von neuem eine einzige kristallinische Masse Verschmelzung blauer Leuchten und Walddüfte Ucayali nennst du dich um das Herz Perus mit er deinem Rhythmus majestätischer Milch zu befeuchten Ucayali nennst du dich um den entscheidenden Saft von dreißig Zuflüssen aufzunehmen Camisea Sepahua Mishagua Cohenga Tahuanía Inuya Cheshea Genipanshia Pachitea Tamaya Abujao Utuquina Callería Aguaytía Roaboya Pisqui Unini Canchahuayo Cushabatay Santacatalina Supayacu Yanacayu Maquía Pacaya Tapiche so viele Wasser vergrößern deine Kraft ungeheuer du läufst vom Teufel besessen zum Ansturm gegen den Marañón der mächtig und tief ist wie du der Aufprall deiner dunklen Unermeßlichkeit auf seine helle Unermeßlichkeit ist ein Kataklysmus blinder Freude ein Orkan von Glas und Palmen ein Wirbel großer gefällter Bäume eine trübe Anarchie von Fischen und Schildkröten ein mondsüchtiger stürmischer Himmel eine grausame trügerische Spiegelung gefiederter Höllen du bist nicht mehr Ucayali du bist nicht mehr Marañón sondern dein Vater Amazonas süßer und flüchtiger Ozean höchster Gott der Wälder der ewigste unter allen Flüssen des Universums.

Ein Unglücksstern lenkt vom Himmel her unser Abenteuer. Als wir uns von der Mündung des Ucayali trennten und unsere Fahrt flußabwärts fortsetzten, zerbarst die Brigantine von Juan de Vargas, wir mußten sie voll Wasser gelaufen und zerbrochen ihrem Schicksal überlassen, ihre Leute verteilten sich so gut sie konnten auf Kanus und Pirogen. Wir fuhren den Amazonasfluß hinunter, der von mir immer Marañón genannt wird, wir fuhren hinter García de Arce und dem Reich der Omaguas her, auf die zweifellos sicherere Suche nach dem ozeanischen Meer, wo diese Wasser zwangsläufig einmünden. Plötzlich fließt auf der linken Seite der wasserreiche und breite Canelafluß zu, auf diesem mächtigen Nebenfluß gelangte der Entdecker Orellana mit seinem Schiff »San Pedro« hierher, an dieser Stelle wird der Marañón unwiderruflich universal, der Schiffer beginnt sich winzig oder unendlich zu fühlen, je nach der Meinung, die er von sich selbst hat. In meinem Falle ist es ein Hauch von Größe, der sich in meiner Brust erhebt, während der große Kristall des Flusses vor meinen Augen wächst. Es ist, als ob ich wieder aus dem Leib meiner Mutter geboren würde, zum Guten oder zum Bösen. Ich fühlte mich einmal in Cuzco wie neugeboren, als es mir gelang, mich für die Peitschenschläge und Beleidigungen, die mir der Alkalde Francisco Esquivel zugefügt hatte, mit seinem Tode zu rächen. Ich fühlte mich von neuem sterben, als ich nach der Schlacht von Chuquinga nach Hause zurückkam und durch den untrüglichen Spiegel erfuhr, daß Lope de

Aguirre für immer eine hinkende und halbverbrannte Vogelscheuche sein würde. Jetzt gibt mir die Herrlichkeit dieses Flusses das Bewußtsein dessen zurück, was ich wirklich bin, kein lahmer und zahnloser Greis, sondern eine Kraft, die bereit ist, die vortrefflichsten Taten zu vollbringen, ein starker Führer von größerem Wert als alle anderen, die etwas wert sind, ich bin mehr, viel mehr wert als Gouverneur Pedro de Ursúa, ich bin so viel wert wie König Philipp, den Gott schützen möge, du wirst am Ende weniger wert sein als ich, spanischer König. Dich, Pedro de Ursúa, beneiden alle Männer um die Liebe und den Besitz der süßen Hure, die dir zu Gefallen ist, ich gehöre nicht zu jener Herde hungriger Schweine, mich machen die Liebkosungen und Ohnmachten von Doña Inés in deinen Armen nicht schlaflos, allerdings mißfällt mir die Überlegenheit, die du zur Schau stellst, wenn Doña Inés dich begleitet. Du bist ein stattlicher Mann, Pedro de Ursúa, mit gemessenem Schritt und gelocktem Bart, man erzählt, daß du heimtückisch mehr als zweihundert rebellische Neger in Panama getötet hast, eine kühne Tat, die deiner großherzigen Brust würdig ist, unter hundert Bewerbern wählte dich Vizekönig Markgraf de Cañete aus, um diesen denkwürdigen Zug zu den Omaguas anzuführen, du schläfst und ergötzt dich von Montag bis Samstag mit der schönsten Frau Perus, aber ich frage mich verwundert und zweifelnd, ob du mehr wert bist als ich, bist du mehr wert als dieser hinkende und übel zugerichtete Feldwebel Lope de Aguirre, gebürtiger Baske und kein lasterhafter Franzose wie du? Die unendliche Zunge dieses Flusses sagt mir, daß du nicht so viel wert bist, und wenn es mir nicht gelingt, es im gegebenen Augenblick zu beweisen, bedeutet das, daß auch ich nichts wert bin.

Was mag aus García de Arce geworden sein? Gouverneur Ursúa versichert beharrlich, daß sein treuer Anhänger uns vor Ergebenheit und Pflichteifer zerfließend in einem fruchtbaren und ergiebigen Lande erwartet. Der Bakkalaureus Francisco Vázquez seinerseits, der mit der Anmaßung, der Chronist dieses Zuges zu sein, mitgekommen ist und alles mit seiner lügenhaften Vorstellungskraft ausschmückt, behauptet, daß García de Arce und seine Leute im Urwalde untergetaucht sind, um sich Nahrung zu verschaffen, und daß sie dort zur Hälfte von wilden Tieren und zur anderen Hälfte von wilden Indianern aufgefressen wurden. Was mich betrifft, so höre ich nicht auf zu glauben, daß García de Arce auf eigene Rechnung und Gefahr Entdeckungen unternommen hat, ich vermute, daß er in dem berühmten Reich der Omaguas unter goldenen Bettüchern schläft oder vor Enttäuschung weint, weil er erfahren hat, daß es dieses Reich niemals gab.

Zwei Tage später bestätigen die Tatsachen, daß Gouverneur Ursúa und nicht der Bakkalaureus Vázquez und noch weniger ich recht gehabt hatte. Am zweiten November, dem Tag von Allerseelen, erblicken wir im Lichte eines durchsichtigen Mittags eine mitten in den Fluß gepflanzte Insel. Im ersten Augenblick schreiben wir Rauchwolken davon dem Vorhandensein eines Indianerdorfs zu, als wir näherkommen, erkennen wir, daß die Unglücklichen, die sich am Steilufer bemerkbar machen, García de Arce und seine Leute sind, sie schreien wie am Spieß.

Sie hausten in einer Einzäunung oder Befestigung, die aus Holz und mit Draht zusammengebundenen Reisigbündeln gemacht war, in der Ferne sah man die geräumigen und viereckigen Hütten der Indianer. García de Arces wunderbare Treffsicherheit wird in der ganzen Welt gerühmt, hier nützte sie ihm, um Flußechsen, genannt Kaimane, zu jagen, wenn er auf die Augen zielte, konnte man sicher sein, daß er in die Augenhöhlen traf, seine Leute ernährten sich viele Tage von den Schwänzen jener häßlichen und zähen Tiere, sie schmeckten für sie nach getrockneten Schalentieren. García de Arces Geschicklichkeit diente ebenfalls dazu, Indianer in Fülle zu töten, der berühmte Arkebusier benutzte einen einfallsreichen Trick, der darin bestand, zwei Kugeln mit einem Draht zu verbinden, so gelang es ihm, durch einen Schuß sechs Indianer umzulegen: zwei, die von den tödlichen Kugeln getroffen wurden, und vier, die der Draht köpfte.

Einer von García de Arces Soldaten erzählt um Mitternacht, wodurch die Feindschaft zwischen seinem Anführer und den Indianern entstand, anfangs waren diese freundlich und brachten ihnen einheimische Früchte und Schildkröteneier, so verging die Zeit, bis eines Freitags García de Arce seine Besucher in einer Hütte einschloß und sie alle zu töten befahl, mehr als vierzig wurden mit Degenstichen und Dolchstößen umgebracht, das Blut bildete einen Bach, der den Abhang hinunterlief bis ins Wasser des Flusses, García de Arce entschuldigte sich damit, daß er sagte, der Häuptling Pappa bereite einen Hinterhalt vor, der Soldat, der die Geschichte erzählt hat, hofft, daß der Gouverneur eine so grausame und unnötige Handlung scharf tadeln wird, eine eitle Hoffnung ist das, Kamerad, du vergißt, daß der Offizier García de Arce nichts anderes tat, als Punkt für Punkt die feinsinnige Kriegslist nachzuahmen, die dieser sein geliebter General Pedro de Ursúa in Panama erfand, um zweihundert entsprungenen Negern das Leben zu rauben, da ist kein Unterschied bis auf den, daß jene Leichen schwarz waren, diese dagegen indianisch, aber die einen wie die andern umhüllten gleichermaßen menschliche Seelen, wenigstens sind Euer Hochwürden, Monsignore Henao, verpflichtet, das zu glauben.

Die von García de Arce angewendete blutige Medizin erschreckte die Indianer dermaßen, daß sie spurlos verschwanden, die im Tal errichteten viereckigen Häuser sind leer. Dagegen erweist sich die Freundschaft, mit der uns die Mücken überhäufen, als unerträglich, gefräßige und klebrige Wolken sinken auf unsere Haut herab, stechen durch die Kleidung und die Decken, lassen meine Tochter Elvira nicht schlafen mit ihrem Gesumme. Wir reißen eine große Vielfalt schmackhafter und seltsamer Früchte von den Bäumen: grüne birnenförmige mit gelbem und mildem Fleisch, goldene mit saurem Geschmack, der die Lippen zusammenzieht, dicke und fleischige wie Äpfel, aber mit harter Schale und großen Kernen.

Während unserer Ruhepause auf der Insel erinnert sich Gouverneur Ursúa, daß er mehreren seiner Offiziere Autorität und Rang verleihen muß, eine rechtmäßige Amtshandlung, die er nicht früher vornahm, weil die verlockenden Arme von Doña Inés seinen Willen eingeschläfert haben. Seinen dienstwilligen und wackeren Hauptmann Juan de Vargas ernannte er zu seinem Stellvertreter, mit dieser Wahl enttäuschte er Lorenzo Zalduendo und Pedro Antonio Casco und Juan Alonso de La Bandera, die alle drei dieses Amt seit Pedro Ramiros Tod anstrebten. Don Fernando de Guzmán machte er zum Hauptfähnrich, eine durch die Mühen seiner Bücklinge und Schmeicheleien erworbene Auszeichnung, Don Fernando de Guzmán ist immer der einzige Tischgast beim Gouverneur und Doña Inés, ich vermute, daß ihm im Grunde die Gesellschaft des Gouverneurs angenehmer ist als die von Doña Inés, und Gott möge mir verzeihen. Mich, Lope de Aguirre, ernannte man zum Totenhalter, ich bin derjenige, der Buch über die führen wird, die auf unserem Zug sterben, ich werde ihre Papiere und letzten Verfügungen mit großer Sorgfalt und Wachsamkeit aufbewahren, ich werde eine genaue Liste der Verstorbenen anfertigen und sie am Tage des Jüngsten Gerichts in die unbesiegten Hände des Erzengels Michael legen, der sie ohne viel Federlesens in die Hölle schicken wird. Möge der Himmel es erlauben, Pedro de Ursúa, daß es mir zufällt, die Liste mit deinem stolzen Namen eines Edelmannes aus Baztán zu beginnen.

Nach einer Woche verließen wir García de Arces Insel und setzten unsere Reise fort. Was wollten wir dreihundert spanischen Soldaten marañónabwärts, ausgerüstet mit einer Brigantine, drei Schuten, vierzig Flößen, hundert Kanus, drei Mönchen, achtzehn Frauen, vierundzwanzig Negern, sechshundert Indianern und Indianerinnen an Dienerschaft, siebenundzwanzig Pferden und reichlich Waffen für Angriff und Verteidigung? Was wir wollten, fragen Euer Gnaden? Ihr Herren Geschichtsschreiber von Indien: wir suchen den Schatz der Omaguas, den strahlenden Mythos des Eldorado, der heute verlockender ist als je zuvor. Unter uns ist zu bemerken, daß dieser Euer Diener, Lope de Aguirre, ein wachsamer und tatkräftiger Totenhalter, weder kaum noch sehr an die Geister der anderen Welt glaubt, noch an das tatsächliche Bestehen des Reichs der Omaguas, noch an die Inseln der ewigen Jugend, noch an die Rassen, die im Wasser leben. Ich wurde in einer baskischen Provinz geboren, wo die Jungfrau von Aránzazu sich gezwungen sah, in Person und mit viel Geläut zu erscheinen, damit wir nicht an ihrer Existenz zweifelten. Ich bin nicht in die Neue Welt gekommen, um Reichtümer zu meinem Nutzen aufzuhäufen, noch um Indianer zum Nutzen unserer heiligen Religion zu bekehren, noch um den erfundenen Heldentaten von Florisando und Palmerín nachzueifern, ich bin einfach deshalb hergekommen, um mit der Lanze in der Hand mehr wert zu sein, ich habe dem König vierundzwanzig Jahre lang treu gedient, ich habe Siedlungen gegründet, ich habe Schlachten geliefert, ich bin in deinem Namen, Karl oder Philipp, hinkend geworden, jetzt, mag kommen, was da will, hat die Stunde geschlagen, wo ich mich in meinem Namen und zu meinem Ruhm anstrengen werde. Vom Bug meiner Schute aus betrachte ich die zweihundertneunundneunzig Gefährten, Pedro de Munguía hat sie gezählt, die an der fieberhaften Eroberung des Reiches der Omaguas teilnehmen. Dort an den Horizonten und in das mütterliche Grün des Urwaldes geduckt erblicken sie die Umrisse der wunderbarsten Stadt des ganzen Universums. Ihre Schritte durchmessen die langen Straßen aus massivem Gold, die Mauern der Häuser sind aus gehämmertem Silber, die Katzen miauen und pinkeln auf Dächern aus Amethyst, die königlichen Hinterbacken des Prinzen Quarica entladen ihre Ladung auf in Diamanten gefaßten kleinen Becken, Prinz Quarica läßt sich die Hoden mit ganz mildem Teer bepinseln, und dann bedecken seine Sklavinnen sie ihm mit Goldstaub und schmücken sie ihm mit Perlenschnüren, im Haus der Sonne sind Gärten aus Korallen, wo sich goldene Birnen und goldene Kürbisse und goldene Eier, die Hühner aus Türkis mit einem Hintern aus Rubin legen, den Händen darbieten. Brüder, ihr seid im strahlenden Eldorado angekommen, das die Vorstellungskraft der indianischen Weissager als eine Art Gegengewicht oder Schild erfand angesichts der Verheerung, die die spanischen Arkebusen und Pferde unter ihnen anrichteten. Bei den Mühen, diese Schimäre zu unterwerfen, verschlucken diese unheimlichen Urwälder uns lebendig, ertränken uns die tosenden Flüsse, töten wir uns gegenseitig voller Neid und Ehrgeiz. Ihr seid in dem wundervollen Eldorado angekommen, dessen sich Vizekönig Markgraf de Cañete bediente, um sich unserer, der dreihundert Abenteurer, die wir ihm bei der Befriedung Perus im Wege waren, zu entledigen. Ihr seid im Eldorado angekommen, dessen Bildnis den Führern dient, um die von Hunger und Fieber ermatteten Soldaten wieder zum Leben zu erwecken. Steht auf, denn hinter jenem Berge ist das Eldorado! Dann steht der Soldat auf und beginnt von neuem durch Sümpfe und über Felsen zu wanken. Ihr unternahmt diese Reise mit dem Vorsatz, auf einen Schlag reich und mächtig zu werden, ohne Land zu bebauen, ohne Brot zu backen, ohne Eisen zu schmieden, ohne Bücher zu lesen, mit dem Gold und Silber der Omaguas, das ihr Gott bittet, euch über Tage finden zu lassen, hat man euch doch auch nicht gelehrt, einen Stollen zu graben. Besessen von der Illusion des Goldes entweihen wir Gräber, töten wir mit Krieg oder ohne Tausende von Indianern, foltern wir die Gefangenen, um sie zum Sprechen zu bringen, unsere Habgier ist niemals gesättigt, wenn wir Gold finden, wollen wir noch mehr Gold suchen, wir werden unser Leben im Elend beenden oder von einem Pfeil vergiftet oder von einer Lanze durchbohrt oder an einem Galgen aufgehängt, und unser Tod wird die Rache der indianischen Priester, die diese wunderbare Lüge schmiedeten, befriedigen.

Nur verlassenen Dörfern begegnet unsere Flotte, das ganze Gebiet hat von García de Arces Gemetzel erfahren, die Einwohner der Dörfer fliehen entsetzt, meine Tochter Elvira will nicht aussteigen und in diesen leeren Häusern schlafen, die nach Gespenstern riechen, in einem von ihnen finden wir ein totes Kind. Einige Meilen weiter unten beginnen wir auf freundliche Leute zu stoßen, die Indianer in dieser Gegend, die sich Carari nennen, tauschen ihre mit Fisch gefüllten Kanus gegen unsere Messer und Spiegelchen ein, der Torralba schenken sie einen eleganten mehrfarbigen Papageien. Gouverneur Ursúa, der bis auf das Mark von der leidenschaftlichen Liebe zu Doña Inés verzehrt und außerdem am Quartanfieber erkrankt ist, das ihn manchmal mit den Zähnen klappern läßt, zieht sich in Melancholie zurück und vernachlässigt seine Pflichten, anstatt Führer einzusetzen, die die von uns durchfahrenen Landstriche kennen, besteht er hartnäckig darauf, den Schwindeleien und Lügen der aus Peru mitgebrachten Brasilindianer oder, noch schlimmer, den Wahnvorstellungen des Seemanns Alonso Esteban Gehör zu schenken, der diese selbe Reise vor achtzehn Jahren mit dem Entdecker Orellana machte (die bei jener Gelegenheit erlittenen Widerwärtigkeiten brachten ihn anscheinend vollkommen um den Verstand), Alonso Esteban kündigt uns jeden Tag das bevorstehende Auftauchen des Reiches der Omaguas an, er grüßt von seinem Floß aus die Kaimane, als ob sie alte Bekannte von ihm wären, er spricht mit den Sternen. Der Alkalde Alonso de Montoya, der gegen seinen Willen auf diesen Zug mitgekommen ist, will wieder einmal meutern, er möchte umkehren und mit seinen Leuten die fünfhundert Meilen zurück, die uns jetzt von Santa Cruz de Capocovar trennen, natürlich erlaubt Gouverneur Ursúa ihm das nicht, er legt ihn erneut in Ketten und ein schimpfliches Kummet an seine Kehle, seine Anhänger verurteilt er dazu, das Boot zu rudern, in dem Doña Inés fährt, sein gütiges Gouverneursherz verbietet ihm, Montoya und seine Freunde zu töten, so wie ich es beschlossen hätte, um zu vermeiden, daß sie mir zuvorkommen, denn sie werden dich ohne Zweifel töten, Pedro de Ursúa, wenn die Vorsehung des Himmels es für gut befindet. Als wir schließlich im Gebiet der Manicuri anlangen, geht unsere letzte Brigantine unter, uns bleiben nicht mehr als zwei Schuten, denn die dritte verfaulte uns, als wir

García de Arces Insel hinter uns ließen, der Rest unserer Flotte besteht aus Flößen und Pirogen, wie sie die Indianer haben, Gouverneur Ursúa ernannte Pater Alonso de Henao zum Vikar und Provisor dieses Unternehmens und bekräftigte das Versprechen, ihn bald zum Bischof der Omaguas zu machen, der andere Priester, Pedro de Portillo, ist dabei, an Auszehrung und Groll zu sterben, heute nacht werden wir ihn an Land schaffen, damit er dem Schöpfer seine Seele übergibt.

Unversehens begann der Hunger. Der üppige und reiche Fischfang der ersten Tage, die großen Paiches, deren herrliches Fleisch zehn Männer sättigte, die bärtigen Bagrewelse oder die Cunchis verschiedener Arten, die ihren Schwestern im Meer ähnlichen Sardinen, die gefräßigen Piranhas, die einen Menschen bis auf die bloßen Knochen auffressen, nicht einmal jene kleinen mörderischen Piranhas sind jetzt zu fangen. Die Schnüre schleppen schlaff hinter den Kanus her, beim geringsten Erzittern zieht der Fischer heftig daran, und dann springt der leere Angelhaken in die Luft, wenn sich nicht eine schlammige Wurzel oder eine trockene Alge in der Spitze verwickelt haben. Wir wagen nicht nachts zu fahren, sondern lagern an den Ufern, vergeblich suchen wir Obstbäume oder junge Tauben, dies ist eine harte Gegend, die sich weigert, dem Menschen Nahrung und Schutz zu gewähren, die Indianer selbst haben vor langer Zeit aufgehört, sie zu bewohnen. Unsere Schützen dringen in die verworrenen Labyrinthe des Urwaldes ein und kommen mit leeren Beuteln zurück, mit von dornigen Pflanzen zerrissenen Wämsern, mit von wilden Lianen zerkratzten Gesichtern, unwirsch vor Wut und Müdigkeit. Manchmal gelingt es ihnen, einen ekelhaften Stinkgeier zu erlegen oder eine Echse mit weichem und schleimigem Bauch oder einen rachitischen Affen, der ebenso ausgehungert ist wie sie selbst. Nach vier Tagen Entbehrungen beginnen die Leute sich bitter über die Torheiten des Gouverneurs zu beklagen, über seine närrischen Brasilführer, die nichts voraussehen, über die Düfte von Speck und köstlichen Gerichten, die das Boot durchziehen, auf dem Doña Inés reist. Die Soldaten murren und fluchen um den gewaltigen Topf herum, in dem scheußliche Speisen kochen. Diese hungrigen Männer schätzen im höchsten Grade die schuppigen Schenkel der Leguane, sie braten Kröten, als ob es Kaninchen wären, sie kauen bittere Wurzeln, die Durchfall hervorrufen, sie bereiten Suppen aus Schuhleder und Pferdesätteln, ein Affe ohne Fell ist das gleiche wie eine Kindesleiche, Antón Llamosos Gesicht trübt sich, als er die kindlichen Knochen eines Affen ablutscht, dann wird den treuen Hunden der Flotte die Ehre des Kochtopfes zuteil, nach sechs Tagen ist kein einziger Hund mehr am Leben und nirgendwo mehr ein liebevolles Bellen zu hören, und die Pferde, Herr General? Gouverneur Ursúa sieht sich gezwungen, vor seinen am Strand versammelten Soldaten eine feurige Ansprache zu halten, die Pferde sind für uns das Heiligste, was würde im Reich der Omaguas oder selbst in der Hölle aus uns, wenn man uns die Pferde nähme? so spricht Pedro de Ursúa. Ich habe es nicht zugelassen, daß mein Kind Elvira Hungerqualen leidet, ich brachte aus dem Gebiet der Manicuri in einem Kasten für sie Fladen aus Kassawa und verschiedene Früchte mit, die Torralba opferte eines Abends ihren Papageien, um ihr eine Mahlzeit zu richten, eine großherzige Geste, die ich niemals vergessen werde. Was mich, Lope de Aguirre, angeht, so sage ich, um bei der Wahrheit zu bleiben, daß ich in dieser mißlichen Lage weder Affen noch Hunde noch Eidechsen noch Schlangen noch Stinkgeier gegessen habe, der Portulak und die Beermelde, die in der

Erde wachsen, haben mir genügt, um nicht zugrunde-zugehen.

Nach neun Tagen Hunger tauchen am Horizont die indianischen Hütten des Landes Machifaro auf.

Die Indianer von Machifaro laufen mit kampfbereiten Waffen am Strand zusammen, du, Pedro de Ursúa, ergriffst die Gelegenheit beim Schopf, um dein heruntergekommenes Ansehen zu retten und die Achtung deiner Soldaten wiederzugewinnen und die Liebesleidenschaft von Doña Inés aufzufrischen und deine gelben und mageren Leute mit Nahrungsmitteln zu versorgen, wir sehen dich allein und stolz den Fuß an Land setzen und in der rechten Hand ein weißleinenes Friedenstuch schwingen, fünfzig Arkebusier unter García de Arces Kommando geben dir Rückendeckung, die Indianer wissen vom Hörensagen, daß unsere feuerspeienden Mündungen sie alle im Handumdrehen vernichten können, der kluge Kazike läßt von seiner Kampfeslust ab und geht dir mit erhobenen Armen entgegen, Doña Inés weint vor Rührung über deine Heldenhaftigkeit, Es lebe unser tapferer General Pedro de Ursúa, ruft Pater Henao, der gastfreundliche und erschrockene Kazike bringt uns in der Mitte seines Dorfes unter, des größten, das wir bisher während unserer Reise gesehen haben, er beschenkt uns mit riesigen Schildkröten, die ebenso viel Fleisch haben wie Hammel, die hungrigen Soldaten schlingen und schlucken so ungeniert wie schamlos.

In unserer Hütte haben wir es ziemlich bequem und geräumig, im ersten Raum schlafe ich mit allen meinen Waffen am Leibe oder, besser gesagt, ich tue, als ob ich schlafe, den Mißtrauischen hilft Gott, im Lager säuseln Lüfte der Heimtücke, in dem Zimmer zum Patio ist mein Kind Elvira in Begleitung der zwei sie umsorgenden Frauen untergebracht, in der Hütte nebenan wohnen und wachen die Männer meines engsten Vertrauens, Martín Pérez de Sarrondo, Pedro de Munguía und Antón Llamoso, bei Sonnenuntergang versammeln wir uns alle um die Feuer, die wir angezündet haben, um die Mücken zu vertreiben, die Mücken von Machifaro sind die hartnäckigsten wilden Tiere des Erdkreises, weder der Rauch noch die Flammen halten ihren Ansturm auf.

Manchmal kommt Bakkalaureus Pedrarias de Almesto zu uns, er ist Freund und Schreiber des Gouverneurs Ursúa, Bakkalaureus Pedrarias de Almesto ist belesener und gebildeter als alle übrigen, die an diesem Abenteuer teilnehmen, hin und wieder unterhalten er und ich uns abends über Angelegenheiten aus der Geschichte oder der Phantasie, meine Tochter Elvira hört unserem Gespräch gern zu, ohne Fragen zu stellen oder Bemerkungen zu machen.

Eines Morgens trifft mich meine Tochter Elvira an, wie ich Zeilen auf einem Papier niederschreibe, und sagt mit gespieltem Erstaunen: Euer Gnaden, mein Vater, sind plötzlich Dichter geworden? Nur zu gern schriebe ich Verse, wenn es mir nicht an Begabung und Geist mangelte, auf diesen Blättern verzeichne ich nur schlicht und einfach Namen, wer stellt sich gegen den Gouverneur und wer an seine Seite in der unvermeidlichen Stunde seines Todes? Ohne seinen Tod würde sich unser Schicksal niemals erfüllen (das, so wahr Gott lebt, nicht darin besteht, bei der Suche nach einem eingebildeten Eldorado alt zu werden oder zu sterben, sondern darin, ein wunderbares Land, das Peru genannt wird und auf allen Landkarten abgebildet ist, zu erobern und zu gewinnen).

Der erste auf meiner Liste: der sehr wackere Madrider Hauptmann Juan de Vargas, stellvertretender Gouverneur, enger und vortrefflicher Freund Don Pedro de Ursúas; ist zu töten. Zweitens: der nicht weniger unerschrockene Offizier und sehr treue Anhänger García de Arce, Entdecker einer Insel und unfehlbarer Arkebusier; ist zu töten. Drittens: der Feldwebel, Pferdepfleger und Schmied Juan Vázquez de Sahagún, ein überaus ergebener Gevatter des Gouverneurs Ursúa; ist zu töten. Viertens: der Chronist und Schreiber Pedrarias de Almesto, ein gebildeter und liebenswürdiger, jedoch dem Gouverneur hündisch ergebener Herr; ist zu töten, und das bedaure ich aufrichtig. Fünftens: der ehrwürdige Monsignore Alonso de Henao, Vikar der Flotte und zukünftiger Bischof der Omaguas; ist zu töten, und das behagt mir außerordentlich. Sechstens und siebtens: der Komtur Juan Núñez de Guevara und der Hauptmann Sancho Pizarro, unverbesserliche Lakaien von König Philipp; früher oder später wird es unumgänglich sein, sie zu töten. (Auf dem Pergament, wo ich über die Toten Buch führe, werde ich jedem sein Kreuz im voraus machen, um mir so den bitteren Schmerz zu ersparen, es nach ihrem Tode tun zu müssen.)

Euch dagegen, meinen feurigen mitverschworenen Gefährten, sind glückliches Leben und ewiger Ruhm vorbehalten. Du, Hauptmann Juan Alonso de La Bandera, den die losen Zungen fälschlich (denn niemand hat das Recht, deine Männlichkeit zu verneinen oder zu bezweifeln) die Prahlerin nennen, da deine Brust von Stolz und hochmütigem Ehrgeiz und deine Adern von hemmungsloser Liebe zu Doña Inés de Atienza erfüllt sind, was du keinen Augenblick verbergen kannst, du, Juan Alonso de La Bandera, widerlicher und überaus notwendiger Kamerad, du wirst morgen auf meiner Seite sein in dem erhabenen Augenblick, wo es heißt, den Tyrannen Pedro de Ursúa zu töten. Und du, Hauptmann Lorenzo Zalduendo, der du vor weniger als einem Jahr in Cuzco ankamst, um freiwillige Krieger zusammenzurufen, damit sie sich diesen Heerscharen deines Generals und Landsmanns Pedro de Ursúa anschlössen, die verzaubernde Gegenwart von Doña Inés de Atienza veränderte deine Pläne und brachte deine Treue zum Schmelzen, du wirst uns bereitwillig Gesellschaft leisten bei dem Unternehmen, deinen verhaßten Beschützer Pedro de Ursúa zu töten, so wie du uns Gesellschaft leisten würdest, um deine eigene Mutter zu töten, wenn die besagte Dame sich zwischen den berauschenden Körper von Doña Inés und deinen Durst, ihn zu genießen, stellen würde. Und du, wütender Alkalde Alonso de Montoya, der du auf diesem Zug Gefangenschaft und Fesseln zu ertragen hast, du, der du tausendmal mit lauter Stimme deine Wünsche kundgetan hast, du, der du schimpfliche Strafe erlitten hast, als du mit einem Ochsenkummet am Hals das Kanu einer Konkubine rudern mußtest, du wirst unter dem Drang einer gerechten Wut nach Rache der Entschlossenste sein in der Nacht, da der Tyrann gerichtet wird.

Don Pedro de Ursúa wandelt einsam und schwermütig im Innenhof seiner Hütte umher, auf einem Liebeslager ausgestreckt erwartet ihn Doña Inés, die Verzauberung der schönen Mestizin hat ihn von seinen Soldaten entfernt, die Entfremdung von seinen Soldaten wird ihn aus dieser Welt entfernen. Der Komtur Juan Núñez de Guevara träumt wachend, das Alter und die bösartigen Fieber lassen ihn düstere Bilder sehen, eines Nachts sah er mitten im Dunkel ein Gespenst stehen, das rief: »Pedro de Ursúa, Gouverneur von Omagua und Eldorado, Gott möge dir gnädig sein!« Und in einer anderen Nacht sah er vier Gespenster in weißen Tuniken, die über die Straßen gingen und unter

Begleitung von sehr trauriger Musik auf ihren Schultern einen steifen und kalten Körper trugen, der ohne Zweifel der von Pedro de Ursúa war, der Komtur vertraut mir heimlich seine Visionen an, ich verbreite sie eiligst, damit wir alle im Lager uns an den kommenden Tod des Gouverneurs gewöhnen. Inzwischen läßt Pater Henao Exkommunikationen auf diejenigen hageln, die sich weigern, dem Oberkommando ihre Arbeitswerkzeuge und die ihnen gehörenden Tiere zu überlassen, Euer Hochwürden strafen kreuz und quer mit der Entziehung der Sakramente und halten sich nicht damit auf zu bedenken, was eine solche Verweigerung der Absolution für einen Christen bedeutet, Euer Hochwürden exkommunizierten Alonso de Villena, der dem Allerheiligsten Sakrament sehr ergeben ist, und den Kanarier Juan Vargas, der jeden Abend den Rosenkranz betet, weil sie sich weigerten, ihre Pferde abzugeben, Alonso de Villena und der Kanarier Juan Vargas, die Euer Hochwürden exkommunizierten, schlossen sich ohne weiteres unserem Aufstand an.

Für den Sieg und Erfolg unserer Sache benötigen wir die Autorität eines Führers, dessen stattliches Aussehen und stolzes Wesen die Gemüter der Leute nach Ursúas Tod anfeuern. Dieser Paladin werden weder La Bandera noch Zalduendo sein, beide haben die Gesinnung von Vasallen, ihr höchster Ehrgeiz beschränkt sich darauf, eine Nacht lang Doña Inés zu genießen, sie haben sich niemals darum gekümmert, was die Geschichte über sie sagen wird. Auch Alonso de Montoya kann es nicht sein, ihn bewegt allein der zornige Drang, das Blut seines Feindes fließen zu sehen. Und Don Fernando de Guzmán? La Bandera und Zalduendo erwidern mir beunruhigt, daß eine solche Vorstellung geradezu albern ist, Don Fernando de Guzmán ist der allergrößte Freund des Gouverneurs, in Santa Cruz de

Capocovar lebten sie zusammen wie unzertrennliche Freunde, sie schliefen im selben Bett, obwohl jeder von ihnen sein eigenes Bett hatte, die Ankunft von Doña Inés zerbrach jäh so brüderliche Bande, ich meine, daß Don Fernando zu sehr unter der Entfremdung gelitten hat, daß die Gegenwart von Doña Inés ihm das Herz bricht, Gott möge mir verzeihen.

Don Fernando de Guzmán ist kein plumper Goldsucher und Dirnenjäger wie die anderen, ich kenne ihn von unseren Plaudereien in Cuzco her und weiß genau, daß er in seinem tiefsten Innern Träume von Ruhm und Macht hegt, sein Vater war Ratsherr in Cádiz, Don Fernando de Guzmán hat die Manieren eines vornehmen und edlen Jünglings, obwohl er kleinwüchsig ist und die roten Haare seines Bartes etwas spärlich sind, wird er ein unbedingt treuer Mann sein? meine Freunde, wir werden dieses Risiko eingehen müssen, mögen Euer Gnaden, Lope de Aguirre, der Ihr Euch anmaßt, beredt zu sein, mit ihm sprechen.

Ich weiß, daß Euer Gnaden, mein Herr Don Fernando de Guzmán, ein Edelmann aus Sevilla sind, der schmuckste und ritterlichste, den man je gesehen hat, und das sage ich, Lope de Aguirre, der nicht zu Schmeichelei und Schöntuerei neigt. Euer Gnaden haben mir Euer Wort gegeben, alles geheimzuhalten, was ich Euch sagen werde, und ich werde mich für dieses Versprechen erkenntlich zeigen und versuchen, offen und aufrichtig zu sein, denn keine andere Sprache ist Euch angenehm. Es ist allen bekannt, daß Euer Gnaden edles Herz sich angesichts der Schmerzen und Nöte des Nächsten betrübt und das um so mehr, wenn dieser Nächste unser Weggefährte und Waffenbruder ist. Niemals entgeht es Euer Gnaden Edelmut, daß die Kranken Pflege benötigen und die Bekümmerten dringend des Trostes bedürfen. Unweigerlich müssen wir zugeben, daß unser Gouverneur Pedro de Ursúa sich zu Beginn dieses Zuges als ein gütiger und prächtiger Militär gegenüber seinen Soldaten und Dienern erwies und daß die genannten Umstände sich in dem unseligen Augenblick änderten, als die schöne Dame in unserem Lager erschien, die unserem verliebten General den Kopf verdrehte und ihn soweit brachte, daß er sich nicht mehr jener Geschöpfe erinnerte, die ihm ergebener waren und ihn am meisten liebten. Doña Inés gelten alle seine Sorgen und seine honigsüßen Worte, mit ihr schläft er nachts und schließt er sich tags ein, der unersättliche Leib von Doña Inés macht ihn geringer und verzehrt ihn. In allen Hütten dieses Lagers spricht und munkelt man darüber, daß die Torheiten unseres Gouverneurs uns rettungslos zugrunde richten, niemals werden wir auch nur eine Spur jenes herrlichen Eldorados finden, dessen Suche Hunderte von tapferen Spaniern das Leben gekostet hat, Ruhm und Macht werden wir nur erringen, wenn wir nach Peru zurückkehren, beseelt von dem unerschütterlichen Entschluß, die verlorene Gerechtigkeit wiederherzustellen und eine so wunderbare Heimat von Übeltätern zu befreien. Euer Gnaden, mein Herr Don Fernando de Guzmán, sind dazu auserkoren, erlauchte Taten zu vollbringen, aus den Augen Eurer Gnaden leuchtet das Zeichen der Größe. Es ist wohl wahr, daß Gouverneur Pedro de Ursúa Euer Gnaden zum Hauptfähnrich ernannte, aber es ist ebenso wahr, daß er über Euer Gnaden Juan de Vargas stellte, der viel weniger wert ist, und über alle stellte er auf einen Altar jene Frau, die ihm die Sinne verwirrt und der Unglücksstern seiner völligen Vernichtung sein wird. Einzig und allein der Mut und die Unerschrockenheit von Euer Gnaden als General und Haupt dieses furchtlosen Heeres der Marañones können uns den Glauben zurückgeben, den wir verloren haben. Nur

Eurer Gnaden tapferer Arm, mein Herr Don Fernando de Guzmán, wird fähig sein, dieses kraftlos gewordene Unternehmen zu einem glorreichen Ende zu führen.

(Das Innere der Hütte von Don Fernando de Guzmán im Dorf Mocomoco. In der Mitte des Raums ein grober Tisch, umgeben von Bänken, die mit glatten Brettern belegte gegabelte Pfosten sind. In einer Ecke eine farbige Hängematte, in der Don Fernando de Guzmán sitzt. Um ihn herum drängen sich die Mitverschwörer. Lorenzo Zalduendo, Juan Alonso de La Bandera und Alonso de Montoya stehen neben der Hängematte. Der Mulatte Pedro Miranda, Diego de Torres, Alonso de Villena, der Kanarier Juan Vargas, Miguel Serrano aus Cáceres und Cristóbal Hernández sitzen auf den Bänken. Lope de Aguirre und Martín Pérez de Sarrondo weichen nicht von der Tür.)

FERNANDO DE GUZMAN *(Zum Mestizen Felipe López, einem seiner Diener, der vorgestern wegen eines leichten Vergehens von Gouverneur Ursúa hart bestraft wurde):* Geh du zum Zelt des Gouverneurs, sag, daß ich dich wegen etwas Öl schicke, und stell unauffällig fest, was er macht, wer in seiner Gesellschaft ist und was für Waffen sie bei sich haben.

(Der Mestize Felipe López geht hinaus.)

LOPE DE AGUIRRE: Keine Gelegenheit ist günstiger, um unseren Aufstand durchzuführen. Pedro de Ursúa hat sich von sechzig Leuten getrennt, die auf seinen Befehl unter Führung von Sancho Pizarro das Lager verlassen haben, um landeinwärts führende Wege zu suchen und zu erkunden. Sobald Sancho Pizarro zurückkommt, werden unsere Feinde zahlreicher und wird unser Vorhaben ein viel schwierigerer Kampf sein.

MIGUEL SERRANO: Ich habe Zweifel, meine Herren. Wollt Ihr mir bitte erklären, welche Schritte wir unternehmen werden, nachdem wir uns der Führung und Leitung dieses Zuges bemächtigt haben?

ALONSO DE MONTOYA: Wir haben keine Zeit mehr, Zweifel zu klären, mein Freund. Wir müssen eiligst handeln und die Verzögerungen abkürzen. Lassen Euer Gnaden die Fragen und Bitten bis nach dem Tod des Gouverneurs.

FERNANDO DE GUZMAN: Den Gouverneur töten? Ist der Tod des Gouverneurs etwa unvermeidlich? Scheint es Euch nicht eine christlichere Handlung, ihn gefangenzuhalten, anstatt ihn zu töten?

LOPE DE AGUIRRE: Das wäre, als ob wir den Beweis unseres Verrats auf dem Rücken trügen und einen Gefangenen mit uns schleppten, den das erlittene Unrecht antreiben wird, seine Rechte zurückzuerobern. Eine andere christlichere Möglichkeit wäre die, denke ich, ihn hier in diesem Indianerdorf zurückzulassen, wehrlos, aber in den süßen Armen von Doña Inés.

JUAN ALONSO DE LA BANDERA: Niemals! Wir müssen ihn töten!

LORENZO ZALDUENDO: Bei Gott! Es bleibt uns nichts anderes übrig, als ihn zu töten.

FERNANDO DE GUZMAN: Heiliger Gott! Man muß ihn töten.

ALONSO DE MONTOYA: Man muß ihn töten, und ich biete mich freiwillig an, die Waffe zu ergreifen, die das tun wird. In meinen Knöcheln fühle ich noch den Biß seiner Schellen und an meinem Hals die Demütigung seiner Eisen.

LOPE DE AGUIRRE: Wir haben die Verpflichtung, ihn zu töten und dann die Taten in Angriff zu nehmen, zu deren Vollendung er zu unentschlossen ist.

MULATTE PEDRO MIRANDA: Nieder mit dem schamlosen Gouverneur, dem verlotterten Tyrannen, Betrüger und Schurken.

(Der Mestize Felipe López erscheint.)

FELIPE LOPEZ: Ich fand den Gouverneur in seiner Hängematte liegend, barfuß und schlafbereit, denn er war schon aus der Hütte von Doña Inés zurückgekommen. An seiner Seite sah ich nur den Bakkalaureus Pedrarias de Almesto, mit dem er plauderte, und zwei kleine Pagen. Einer von ihnen, der Lira heißt, gab mir das Öl, um das ich gebeten hatte, und begleitete mich zur Tür.

LOPE DE AGUIRRE: Es lebe unser Führer Don Fernando de Guzmán!

FERNANDO DE GUZMAN: *(eilends aus seiner Hängematte aufstehend)*: Ich werde Euer Führer sein, Laßt uns gehen!

ALONSO DE MONTOYA *(seinen Degen ziehend):* Gehen wir! *(Alle gehen hinaus.)*

(Eine Straße in demselben Dorf Mocomoco. Aus der Ferne kommen die fremdartigen Geräusche des Urwaldes, so als ob eine Gesellschaft verrücktgewordener Musikanten in wilder Unordnung auf ihren Instrumenten spielte und eine irrationale und düstere Musik entfesselte. In einer einzigen tönenden Flut verschmelzen miteinander: das Heulen des Windes, der Widerhall entfernter Donnerschläge, das Knacken der von unsichtbaren Schritten zerbrochenen trockenen Zweige, der taumelnde Fall gewaltiger Bäume, das ständige Rauschen des großen Flusses, das Getöse des Stroms in einer engen Schlucht, das baßtiefe Quaken riesiger Kröten, das Flöten und Singen von tausend verschiedenartigen Vögeln, das lärmende Gekreisch der Papageien, das Schreien der Affen, die wie Bettler flehen und wie Klageweiber jammern, das Geheul eines in den Klauen eines Pumas sterbenden Tapirs, das Brüllen brünstiger Kaimane, der Ruf der Kürbishörner, die die Indianer in ihren Schlachten als Kriegstrompeten

erschallen lassen, das laute Geschrei der heiligen Mauaris und Yuruparis, die Trommelwirbel der Tundulis, die meilenweit zu hören sind.) (Die Sklaven Juan Primero und Hernando Mandinga tauchen aus der Dunkelheit auf; Juan Primero hält eine Öllampe in der Hand.)

JUAN PRIMERO *(Sklave von Juan Alonso de La Bandera)*: Ich sage und wiederhole dir, daß sie den Gouverneur töten wollen. Juan Primero hörte es, als sein Herr mit dem Mulatten Pedro Miranda darüber sprach.

HERNANDO MANDINGA *(Sklave des Gouverneurs Ursúa):* Du weißt nichts. wir schwarzen Sklaven wissen niemals etwas.

JUAN PRIMERO: Die Spanier hassen einander wie blutrünstige wilde Tiere, die Hauptleute werden den Gouverneur töten, Juan Primero will kein menschliches Blut fließen sehen, Juan Primero ist ein christlicher und guter Neger, Juan Primero ging hin, um dem Gouverneur zu melden, was los war, Juan Primero fand ihn nicht in seinem Zelt.

HERNANDO MANDINGA: Er wälzte sich gerade mit Doña Inés in ihrer Hütte, aber wir Negersklaven wissen niemals etwas.

JUAN PRIMERO: Er war nicht in seinem Zelt, Juan Primero klopfte viele Male an die Tür, die Pagen wagten ihm nicht zu öffnen, lauf du und benachrichtige ihn, weil er dein Herr ist und sie ihn diese Nacht töten wollen.

HERNANDO MANDINGA: Schweig, verlogener Neger!

(Am Ende der Straße sind die Schritte der Verschwörer zu hören, die sich nähern. Die zwölf gehen hintereinander vorbei, mit Alonso de Montoya und Juan Alonso de La Bandera an der Spitze. Lope de Aguirre hinkt mit allen seinen Waffen und gezücktem Schwert hinter den anderen her.)

JUAN PRIMERO *(aus seinem Versteck hervortretend):* Gott und die Jungfrau stehen mir bei! Sie werden den Gouverneur töten, Juan Primero weiß es.

HERNANDO MANDINGA: Schweig, scheißdreckiger Neger! Wir Negersklaven wissen niemals etwas.

(Das Innere des Zeltes von Gouverneur Ursúa. Essensreste auf einem Tisch. Der barfüßige und unbewaffnete Gouverneur liegt mit unter dem Kopf verschlungenen Händen in seiner Hängematte. Pedrarias de Almesto wandert im Raum auf und ab, während er sich mit ihm unterhält.)

PEDRARIAS DE ALMESTO: Eure Exzellenz weigern sich, eine so offenkundige Gefahr zu sehen, weil Eure großmütige Brust sie nicht sehen will. Aber ich weise Eure Exzellenz noch einmal darauf hin, daß die Dreistigkeit der Soldaten ein überaus klares Anzeichen von Aufruhr ist.

PEDRO DE URSUA: Ihr wiederholt denselben Rat, den mir Vizekönig Markgraf de Cañete und Hauptmann Pedro de Añasco brieflich gaben: die furchterregende Geschichte von den unverschämten Abenteurern, die nicht mit dem Vorsatz an diesem Marsch teilnahmen, Siedlungen zu gründen, sondern mit der hinterlistigen Absicht, sich gegen den König von Spanien zu erheben. Gott ist mein Zeuge, daß ich sie niemals geglaubt habe!

PEDRARIAS DE ALMESTO: Und in diesen Briefen, die Eure Exzellenz erhielten, wurden vielleicht die Namen der Aufwiegler genannt?

PEDRO DE URSUA: Gewiß wurden sie genannt: Juan Alonso de la Bandera, Lorenzo Zalduendo, Martín de Guzmán und Lope de Aguirre waren die Hauptpersonen auf der Liste. Man bat mich dringlichst, sie aus dem Lager hinauszuwerfen.

PEDRARIAS DE ALMESTO: Und Eure Exzellenz warfen nur Martín de Guzmán hinaus.

PEDRO DE URSUA: Auch ihn warf ich nicht hinaus, mein Freund. Er ging aus eigenem Willen, erschreckt durch die Vorzeichen eines ihm drohenden Todes, aber er hinterließ mir seinen Neffen Fernando, der jetzt mein Hauptfähnrich und mein treuester Gefährte ist.

PEDRARIAS DE ALMESTO: Eure Exzellenz vertrauen zu sehr auf die Kraft Eures Armes und auf Euer Glück. Ich schwöre bei Gott, daß ich nicht gern zu Gewalttätigkeiten rate, aber ich glaube, daß, in der augenblicklichen Lage vier Köpfe abzuschlagen, eine Vorkehrung wäre, den eigenen zu retten.

PEDRO DE URSUA: Ihr seid übervorsichtig, mein guter Pedrarias. Der Aufstand, den Ihr fürchtet, wird niemals über Klagen und großtuerische Drohungen hinauskommen. Das Jahr, das am heutigen Tage beginnt, wird mit Gottes Hilfe das glücklichste und rühmlichste meiner Lebensgeschichte sein.

(Es wird kräftig an die Tür geklopft.)

PEDRARIAS DE ALMESTO: Wer ist da?

(Die Tür wird mit einem Stoß geöffnet. Ein tritt Juan Alonso de La Bandera mit bloßem Schwert, gefolgt von Alonso de Montoya und den übrigen Verschwörern.)

PEDRO DE URSUA: Was wünscht Ihr, meine Freunde? Seid willkommen, wenngleich Mitternacht nicht der geeignete Moment für Besuche und Glückwünsche ist. Zweifellos ist es eine sehr wichtige Angelegenheit, die Euch zu dieser Stunde hierherführt.

JUAN ALONSO DE LA BANDERA: Das werdet Ihr jetzt sehen.

(Juan Alonso de La Bandera hält das Schwert mit beiden Händen umklammert und versetzt dem Gouverneur einen Stoß in die Seite, der ihn ganz durchbohrt.)

PEDRARIAS DE ALMESTO *(versucht, sein Schwert zu ziehen):* Was für ein Verrat ist das, meine Herren?

(Der Kanarier Juan Vargas und drei weitere Ver-

schwörer stürzen sich auf Pedrarias de Almesto und halten ihn fest.)

Fernando de Guzman: Tötet ihn nicht, tötet Pedrarias nicht.

Lope de Aguirre: Flieht eiligst, Pedrarias, wenn Ihr Euer Leben retten wollt.

(Pedrarias de Almesto flieht. Alonso de Montoya heftet seinen Dolch in die Brust des Gouverneurs. Fernando de Guzmán und Martín Pérez de Sarrondo greifen ihn mit ihren Waffen an.)

Pedro de Ursua: Auch du, Fernando, mein Bruder?

(Fernando de Guzmán verwundet ihn, ohne ihm zu antworten.)

Pedro de Ursua: Auch du, Martín Sarrondo, mein Landsmann?

Martin Perez de Sarrondo (ihm das Schwert in den Leib stoßend): Du bist kein Baske, du bist Franzose.

Pedro de Ursua *(sterbend): Die Beichte! Ich verlange die Beichte!*

Lope de Aguirre: Ihr irrt Euch, wenn Ihr glaubt, daß Pater Portillo, wenn er nicht gerade im Sterben läge, herbeieilen würde, um Euch die Beichte abzunehmen. Er vergißt die viertausend Pesos nicht, die Ihr ihm gestohlen habt, noch die Pein, die Ihr ihm verursachtet, als Ihr ihn gewaltsam mitnahmt, um in diesem dunklen Urwald zu sterben. Er würde Euch die Beichte verweigern, General Ursúa.

Pedro de Ursua: Hab Erbarmen mit mir, o Gott, in dem Maße deiner Barmherzigkeit. Miserere mei . . .!

(Er stirbt.)

Lorenzo Zalduendo *(laut rufend):* Es lebe der König, der Tyrann ist tot!

Juan Alonso de la Bandera: Es lebe König Don Philipp, unser Herr!

Lope de Aguirre: Es lebe die Freiheit!

(Die Aufrührer überqueren die Straße, die zur Hütte von Juan de Vargas, dem stellvertretenden Gouverneur, führt. Juan de Vargas stellt sich ihnen entgegen. Er trägt einen Waffenrock, der wie ein wattierter Brustharnisch ist, und in den Händen einen Rundschild mit dem Stab, der das königliche Symbol der Justiz ist.)

JUAN DE VARGAS: Was ist los, meine Herren? Was ist der Anlaß für soviel Tumult und Lärm?

LORENZO ZALDUENDO: Es lebe der König, der Tyrann ist tot!

JUAN DE VARGAS: Gewissenlose Bösewichte, gemeine Schufte, Verräter, die der Teufel holen soll!

JUAN ALONSO DE LA BANDERA: Auch für dich ist die letzte Nacht gekommen, du Zuhälter von tausend Huren, du Sohn einer betrunkenen Essighändlerin.

JUAN DE VARGAS: Mäßigt euch, ihr Gesindel und Pöbel, ihr Hundesöhne einer verhurten Hündin!

(Mehrere Verschwörer halten Juan de Vargas fest, entreißen ihm den Stab und entwaffnen ihn. Martín Pérez de Sarrondo stößt ihm das Schwert so wütend in die Brust, daß er ihm den ganzen Körper durchbohrt und dann mit der Spitze den Kanarier Juan Vargas verwundet, der von hinten die Ellenbogen des Gefangenen umklammert. Der eine und der andere Juan de Vargas stürzen zu Boden. Die Schwerter und Degen der Verschwörer toben sich am Körper des stellvertretenden Gouverneurs aus.)

JUAN DE VARGAS: Verräter, Verräter! Heiliger Gott, ich sterbe.

(Er stirbt.)

FERNANDO DE GUZMAN: Es lebe der König, die Tyrannen sind tot!

DIE ANDEREN, AUSSER LOPE DE AGUIRRE: Es lebe der König!

LOPE DE AGUIRRE: Es lebe unser General Don Fernando de Guzmán! Es lebe sein treuer Feldmeister Lope de Aguirre! Es leben seine Soldaten, die unbesiegbaren Marañones!

(Erschrockene und erstaunte Soldaten treten aus den Hütten. Einige laufen entsetzt auf den Urwald zu, andere schließen sich in ihren Räumen ein. Die Aufrührer stellen sich in der Mitte des Platzes auf, und viele Männer kommen hinzu, teils freiwillig, teils unter Stößen und Drohungen. Antón Llamoso und Pedro de Munguía, die sich eilig der Rebellion angeschlossen haben, sind die eifrigsten, um Anhänger zu sammeln und Zaudernde zu überreden.)

LOPE DE AGUIRRE *(zu den Sklaven)*: Bringt Wein, um unseren Sieg zu feiern! Den Meßwein oder jeden beliebigen anderen! Schnell!

(Die Negersklaven gehen hinaus und kommen nach einer Weile mit zwei dickbäuchigen Weinkrügen auf den Schultern zurück. Inzwischen vergrößert sich die Schwadron. Pater Henao tritt aus seiner Hütte und segnet Don Fernando de Guzmán. Antón Llamoso, Pedro de Munguía und Cristóbal Hernández schenken den Leuten Wein ein in Näpfe aus Ton und Schüsseln aus Kürbis. Lope de Aguirre steigt auf eine Bank.)

LOPE DE AGUIRRE: Soldaten, meine Marañones! Der Tod des Tyrannen Pedro de Ursúa und seines Trabanten Juan de Vargas wurde nicht aus ruchloser Willkür von uns vollzogen, noch aus Neid auf ihre Ämter, noch um uns ihrer materiellen Güter zu bemächtigen. Wir haben Gerechtigkeit geübt, indem wir ihnen die Befehlsgewalt entzogen und sie töteten, denn das Opfer jener beiden elenden Leben diente der Rettung von zweihundert kostbaren Leben, die sich in diesem Unternehmen verzehren, und der Freiheit von Tausenden menschlicher Wesen, die in Peru unter dem Machtmißbrauch der Vizekönige, der Schmach der Richter und der Habgier der Auditoren leiden. Die Vizekönige und die Auditoren, die die Hölle verschlingen möge, und Satan soll ihnen glühende Scheite in den Hintern schieben, schickten uns aus, um ein Reich der Omaguas zu erobern und zu besiedeln, das es niemals gegeben hat, um sich auf diese Weise vor unserer Rebellion zu schützen und uns in den Klauen dieses unglückseligen und grausamen Flusses zugrundegehen zu lassen. Wir, meine Marañones, müssen jene philisterhafte Niederlage in römischen Triumph, jenen Traum von Hirngespinsten in die Eroberung einer wirklichen und wahrhaftigen Heimat verwandeln. Pedro de Ursúas notwendiger Tod belastet uns nicht, noch reut er uns, sein Blut befleckt unser Gewissen nicht, sondern wir heben es als Banner empor. Wir ernannten Don Fernando de Guzmán zum General und Haupt unseres Lagers, einen Edelmann, der entschlossen ist, diesen Zug zuendezuführen bis zu unserer ruhmvollen und siegreichen Rückkehr nach Peru. Nichts haben wir mit jenen Gefolgsleuten von Gonzalo Pizarro gemeinsam, die immer bereit waren, beim ersten Mißgeschick zum König überzulaufen, und wir sind auch nicht wie jene falschen und untreuen Rebellen, die Hernández Girón in der Gewalt seiner Henker zurückließen. Wir sind die unbezwingbaren Marañones, ein Geschlecht von für die Freiheit kämpfenden Tigern, wie es die ganze Welt noch nicht gesehen hat. Wir schwören, daß keiner von uns seinen Namen dadurch beschmutzen wird, daß er seine Fahne verläßt, um die des Gegners zu küssen, daß keiner von uns die Vergebung des Feindes erflehen wird, selbst nicht in der Finsternis der Todesangst, daß unsere Herzen weder Rast noch Ruhe finden werden, bis wir unser rächendes Schicksal in der Neuen Welt erfüllt haben. Wir sind das Schwert des heiligen Erzengels Michael, wir sind der Zorn des Gottvaters, wir sind die sieben Plagen der Gerechtigkeit, wir sind die besessenen Marañones, die Gott unser Herr beschützen, erleuchten und zum Sieg führen möge.

(Das Innere des Zeltes von Gouverneur Ursúa. Die Leiche des Gouverneurs ruht blutbedeckt mitten im Raum. Die schwarzen Sklaven Juan Primero und Hernando Mandinga treten ein, sie schleppen den toten Körper von Juan de Vargas herein, lassen ihn neben dem von Pedro de Ursúa liegen und gehen wieder hinaus. Durch die gegenüberliegende Tür erscheint Doña Inés de Atienza, gefolgt von ihrer Gesellschafterin und zwei Sklavinnen. Inés de Atienza fällt vor Pedro de Urúas Leiche auf die Knie, schließt ihm sanft die Augen und beginnt zu weinen.)

SOLDATEN *(am Zelteingang stehend)*: Hure, tausendfache Hure! Hexe, tausendfache Hexe! Du warst sein Elend und sein Verderben im Leben, und nun beweinst du ihn heuchlerisch im Tode.

(Inés de Atienza fährt fort zu weinen, ohne auf sie zu hören. Sie streichelt die Brust des Toten und sieht dann starr auf ihre blutverschmierten Finger.)

SOLDATEN: Widerliche und ekelhafte Hure! Du allergrößte schamlose Hure! Du, nur du bist schuld an diesem Blut, das du jetzt voll Verzweiflung fließen siehst.

(Inés de Atienza küßt lange die Stirn des Toten. Ihr ausgebreitetes schwarzes Haar bedeckt vollkommen das Gesicht des Verstorbenen.)

SOLDATEN: Hure, tausendfache Hure! Hexe, tausendfache Hexe!

(Ein tritt Juan Alonso de La Bandera, er verjagt die Soldaten und nähert sich Inés de Atienza.)

JUAN ALONSO DE LA BANDERA: Ich achte Euren Schmerz, Señora, und fürchte für Eure Zukunft. Ihr bedürft des Schutzes, und ich bin gekommen, um ihn Euch demütig anzubieten. *(Inés de Atienza fährt fort zu weinen, ohne Juan Alonso de La Banderas Worten Aufmerksamkeit zu schenken.)* Ich sage Euch, daß Ihr des Schutzes bedürft, Señora. Ihr seid in diesen Urwäldern schutzlos zweihundert skorpionartigen Männern ausgeliefert, von denen die einen Euch tödlich hassen und die anderen Euren schönen Körper gleich Tieren besitzen wollen. Ich bin soeben zum stellvertretenden Befehlshaber dieses Zuges ernannt worden, und meine erste Amtshandlung bestand darin, hierher zu kommen und mich Euch zu Füßen zu werfen. *(Der Körper von Doña Inés erzittert über der Leiche.)* Verlangt, was Ihr wollt, Señora, ich werde stets bestrebt sein, Eure Bitte zu erfüllen.

(Inés de Atienza hebt zum ersten Mal die Augen zu Juan Alonso de La Bandera.)

INES DE ATIENZA: Ich wünsche und bitte nur, daß man mich meinen Toten begraben läßt.

JUAN ALONSO DE LA BANDERA: Ihr werdet ihn begraben, Señora, Ihr werdet ihn begraben, ich gebe Euch mein Wort. Ihr werdet ihn in einem Winkel des Urwaldes begraben, Pater Henao wird das Totengebet sprechen, und ein christliches Kreuz wird seine Grabstelle kennzeichnen. Ich verspreche es Euch. *(Er geht hinaus.)*

INES DE ATIENZA: Pedro de Ursúa, mein unglücklicher Geliebter, ich schwöre bei deinem Gott und bei den Göttern meiner Mutter ... *(Die Schluchzer lassen sie nicht zuende sprechen.)*

(Der Tag bricht an. Inés de Atienza weint weiter leise vor sich hin, während sie Pedro de Ursúas Leiche umschlungen hält. Langsam überfluten und beherrschen die verworrenen musikalischen Kräfte des Urwaldes die Szene: wilde Töne, die finsteres Brummen von Orgeln vortäuschen, Summen von heiseren Trommeln, Schäfersprache von Schalmeien und Dolzflöten, durchdringende Schreie von Pikkoloflöten und Hörnern, eilige Tremoli

von Zigeunertamburinen und karibischen Kürbisrasseln, bedrohliches Stimmengewirr von Höllenchören, entfesselter Donner von verrückt gewordenen Fanfaren, nachhallende Brandung des Tagesanbruchs.)

Nach dem Tode des Tyrannen war es recht und billig, die Ämter unter diejenigen zu verteilen, die ihn getötet hatten. Don Fernando de Guzmán war schon mit der Zustimmung aller Verschwörer zum General und Haupt unseres Zuges ausgerufen worden. Lope de Aguirre hatte sich schon vom Totenhalter zum Feldmeister verwandelt, Gott sei gelobt, denn ohne mich an deiner Seite würdest du nirgendwo sonst als in dein Verderben gelangen, stolzer und unbedachter Don Fernando. Hauptmann der Wache ist von nun an Don Juan Alonso de La Bandera als Belohnung für die schreckliche Wut, mit der er sich hervortat, als er sein Schwert in die Brust des Gouverneurs stieß. Alonso de Montoya wird Reiterhauptmann, Lorenzo Zalduendo und Cristóbal Hernández und Miguel Serrano werden Hauptleute der Fußsoldaten, Alonso de Villena wird Hauptfähnrich, der Mulatte Pedro Miranda wird Oberbüttel, und auf diese Weise werden alle Aufrührer, die wir uns zu Pedro de Ursúas Zelt begaben, um ihn zu töten, mit Ämtern bedacht sein, bis auf den Kanarier Juan Vargas, der schwerverwundet aus dem Kampf hervorging und sich in der Hängematte von seinem Leiden erholt. Was dich betrifft, Martín Pérez de Sarrondo, der du auch keine Belohnung erhieltest und der Marañón meiner größten Hoffnung und meines größten Vertrauens bist, dich bitte ich, eine günstigere Stunde abzuwarten, in der es mehr als genug Befehlsposten für dich geben wird.

»Das Beste für unser Unternehmen ist es, mein glorreicher General Don Fernando, dafür zu sorgen, daß alle Teilnehmer dieses Zuges Befriedigung über den Tod des Tyrannen empfinden, daß das gestern abend vergossene Blut in so großer Menge über die Köpfe unseres kleinen Heeres fließt, daß keinem weder Lust noch Kraft bleibt, den Fleck zu tilgen. In diese Tat werden wir alle diejenigen einbeziehen, die betrübt sind, weil sie nicht zu seinem Tode beigetragen haben. Laßt uns Autorität und Befehlsgewalt unter eine größtmögliche Zahl von Soldalten vergeben, laßt uns neue Ämter erfinden, wenn es nötig ist, denn falls jemand sich weigert, die Ehre und den Ruhm unserer Rebellion zu teilen, falls jemand Verlegenheit zeigt oder unsere Freigebigkeit mit Ziererei aufnimmt, gräbt er sich für seine Knochen genauso ein Grab wie das von Pedro de Ursúa.

Machen wir den alten Komtur Juan Nuñez de Guevara, dessen weißer Bart Achtung einflößt und dessen Geister ihm pünktlich das gewaltsame Lebensende des Gouverneurs ankündigten, zum Hauptmann der Fußsoldaten und desgleichen Pedro Antonio Galeas, der stets zu Abenteuern und Entdeckungen entschlossen ist. Machen wir Alonso Enrique de Orellana zum Hauptmann für Munition und Steuermann Sebastián Gómez zum Kapitän und Miguel Bonado zum Admiral. Und machen wir Don Diego de Balcázar zum Oberrichter des Lagers, denn er trug, wie man sagt, sein Vermögen bei, um diesen Zug zu unterstützen, wie man auch sagt, daß Vizekönig Hurtado de Mendoza ihm die Gunst erwies, mit ihm Karten zu spielen.«

Alle nahmen sie ihre Ernennungen sehr sittsam und bescheiden entgegen, außer dem genannten Diego de Balcázar, der während der Zeremonie, als er den Stab des Oberrichters empfing, mit lauter und tönender Stimme sagte: »Diesen nehme ich entgegen im Namen von König Philipp, unserem Herrn, und keinem andern.« Was mit anderen Worten bedeutet, daß er die feste Absicht hat, ins Lager des Königs überzulaufen, sobald er es vor sich sieht, es sei denn, ich, Lope de Aguirre, befinde mich in seiner Nähe, um ihn daran zu hindern.

Zwei Tage später kehrte Sancho Pizarro, der auf Gouverneur Ursúas Befehl mit sechzig Arkebusiern auf die Suche nach Wegen und Saatfeldern ausgezogen war, ins Lager zurück. Wir befürchteten, daß er mitten in diesem Urwald von barbarischen Wilden einen erbitterten Kampf gegen uns beginnen würde, denn dann hätte der Teufel uns, die einen wie die andern, geholt. Aber Sancho Pizarro näherte sich sehr klug und vorsichtig, nahm von den Vorfällen im Lager ohne jede Bestürzung Kenntnis oder hütete sich wenigstens, sie zu zeigen. Sancho Pizarro nahm mit Wohlgefallen das Amt des Oberfeldwebels entgegen, das wir ihm anboten, er dankte uns mit unterwürfiger Haltung, bei allem, was mir heilig ist, ich glaube deinen Worten nicht, Sancho Pizarro, du bist der gefährlichste und falscheste von allen Vasallen König Philipps, die an diesem Zug teilnehmen, das sage ich dir, Lope de Aguirre, der ich mich niemals irre, wenn ich wittere, wo sich meine Feinde verbergen.

Unverzüglich sprießt in unserem Lager das giftige Kraut, das Ruin und Schande aller peruanischen Aufstände gewesen ist. Wir haben ein Verbrechen gegen den König begangen, wir haben den Gouverneur und Vertreter getötet, den der König selbst eingesetzt hatte, und jetzt befällt uns der törichte Drang, uns von einem König vergeben zu lassen, der uns unerbittlich die Köpfe abschlagen wird, wenn er sie in seiner königlichen Hand hat. Da ist Don Fernando de Guzmán, das

Oberhaupt unserer Schande, und da sind Don Juan Alonso de La Bandera und Don Alonso de Montoya, die am hartnäckigsten darauf bestanden, den Gouverneur aus dieser Welt zu tilgen, und die mit ihren Händen die Eisen umklammerten, die ihn auslöschten, da sind sie und versuchen einen Vorwand zu finden, um sich vor dem König für ein Verbrechen zu entschuldigen, für das es Gott sei Dank nicht die geringste Entschuldigung gibt. Unser Generalleutnant, unser Hauptmann der Wache und unser Reiterhauptmann laufen emsig hin und her, um die Worte des Reueaktes auszuwählen, den sie schreiben wollen, mit Wohlwollen empfangen sie den Bakkalaureus Pedrarias de Almesto, der ins Lager zurückkommt, denn er zieht es vor, gefangen zu sein, anstatt im Urwald Hungers zu sterben, Pedrarias de Almesto beginnt in seiner zierlichen Schönschrift ein aberwitziges Zeugnis folgenden Wortlauts niederzuschreiben: »In dem Dorfe Mocomoco, Provinz Machifaro, am zweiten Tage des Monats Januar des Jahres eintausendfünfhunderteinundsechzig, vor dem Schreiber und Zeugen . . .« Die übrigen Teile des Schreibens sind elende Zeichen unterwürfiger Reue: wir haben den Gouverneur nur deshalb getötet, weil er unentschlossen und nachlässig darin war, Eurer Majestät dem König zu dienen, weil er zögerte, die Länder zu entdecken, die er im Namen Eurer Majestät des Königs zu entdecken versprochen hatte, der Tod des Gouverneurs war notwendig, um zu verhindern, daß die verzweifelten Soldaten sich gegen Eure Majestät den König auflehnten, sein Tod soll uns dazu dienen, den Ruhm und die Macht Eurer Majestät des Königs zu vergrößern, es leben die allerheiligsten Hoden Eurer Majestät des Königs!

Als Pedrarias de Almesto das Pergament in aller Form vollendet hatte, standen wir Offiziere und Hauptleute des Lagers ungeduldig Schlange, um es zu unterzeichnen. Der erste ist, so wie es sich für die höchste Autorität und seinen Rang geziemt, unser Generalkapitän Don Fernando de Guzmán, und meiner Treu, sein geschnörkelter Namenszug paßt durchaus zu der schönen Schrift von Pedrarias. An zweiter Stelle bin ich als Feldmeister an der Reihe, aber ich unterzeichne nicht »Lope de Aguirre, Feldmeister«, wie alle Leute erwarteten, sondern »Lope de Aguirre, Verräter«, wobei ich, ohne mit der Wimper zu zucken, La Bandera und Montoya ansehe, und ich lese meinen Namen und den Zusatz mit kräftig widerhallender Stimme, und ein dumpfes Murren widersprüchlicher Gefühle nimmt meine Worte auf, und ich schließe daraus, daß die Zeit gekommen ist, die Wahrheit zu sagen.

»Was ist das für ein Wahn oder Unsinn, Marañones, sich einzubilden, daß ein von uns selbst erdachtes und ausgeklügeltes Schriftstück uns von der Schuld befreien wird, einen Gouverneur des Königs getötet zu haben, der die schriftliche Vollmacht des Königs und mit dessen Siegel versehene Verfügungen mitbrachte und dessen königliche Person vertrat? Warum beunruhigt es euch, daß ich als Verräter unterzeichnet habe, wenn wir alle für die Krone, an die dieser Brief gerichtet ist, nichts anderes als Verräter sind, keine zwölf Apostel, die sich eines Tyrannen entledigten, um dem König zu dienen, sondern zwölf Judasse, die einen Diener des Königs töteten, weil er ihre ehrgeizigen Pläne störte? Wir alle sind tapfere und mutige Verräter gewesen, und kein Reueakt kann uns vor dem blutrünstigen Zorn retten, den die Könige von Spanien als kostbares Erbe pflegen. Nicht einmal wenn das Wunder geschieht, daß wir in der Zukunft neue Welten entdecken und auf unserem Wege wahrhaftige Eldorados und Omaguas aus massivem Gold finden und unendliche Länder unter den

Fahnen Seiner Majestät besiedeln können, nicht einmal wenn etwas so Unerhörtes geschähe, blieben unsere Hälse vom Galgen verschont, denn der erste Bakkalaureus, Vizekönig, Ratsherr oder Mönch, der in diesen Ländern spanischen Wohnsitz nähme, würde uns eilends den Kopf abschlagen. Nein, Hauptleute und Offiziere, unsere Rettung besteht nicht im Schreiben unterwürfiger Briefe, die niemanden täuschen können, sondern darin, unsere rebellischen Leben teuer zu verkaufen, nach Peru zurückzukehren, nicht, um unerreichbare Gnade zu suchen, sondern Freunde, die ebenso unzufrieden sind wie wir, jene Tausende von Männern, die verdrossen sind, weil ihnen niemals ihre Dienste vergütet wurden, jene Tausende von Peruanern, die erbost sind über die schlechte Behandlung durch die Vizekönige und Auditoren. Nach Peru zurückkehren und uns ihnen anschließen, um jenes Land als das unsere zu erobern und es vor unseren Feinden zu verteidigen, wie mächtig und unbesiegbar auch immer sie uns von ferne erscheinen mögen, das ist es, was wir alle tun müssen.«

Es war das erste Mal, daß ich mit so großer Vermessenheit und Aufrichtigkeit sprach, die Männer hüllten sich in ein solches Schweigen, daß man nur die Geräusche des Flusses und des Urwaldes hörte, schließlich wurde es von Hauptfähnrich Alonso de Villena gebrochen, dessen Verstand sich an jenem Tage aufgehellt zu haben scheint, als Pater Henao ihn exkommunizierte. Er sagte:

»Ich billige und bekräftige alles, was unser Feldmeister Lope de Aguirre gesagt hat, denn das Gegenteil tun, hieße nichts anderes, als sich wie zahme Lämmer auszuliefern, wie Lämmer, die willig sind, sich in den Schlachthöfen des Vizekönigs abstechen zu lassen.«

Aber es gab einen, der nicht mit meiner Meinung

übereinstimmte, sondern aufgestachelt von dem Zusatz »Verräter«, der ihn hinten im Gehirn wie eine Wespe stach, das Wort an sich riß. Der edle und ehrliebende Herr Juan Alonso de La Bandera, die dritte Autorität in unserem Lager und Hauptmann der Wache, den einige Soldaten fälschlich die Prahlerin nennen, sprach folgendermaßen:

»Ich protestiere voller Empörung gegen die Bezeichnung Verräter, die Feldmeister Lope de Aguirre mit befremdender Leichtfertigkeit auf uns alle angewandt hat. Ich beharre darauf, daß die Tötung Pedro de Ursúas und seines Stellvertreters Juan de Vargas kein Verrat am König war, sondern Treue zu ihm, denn die zwei abgesetzten Autoritäten zögerten, die ihnen vom spanischen Souverän aufgetragenen Missionen zu erfüllen, die in nichts anderem bestanden als darin, Länder zu entdecken und zu besiedeln, und keinesfalls darin, die Schätze zu verschleudern, die Vizekönig Markgraf de Cañete ihnen für unsere Ausrüstung übergeben hatte. Ich sage, daß ich niemals in meinem Leben Verrat begangen habe, und ich sage, daß ich es mir von keinem einzigen Mann gefallen lasse, daß er eine so gemeine Verleumdung gegen mich ausstößt. Wer sagt, daß ich ein Verräter bin, dem antworte ich von hier aus, daß er lügt, und um das zu bekräftigen, werde ich mich mit ihm auf den Tod schlagen.

Diese ganze großtuerische Drohung stieß die Prahlerin aus, ohne mich anzublicken, die Hand an den Griff der Waffe geklammert, die Pedro de Ursúa tödlich verletzt hatte, ähnelte er einem heiligen Georg, wie er so empört und kriegerisch dastand. Ich zog eiligst mein Schwert, und dieselbe Bewegung machten an meiner Seite Martín Pérez de Sarrondo und Pedro de Munguía, nicht zu reden von Antón Llamoso, dessen gezückter Dolch schon nicht mehr als zwei Fingerbreit von den

Rippen meines Gegners entfernt war. Es war nötig, daß unser neuernannter General Don Fernando de Guzmán sich zum Glück aller einmischte, und ich sage Glück, denn auch La Bandera hatte Hauptleute, die für ihn Partei nahmen, und jener Streit hätte sich ohne Zweifel in ein vorzeitiges Gemetzel verwandelt.

»Mäßigt euch, meine Freunde«, sagte Don Fernando, während er sich zwischen La Bandera und mich stellte. »Da nun einmal Schicksal und Gefahren uns allen gemeinsam sind, erkühnen wir uns zur Unzeit, uns gegenseitig zu töten.«

Mit denselben besänftigenden Gründen mischten sich die Hauptleute Lorenzo Zalduendo und Cristóbal Hernández ein, und sie taten es so hartnäckig und wirksam, daß ich schließlich mein Schwert wieder in die Scheide steckte, während La Bandera gar nicht dazu gekommen war, seines zu ziehen. In ganz anderem Ton als vorher sagte La Bandera:

»Mögen Eure Gnaden tun, was Euch recht erscheint, ich werde tun, was alle tun, denn ich fürchte den Tod nicht, den der König mir für das, was wir getan haben, oder für das, was wir in Zukunft noch tun werden, bestimmen könnte, und ich füge hinzu, daß ich einen ebenso guten Hals für den Galgen habe wie jeder beliebige von Euren Gnaden.«

Womit sich die Versammlung auflöste, ohne daß irgendeine Akte beglaubigt wurde, denn am Schluß des mißlungenen Schriftstücks standen nicht mehr als zwei Unterschriften: die von Fernando de Guzmán, Gouverneur, und die von Lope de Aguirre, Verräter.

Die Indianer der Gegend wurden scheu durch die Gewalttaten und Kränkungen, die unsere Soldaten ihnen zufügten, eine der beiden Schuten, die von unserer Flotte übriggeblieben waren, versank vor dem Dorf

Mocomoco. Don Fernando de Guzmán befiehlt, das Lager auf Suche nach weniger harten und abweisenden Gegenden flußabwärts zu verlegen. Die Schute, auf der unsere fünfundzwanzig Pferde reisen, fährt auf den Wassern des Flusses mit Admiral Miguel Bonado und drei weiteren Seeleuten an Bord, wir übrigen folgen in einer seltsamen Prozession am Ufer entlang. Die indianischen Dienstleute tragen die Frauen und die Kranken in Hängematten und Kanus; wenn der Kranke ein Indianer ist, bleibt er freiwillig zurück, um in Frieden zu sterben. Manchmal wird unser Marsch behindert von grünlichen Sümpfen, stinkenden Seen voller unförmiger Kröten und verfaulter Pilze, in denen die Beine bis zum Knie versinken. Hin und wieder wird das Ufer so schmal, daß es einen felsigen Abhang bildet, der unpassierbar ist. Dann müssen wir uns ein gutes Stück ins Dickicht hinein entfernen und durch wirres Gesträuch und über mit Gestrüpp bewachsene Hügel gehen, bis wir eine Meile weiter wieder auf den Fluß stoßen. Die Männer mit der Machete gehen an der Spitze unserer Schar und schlagen Zweige ab, um uns den Weg freizumachen. Plötzlich ist das Gewölbe der stolzen Bäume noch dichter ineinander verflochten, und es wird am hellen Mittag dunkel, als ob die Nacht anbräche. Einer der Indianer, die die Hängematte meiner Tochter Elvira tragen, ist ein Greis von unbestimmbarem Alter und natürlicher Weisheit, dessen Unterhaltung sie zerstreut und entzückt. Der Indianer nennt sich Juan Piscocomayoc, diesen Namen gab man ihm in Lambayeque, weil er Rebhühner und Hochwild jagte, und er spricht unsere Sprache ziemlich geläufig, denn ein Katechismuslehrer unterwies ihn darin, und ich verstehe nicht, warum er auf diesen Zug mitgekommen ist, wo alle anderen Indianer ungebildeter sind als er. Juan Piscocomayoc kann die Tausende und

Abertausende von Bäumen, die diesen unendlichsten Urwald des ganzen Universums bevölkern, unterscheiden und benennen. Juan Piscocomayoc erzählt meiner Tochter Elvira, daß es in diesen Urwäldern riesige Ameisen gibt, die sich beim Sterben in Pflanzen verwandeln, sie beenden ihr Leben dort oben mit dem Laubwerk eines Baums verschlungen, ihr toter Tierkörper beginnt als lebendige Liane zu atmen, schließlich werden sie zu weidenartigen Stricken, die dazu dienen, Körbe zu flechten und die Hölzer der Flöße zusammenzubinden. In diesen Urwäldern, Fräulein Elvira, lebt auch ein dunkler Schmetterling, der seine Füßchen wie Haken in den Stiel einer Pflanze heftet, bis die Füßchen sich in Wurzeln verwandeln und die Flügel in große Blätter, und er ist nun kein Schmetterling mehr, sondern ein Zweig oder eine Blume. Meine Tochter Elvira lauscht begeistert diesen Geschichten von Juan Piscocomayoc und glaubt ihnen, und sie hat recht, ihnen zu glauben, denn sie sind viel wahrer als die Schätze der Omaguas und Eldorados.

So wanderten wir zwei Tage, bis wir zu einem von den Indianern verlassenen Dorf kamen, wo wir unser Lager aufzuschlagen beschlossen. Die Schute mit den Pferden legte zwanzig Meilen zurück; wir zu Lande hatten viel mehr hinter uns gebracht, während wir Sümpfe, Schluchten und Dickichte überwanden. Es starben uns zwei Indianer, nicht vor Hunger, sondern vor Erschöpfung, und zwei weitere durch die bittere Yucca, die sich in ihren Eingeweiden als giftige Wurzel erwies. Die beste Medizin gegen Hunger und Ermüdung ist der Wille, sich nicht von ihnen in die Enge treiben zu lassen, sage ich hinkend und mit allen meinen Waffen auf dem Buckel.

Von der Flotte, die vor vier Monaten von der Werft in Santa Cruz de Capocovar auslief, fährt auf dem Fluß kein anderes Schiff mehr als diese Schute mit den Pferden. Auch der Geist unseres Unternehmens ist nicht mehr derselbe, denn Gouverneur Don Pedro de Ursúa ist tot und begraben, und wir Marañones wissen alle, daß das Reich der Omaguas eine reine Erfindung ist.

»Bewahre uns Gott davor, uns noch länger wie elende Bettler hinter einer schlechtgebauten und ekelhaften Schute herschleppen zu müssen, bitten wir Gott, daß er uns ganz ohne Schiff läßt, flehen wir Gottes Willen an, daß er uns nötigt und zwingt, richtige Schiffe zu bauen, diese Natur bietet uns herrliche Hölzer als großzügige Unterstützung an«, sage ich halblaut.

Die Schute mit den Pferden und dem Mist war am nächsten Morgen angebohrt. Martín Pérez de Sarrondo, Juan de Aguirre und Joanes de Iturraga erfüllten um Mitternacht den Auftrag, ihre Bretter mit spitzen Pfriemen zu durchlöchern. Angesichts jenes nützlichen Mißgeschicks fühlte ich mich bewogen, Don Fernando zu bitten, er möge alle Leute des Lagers zusammenrufen und mir gestatten, folgendermaßen zu ihnen zu sprechen:

»Offiziere und Soldaten, meine Marañones, ich will euch ankündigen, daß von diesem Ort ein Zug aufbrechen wird, der kein anderes Ziel ins Auge fassen soll als die Gerechtigkeit und die Freiheit, laßt uns dieses Dorf auf den Namen Bergantines taufen, denn hier werden wir uns all die Zeit über aufhalten, die wir brauchen, um uns mit Schiffen zu versehen, die uns über die Meere nach Peru tragen können. Wir werden zwei Schiffe bauen, die es uns erlauben sollen, unser Leben zu retten und Ruhm zu erlangen.«

Es war unumgänglich, daß wir unsere fünfundzwanzig Pferde töteten, denn in diesem Teil des Urwaldes stößt man auf kein Wild, in diesem Flußarm schwimmen keine Fische. Die hungrigen Soldaten essen das

Fleisch von scheußlichen schwarzen Vögeln, die sich von Aas ernähren und Stinkgeier heißen. Kraft meiner Autorität als Feldmeister nehme ich den Bau der Brigantinen in die Hände, niemals sah ich in meiner Jugend ein Schiff entstehen, denn Oñate ist kein Seehafen, aber jeder Mann baskischer Herkunft hat den unwiderstehlichen Drang, nicht zu sterben, bevor er ein Schiff gebaut hat. Ich stelle jenen selben quertreiberischen Meister Juan Corzo, dessen sich Don Pedro de Ursúa in Santa Cruz de Capocóvar bediente, unter meinen Befehl, hör mir gut zu, Meister Juan Corzo, diese Schiffe dürfen nicht zerbrechlich sein wie die ersten, sondern sollen sichere und starke Brigantinen sein, die niemals untergehen, ich verbringe meine Zeit nicht damit, mich mit einer Doña Inés zu vergnügen, sondern die Arbeitswut anzuschüren, wer ohne müde zu werden auf der Werft schwitzt, der wird Pferdefleisch zu abend essen, wer faul und nachlässig ist, bekommt fade Kassawa und gewöhnlichen Portulak, frisch voran, Marañones, die Eichen und Ebenholzbäume stürzen von den Äxten unserer Holzfäller getroffen aus ihrer Höhe herab, unsere Sägen und Hämmer übertönen mit ihren Klängen die Geräusche des Urwaldes, die schwarzen Zimmerleute arbeiten singend, die Indianer kommen mit kostbaren Zederbalken aus dem Urwald zurück, die Hufeisen der Pferde verwandeln sich in Nägel und Schrauben, aus den Häuten der Pferde machen wir Blasebälge und Schutzdächer, die Schmiedeesse erhellt die Nächte dieses düsteren Dorfes, aus der Erde quillt eine schwarze Melasse, die die Kalfaterer anstelle von Teer benützen, die Frauen nähen und kochen für die Tagelöhner, weder die Sonne noch der Regen hält die Arbeit auf, die Hölzer des Urwaldes werden zu Masten und Querbalken, schon erhebt sich das Gerüst eines Kiels auf dem Ufersand, frisch voran, Marañones, es lebe die Freiheit.

Dich Philipp spanischer König erkläre ich zu meinem Feind fünfzig Mal mehr mein Feind als der schon tote Pedro de Ursúa hundert Mal mehr als der aufschneiderische Juan Alonso de La Bandera und als alle Deine Vasallen die sterben müssen damit wir auf ihren Knochen unsere Freiheit errichten Philipp ich sage und behaupte daß Du König von Spanien bist ohne die Krone und den Thron zu verdienen König von Spanien nur deshalb weil Du als Sohn des erhabenen Kaisers Karl geboren bist und aus seinen Händen das größte Imperium der Welt erbtest Philipp dessen Macht und Ruhm gewachsen sind auf Kosten des Hungers und Elends der Konquistadoren die nach Indien gekommen sind um Länder in Deinem Dienste zu entdecken und Siedlungen zu Deinem Nutzen zu gründen um Indianer zu Deinem Gewinn zu unterjochen Philipp verehrt und gefürchtet von Herrschern und Bischöfen aufgewachsen in Seide und Samt unterwiesen in Klöstern und Bibliotheken geschmeichelt von knienden Markgrafen und sich zu Boden werfenden Grafen trauriger und düsterer Philipp der Du in Kirchen und auf Gräbern weinst allein weinst um Deinen Sohn der mißgestaltet geboren wurde und verbittert aufwuchs der Du Deine Leidenschaften hinter vorgetäuschter Mäßigung und Weisheit verbirgst Philipp zerfressen von in Trauer gehülltem Gram Philipp Meister in Ränken und Lügen meine Brust hegt einen tödlichen Haß gegen Dich denn Du bist nicht gerecht mit den Nationen die Du unverdient regierst und Du bist grausam gegen die Konquistadoren die Dir ungeheure Schätze anbringen niemals belohnst Du ihre Heldentaten noch bedauerst Du ihre Leiden Philipp der Du gewissenlose Vizekönige habsüchtige Auditoren und ausschweifende Mönche in die Neue Welt schicktest damit sie in

Deinem Namen Gerechtigkeit üben der Du die mit unserem soldatischen Schweiß und Blut gewonnenen Schätze vergeudest indem Du Kriege und schlechte Geschäfte unternimmst die zum sicheren Ruin Spaniens führen müssen Dich Philipp mächtiger König verachte ich und fordere ich heraus in diesem elenden Winkel des Amazonenflusses wir sind knappe zweihundertfünfzig Marañones Du bist Herrscher über große Heere und Flotten ein mit Kanonen und Generälen ausgerüsteter Monarch wir sind kaum zweihundertfünfzig zerzauste und verlauste Marañones aber wenn uns jemand in dieser harten Lage fragen würde was wir morgen machen werden so würde ich ihm ohne zu zögern antworten: den spanischen König besiegen Dir muß meine Forderung zu so ungleichem Kampf verrückt oder wahnsinnig erscheinen Du weißt nicht daß jeder Marañón zweihundert gewöhnliche Soldaten wert ist Du weißt nicht daß unser Heer am Tage nach jedem Sieg an Kriegern Waffen und Schiffen wachsen wird Du weißt nicht daß wir alle entschlossen sind ehrenvoll in diesem Unterfangen zu sterben Du weißt nicht daß die Geister der toten Männer niemals besiegt werden können von den Körpern der lebenden Feiglinge uns erschreckt weder der Tod noch der Gedanke daß die Zangen oder die Peitschen uns die Haut zerfetzen daß wir auf fürchterlichen Scheiterhaufen festgebunden den Gestank unseres eigenen verbrannten Fleisches riechen daß unsere Rückgrate beim Schleifen durch Pferde auf die Steine schlagen daß unsere Knochen auf der Folterbank ausgerenkt werden daß die Garrotte uns das Genick bricht daß unser Kopf unter dem Beil des Henkers fällt uns entsetzt weder der Baum an dessen Ästen man uns aufhängen wird noch die Lanze die unsere Brust durchbohren noch der Degen der uns ins Herz stechen noch die Kugel der Arkebuse die uns für immer töten wird nichts von all dem jagt zweihundertfünfzig Marañones Angst ein die sich anschicken Peru aus Deinen königlichen Klauen zu befreien heroischer und ruhmreicher spanischer König dem dieser Dein kleinster Vasall Siege und Glück in deinen europäischen Kriegen prophezeit ich bitte Gott daß Du den obersten Pontifex von Rom besiegst und vernichtest den unfehlbaren Papst aber überaus schlechten und unheilvollen Herrscher ich bitte die Allerheiligste Jungfrau daß Du die Engländer und Franzosen im Kampf zugrunde richtest ohne hinterher Buße zu tun indem Du Dich mit aufgebrachten Königinnen oder Prinzessinen verheiratest ich bitte den wundertätigen heiligen Sebastian daß Du Germanien zurückeroberst ohne dieses Mal seine ansteckenden Krankheiten und seine ekelhaften Laster nach Spanien mitzubringen ich bitte den Apostel Jakobus daß Du alle Türken der Erde gefangennimmst und sie zwingst Kirchen und Kathedralen zu bauen ich bitte andererseits den Erzengel Michael daß Du von uns abenteuerlichen Marañones besiegt und gedemütigt wirst zur Strafe für deine Ungerechtigkeit glorreicher spanischer König katholische geheiligte und königliche Majestät ein Gauner schwuler wärest Du wenn Spaniens Unglücksstern Dich nicht zu seinem König bestimmt hätte.

»Pedro de Munguía, mein ständiger Gefährte seit dem Tage, an dem du mich auffordertest, General Pedro de Hinojosa in den Charcas zu töten, mein Kamerad, der du mit mir zusammen Marschall Alvarados ungerechte Verfolgungen erlittest, der du wie ich als Soldat zum Kampf gegen den Rebellen Hernández Girón gezwungen wurdest, mein inniger Freund, der du dann mit mir die traurige Einsamkeit von Cuzco teiltest, dir, Pedro de Munguía, muß ich anvertrauen, wie groß mein Ehrgeiz und das Maß meiner Pläne sind, die sich nicht darauf beschränken, Peru zu erobern, um das heilige Joch der spanischen Monarchie unversehrt aufrechtzuerhalten, sondern die darauf abzielen, es von Spanien zu lösen und in eine freie Nation unter dem Himmel zu verwandeln. Wenn wir uns sehnlichst wünschen, ein so großartiges Unternehmen erfolgreich zu beenden, gebietet uns die Pflicht, uns aller menschlichen Schwächen zu entäußern, angesichts eigener Leiden hart zu sein und noch härter angesichts der Leiden unserer Feinde. Es ist eine allen bekannte Tatsache, daß ich, Lope de Aguirre, ein sehr gläubiger Christ bin, der die geheiligten Gebote der heiligen katholischen Kirche zu Rom achtet und verehrt, trotzdem meine ich, daß unter ihren Geboten eines ist, daß wir unmöglich erfüllen können, wenn wir uns wirklich aufmachen, den spanischen König zu besiegen, wie wir ihn, so Gott will, besiegen werden. Ich sagte und wiederhole dir, mein treuer Marañón Pedro de Munguía, daß ich Gott über alle Dinge liebe, daß ich niemals seinen Namen mißbrauche, daß ich jeden Sonntag die Messe höre, obwohl es der schamlose Pater Henao ist, der sie liest, daß ich meinen Vater in Oñate ehrte, obgleich der verdammte Alte unausstehlich war, daß mich Unzucht und Ehebruch nicht reizen, denn mein Fleisch beruhigte sich nach dem Tode meiner Frau Cruspa, daß ich niemals das Eigentum anderer stahl, noch daß mich die Versuchung lockte, es zu stehlen, denn nicht der Traum von Geld und Besitz ist es, der meine Phantasie beflügelt, daß ich gegen niemanden falsches Zeugnis ablege, sondern meine Feinde anklage, indem ich sie mit bitteren Wahrheiten steinige, daß ich auch kein fremdes Gut noch die Frau meines Nächsten begehre, denn mich verlangt nach Ruhm und nicht nach Münzen und Podexen, und dieses Verlangen wird nicht von den göttlichen Gesetzen verboten. Wenn du richtig zählst, mein geduldiger Freund Pedro de Munguía, wirst du feststellen, daß ich neun der zehn Gebote, die Moses auf dem Berge Sinai auf zwei Steintafeln geschrieben aus Jehovas Hand entgegennahm, gewissenhaft befolge, und es bleibt nur eines übrig, dem ich nicht gehorche, wie auch Moses selbst ihm nicht gehorchte, als er die Verfolger seines Volkes mit Plagen und Schiffbrüchen zugrunde richtete. Bitten wir Gott als gute Christen, mein Bruder Pedro de Munguía, daß er uns unsere Auslassung dieses einzigen Gebotes, des fünften, das befiehlt nicht zu töten, verzeihen möge, denn wenn wir uns in diesem entscheidenden Augenblick nicht beeilen, unsere Feinde zu vernichten, werden wir Gefahr laufen, daß sie uns vernichten.

Der erste, der ins Jenseits hinüberwechselte, war der äußerst wackere Hauptmann García de Arce, der Günstling des verschiedenen Gouverneurs Pedro de Ursúa, sein treuester Schildknappe in den Abenteuern von Santa Marta und Panama, sein brüderlicher Helfer bei der Vernichtung der entsprungenen Neger des Königs Bayamo, García de Arce, der Arkebusier mit der großartigsten Treffsicherheit, der unerbittliche Krieger, der mehr als vierzig Indianer auf einer Insel dieses Amazonenflusses tötete. Seit dem Tode des Gouverneurs war García de Arce traurig und schwermütig, er tadelte die Soldaten scharf, wenn sie schlecht über den unglückseligen Führer sprachen, ich warne Eure Exzellenz General Don Fernando de Guzmán, daß der besagte García de Arce nur auf die Gelegenheit wartet, seinen begrabenen Gönner zu rächen, García de Arce ist ohne Zweifel ein geschickter und mutiger Mann, er hat eine Reihe Anhänger im Lager, gestatten mir Eure Exzellenz General Don Fernando de Guzmán, daß der Neger Hernando Mandinga ihn auf meinen Befehl erdrosselt.

Don Fernando pflichtete am Ende meinen Überlegungen bei. Was den Sklaven Hernando Mandinga betrifft, so war er die einzige Belohnung, die ich annahm, als wir General Ursúas Eigentum aufteilten, die anderen nahmen Kleidung und Waffen, Alonso de Montoya behielt das Schmuckkästchen für sich, ich zog es vor, mir Hernando Mandinga anzueignen, der ein starker und schlauer Neger ist und dem ich für die Stunde unseres Sieges die Freiheit versprach, Hernando Mandinga und ein anderer Sklave ergreifen García de Arce, als dieser aus seiner Hütte tritt, sie verkündigen ihm, daß er zur Garrotte verurteilt worden ist, der erfahrene Hauptmann bleibt unbewegt, als er den Strick um den Hals fühlt, mit fester Stimme verlangt er die Beichte, ich entspreche seiner Forderung, denn ich meine, in der anderen Welt werden Absolutionen von Mönchen demjenigen, der in einer Nacht über vierzig Indianer auf greuliche Weise niedermetzelte, nichts nützen.

Der zweite Anhänger des spanischen Königs, den das Los traf, hier in diesem Dorf Bergantines zu sterben, war Don Diego de Balcázar, Oberrichter des Lagers, der, als er Stab und Amt entgegennahm, recht hochmütig und dreist erklärt hatte, daß er sie im Namen des Königs Philipp und keines anderen empfange, es war ratsam, unverzüglich zu handeln, um Don Fernandos unerfahrene Skrupel zu umgehen, Don Fernando wird einwenden, daß Balcázar ein sehr vertrauter Diener des Vizekönigs Hurtado de Mendoza war, daß Balcázar einen guten Teil seines Besitzes hergab, um zu den Kosten dieses Zuges zu den Omaguas beizutragen, und was weiß ich wieviele Albernheiten mehr. Ohne daß Don Fernando davon Kenntnis erhielt, holten Hernando Mandinga und der andere Neger Balcázar, Antón Llamoso begleitete sie mit gezücktem Schwert, um der Tötung größere Feierlichkeit zu verleihen, Balcázar witterte das ihm zugedachte Unheil und fand sich nicht auf ritterliche Art damit ab, wie García de Arce es getan hatte, sondern er machte sich von seinen Henkern los und lief weg, Es lebe der König! Es lebe der König! schreiend, helfen mir Eure Exzellenz Don Fernando, man will mich töten! Antón Llamoso und die Neger verfolgten ihn durch die stockdunkle Nacht, der entsetzte Flüchtende stürzte in eine Schlucht, er war nackt, so wie sie ihn in seiner Hütte angetroffen hatten, und von einem Messerstich verletzt, den Antón Llamoso ihm versetzen konnte, drei Tage später entdeckte ihn ein Soldat auf der Jagd in einem Gebüsch versteckt, Don Diego de Balcázar kehrte blutbedeckt und voller Quetschungen, so daß er einen dauerte, ins Lager zurück, der betrübte Herr weinte untröstlich, Don Fernando nahm ihn in sein Zelt auf und versprach ihm den erflehten Schutz, niemals werde ich die kriecherischen Rufe Es lebe der König! vergessen, mit denen er sein Leben zu retten suchte, er lief angstvoll und nackt durch die Finsternis und rief Es lebe der König! jammerschade, daß der König weder Wunden heilt noch Leben schenkt, wie Euer Gnaden sehen werden.

Die Tode, die den schon erwähnten folgten, dürfen nicht auf Lope de Aguirres Rechnung gesetzt werden, sondern auf deine, Inés de Atienza, deren Mestizinnenschönheit alle männlichen Wesen des Lagers toll macht, ich drücke mich falsch aus, es gibt hier zwei Männer, an denen deine zauberischen Machenschaften abprallen, der eine ist General Fernando de Guzmán, der Befehlshaber dieses Zuges, Don Fernando verspürt keinen anderen sinnlichen Appetit als seine Liebe zu den Yuccawindbeuteln, die ihm die Duenja María de Montemayor, Lorenzo Zalduendos Konkubine, pünktlich an seine Hängematte bringt (María de Montemayors Rezept: man bereitet einen Teig aus gekochter Yucca und den Eiern eines beliebigen Vogels, vorzugsweise des Huhns, die Teigstücke werden rund zu Kugeln geformt, sie werden in Öl oder Schmalz gebacken, aus der Pfanne genommen, reichlich mit Bienenhonig beträufelt, mit gemahlenem Zimt bestreut und heiß serviert), du, Inés de Atienza, besuchtest Don Fernando de Guzmán in seinem Zelt, an jenem Nachmittag sahst du schöner aus als je, Don Fernando betrachtete dich ernst und fragte dich mit großer Höflichkeit, ob du eine Klage über das dir gereichte Essen oder über die dir zugewiesene Hütte hättest, mit welch gemessener Würde sprach der Sohn eines Ratsherrn aus Sevilla zu dir! Es gibt ein Sprichwort: Gott läßt sinken, aber nicht ertrinken.

Deine Zauber gelten auch nicht viel vor Feldmeister Lope de Aguirre, den du aus tiefster Seele haßt, der hinkende, mißgestaltete, einäugige, zahnlose Lope de Aguirre blickt dich starr an, als ob er deine Gedanken erraten wollte, manchmal sieht er dich tagelang an, vielleicht ahnt er deine geheimsten Absichten, Inés de Atienza.

Du hast nicht einen Augenblick aufgehört, Pedro de Ursúas Tod zu beweinen, du beweinst ihn mit trockenen Augen und geballten Fäusten, er war der glühendste und zärtlichste aller Liebhaber, dein Blut wallt genüßlich, wenn du in deinem Bett von seinen Liebkosungen träumst, du schworst über seiner Leiche (bei seinem christlichen Gott und den Göttern deiner Mutter), an jenen Rache zu nehmen, die ihm das Leben raubten, du bist die schönste Frau von Peru, und du hast keine andere Waffe als deine Schönheit, alle Männer des Lagers würden sich die Hand abhacken lassen, wenn sie dafür eine Nacht mit dir schlafen könnten, Hauptmann der Wache Juan Alonso de La Bandera bedrängt und verfolgt dich wie ein Jagdhund, Infanteriehauptmann Lorenzo Zalduendo quillt die Wollust aus den Augen, wenn er dir in den Straßen des Dorfes begegnet, Oberbüttel Pedro de Miranda wacht stundenlang vor deiner Hütte, Zahlmeister Pedro de Hernández erscheint jeden Nachmittag mit Geschenken und flehenden Worten beladen vor deiner Tür.

Es war unvermeidlich, daß du dem Begehren von Juan Alonso de La Bandera nachgabst, du hattest keine andere Wahl, meine arme Inés de Atienza. Juan Alonso de La Bandera schleicht sich bei Anbruch der Nacht in deinen Raum, entkleidet sich und streckt sich nackt an deiner Seite aus, du schließt die Augen, um ihn nicht zu sehen, abwesend und stumm läßt du ihn in dein Fleisch eindringen, du denkst an das aus Pedro de Ursúas Adern geflossene Blut, damit dein Körper nichts anderes fühlt als Rachsucht, du verabscheust Juan Alonso de La Bandera aufs tiefste, wenn er beim letzten Zusammenzucken »mein Herz« grunzt.

Juan Alonso de La Bandera erzähltest du in einer jener Nächte von den Belästigungen und Ärgernissen, denen du hinter seinem Rücken ausgesetzt warst. Oberbüttel Pedro de Miranda verfolgt mich frech und lüstern, dieser ekelhafte Mulatte betritt meine Hütte jederzeit und ohne sich anzumelden, er gibt mir zu verstehen, daß bessere Zeiten kommen werden und daß er mich zur Königin dieses Lagers machen wird, etliche Male droht er mir, mich zu vergewaltigen, wenn ich nicht gutwillig auf seine Forderungen eingehe. Zahlmeister Pedro de Hernández beschenkt mich mit Früchten und Halsketten, er stößt Beleidigungen und Verleumdungen gegen Don Fernando und gegen Euer Gnaden aus, er bittet mich fast weinend, mit ihm zu schlafen. Juan Alonso de La Bandera verließ deine Hütte außer sich vor Eifersucht.

Weshalb es nur gerecht ist zu sagen, daß die beiden letzten Tode im Lager nicht auf Lope de Aguirres Rechnung gesetzt werden dürfen, sondern auf deine, meine süße Inés de Atienza. Juan Alonso de La Bandera eilte zu General Guzmáns Zelt und enthüllte ihm eine Verschwörung, die der Mulatte Pedro de Miranda und Pedro de Hernández aus Sanlúcar planten, diese Verräter haben vor, Eurer Exzellenz das Leben zu nehmen, ich bitte Eure Exzellenz General Guzmán, sie mit der Garrotte zu bestrafen, Feldmeister Lope de Aguirre hatte nichts dagegen einzuwenden, im Morgengrauen wurden deine beiden Bewunderer am selben Kapokbaum aufgehängt, auf ihrer Brust hing ein Schild mit der Aufschrift »Wegen Aufwiegelei«, Juan López Cerratos und Juan López de Ayala (beide enge Freunde Lope de Aguirres) wurden in die Ämter des Büttels und des Zahlmeisters eingesetzt, die durch die Verstorbenen frei geworden waren, Juan Alonso de La Bandera kehrte in jener Nacht von Liebe verzehrt und von Wollust erregt in deine Hütte zurück. Von den Zwölf, die auszogen, um Gouverneur Pedro de Ursúa zu töten, sind noch zehn am Leben, meine unglückliche Inés de Atienza.

Dir, Generalleutnant Juan Alonso de La Bandera, von Hochmut aufgebläht und farbenprächtig wie ein Pfau, bereitet es ein größeres Vergnügen, dich als anerkannter Bulle von Doña Inés zu zeigen, als dich heimlich mit ihr zu vergnügen, Doña Inés schürt deine Eitelkeit und facht wie ein Blasebalg deinen Ehrgeiz an, Doña Inés hetzt dich gegen Don Fernando de Guzmán auf, vielleicht weil sie davon träumt, erneut die oberste Dame dieses Lagers zu sein, Doña Inés stachelt dich gegen mich auf, weil sie mich haßt, sie beobachtet und betrachtet mich manchmal, als ob sie das Maß meiner kleinen Leiche abschätze.

Du, Juan Alonso de La Bandera, der du dich gegen Gouverneur Pedro de Ursúa erhobst, nicht weil du von innerer Rebellion angetrieben wurdest, sondern von dem Verlangen, ihm die Säfte von Doña Inés zu entreißen, die er genoß, du, Juan Alonso de La Bandera, der du dich, nachdem du den Gouverneur des Königs getötet hattest, reuevoll beeiltest zu bezeugen, du habest es aus Treue zu jenem König getan, den du verrietest, du, Juan Alonso de La Bandera, bist mein größter, bist mein Todfeind, und zu deinem Unglück vergesse ich das zu keiner Stunde des Tages.

Wenn ich ständig mit allen meinen Waffen am Leibe herumgehe, das Panzerhemd trage, die Arkebuse und die Lanze bereithalte; wenn ich nachts mein Zelt verlasse und mich während der Nachtwache wie ein Fuchs im Dickicht verberge, wenn Martín Pérez de Sarrondo und Antón Llamoso wie Kraniche deine Bewegungen und die deiner Gefolgsleute belauern, so deshalb, weil ich deine Absicht, mich zu töten, nicht unterschätze, denn das ist wahrlich nicht der Tod, den ich finden möchte. Soldaten von deiner eigenen Seite und Geister aus der anderen Welt, die meine Späher sind, erzählten mir, wie du dich eiligst zu Don Fernando de Guzmáns Zelt begabst, um ihn mit gewissen angeblichen Bosheiten von mir einzuschüchtern und ihn zu bitten, mich an einem Baum aufzuhängen, und die genannten Geister erzählten mir ebenfalls, daß er dir antwortete: »Bevor ich Lope de Aguirre töte, der mir ein so guter Freund gewesen ist, müßt ihr mich töten und mein Herz in den Fluß werfen«, meiner Treu, er benahm sich diesmal wie ein großartiger Herr.

Was ich keineswegs ertragen kann, Juan Alonso de La Bandera, ist, daß du dir Befugnisse anmaßt, die mir mit dem Feldmeisterrang zustehen, obwohl dein Rang als Generalleutnant niedriger ist als meiner: du schicktest Sancho Pizarro mit zwanzig Leuten aus, um einen Fluß aufwärts zu fahren und Proviant zu suchen, ohne mich vorher um meine Meinung zu fragen und meine Zustimmung einzuholen; du sandtest Alonso de Montoya mit weiteren zwanzig Leuten aus, um Dörfer zu entdecken und Indianer zu töten, ohne daß ich von dieser Anordnung Kenntnis erhielt. Da ich deine Dreistigkeit, Juan Alonso de La Bandera, nicht dulden kann, rufe ich den Himmel zum Zeugen an, daß du mir dafür büßen wirst.

General Don Fernando de Guzmán steht vor dem unausweichlichen Dilemma, zwischen zwei ernsthaften Gefahren wählen zu müssen, und er zögert und grübelt, während er sich seine Yuccawindbeutel munden läßt. Don Fernando errät, daß du, neidischer und anmaßender Toledaner, dich mit dem verbrecherischen Gedanken trägst, ihm Kommando und Leben zu entreißen, um dich in den alleinigen Führer dieses Zuges zu verwandeln. Don Fernando wittert meinerseits dunkle Absichten, die er nicht deuten kann. Mein Verstand sagt mir, daß die Waage sich am Ende auf deine Seite neigen wird, denn die Angst, die er vor mir hat, ist gegenwärtig viel geringer als die Angst vor dir.

»Eure Exzellenz, mein General und Freund Don Fernando de Guzmán, sollen wissen, daß es nicht mein Wunsch ist, Eurer Exzellenz Betrübnisse und Mißgeschicke irgendwelcher Art zu verursachen. Ich kam heute zu Eurer Exzellenz, getrieben von der Pflicht, Euch zu berichten, wie Generalleutnant Juan Alonso de La Bandera Befehlsgewalt und Führungsrecht in Anspruch nimmt, die mir als Feldmeister zustehen. Aber als ich mich Eurer Exzellenz näherte und Euch so sorgenvoll vorfand, änderte ich plötzlich meinen Vorsatz, und ich will Eure Exzellenz lediglich mit höflichen Worten bitten, mich von diesem Feldmeisteramt zu befreien, das mein reifes Alter überfordert und meine schwachen Kräfte übersteigt, und mich stattdessen zum Hauptmann für die Pferde zu ernennen, denn diese edlen Tiere zu reiten und zu zähmen, ist immer mein Handwerk gewesen, wenngleich es im Lager schon keine Pferde mehr gibt, weil wir sie alle gegessen haben. Ernennen Eure Exzellenz Juan Alonso de La Bandera zum Feldmeister, was er doch so gern sein möchte, er ist ein tapferer und gescheiter junger Mann, der gewiß auf meinen Rat hören wird. Erlösen mich Eure Exzellenz von den lästigen Unbequemlichkeiten, die die Befehlsgewalt mit sich bringt, denn mehr als alles Gold der Welt schätze ich es, mich der Sorge für meine Tochter Elvira zu widmen, die ich, obwohl sie Mestizin ist, sehr liebe, und außerdem benötigen meine Knochen etwas Ruhe, habe ich doch seit vielen Nächten nicht mehr geschlafen.«

Wohlgelaunt nahm Don Fernando meinen Vorschlag an, der ihn von Problemen erlöste, er machte dich, Juan Alonso de La Bandera, über den Generalleutnant hinaus, der du schon warst, zum Feldmeister, und dann überschlugst du dich vor Eitelkeit, so eingebildet warst du, daß du dich gar nicht genug spreizen konntest, du begannst die Soldaten schlecht zu behandeln, indem du sie beschimpftest und demütigtest, und wenn sie über dich redeten, nannten sie dich wieder die Prahlerin, so groß fühltest du dich, daß du dich, daß du deine glückliche Lage nicht auszunutzen wußtest, um mich zu töten, bevor es zu spät war, du schenktest den vernünftigen Ratschlägen keine Aufmerksamkeit, die Doña Inés dir zweifellos in den Laken zuflüsterte, »warum läßt du nicht endlich jenen verfluchten und unheimlichen Hinkenden erdrosseln?« um die Wahrheit zu sagen, ich schlief mit zwei offenen Augen, und während du die Leute beleidigtest, sah ich die Zahl meiner Freunde wachsen, Pedro de Munguía, Martín Pérez de Sarrondo, Juan de Aguirre, Nicolás de Zozaya, Pedro de Arana, Diego Sánchez Bilbao, Juan Lascano, Juan Luis de Artiaga, Martín de Iñíguez, Joanes de Iturraga, Enríquez de Orellana, Diego Tirado, Alonso Rodríguez, Antón Llamoso und viele mehr sind meine unbesiegbaren Marañones, deine schöne Konkubine hat mehr als recht, wenn sie dich warnt, daß ich ein verfluchter und unheimlicher Hinkender bin.

Die klugen Veränderungen in der Befehlsgewalt, die Gouverneur Don Fernando vornahm, führten zu nichts anderem als dazu, daß sie seine Befürchtungen vergrößerten, anstatt sie zu lindern. Juan Alonso de La Bandera wurde frecher und gefährlicher dank der Fülle von Vollmachten, die der Gouverneur in seinen Händen anhäufte. Gleichzeitig argwöhnt General Guzmán, daß ich, Lope de Aguirre, mich nicht damit zufrieden gebe, Hauptmann für einige bereits tote Pferde zu sein, nachdem ich Erbauer von zwei richtigen Brigantinen und Feldmeister mit voller Amtsautorität gewesen bin. Bekümmert und offenherzig kommt er mich in meiner Hütte besuchen.

»Ich will Euch wissen lassen, mein tapferer und mutiger Hauptmann Lope de Aguirre, daß Ihr vor unserer Rückkehr nach Peru wieder in Euer Feldmeisteramt eingesetzt werden sollt, auf das Ihr sehr zu meinem Leidwesen verzichtet habt, wenngleich ich mich aus Gründen der Vernunft und Sicherheit, die sich Eurer Einsicht nicht entziehen, gezwungen sah, Eure Entscheidung anzunehmen.«

Drei Tage später wiederholt er seinen Besuch und trifft mich an, wie ich auf einem glatten weißen Stein, den Antón Llamoso aus dem Fluß holte, einen Dolch schleife.

»Sobald wir wieder in Peru sind, mein edelmütiger Hauptmann Lope de Aguirre, denn eines Tages werden wir siegreich und triumphierend dorthin zurückkehren, wird es klug sein, wenn wir unsere freundschaftlichen Bande enger knüpfen, denn wir beide werden die wahren Urheber dieser Heldentaten gewesen sein. Ich schlage Euch aufrichtigen Willens vor, daß wir von heute an die Heirat Eurer Tochter Elvira mit meinem Bruder Martín de Guzmán beschließen, der unverheiratet ist und in der Stadt der Könige lebt. Mein Bruder Martín ist der jüngste von uns Guzmáns aus Sevilla und ist außerdem ein gut aussehender und mit gesunden moralischen Eigenschaften ausgestatteter Jüngling.«

Ich gebe mich erfreut und befriedigt, ich danke für die Ehre, die man meiner mestizischen Tochter und mir bescheidenem baskischen Soldaten zuteil werden läßt, obwohl genau besehen das Geschlecht der Aguirres von

Oñate weiter zurückgeht als das der Guzmáns von Sevilla. Meine Tochter Elvira ist erst sechzehn Jahre alt, eher fünfzehn, mir ist niemals der Gedanke gekommen, sie mit einem Mann zu verheiraten, aber ich sage Don Fernando, daß ich diese Heirat für das größte Geschenk halte, das er mir machen kann.

Am Sonntagnachmittag kommt Don Fernando zum dritten Mal in unsere Hütte, jetzt ist es meine Tochter Elvira, nach der er verlangt, er erscheint mit Geschenken beladen, er bringt Stoffe aus Seide und Samt, die vorher Gouverneur Ursúa gehörten, daraus wird die Torralba meiner Tochter einen sehr prächtigen und feinen Rock machen, einen Rock, wie er sich für die Braut von Don Martín de Guzmán geziemt.

»Ihr habt schon Kenntnis von meinen Plänen, schönes Kind, nämlich in Peru Eure Hochzeit mit meinem Bruder Martín de Guzmán zu feiern, der sich in Eure Reize verlieben wird, sobald er Euch erblickt, und noch mehr, wenn er dann Euer Feingefühl und Eure Herzensgüte zu schätzen beginnt. Euer Vater, Lope de Aguirre, hat mir gesagt und bestätigt, daß Ihr sehr gern mein Ersuchen annehmt, und deshalb bin ich zu Euch gekommen, um Euch wissen zu lassen, daß ich Euch von diesem Augenblick an als meine Schwägerin betrachte und alle Männer des Lagers Euch Doña Elvira nennen werden.«

Dann küßte er sie mit großer Feierlichkeit auf die Stirn, versteckt hinter einem schüchternen und ungläubigen Lächeln sah ihn meine Tochter Elvira an; ich meinerseits sagte mir: Lope de Aguirre, die Stunde ist gekommen, wo du ohne Umschweife die Angelegenheiten mit dem Hauptmann der Wache, Lorenzo Zalduendo, besprechen mußt.

Dieser Lorenzo Zalduendo, mit dem zu verbünden ich

mich bemühen muß, ist ebenfalls ein Schurke von der gemeinen Sorte, da mache ich mir keine Illusionen. Doña Inés de Atienzas übermächtiger Zauber hat ihm seit dem Augenblick den Kopf verdreht, wo er sie zum ersten Mal sah, Juan Alonso de La Bandera kam ihm in der Eroberung und Besitzergreifung der schönen Frau zuvor, er schleppt seinen Groll mit sich herum wie ein verschmähter Hund. Lorenzo Zalduendo kam zu diesem Zug in Begleitung einer Konkubine, die er seit Trujillo bei sich hat, María de Montemayor, die die besten Windbeutel der Neuen Welt zubereitet, eine glücklose Beischläferin, die er an dem Tage in den Fluß zu werfen gedenkt, an dem er die Gunst von Doña Inés gewinnt. Wenn das eintritt, sage ich mir, während ich bedenke, wie drall María de Montemayor ist und wie gut sie junge Tauben kocht, wird es gewiß einen ritterlichen Soldaten geben, der sie aus dem Wasser zieht und ihr auf seinem Lager eine Zuflucht gewährt.

Lorenzo Zalduendo lassen die Lüsternheit und die Eifersucht nicht zur Ruhe kommen. Ich halte ihn für einen lasterhaften Menschen, der Tag und Nacht von ekelhaften Geschlechtsakten träumt, der sich mit tausend verschiedenen Huren in elenden Behausungen und Hurenhäusern auf Bettsäcken gewälzt hat, ihm haben sämtliche Krankheiten das Blut verseucht, als er von Pedro de Ursúa gesandt nach Cuzco kam, war seine erste Frage, wo er eine Hurenfotze finden könne, um sie zu ficken. Weh dir, Lorenzo Zalduendo! All die hemmungslosen Begierden deiner hurenhaften Vergangenheit lösten sich in nichts auf, als Doña Inés dich mit ihren dunklen Augen, ihrem breiten Mestizinnengesäß und ihren kleinen runden Brüsten gefangennahm. Du vergingst vor Neid um Mitternacht, wenn du sie dir nackt in den Armen von Pedro de Ursúa vorstelltest, du vergehst jetzt vor Raserei, wenn du sie dir nackt in den

Armen von Juan Alonso de La Bandera vorstellst, aus Liebe zu Doña Inés halfst du mir, den ersten zu töten, aus Liebe zu Doña Inés wirst du mir helfen, den zweiten zu töten.

»Hören Euer Gnaden, Hauptmann Lorenzo Zalduendo, aufmerksam auf die ernsten Nachrichten, die ich Euch mitzuteilen habe. Die Sache ist die, daß Feldmeister Juan Alonso de La Bandera, den seine Eitelkeit und sein Ehrgeiz anstacheln, in seinem verräterischen Herzen eine Verschwörung plant mit dem Ziel, Don Fernando de Guzmán abzusetzen und zu töten und Euer Gnaden ebenfalls zu töten, denn er hat immer befürchtet, daß Euer Gnaden ihn um die Gunst von Doña Inés bringen könnten, und mich zu töten, denn er weiß, daß ich sein Todfeind bin, und Oberhofmarschall Gonzalo Duarte zu töten, um das große Vertrauen zu bestrafen, das der Gouverneur ihm schenkt.«

Ich benötige keine weiteren Worte, um ihn zu überreden und zu überzeugen. Größere Kraft als meine Gründe hat sein Traum, eines Tages Juan Alonso de La Bandera mit einem Schwert in der Brust zu Boden gestreckt zu sehen und dann Doña Inés allein und zusammengekauert in ihrer Hütte zu finden. Oberhofmarschall Gonzalo Duarte, den meine Meldung über sein bevorstehendes Erhängen offen auf unsere Seite brachte, führt uns unverzüglich zu Don Fernando de Guzmáns Zelt, und dort ist es Lorenzo Zalduendo, der die Anklage erhebt.

»Herr Gouverneur, Gott möge sie behüten, wir sind gekommen, um Eurer Exzellenz von einem Aufstand zu berichten, den Feldmeister Juan Alonso de La Bandera schmiedet, eine Schändlichkeit, von der schon viele Soldaten im Lager Kenntnis haben, denn der genannte Verräter verhehlt seine hinterlistigen Gelüste nicht. In Begleitung von sechs ruchlosen Anhängern, unter denen sich der perverse Totschläger Cristóbal de Hernández hervortut, dem er versprochen hat, ihn zum Feldmeister zu machen, schickt er sich an, an einem der nächsten Tage frühmorgens das Lager zu überfallen und Eure Exzellenz und den hier anwesenden Oberhofmarschall Gonzalo Duarte zu erdolchen, während Hauptmann Lope de Aguirre und ich ohne Beichte zum Galgen geführt werden sollen. Schreiten Eure Exzellenz sogleich ein, um den Anstifter dieser ungeheuren Niederträchtigkeit zu bestrafen, und die Offiziere und Soldaten werden die Strafe mit großer Freude aufnehmen, sind sie doch seiner Mißhandlungen und seines Drangsalierens überdrüssig.«

Und da General Don Fernando unschlüssig und schweigsam blieb, machte ich mich daran, seiner Unsicherheit mit folgenden Worten abzuhelfen:

»Erteilen mir Eure Exzellenz die Erlaubnis, dem Ehrgeiz des vermessenen La Bandera ein Ende zu setzen, ich werde ihm das beste Heilmittel verabreichen, das je in der Welt erfunden wurde.«

Als Don Fernando mein Ersuchen vernommen hatte und er mich so entschlossen sah, hörte er auf zu zweifeln, und er gab uns seine Einwilligung, zu tun, was uns am zweckmäßigsten erschiene.

Don Fernando de Guzmán lud sie am Sonntag vor Aschermittwoch zum Primspiel in seinem Zelt ein. Generalleutnant Juan Alonso de La Bandera, Infanteriehauptmann Cristóbal de Hernández, Oberfeldwebel Sancho Pizarro und Komtur Juan Gutiérrez de Guevara waren die vier, die an der Partie teilnahmen. Juan Alonso de La Bandera hatte, bei Gott, ebenso viel Glück im Spiel wie in der Liebe. In jenem letzten und tragischen Augenblick seines Lebens hielt er in seiner Hand eine schöne Sequenz von Treffs oder, besser gesagt, eine Sieben, eine Königin, einen Buben und eine Fünf von derselben Trumpffarbe. Ich bin gewiß, daß er alles einsetzen und seinen Gefährten eine Handvoll Taler abnehmen wollte, als ein düsteres Schicksal sich ihm in den Weg stellte.

Don Fernando de Guzmáns Sekrektär, ein Bakkalaureus, der sich Gonzalo de Guiral nannte, kam keuchend an, um uns die gute Nachricht zu bringen. Lorenzo Zalduendo und ich hatten zehn wackere Leute auf der Lauer, die unter denjenigen ausgewählt worden waren, die Juan Alonso de La Bandera am meisten haßten. Mit Dolchen, Schwertern und Arkebusen bewaffnet, betraten sie mit uns zusammen unvermutet das Zelt des Gouverneurs Don Fernando, dessen Tür schon von Oberhofmarschall Gonzalo Duarte geöffnet worden war.

Lorenzo Zalduendo befahl zu schießen, und sogleich krachten die Arkebusen. Juan Alonso de La Bandera blieb keine Zeit, sich von seinem Stuhl zu erheben, eine Kugel zerschlug ihm die rechte Schulter, Lorenzo Zalduendos Schwert tötete ihn durch einen Stoß ins Herz, die vier Treffkarten fielen blutbefleckt auf den Tisch, der da im Leben ein stolzer und prahlerischer Krieger gewesen war, klappte zusammen wie eine Marionette im Puppentheater, seinem hingesunkenen Körper entströmte Blut aus ich weiß nicht wievielen Löchern.

Cristóbal de Hernández seinerseits, dessen erste Verletzungen leicht waren, denn sein Tod war für uns nur eine nebensächliche Züchtigung, hatte Zeit, die Tür zu erreichen und zum Flußufer zu rennen. Jener Cristóbal de Hernández war der Mann, den alle Leute im Lager zutiefst verabscheuten, niemand verzieh ihm sein tyrannisches Gehabe jetzt noch seine finstere Vergangenheit, er war Frauenschänder in Guancavila gewesen, Folterer von unseligen Chiriguanaindianern in La Plata,

Juan Alonso de La Bandera trug sich mit dem Gedanken, ihn zum Feldmeister zu ernennen, in dem Falle wären mehr als die Hälfte von uns unter den Händen dieses blutrünstigen Kaifas umgekommen, jetzt läuft er entsetzt davon und stürzt sich kopfüber in den Fluß, um seinem unvermeidlichen Tod zu entfliehen. Jedes Mal wenn er den Kopf aus dem Wasser hebt, um Luft zu holen oder nach Beichte zu schreien, hagelt es Steine auf ihn und Arkebusenschüsse, bis einer von diesen ihn mitten in die Stirn trifft, und sofort drängen wir uns alle zusammen, um zufrieden vom Strande aus zuzusehen, wie das Wasser seinen toten Körper flußabwärts trägt.

Jetzt, Doña Inés, weinst du nicht bitterlich, noch flehst du darum, daß man dir erlauben möge, die Leiche deines Geliebten zu begraben. Aufrecht und starr wie eine Kiefer stehst du an der Tür deiner Hütte, dein schwarzes Haar fällt auf deine dunkelhäutigen Schultern herab, schweigend siehst du jene blutige Masse vorüberziehen, die bis gestern die angeberische Brust von Don Juan Alonso de La Bandera war. Von den Zwölf, die am ersten Januar auszogen, um Don Pedro de Ursúa zu töten, sind noch acht am Leben, meine untröstliche Inés de Atienza.

Mit dem Tode von Don Juan Alonso de La Bandera, der Doña Inés de Atienza so ergeben war wie dem König Philipp, und wieder in den Feldmeisterrang versetzt, wandelt sich mein Unglück in Glück, denn Don Fernando de Guzmán kann ohne meine Ratschläge nicht auskommen, ich bin sein zukünftiger Mitschwäher, sein erster Hauptmann, sein allerengster Vertrauter. Kern der Frage ist, sage ich mir, zu erfahren, bis in welche Höhen dieser prädestinierte Don Fernando aufzusteigen fähig ist, fehlt es ihm doch weder an Ehrgeiz noch an Haltung. Wolle Gott, daß beide Eigenschaften ihm bis zum Ende unserer Heldentaten erhalten bleiben, denn dann bekommt er in den Geschichtsbüchern einen ähnlichen Platz wie Pompejus, der der größte Mann des Universums war bis zu dem unheilvollen Tage, an dem Julius Cäsar ihn besiegte und demütigte.

Don Fernando de Guzmán befolgte meine Erwägungen und Ratschläge und lud durch öffentliches Ausrufen auf dem Dorfplatz zu zwei Versammlungen, die für immer das Schicksal unseres Zuges bestimmten. In der ersten befragte er demütig die Offiziere und Soldaten, ob sie es mit Wohlgefallen und Zustimmung sähen, wenn er, Don Fernando de Guzmán, weiterhin das Amt des Generalkapitäns ausübe, das er seit jener Nacht innehatte, in der Gouverneur Ursúa sein verdienter Tod ereilte. Don Fernando zeigte sich bei diesem Anlaß beredter und großartiger als je zuvor. »Auf Befehl des Feldmeisters und auf Anordnung des Generals«, denn mit diesen Worten begann die Bekanntmachung, waren auf dem Platz die Offiziere und die Soldaten und die übrigen Bewohner der Ortschaft einschließlich der Indianer und Frauen zusammengelaufen, die seit Tagesanbruch von unseren lauten Trommeln geweckt worden waren. Don Fernando kam Schritt für Schritt aus seinem Zelt hervor, mit einer Partisane bewaffnet und gefolgt von zehn der Unseren, seinen treuesten Dienern.

»Meine Herren und Freunde«, auf diese Weise eröffnete er seine Ansprache, der die Leute bis zum Schluß sehr still und schweigend zuhörten. Er sagte, daß er den Generalsrang nicht gern länger behalten möchte, wenn dadurch das Mißfallen von irgendeinem erregt würde. Wenn er Gouverneur des Lagers geworden sei, sagte er, so sei dies nicht auf eigene Veranlassung geschehen, sondern weil eine Absprache zwischen tapferen Hauptleuten ihn zu solcher Würde erhoben habe, aber um sich wohl und zufrieden zu fühlen, benötige er das Einverständnis aller. »Ich habe Euch zusammengerufen, meine Freunde, um öffentlich mein Amt aufzugeben, und desgleichen die mich begleitenden Offiziere, damit Ihr diese Aufgaben freimütig jener Person antragt, die Ihr zum General erwählt und ernennt.« Nach diesen Worten stieß er die Partisane, die er in den Händen hielt, als Zeugnis und Zeichen des Rücktritts in den Boden und kreuzte die Hände über der Brust wie ein Priester in alten Zeiten.

Don Fernandos großzügige Handlung bewegte alle so sehr, daß ich mich verpflichtet fühlte, ihm im Namen des ganzen Lagers zu antworten, ich bat ihn von ganzem Herzen, weiterhin unser General und Führer zu sein, denn wir seien bereit, unser Leben einzusetzen, um ihm zu folgen und zu gehorchen. Kaum hatte ich zu sprechen aufgehört, als deutlich Hochrufe auf Don Fernando laut wurden, die aus allen Ecken des Platzes kamen, und so war er ohne Meinungsverschiedenheiten durch Zuruf zum General gewählt, und Pater Henao segnete ihn auf lateinisch mit großem Zeremoniell.

Die zweite Versammlung wurde zu einem feierlicheren Ereignis als die erste, denn in ihrem Verlauf wurden Eide abgelegt und Unterschriften geleistet, und die begeisterten Leute beschlossen, in Peru Krieg zu führen, einen Krieg, der gezwungenermaßen eine Rebellion gegen die Auditoren und Vizekönige und gegen dich, Philipp, spanischer König, sein muß. Martín Pérez de Sarrondo sagt mir, daß nicht alle Offiziere und Soldaten zu so extremen Vorhaben neigen, einige haben die Hochachtung vor der Monarchie und die Verehrung für ihre Symbole wie Gift im Blut, andere träumen nur vom Reichtum der Omaguas, sie folgten diesem Unternehmen, weil sie Gold und nicht Ehre suchen, ihr Sinn ist eher der von Habsüchtigen als von Kriegern.

»Welchen von beiden Wegen wollen wir einschlagen, den, das Land im Namen des Königs zu besiedeln, oder den, gegen Peru zu marschieren, um für die Freiheit der Menschen zu kämpfen?« fragt Don Fernando alle die Leute, die auf unseren Ruf herbeigeeilt sind. »Sage jeder von Euch unverzagt seine Meinung, ich werde mich getreulich an das halten, was die meisten Stimmen anzeigen.«

»Ich rate Euch, tapfere Marañones, als alter und erfahrener Soldat, der ich bin«, sage ich, Lope de Aguirre, »daß ihr euch in der gegenwärtigen Lage dafür entscheidet, in Peru zu kämpfen, niemals aber dafür, zum Nutzen des Königs und seiner Minister weiter nach goldenen Städten zu suchen, die nichts als Märchen und Lügen sind. Ich schwöre zu Gott, daß wir in Peru Ruhm und Macht in Fülle erlangen werden und daß sich auch derjenige mit Schätzen volladen wird, den es danach gelüstet. Das muß unsere Wahl sein und nicht, weiterhin vor einem König zu knien, der uns die Köpfe abschlagen wird, ohne auf unsere Erklärungen zu hören, denn nimmermehr wird er uns den Tod seines Gouverneurs Pedro de Ursúa verzeihen.«

Pater Henao las in feierlichem Ornat die Messe an einem Altar, den wir in der Mitte des Platzes errichtet hatten. Nach dem Ite missa est und dem Segen forderte Don Fernando uns alle zum Schwur auf, der uns vor Gott und vor uns selbst verpflichtete:

»*Wir schwören bei Gott und der heiligen Maria, seiner glorreichen Mutter, bei diesen heiligen Evangelien und diesem geweihten Altarstein, daß wir einander helfen und beistehen und alle einig sein werden in dem Krieg, den wir im Reiche von Peru führen werden, und daß es unter uns weder Aufwiegler noch gegensätzliche Meinungen geben wird; eher werden wir bei dem Unterfangen sterben, einander beistehen und es verfolgen, ohne daß irgendein Grund, sei es Liebe, Verwandtschaft, Treue oder irgend etwas anderes, uns aufhalten kann, den Krieg zu führen; und daß während des ganzen Verlaufs dieses Krieges Don Fernando de Guzmán unser General sein wird und wir ihm gehorchen und alles das tun werden, was er und seine Hauptleute befehlen, wenn wir nicht meineidig und ehrlos werden und uns mit Schande beladen wollen.*«

Don Fernando stellte erneut seine freigebige Hochherzigkeit unter Beweis:

»Wenn einige von Euch es vorziehen sollten, hierzubleiben, um das Land zu besiedeln, anstatt in Peru Krieg zu führen, so erlaube ich ihnen, es zu tun und den Anführer zu wählen, den sie wünschen. Und diejenigen, die mich bitten möchten, noch einige Zeit bei uns zu bleiben, werde ich gern mitnehmen und auf der Insel Margarita zurücklassen, ohne ihnen Schaden zuzufügen oder eine Strafe aufzuerlegen. Mein größter Wunsch und Drang ist es, daß nur diejenigen unterschreiben und schwören, den Krieg zu führen, die auch den Willen dazu haben.«

Pater Henao, ein betrügerischer Mönch, der im Höllenfeuer schmoren möge, nahm die Schwüre am Altar entgegen. Der erste, der ihn leistete, war Don Fernando selbst, wir Offiziere und Soldaten taten einer nach dem andern desgleichen, die Hand auf den geweihten Altarstein und sodann auf das Missal gelegt, unsere lauten Trommeln dröhnten prächtig, die Frauen weinten vor den Türen der Hütten, ich betrachtete und erforschte das Gesicht jedes einzelnen, der vortrat, um zu unterzeichnen, Sancho Pizarro schloß die Augen, um nicht zu sehen, wie seine eigene Hand seine Treue zu König Philipp verleugnete, der Komtur Juan de Guevara vermochte seinen Unwillen nicht ganz zu verbergen, Pedro Alonso Cano blieb kniend an seinem Platz, um sich so vom Eid zu befreien, Juan de Cabañas gestand geradeheraus seinen Entschluß, nicht zu unterzeichnen, Antón Llamoso hingegen wollte zweimal unterschreiben, zweihundertfünfzig Marañones gelobten wir vor Jesu Christi Altar, bis in den Tod für Perus Freiheit zu kämpfen.

Ich sage dir, König Philipp, daß die Weltgeschichte mit Bewunderung und Staunen die Dinge berichten wird, die sich in dieser Ortschaft Bergantines, Provinz Machifaro, in den letzten Tagen des Monats März des Jahres fünfzehnhunderteinundsechzig zutrugen. Wir sind zweihundertfünfzig verzweifelte Marañones, im Urwald des mächtigsten und schrecklichsten Flusses des Universums verloren, zermürbt von Hunger und Krankheit, mit mehr Flicken am Körper als Bettlerkleidung, als Waffen nichts als eine Handvoll Arkebusen und ebenso viele Stoßwaffen, ohne eine weitere Flotte als zwei mit unseren eigenen Händen gebaute Schiffe, aber wir haben dafür mehr Mut als genug, um dich zu verleugnen und herauszufordern, erhabener König, der undankbarste und hochmütigste Herrscher, den je ein menschliches Weib geboren hat.

Um den Krieg in Peru mit allem Recht zu führen und damit der Umfang unseres Verrats an Majestät und Vaterland es morgen keinem von uns, die wir daran beteiligt sind, gestattet umzukehren, ist es nötig, daß wir uns lossagen von dir und deiner Krone und deinem Zepter und von Spanien, deinem Vaterland und Herrschaftsbereich. Wir Krieger von Indien sind unglückliche Vasallen, die du, König Philipp, genauso wie es gestern dein Vater Karl tat, gezwungen hast, sich zu Tode zu arbeiten, und du hast uns unserer rechtmäßigen Belohnungen beraubt, und es ist gut, daran zu erinnern, daß beides zusammen in biskayischen Landen immer ausreichende Gründe waren, um sich vom Herrn loszusagen. Alle Rebellionen in Peru, darüber bin ich mir im klaren, die von Gonzalo Pizarro, die von Sebastián de Castilla, die von Francisco Hernández Girón, scheiterten, weil sie es niemals wagten, das Vasallentum abzuschütteln, sie schreckten zurück angesichts der Herausforderung, die es bedeutete, einen König auf den Thron zu heben, um ihn dem Monarchen von Spanien gegenüberzustellen, und eine Fahne zu hissen, als Ausgleich für die Ablehnung der spanischen Fahne.

Ich, Lope de Aguirre, hinke und bin halbverbrannt, weil ich deine Privilegien gegen den Rebellen Francisco Hernández Girón verteidigte, ich bin alt und zahnlos dank der Gesetze der Natur, mir fehlen die Jugend und die Gewandtheit, die der König eines neuen Vaterlandes haben muß. Um diesem Mangel abzuhelfen, werden wir unseren General Don Fernando de Guzmán, der adlig und stattlich, freigebig und stolz ist, zum Fürsten von Tierra Firme und Peru und Chile machen, und wir werden ihn zum König krönen, sobald wir in Peru ankommen, und auf diese Weise entreißen wir dir eine Welt, die dir nicht rechtmäßig gehört. Wir Konquistadoren und Besiedler der Neuen Welt haben höhere göttliche und menschliche Rechte, in Peru zu herrschen, als der Gote Ataúlfo in Spanien, und die Wahrheit ist, daß schon niemand mehr jenem glücklichen Sieger vorwirft, das getan zu haben. Mit lauter Stimme sage ich zu den Marañones, die mich umgeben:

»Es ist unbedingt nötig, daß wir uns von den spanischen Reichen, wo wir geboren sind, lossagen und daß wir König Don Philipp, ihrem Herrn, den Gehorsam verweigern. Es ist nötig, daß wir Don Fernando de Guzmán als unseren Fürsten und natürlichen Herrn anerkennen und ihm als solchem gehorsam sind und daß wir ihm bei unserer Ankunft in Peru die Königskrone aufsetzen.«

Und ich beende meine Ausführungen folgendermaßen:

»Ich mache den Anfang und erkläre, daß ich mich ab jetzt von den spanischen Reichen lossage, woher ich gebürtig bin; und daß ich mich, wenn ich in ihnen irgendein Recht hatte, weil meine Eltern auch aus jenen Reichen gebürtig und Vasallen des Königs Don Philipp waren, gänzlich von jenem Recht trenne und leugne, daß Don Philipp mein König und Herr ist. Und ich sage, daß ich ihn als solchen nicht anerkenne, noch anerkennen, noch achten, noch ihm gehorsam sein will. Eher wähle ich, indem ich vollen Gebrauch von meiner Freiheit mache, von nun an Don Fernando de Guzmán zu meinem Fürsten, König und natürlichen Herrn, und ich schwöre und verspreche, ihm ein treuer Vasall zu sein und für seine Verteidigung zu sterben, ist es doch die meines Herrn und Königs. Und zum Zeichen und Beweis der Anerkennung und des Gehorsams, den ich ihm als solchem schulde, werde ich nun von hier aus hingehen und ihm zusammen

mit allen, die bestätigen und gutheißen möchten, was ich über Don Fernando de Guzmáns Wahl zum Fürsten und König gesagt habe, die Hand küssen; denn wer das nicht tut, stellt klar unter Beweis, daß er anderen Sinnes ist, als es seine Worte und Schwüre waren.

Die Marañones priesen meine Ansprache und folgten mir, und wir alle nahmen unseren Weg zum Zelt des Generals Don Fernando de Guzmán, von nun an Seine Exzellenz Don Fernando, Fürst und natürlicher König, dank unseres eigenen Willens, einziger Herrscher über Peru und ganz Tierra Firme, geweiht durch die Stimmen von zweihundertfünfzig Marañones, die wir dir, König Philipp, heute das kostbarste Juwel deiner Krone und das wunderbarste Stück deines Imperiums entrissen haben.

Ich muß zugeben, daß Don Fernando de Guzmáns Anstand und königliche Würde meine Erwartungen um viele Karat übertrafen. Er erlaubte uns nicht, ihm die Hand zu küssen, als wir zuhauf ankamen, um ihm vollen Bericht darüber zu geben, wie wir ihn zu unserem Fürsten ausgerufen hatten, sondern er umarmte schlicht jeden von uns, und Tränen der Rührung traten ihm in die Augen. Er erbebte jedes Mal vor Wonne, wenn einer von uns ihn Seine Exzellenz oder Fürst nannte, und noch mehr, als Pater Henao, der seine Schmeicheleien immer übertreibt, ihn mit offensichtlicher Verfrühung als Seine Majestät anredete.

Don Fernando verwandelte sein Zelt in einen vorläufigen Königspalast und erhob Juan Gómez und Pedro Gutiérrez, die früher in Toledo und Valladolid als Maultiertreiber arbeiteten, zu Edelleuten, und Alonso de Villena, der in der Stadt der Könige Schweinehirt und Diener gewesen war, zum Truchseß, ohne die Pagen und Vorschneider zu erwähnen, noch die Oberköchin, zu der María de Montemayor aus Dankbarkeit für ihre so überaus schmackhaften Yuccawindbeutel bestimmt wurde. Ich berichte diese Dinge vergnügt, aber nicht mit der Absicht, darüber zu spotten, denn ich halte Don Fernando für einen wahren Fürsten und zweifle nicht daran, daß er morgen der König eines der größten Imperien der Erde sein wird, und folglich hat er mehr als recht, wenn er seine Regierung mit soviel Prunk und Stolz ausübt.

Fürst Don Fernando setzt hohe Solde und Belohnungen fest, die aus seinen königlichen Kassen in Peru zu bezahlen sind, wie es auf den Scheinen lautet, die seine großzügigen Hände vergeben: »Ich, Don Fernando de Guzmán, durch Gottes Gnaden Fürst von Tierra Firme und Peru und Chile, vergüte dem Kriegshauptmann Diego de Tirado einen Sold von zwölftausend Pesos als Belohnung für seine geleisteten früheren und gegenwärtigen Dienste«.

Andere bitten Seine Exzellenz um den Besitz von Ländereien und Haziendas in verschiedenen Teilen Perus, von deren Güte und Reichtum sie gehört haben, und es fehlen auch nicht einige vom Teufel des Fleisches besessene Lüstlinge, diese Schamlosen verlangen, daß der Prinz ihnen per Erlaß und Schein das Recht gewähre, sich mit der Frau zu verlustieren, die sie in der Phantasie mit sich herumtragen.

»Mit allem schuldigen Respekt beantrage ich bei Eurer Exzellenz die Genehmigung und Erlaubnis, zu gegebener Zeit Doña Catalina Rodríguez zu beschlafen, die einstweilen mit dem Komtur Rodríguez de Padilla in Arequipa verheiratet ist, aber deren feurige Veranlagung besser zu mir paßt als zu ihm.«

»Ich bitte Eure Exzellenz in aller Demut, mir die Bewilligung zu erteilen, nötigenfalls mit bloßer Gewalt die Konkubine zu rauben, die der Katechismuslehrer

Serafín Cepeda, Kleriker aus Guamanga, hat, eine neuangekommene Spanierin mit hohen Brüsten und die mir sehr viel Freude machen würde.«

Angesichts derartiger Bedrängnisse gibt der kluge Fürst vage Versprechungen, sein Scharfsinn erfindet Listen, damit seine geilen Vasallen sich mit Illusionen und Hoffnungen zufrieden geben.

Fürst Don Fernando hat mich mit großer Eile und Dringlichkeit zur Beratung gerufen. Ich begebe mich in Begleitung meines getreuen Kameraden Pedro de Munguía und meines nicht weniger ergebenen Adjutanten Martín Pérez de Sarrondo zu ihm; dieser Letztere ist nach langem Bemühen meinerseits anstelle des falschen Sancho Pizarro zum Oberfeldwebel des Lagers ernannt worden (der genannte Sancho Pizarro wurde auf diese Weise zum Hauptmann unserer chimärischen und schon gegessenen Pferde degradiert, und ich lasse ihn nicht aus den Augen). Don Fernando empfängt uns am Tische sitzend, der soeben von zwei gezierten und diensteifrigen Pagen gedeckt worden ist. Der Fürst ißt allein zu abend beim Licht der Kerzen eines großen Kandelabers.

»Ich habe Euch gerufen«, sagt er mit anmutiger Ungezwungenheit, »weil Ihr, mein geschätzter Feldmeister, Tag und Nacht davon sprecht, daß wir siegreich nach Peru zurückkehren werden, und obwohl ich blindes Vertrauen in Euren klaren Verstand habe und weiß, daß Ihr in Eurem Kopfe wahrhaftige Erfahrungen der Kriegskunst hortet, möchte ich von Euren eigenen Lippen hören, ob Ihr überlegt und erwogen habt, welche Wege zu Wasser und zu Lande wir einschlagen müssen und welche Kriegslisten wir benutzen müssen und welche Kräfte wir rüsten werden, um die Vizekönige und Auditoren zu besiegen und um die Heere zu bekämpfen, die König Philipp der Zweite ohne jeden Zweifel gegen uns aussenden wird.«

»Mir gefallen in höchstem Grade«, sage ich zu ihm, »der Eifer und die Umsicht, die Eure Exzellenz bekunden, indem Ihr von mir eine Aufzählung meiner Pläne und Vorhaben verlangt. Seien Eure Exzellenz versichert, daß ich weder verrückt noch etwas ähnliches bin. Vielleicht könnte jemand es einen unerhörten Wahnsinn nennen, dieses Unterfangen von zweihundertfünfzig Marañones, die in so abgelegenen Sümpfen versunken sind und sich erkühnen, sich Konquistadoren von Peru, Befreier von Indien und Schöpfer eines neuen und freien Reiches zu nennen. Nichtsdestotrotz, wenn Eure Exzellenz meiner Rede aufmerksam zuhören, werdet Ihr sehen, daß es nicht Unsinnigkeiten eines Irren, sondern die Früchte vernünftiger Überlegungen sind, was mein Verstand geplant hat zu dem Zweck, nach Peru zu ziehen und die Minister und Generale des spanischen Königs zu besiegen.«

»Sprecht also, und ich werde Euch mit allen meinen fünf Sinnen zuhören«, sagt Don Fernando.

»Unser erstes Bemühen«, sage ich zu ihm, »wird sein, die zwei Brigantinen fertig zu bauen, haben wir doch schon zuviel Zeit an diese Arbeit gewendet, und uns dann flußabwärts auf die Suche nach dem ozeanischen Meer zu machen, nicht ohne uns vorher einiger Verräter zu entledigen, die sich noch unter uns verbergen. Ich behaupte, daß dieser Fluß unweigerlich in das ozeanische Meer fließen wird, eine Voraussage, die nicht meine Erfindung ist, sondern eine Entdeckung, die von Francisco de Orellana begonnen und vollendet wurde (in Begleitung eines Mönchs namens Carvajal, der ständig von Frauenbrüsten träumte und aus diesem Grunde die Geschichte von den Amazonenstämmen erfand, die niemals Wirklichkeit waren, aber sie gaben diesem mächtigsten aller Flüsse ihren phantastischen Namen, anstelle von Marañón, wie er eigentlich heißen müßte). Verzeihen mir Eure Exzellenz diese Abschweifung, und kehren wir zu dem Augenblick zurück, wo unsere Brigantinen, die »Santiago« und die »Victoria«, in das ozeanische Meer einlaufen und Kurs auf die Insel Margarita nehmen, die der für unsere Zwecke geeigneteste Ort ist, weil sie nah ist, wegen des friedlichen Charakters ihrer Bewohner und weil ihr reicher Boden uns ausgiebig mit Vorräten versorgen wird.

Auf der Insel Margarita rechnet niemand mit uns«, sagte ich zu ihm, »und ich schwöre bei Gott, daß wir uns dank dieses Umstandes mit allergrößter Leichtigkeit ihrer bemächtigen werden. Vertrauen Eure Exzellenz die besagte Mission meinen Händen an, denn ich werde sie schnellstens erfüllen. Wir werden die Margarita einnehmen und nur drei Tage lang beherrschen, lange genug, um uns mit Wasser und Proviant zu versehen und um die vor ihren Küsten ankernden Schiffe zu überfallen und Dutzende oder Hunderte von Leuten in unser Lager aufzunehmen, die für die Freiheit zu kämpfen wünschen.

Das zweite Ziel unserer Reise«, sage ich zu ihm, »ist Nombre de Dios, wohin wir in größter Eile weiterfahren werden und wo auch niemand mit uns rechnet, ein Hafen von einzigartiger Bedeutung, denn dort kreuzen sich alle Wege, die die Soldaten von Spanien nach Peru und das Gold von Peru nach Spanien bringen. Den Sturm auf Nombre de Dios werden wir vornehmen, nachdem wir an den Ufern des Flusses Saor gelandet sind, den ich mehr als gut kenne, denn ich bin oft darauf gefahren.

Von Nombre de Dios aus«, sage ich zu ihm, »werden wir nach Panama gehen, durch die Sierra von Capira, in deren Felsen wir fünfzig Arkebusier verstecken, um unseren Rücken zu decken und die Wege zu bewachen. Die Einnahme von Panama wird die wichtigste Schlacht sein, die wir in diesem ersten Abschnitt unseres Krieges liefern und gewinnen werden, denn in den Wassern jenes Hafens wird unsere Flotte entstehen, und von jenen Wassern werden wir aufbrechen, um in Peru unser heldisches Schicksal zu erfüllen.

In Panama«, sage ich zu ihm, »werden wir König Philipps Anhänger, die dort zahlreich und ruhmsüchtig sind, mit harter und schonungsloser Hand behandeln, wir werden alles daran setzen, sie unverzüglich zu vernichten, bevor sie versuchen, sich gegen uns zu erheben. Dann wird König Philipp zur Kenntnis nehmen, daß unser Krieg ein Krieg auf Leben und Tod ist, so wie jeder Krieg, den Spanien gegen einen Rebellen geführt hat, immer ein Krieg auf Tod und Leben gewesen ist.

In der Provinz Panama«, sage ich zu ihm, »werden wir das tapfere Heer zusammenstellen, das Peru und Chile befreien soll. Es ist bekannt, daß sich in Panamas Bergen und in den Gebirgsländern des Darién so manche von den königlichen Gerichten verfolgte Soldaten verbergen, die herunterkommen werden, um sich unseren Truppen anzuschließen. Und ebenfalls werden sich eiligst zweitausend entsprungene Neger mit uns vereinigen, die in jenen Gebirgen auf der Flucht sind und uns mit Lobpreisungen überschütten werden, sobald sie erfahren, daß wir es waren, die General Pedro de Ursúa töteten, denselben, der sie schändlich verriet und hinterrücks ihre Führer umbrachte und den vertrauensvollen König Bayamo in Ketten mitnahm.

Im Hafen von Panama«, sage ich zu ihm, »werden wir die Schiffe kapern, die wir benötigen, und die übrigen in Brand stecken, um zu verhindern, daß jemand sie später zu unserer Verfolgung benutzt, und wir werden eine oder zwei Galeeren mit drei Masten bauen, auf deren

Planken wir unsere Kanonen verankern werden. Seien Eure Exzellenz versichert, daß aus Panama eine Flotte von mehr als zwanzig Schiffen in See stechen wird, mit mehr als dreitausend Kriegern an Bord, mit reichlich Arkebusenmunition und Pulver, und dazu eine mit Artillerie bestückte Galeere, ein zehnmal größeres Heer als das von Pizarro und das von Hernández Girón, als diese sich gegen die Vizekönige und die Auditoren erhoben, ein Heer, das außerdem nicht mit dem Ruf kämpfen wird Es lebe der König von Spanien! sondern Nieder mit dem König von Spanien! und Es lebe unser natürlicher König Don Fernando!«

Der Fürst hat sehr gut verstanden, daß ich besonnen und bei klarem Verstand bin, er erhebt sich gerührt von seinem Platz und umarmt mich mit Tränen in den Augen, als ob ich sein Sohn wäre oder, besser gesagt, sein Vater.

Um diese Zeit begann die seltsame Kunde von Mund zu Mund zu laufen: ich, Lope de Aguirre, trage in meinem Körper einen Hausgeist mit mir herum, einen winzigen Teufel, der mir gehorcht wie ein Sklave und mir Kenntnis gibt von den heimlichen Dingen, die im Lager geschehen, und von den Ränken, die gegen meine Person geschmiedet werden. Der Hausgeist nennt sich Mandragora und ist ein Wölkchen, das niemand zu erblicken vermag, Mandragora schleicht sich um Mitternacht in die Hütten, Mandragora lauscht dem Gerede, um es mir hinterher zu erzählen, Mandragora ist überall, denn (wie die Heiligen Bücher bezeugen) die Teufel sind überall, genauso wie Gott, Mandragora und ich haben einen Pakt unterzeichnet (mit dem Blut aus meinem linken kleinen Finger), kraft dessen er mich vor den Gefahren, die ich laufe, warnen wird, und vor den Verrätereien, die im Lager ausgeheckt werden, und ich werde ihm dafür in meiner Todesstunde meine Seele ausliefern. Ich habe ein schönes Geschäft gemacht, denn ich habe eine Seele verkauft, deren Schicksalszeichen ohnehin die Hölle war, ich meine außerdem, daß Gott unendlich barmherzig ist und letzten Endes (nach einigen Jahrhunderten Flammen und Qualen) allen vergibt, die zu ewigem Feuer verdammt worden sind, in diese Vergebung werden Satan und seine gefallenen Engel eingeschlossen sein, und dann wird die Hölle verschwinden, das schrieb der heilige Hieronymus, und Mandragora wiederholt es, um mich zu trösten und sich selbst zu trösten. Mandragora sagt mir auch, daß der

Böse niemals jene gehörnte Gestalt gehabt hat, mit der ihn die Maler malen, sondern eine unsichtbare Substanz ist, die sich in den Seelen der Menschen verschanzt, und daß er dort mit Gott ringt, ich lasse mich nicht darauf ein, mit Mandragora über Theologie zu disputieren, denn sein teuflischer Stand zwingt ihn, über diese Materie sehr viel mehr zu wissen als ich.

Nach drei Monaten Aufenthalt zu Lande, der mit großen goldenen Lettern in der Geschichte der Neuen Welt verzeichnet sein wird dank unseres Freiheitsschwurs, brachen wir von Bergantines auf. Die »Santiago« und die »Victoria«, die unter meiner Leitung und Aufsicht gebaut wurden, haben noch keine Decks, aber sie sind groß und seetüchtig genug, wir werden alle auf ihren glatten Planken Platz finden, weiter unten werden wir sie fertig bestücken, und dann werden sie ihr plumpes Aussehen gegen die Anmut schnittiger Schiffe eintauschen! Ich gebe den Befehl, an der linken Seite des Flusses Kurs zu halten, so fahren wir an Sandbänken entlang, die unbewohnt aber gesünder sind, meine ich, als das Grün des rechten Ufers, hinter dem das Reich der Omaguas nur eine vermeintliche und lügenhafte Vision ist.

Nach drei Tagen Schiffahrt, immer linkerhand, um den Versuchungen auszuweichen, stoßen wir auf ein elendes Dorf, das die Indianer in aller Eile verließen, als sie unsere Schiffe in der Ferne entdeckten. Wir gehen an Land auf Suche nach Mais und nehmen den Fisch vom Grill, den die Indianer auf ihrer Flucht zurückließen, und als wir uns erinnern, daß heute Palmsonntag ist, beschließen wir, sieben Tage an dieser Stelle zu kampieren und andächtig die Karwoche zu feiern. Pater Henao hält auf einem Stein stehend rührselige Predigten über die Leiden Gottes und weint heuchlerisch, als man Ihn mit Dornen krönt, am Gründonnerstag holen die

Frauen Blumen aus dem Urwald, um die geweihte Hostie zu schmücken, am Ostersonntag läuten unsere zwei mißtönenden Glocken mehrere Male das Halleluja.

Es war in diesem verlassenen Dorf, wo Pero Alonso Casco, der gestern Oberbüttel und getreuester Freund des Gouverneurs Pedro de Ursúa war und heute seinen bitteren Schmerz nicht verbergen kann, seinen Tod fand. Dieser Pero Alonso Casco ist ein Gläubiger und Betbruder über alle Maßen, er weiß die vier Gebete und die Litaneien auf lateinisch auswendig, er fuhr fort, kniend Vaterunser zu murmeln, als alle aufgerufen wurden, den Treueid für Don Fernando de Guzmán zu unterzeichnen, heute am Mittwoch vor Ostern kommen zwei meiner baskischen Marañones, um mir zu erzählen, daß Pero Alonso Casco drohende Worte auf lateinisch gerufen hat, die keineswegs christliche Gebete sondern heidnische Verse sind. Der bewußte Pero Alonso Casco hatte eine Unterhaltung mit dem Soldaten Juan de Villatoro, und plötzlich unterbrach er sie, um sich den Bart zu raufen und mit lauter Stimme auszurufen:

Audaces
fortuna
juvat,
timidosque
repelit,

was, wie ich von meinem Onkel Julián de Araoz in Oñate gelernt habe, auf spanisch heißt, daß das Glück dem Kühnen hilft und die Feiglinge verachtet. Wem gegenüber willst du die Kühnheit gebrauchen, die du predigst, Pero Alonso Casco? Feldmeister Lope de Aguirre gegenüber, ohne jeden Zweifel. Ich befehle unverzüglich, dich zu erdrosseln, nichts nützt es dir, daß Fürst Don Fernando in einem Anflug von Großherzigkeit beschließt, meinen Urteilsspruch zu widerrufen, als seine Boten eintreffen, um dir das Leben zu retten, haben Hernando Mandinga und Benito Mayomba dir schon mit ihren Stricken die Genickknochen gebrochen, deine Leiche ruht auf einer Matte, auf deiner Brust ist ein Schild, auf welchem steht »Wegen Schwätzerei«, ich wollte hinzufügen *»Sic transit gloria mundi«*, um deinem Latein Genüge zu tun, aber das war ein Spruch, der die Maße deines Körpers allzusehr überragt hätte.

Als Pero Alonso Casco begraben und die Karwoche vorüber war, nahmen wir unseren Kurs wieder auf, und nach weiteren sieben Tagen stießen wir auf eine Ortschaft, die viel größer war als die vorige; diese ist ein geräumiger Hafen, der von höflichen und freundlichen, allerdings auch betrunkenen und ziemlich diebischen Indianern bewohnt wird. Eine halbe Meile entfernt erhebt sich ein Wald mit kostbaren Hölzern. Ich ordne an, dort Anker zu werfen und uns ganz der Fertigstellung unserer Brigantinen zu widmen. Von meiner Autorität als Feldmeister Gebrauch machend, verfüge ich, daß unsere Leute sich in drei Gruppen aufteilen und folgendermaßen niederlassen: am Strand weiter unten wird sich Don Fernandos allerfürstlichste Hütte erheben, wo der Fürst mit seiner auswerwählten Zahl von Offizieren und Dienern wohnen wird; am mittleren Strand direkt an der Werft, wo die Brigantinen fertiggebaut werden sollen, werde ich mich mit meinen sechzig bewährtesten Marañones niederlassen; und am Strand weiter oben, der unsere Nordseite ist, wird der Rest des Heeres lagern. Derart umsichtig in der Reihenfolge verteilt, können die von unten sich nicht mit denen von oben vereinigen, ohne daß wir in der Mitte sie vorbeikommen sehen.

Dennoch verursacht mir die endgültige Ausrüstung der Brigantinen so viel und so ununterbrochene Arbeit (das Fällen der Bäume überwachen, die Zimmerleute anspornen, die als Köchinnen tätigen Frauen mit Eßwaren versorgen, die gleichgültigen Neger ausschelten, die die Bretter zu den Hohlräumen der Schiffe tragen), daß ich nicht imstande bin, die Todesgefahr wahrzunehmen, die mich umgibt. Der erste, der mich benachrichtigt und warnt, ist Mandragora, mein wachsamer Hausteufel:

»Gestern abend hielt Fürst Don Fernando in seinem Zelt eine Beratung ab, zu der alle Offiziere des Lagers außer dir, Lope de Aguirre, eingeladen wurden, obwohl du der Feldmeister bist. Was wurde in der besagten Versammlung verhandelt? Warum fand sie hinter deinem Rücken statt? Warum meidet der Fürst deine Gegenwart wie die eines Feindes?«

Den zweiten Hinweis erhalte ich aus dem Munde des baskischen Offiziers Nicolás de Zozaya, der ein wahrhaftiger Marañón und Freund von mir ist:

»Zwei Versammlungen hat Fürst Don Fernando schon ohne deine Anwesenheit abgehalten. Mir hat mein Gevatter Hauptmann Pedro Alonso de Galeas, der Augenzeuge alles dessen war, was dort geschah, erzählt, daß der Fürst jetzt bereut, Gouverneur Ursúa getötet zu haben und sich von Spanien losgesagt und die Krone angenommen zu haben, die du ihm auf den Kopf setztest. So überaus groß ist seine Reue, daß er unter Tränen und Schluchzen weinte, er glich mehr einem französischen Weibchen, das von seinem Mann verprügelt worden ist, als einem spanischen Krieger. So berichtete es mir getreu mein Gevatter Hauptmann Pedro Alonso de Galeas.«

»Der elendeste von allen«, raunt Mandragora, sobald Nicolás de Zozaya sich verabschiedet und entfernt hat,

»ist der falsche Fürst Don Fernando, der Karnevalshurer und Arsch einer Puffmutter, der dir alles verdankt, was er war und was er ist, und der dich nun mit dieser niederträchtigen Gemeinheit bezahlen will. Ihm zu vergleichen ist nur Pater Henao (den wir mit großer Ungeduld in der Hölle erwarten), der sich des Sakraments der Buße bediente, um dem Fürsten die gotteslästerliche Auflage zu machen, er solle dir den Kopf abschlagen.«

Nach Zozaya und Mandragora kommt Hauptmann Pedro Alonso de Galeas in Person und erzählt mir Punkt für Punkt alles, was in den geheimnisvollen Versammlungen bei Don Fernando de Guzmán gesagt und besprochen wurde:

»Lorenzo Zalduendo und Pater Henao bestanden hartnäckig darauf, daß man dich in größter Eile töten müsse, ohne eine Minute länger zu warten. Alonso de Montoya warf dann ein, daß es tollkühn wäre, deinen Zorn und den deiner sechzig getreuesten Marañones herauszufordern. Montoyas Einwände überzeugten General Don Fernando, und deshalb wurde beschlossen, die Arbeit, dich mit Dolchstichen zu durchbohren, auf eine Nacht zu verschieben, in der unsere Brigantinen auf Fahrt sind und du sorglos und tief an Deck der »Santiago« schläfst.«

Größere Empörung als die düstere Vorstellung meines bevorstehenden Todes erregt Don Fernandos Undankbarkeit in meiner Brust. Um Mitternacht, während ich in meiner Hängematte liege und Mandragora mein einziger Zeuge ist, überhäufe ich sie mit Schmähungen und Verwünschungen:

»Ekelhafte Verräter, die ihr die Fahne der Freiheit mit Dreck beschmieren wollt, Hurensöhne, die ihr davon träumt, König Philipps schimpfliches Joch wieder auf dem Nacken zu fühlen, gesegnet sei Satan! Denn eher werde ich auf euch speien und euch alle töten!«

Mandragora tanzt und hüpft in meinem Innern, obwohl er weiß, daß meine Seele schon unabänderlich verloren ist, gefällt es ihm zu sehen, wie ich Todsünden anhäufe.

Schon sind die Decks der Schiffe fertiggestellt und eingepaßt, die Leute sind eifrig damit beschäftigt, ihre Waffen und Vorräte einzuschiffen, Mandragora prophezeit, daß an diesem Vorabend der Reise der Haß sich überschlagen wird, die blutigsten und schrecklichsten Szenen aufeinanderfolgen und viele von denen, die sich gegen mein Leben verschworen, ihren Tod finden werden.

Ich bin emsig mit der Auswahl der wichtigsten Dinge beschäftigt, die die Brigantinen mitnehmen sollen, als zwei mit Matratzen, Kopfkissen und Frauentruhen beladene Neger erscheinen und sich anschicken, sie an Bord zu schaffen und ihnen im Schiffsraum Platz zu machen. Ich frage sie, wer diesen Plunder geschickt und solche Befehle erteilt hat, und sie antworten mir, daß sie Anordnungen des Hauptmanns der Wache Lorenzo Zalduendo befolgen, und dann zwinge ich sie, mit ihren lächerlichen Packen auf dem Rücken wieder umzukehren.

Die erste dieser Matratzen ist die Schlafstatt von Doña Inés de Atienza, der schönsten Frau Perus; die zweite ist das Lager von Lorenzo Zalduendos anderer Konkubine, der verhurten María de Montemayor, der Windbeutelbäckerin; Zalduendo verstieß die zweite nicht, als er sich mit der ersten einließ, sondern zog es vor, sich aufs prächtigste mit beiden zu vergnügen. Ein feiner Wachthauptmann ist dieser Hengst, der anstatt wachsam seinen General mit dem Schwert zu beschützen, die Nächte damit verbringt, zwei verschiedenen Hennen als tretender Hahn zu dienen!

In welch dunklen Abgrund bist du gestürzt, meine arme Inés de Atienza, Juan Alonso de La Bandera erbte dich von Pedro de Ursúa, Lorenzo Zalduendo erbte dich von Juan Alonso de La Bandera, irgend jemand anders wird dich morgen erben, so als ob du eine Kriegsbeute oder eine Straßenhündin wärest. Dieser Lorenzo Zalduendo ist der schweinischste und gemeinste von allen. Er ist mehr als vierzig Jahre alt, seine Kraft als besessener Hurenbock nimmt nicht ab, jede Nacht bespringt er dich zwei- oder dreimal, seine unverschämte Ebermännlichkeit ermüdet und verletzt dich, sein keuchendes Stöhnen verursacht dir Ekel und Widerwillen, meine geduldige Inés de Atienza, auf deinen hübschen Hinterbacken kreuzen sich die Fingerspuren Lorenzo Zalduendos, dessen lasterhaftes Feuer auflodert, wenn er dich schlägt.

Es gibt einen Soldaten im Lager, der nicht aufhört, dir nachzuschleichen und dich zu belauern, er heißt Nicolás de Zozaya und zählt sich zu Lope de Aguirres Gefolgsleuten, er ist häßlich und krumm wie ein Feigenbaum, du wandtest einmal den Kopf, um ihn anzusehen, und der Mann erzitterte von Kopf bis Fuß, als du ihn zum zweiten Mal ansahst, begann er mit stotternder Zunge unverständliche Worte zu murmeln, wenn du ihn zum dritten Mal ansiehst, wird er sich dir wie ein Sklave zu Füßen werfen.

Der Marañón Nicolás de Zozaya sucht Lope de Aguirre auf und meldet ihm einen äußerst ernsten Vorfall:

»Wachthauptmann Lorenzo Zalduendo ist blind vor Wut auf dich, Feldmeister Lope de Aguirre, und so groß ist sein Zorn, daß er sich nicht scheut, Drohungen gegen dich auszustoßen. Ich erzähle dir als klares Beispiel für seine Unverschämtheit, was vor kurzem geschehen ist, als die Matratzen seiner beiden Konkubinen zu seiner Hütte zurückkamen. Hauptmann Lorenzo Zalduendo begann zu toben und schrie vor den Frauen: »Es erbittert mich, daß ein Mann in meinen Jahren und meiner Stellung sich verpflichtet sieht, Gefälligkeiten von einem Emporkömmling wie Lope de Aguirre zu erflehen. Zum Teufel mit dem Hund, wir werden ohne ihn auskommen und ohne ihn unseren Marsch fortsetzen, und wir werden uns von seinen Frechheiten und Torheiten schnell für immer befreien.«

»Das sagte er?« frage ich.

»Das sagte er«, antwortet Zozaya.

Mandragora, mein kluger Hausgeist, rät mir ganz leise, nicht einen Augenblick zu verlieren. »Vergiß nicht, daß Lorenzo Zalduendo sich in den Versammlungen, die abgehalten wurden, um zu erwägen, wie und wann man dich töten solle, durch gewissenlose Rachsucht hervortat. Beleidigt durch das Unrecht, das den Matratzen seiner Dirnen angetan wurde, verlangt Zalduendo jetzt von General Don Fernando, daß er sich beeilt, an deinem Kopf die von ihnen beschlossene Todesstrafe zu vollziehen. Schon läuft er zu Don Fernandos Zelt, um ihn darum zu bitten«, sagt Mandragora.

An der Spitze der mutigsten meiner sechzig Marañones gehe ich hinter Zalduendo her. In seiner Hütte finden wir ihn nicht, er ist hinuntergelaufen zum Zelt des Fürsten, um ihn zu bitten, daß meine Todesfrist verkürzt wird, Mandragora irrte sich nicht in seiner Prophezeiung. Wir unterbrachen die finstere Unterhaltung mit einem Hagel von Degenstößen und Messerstichen, die allesamt für Lorenzo Zalduendos Körper bestimmt waren. Fürst Don Fernando ruft: »Tötet ihn nicht!« »Ich befehle, ihn nicht zu töten!« »Ich bitte darum, ihn nicht zu töten!« während er von einer Ecke des Raums in die andere springt. Lorenzo Zalduendos Blut fließt aus mehr als fünfzig Löchern, der Tod läßt ihm keine Zeit, die Beichte zu verlangen, in kürzerer Zeit als ein Hahnenschrei dauert, übergibt er seine Seele Luzifer.

Lope de Aguirre begriff endlich, daß hinter all der Rachsucht und hinter allen Verrätereien, hinter jenen Streitigkeiten, die immer in Blut und Tod endeten, deine schöne Hand war, meine unversöhnliche Inés de Atienza. Lope de Aguirre bemerkt jetzt, daß diese Hand nicht ruhen wird, bis von den Zwölf, die Don Pedro de Ursúa töteten, nicht einer mehr am Leben ist. Lope de Aguirre erkennt jetzt, warum du deinen unvergleichlichen Körper zwei Schuften hingabst, die dich anekelten. Lope de Aguirre errät, daß dein zukünftiger Herr, dein zukünftiger Sklave, dein zukünftiges Instrument Nicolás de Zozaya sein wird, kein unwürdiger Lakai von König Philipp wie die vorigen, sondern ein rebellischer und tapferer Marañón. Lope de Aguirre ruft Antón Llamoso und Francisco Carrión zu sich und macht ihnen einige Zeichen, die bedeuten:

»Geht und tötet Doña Inés de Atienza!«

Du bist wohlgemut in deiner Hütte, du kämmst dir das schwarze Haar, schmerzensreiche und schöne Inés de Atienza, und du wartest auf Nachrichten über die schrecklichen Dinge, die an diesem Tage geschehen werden. Plötzlich wird die Tür aufgehen, der Marañón Nicolás de Zozaya wird eintreten und dir mit bewegter Stimme sagen: »Sie haben den Hauptmann der Wache Lorenzo Zalduendo getötet!« oder: »Sie haben Fürst Don Fernando de Guzmán getötet!« oder vielleicht: »Sie haben Feldmeister Lope de Aguirre getötet!« jeder beliebige dieser drei Tode wird dir angenehm sein, die drei nahmen teil an dem ruchlosen Aufstand gegen Pedro de Ursúa. Die Inkagötter deiner Mutter haben dir angekündigt, daß das vergossene Blut Lorenzo Zalduendos Blut sein wird, die Inkagötter irren sich niemals in ihren Prophezeiungen, an deiner Tür wird Marañón Nicolás de Zozaya erscheinen, er wird dir das scheußliche Verbrechen melden und bei dir bleiben, um mit dir zu schlafen.

Aber es öffnet sich die Tür, und nicht Nicolás de Zozaya überschreitet die Schwelle, sondern die beiden grausamsten Henker des Feldmeisters Lope de Aguirre, Antón Llamoso und Francisco Carrión, fallen schonungslos über dich her, sie schleppen dich mit Gewalt aus der Hütte und in den Wald und fegen dabei dornige Sträucher und Steine mit deinem Körper, meine unglückselige Inés de Atienza.

Im Schatten eines Baumes, dessen Holz so dunkel ist wie deine Augen, überhäufen sie dich mit Messerstichen und Lanzenstößen, dein Blut ist wohlriechend wie Orangenblüten und scharlachrot wie Mohnblumen. Du, Inés de Atienza, Tochter der Chestan Xefcuin, die Konkubine des Prinzen Huáscar war; Tochter gleichermaßen des Blas de Atienza, der Soldat von Vasco Núñez de Balboa war; du, Inés de Atienza, bittest nicht um Gnade, du demütigst dich nicht durch Gejammer. Dein einziger Seufzer ist der des Todes.

Als die Sklavinnen herbeikommen, um dich zu begraben, entdecken sie im Gestrüpp die schönste Leiche, die man jemals in diesen Urwäldern gesehen hat, deine schwarzen Augen leuchten weiter wie Lampen, dein volles schwarzes Haar hüllt die Dornen in untröstliche Trauer, ich liebe dich, meine tote Inés de Atienza.

Der erste, der mir die Gefahr meldete, war Mandragora, mein Hausteufel, wenig später kamen der Marañón Nicolás de Zozaya und der schlaue Hauptmann Pedro Alonso Galeas mit derselben Geschichte, und jetzt klopfen Gonzalo Guiral und Alonso de Villena an die Tür meiner Hütte und berichten mir Punkt für Punkt, was alles in den letzten Versammlungen gesagt wurde, die in der Herberge des Fürsten abgehalten wurden, um meinen Tod zu beschließen, Guiral und Villena, wenn auch der eine Don Fernandos Hauptmann und der andere sein Truchseß, ahnen, daß dieser Kampf sich zu meinen Gunsten entscheiden muß, sie tun diesen Schritt, um dem unseligen Schicksal zu entgehen, das jeden meiner Feinde erwartet, ich nehme sie mit offenen Armen auf und schenke ihnen einen Platz in meinem Herzen.

Nachdem der Fürst sich bitterlich über die gerechte Rache beklagt hat, die ich an der Person von Lorenzo Zalduendo und seiner schönen Doña Inés vollzog (»Ich lasse es nicht zu, daß Ihr, Herr Feldmeister, weiterhin ohne meine Zustimmung Mißbräuche und Freveltaten begeht«), und nachdem er meine empörte Antwort gehört hat (»Scheren sich Eure Exzellenz dahin, wo Windbeutel gebacken werden, ich traue Eurem Wort nicht mehr und habe auch keinen Respekt vor wortbrüchigen Sevillanern, die mit doppelten Karten spielen«), hat der genannte Fürst die Abreise der Brigantinen für morgen bei Tagesanbruch vorgesehen und befohlen. Die Nachricht überbringt mir Hauptmann Miguel de

Serrano, der mit lauter Stimme folgende Botschaft beginnt:

»Seine Exzellenz der Fürst befehlen Euer Gnaden, geschwind zu seinem Zelt zu eilen, um in der Versammlung der Offiziere . . .«

»Melden Euer Gnaden Seiner Exzellenz dem Fürsten, daß ich nicht hingehen werde. Zu anderen Versammlungen, auf denen Beschlüsse gefaßt wurden, die mir wohl bekannt sind, wurde ich nicht eingeladen. Tatsache ist, Hauptmann Serrano, daß wir an einem Punkt angelangt sind, der keine weiteren Gespräche zuläßt.«

Nun kann sich niemand mehr einer Täuschung hingeben, Don Fernando und seine Anhänger haben sich vorbereitet, um mich aus dem Wege zu räumen, indem sie mich töten, ich vertraue auf meine sechzig zuverlässigsten Marañones, um eine derartige Niederträchtigkeit zu verhindern, ich lagere mit meinen Leuten in der Mitte der Insel, wenige Schritte von dem Platz entfernt, wo die Brigantinen ankern, in die Brigantinen habe ich die Munition und das Kriegsmaterial laden lassen, beide Schiffe schaukeln auf und ab, mit starken Ketten an zwei ungeheure Bäume gebunden, die sich vor meiner Hütte erheben. Die Unterkunft des Fürsten liegt weiter unten, durch eine breite Lagune, die in Kanus überquert werden muß, von uns getrennt. Im oberen Lager haben sich Alonso de Montoya und Miguel de Bovedo mit einigen Soldaten und ich weiß nicht wievielen indianischen Dienern niedergelassen.

Alonso de Montoya und Miguel de Bovedo sind näher, mein Stern rät mir, mit der Gerechtigkeit bei ihnen anzufangen. Die Nacht ist so dunkel, daß man nur ihre eigene Finsternis wahrzunehmen vermag, an der Spitze von zwanzig gut bewaffneten Marañones marschiere ich zu der Hütte, wo die beiden Offiziere zu abend essen und sich unterhalten, die Brigantinen werden morgen unter Segel gehen, nach zwei Stunden Fahrt werden wir Lope de Aguirre töten, so wie du, Alonso de Montoya, es klug vorgeschlagen hast, du, Admiral Miguel de Bovedo, wirst das Steuer des Schiffes führen, Lope de Aguirre wird ausgestreckt auf dem Deck der »Santiago« schlafen, plötzlich werden zwei Lakaien des Fürsten Don Fernando ankommen, um ihm mit ihren Dolchen das Herz zu spalten, Lope de Aguirre wird aufwachen, während ihm das Blut aus dem Mund quillt, und dann sterben, ohne einen Ton von sich zu geben, Montoya und Bovedo plaudern einmal mehr über diese ihre schmutzigen Ränke, als zehn rasende Marañones in den Raum stürzen, den zwei Verrätern gelingt es nicht, von ihren Sitzen aufzustehen, durch hundert Degenstöße und Dolchstiche werden ihre Körper entstellt, Alonso de Montoya hatte meinen Tod auf einen Tag verschoben, an dem die »Santiago« den Marañón abwärts segeln würde, Admiral Miguel de Bovedo würde das Kommando haben und den Kurs dieses Todesschiffes angeben, Gott möge ihnen verzeihen.

»Jetzt ist die Reihe am Fürsten, sage ich zu Martín Pérez de Sarrondo, der in den schwierigen Augenblicken niemals von meiner Seite weicht. »Laßt uns gehen!«

»Die Nacht ist so schwarz«, antwortet er, »daß man die Gestalten nicht erkennen kann, geschweige denn die Gesichter. Wir werden Gefahr laufen, uns gegenseitig zu töten, wenn wir versuchen, Don Fernandos Zelt im Tumult zu überfallen.«

Ich verstehe seine Bedenken und sage zu ihm:

»Wir werden die Nacht an Bord der Brigantinen verbringen, wenn dem Fürsten durch irgendeinen Umstand die Nachricht von den Geschehnissen im oberen

Teil zu Gehör kommen und die Offiziere des Fürsten beschließen sollten, uns anzugreifen, um die Schmach zu rächen, wird es uns nicht im Traum einfallen, den Kampf aufzunehmen, sondern wir werden die Vertäuungen abschneiden und Don Fernando und seinen Hofstaat zurücklassen und dem Urwald preisgeben.«

Aber kein verdächtiges Zeichen ist zu bemerken, kein Mutiger wagt es, die schwarzen Wasser der Lagune zu kreuzen, um dem Fürsten zu berichten, wie Alonso de Montoya und Miguel de Bovedo gestorben sind, unsere Wachtposten hören nur die gräßlichen Geräusche des Urwaldes, die nicht aufhören. Als der Morgen graut, rücken wir sechzig schweigenden Marañones in vier Kanus über die Lagune vor.

»Du, Nicolás de Zozaya, und die vier Soldaten, die bei dir sind, ihr übernehmt es, den Oberhofmarschall Gonzalo Duarte zu töten! Du, Diego de Trujillo, und deine vier Helfer, ihr übernehmt Hauptmann Miguel de Serrano! Du, Diego Sánchez de Bilbao, gebrauchst deine Leute, um Baltazar de Toscano zu überwältigen und zu töten, den gefährlichsten von allen jenen Schuften!« diese Anweisungen gebe ich von meinem Platz aus denjenigen, die in den anderen Kanus fahren.

»Was euch angeht, Martín Pérez de Sarrondo und Juan de Aguirre, so vertraue ich euren Händen den Tod des Fürsten Don Fernando an, seht zu, daß weder eure Kraft noch eure Geschicklichkeit versagen, und falls sie versagen sollten, wirst du, Antón Llamoso, ganz in der Nähe sein, um diese Angelegenheit zu einem glücklichen Ende zu bringen«, sage ich zu den dreien, die in meiner Begleitung sind.

Die erste Hütte, die der Morgen vor unseren Augen sichtbar werden läßt, ist die, in der Pater Henao schläft, der betrügerische und nichtswürdige Mönch, der festliche Messen zu Ehren und Ruhm des Gouverneurs

Ursúa abhielt und sie dann wiederholte, um seinen Tod zu feiern, Mandragora erzählte mir, daß Pater Henao sich als der eiferndste Inquisitor in jenen Versammlungen aufführte, in denen beschlossen wurde, mich zu töten, er schwor und schrie dort, daß man diese Schlange (mich) genauso zerstückeln müsse wie der Erzengel Michael den Satan zerstückelt habe. Der Soldat Alonso Navarro und ein anderer namens Chávez, die großen Groll gegen den Mönch hegen, weil er ihnen einmal drohte, sie zu exkommunizieren, wenn sie nicht die Buße vollzögen, dem Beichtvater (ihm) eine Sau auszuhändigen, die sie großgezogen hatten, die besagten Navarro und Chávez flehen mich an, daß ich ihnen erlauben soll, Ehrwürden in die Hölle zu schicken, was ich ihnen sehr gern gewähre, Gott sei gelobt, Alonso Navarro begibt sich geradewegs in die Kapelle, wo Pater Henao schläft, und ohne daß er sich damit aufhält, ihn zu wecken, stößt er ihm das Schwert mit solcher Kraft in den Wanst, daß er ihn durchbohrt wie einen Weinschlauch. Der Mönch beginnt an der Schwelle zum Tode laut zu schimpfen und zu fluchen, womit Euer Hochwürden die Verdammnis Eurer Seele noch verschlimmern, einer Seele, die Mandragora zufolge schon mehr als verdammt war.

Fürst Don Fernando erwacht aus seinem Schlaf durch den Lärm unserer Schritte unserer Stimmen unserer Waffen, er erscheint im Hemd an der Tür seines Zeltes, von seiner stolzen Fürstenwürde ist wenig übriggeblieben, jetzt ist er irgendeiner von jenen Sevillanern, die angesichts des Todes von Kopf bis Fuß zittern, als er mich erkennt, sagt er mit entsetzten Augen:

»Was ist das, mein Vater?«

»Beruhigen sich Eure Exzellenz«, antworte ich ihm schroff, »wir sind gekommen, um drei Hauptleuten, die sich zum Aufruhr anschicken, eine exemplarische Strafe aufzuerlegen. Wenn ein General sein eigenes Leben nicht zu verteidigen weiß und vermag, ist sein Feldmeister gezwungen, es zu tun.«

Und ohne mich weiter aufzuhalten, gehe ich in das Innere des Zeltes, wo meine Marañones tapfer ihre Pflicht erfüllen. Gonzalo Duarte, Miguel de Serrano und Baltazar de Toscano fallen unter einem Hagel von Messerstichen und Dolchstößen zu Boden, zu ihrer Entschuldigung sei gesagt, daß sie drei gegen fünfzehn waren, und zu ihrer Verdammung sei gesagt, daß die drei Geschmeiß waren, die kein anderes Schicksal verdienten.

Fürst Don Fernando wollte ich nicht sterben sehen, ich hörte nur den Knall der Arkebusenschüsse, die Martín Pérez de Sarrondo und Juan de Aguirre nebenan gegen seine Brust abfeuerten, als ich hinkend hinlief, um mich von seinem Mißgeschick zu überzeugen, war er schon unwiderruflich tot, Antón Llamosos letzter Dolchstoß war eine überflüssige Strafe gewesen. Von den sieben Opfern dieses Unglückstages, ist der einzige, dessen Schicksal mich bekümmert, dieser junge Don Fernando, der im Leben so hübsch war, recht hatte er, mich mein Vater zu nennen, als er seine letzten Worte aussprach, weil ich ihn liebte wie einen Sohn, machte ich ihn zum General dieses Zuges und zum Fürsten von Peru und Chile, mein überaus undankbarer Sohn, du bezahltest meine Zuneigung damit, daß du meinen Tod plantest und dich vorbereitetest, unsere freie Fahne vor den verhaßten Füßen von König Philipp zu senken, wir werden den Krieg ohne dich fortsetzen, mein unglückseliger Sohn, der du nichts von deinem Vater gelernt hast.

Eine klare und ungetrübte Sonne ist aufgegangen, die

schrecklichen Neuigkeiten durchlaufen das ganze Lager, einige Bewohner mit feigem Gemüt fliehen entsetzt in Richtung der nahen Wälder, mehr als zwanzig Marañones machen sich auf die Suche nach den Flüchtigen, um Mittag laufen die Leute am Strand wenige Faden von den Briganitinen entfernt zusammen, umringt von achtzig schwerbewaffneten Marañones spreche ich zur Menge:

»Meine Herren, niemand beunruhige sich, der Krieg bringt diese Unannehmlichkeiten mit sich; bis hierher waren unsere Angelegenheiten Kindereien, weil der, der uns befahl, jung war; jetzt wird wirklich Krieg zu sehen sein, denn da ist niemand, der uns in den Arm fällt; mein Ziel ist es, Eure Gnaden in vollem Wohlstand zu sehen und Peru in Eure Hände zu legen, damit Ihr es nach Eurem Gefallen aufteilt. Laßt mich nur machen, denn ich werde dafür sorgen, daß Peru von Marañones beherrscht und regiert wird, und unter allen Euren Gnaden wird es niemanden geben, der nicht in Peru Hauptmann sein und den übrigen Leuten befehlen wird, kann ich mich doch auf niemanden so verlassen wie auf Eure Gnaden. Seid mir freundschaftlich gesinnt, und ich werde dafür sorgen, daß aus dem Marañón neue Goten hervorkommen, die in Peru regieren und herrschen sollen wie die, die Spanien regierten.«

»Es lebe unser General und Oberhaupt Lope de Aguirre!« ruft Martín Pérez de Sarrondo.

»Es lebe der starke Führer der unbesiegbaren Marañones!« setzt mein treuer Gefährte Pedro de Munguía hinzu, und der Titel gefällt mir sehr, ich werde ihn als Kennzeichen unter meinem Namen führen.

»Ich werde euer General und Führer sein«, sage ich allen Leuten, die mich so anrufen, »um König Philipp den erbarmungslosen Krieg zu liefern, den Pedro de Ursúa niemals führen wollte, denn er hatte den Charakter eines Knechts und nicht den eines Rebellen, den erbitterten Krieg, den Fernando de Guzmán ihm nicht liefern konnte, denn er war ein unsicherer und schwacher Jüngling. Wir ziehen in den Krieg, meine Marañones. Nur eines will und verlange ich, daß niemand flüsternd und heimlich spricht, damit wir sicher und ohne Aufruhr leben.«

Anschließend schreite ich wie ein guter General zu den Ernennungen, die von Bedeutung sind, und ich ziehe es vor, Männer plebejischen Blutes anstatt höherer Herkunft zu Hauptleuten aufrücken zu lassen. Ich mache Martín Pérez de Sarrondo zum Feldmeister und Nicolás de Zozaya zum Hauptmann der Wache. Juan Gómez, der Kalfaterer war, wird Admiral, und Juan González, der Zimmermann war, wird Oberfeldwebel. Was Don Juan Iñíguez de Guevara betrifft, den pomphaften Komtur des Johanniterordens, jederzeit ehrwürdig und schwarz gekleidet und seinerzeit ein sehr enger Freund und Ratgeber Don Fernandos, enthebe ich ihn seines Amtes, um es Diego de Trujillo aus Triana zu geben; und auch der dünkelhafte Juan Alvarez de Cerrato wird seinen Hauptmannsrang an den Soldaten Francisco Carrión abtreten, der Mestize und mit einer Indianerin verheiratet ist. Diego de Tirado mache ich zum Hauptmann für die Pferde, denn er ist wertvoll für den Krieg, und es ist angebracht, daß ich ihn für mich gewinne. Und Sancho Pizarro bestätige ich in seinem Rang, obwohl Mandragora mir eingeflüstert hat, daß er Intrigen und Aufruhr ausklügelt, hab Geduld, mein guter Mandragora, wenn die Zeit da ist, werden wir ihm die Zähne ziehen.

Zwei Tage nach so unerhörten Ereignissen brachen wir von jener Ortschaft auf, die die Klatschmäuler des Lagers auf den finsteren Namen Matanza tauften, unsere

Brigantinen fahren mit Hilfe von Strömung und Riemen, denn sie haben noch keine Masten und Segel, mit diesen Dingen werden wir uns weiter flußabwärts an irgendeinem anderen Strand versehen. Uns immer an das linke Ufer haltend, begegnen wir dem Rauch mehrerer Indianerdörfer, in einem von ihnen gingen vierzig meiner Leute an Land, unter ihnen der sehr lügnerische Bakkalaureus und Chronist Francisco Vázquez, der besagte Francisco Vázquez kehrt an Bord zurück und behauptet und schwört, daß die Indianer in dieser Gegend Menschenfresser sind, Francisco Vázquez sagt, daß die Indianer, als sie vor unseren Arkebusen flohen, große Kochtöpfe zurückließen, in denen sie menschliche Körper gekocht hatten, Francisco Vázquez sah ein halbgares Kinderbein und einen abgehäuteten Greisenkopf mit offenen Augen, darauf erwidert Pedrarias de Almesto, nicht weniger Bakkalaureus als jener, mit leiser Stimme, daß solche Geschichten nichts weiter seien als lauter Lügen von Francisco Vázquez und genauso ausgedacht wie die Amazonen mit drei Brüsten und der wunderbare Schatz der Omaguas, außerdem sagt Pedrarias de Almesto, daß die gekochten Fleischteile, die aus den Töpfen herausguckten, nichts anderes waren als Eidechsen, die Leguane heißen und mit Augen schauen, die denen von traurigen Menschen sehr ähnlich sind.

Schließlich stießen wir auf einen schönen Strand, den wir später Jarcias nannten, denn unter seinem Schutz richteten wir alles zu, was unseren Schiffen fehlte, um würdig in See zu stechen. Vierzehn Tage lang arbeiteten wir ununterbrochen, wir benutzten die Hängematten und Fischnetze der eingeborenen Indianer, um die Taue für unsere Brigantinen zu flechten, aus den Leinenlaken der Soldaten und den Baumwolldecken der indianischen Diener fertigten wir die Segel für unsere Schiffe, die biegsamen Stämme aus dem Urwald verwandelten unsere Hände in Masten und Rahen, die Indianer ließen bei ihrer Flucht reichlich getrockneten Fisch und Maissamen zurück, das Gericht aus Leguan und Yucca, sagt María de Arriola, ist eine köstliche Speise, aber meine Tochter Elvira weigert sich, davon zu essen.

Mit großer Betrübnis im Herzen sah ich mich gezwungen, den Tod einiger Leute zu befehlen, die sich ohne Grund und Anlaß heimtückisch gegen mich verschworen, so gemeine Schurken waren sie, daß sie miteinander flüsterten und über den Plan tuschelten, mich mit Dolchstichen zu durchlöchern, ich sah ihnen ins Gesicht und erriet ihre verborgenen Absichten, die dann durch zwei selbstlose Neger bestätigt wurden, die mich über alle im Lager geschehenden Vorfälle auf dem laufenden halten.

Der erste, dem eine abschreckende Strafe zuteil wurde, war ein flämischer oder teutonischer Soldat namens Bernardino Verde oder Monteverde, so benannte er sich um, denn sein eigentlicher Name war ein verworrener Germanenname, den kein Christenmensch aussprechen konnte, er hatte das Gesicht und vielleicht die Gedanken eines Lutheraners, aber diese Abweichungen von unserer Kirche beunruhigten mich weniger als seine Schamlosigkeit und Unlust, der besagte Monteverde murmelte immerzu unzufrieden in seiner Sprache vor sich hin, er vergaß, meine Befehle auszuführen, indem er so tat, als ob er sie nicht richtig verstünde, Antón Llamosos Dolch blieb nichts anderes übrig, als ihn zu zerstückeln, damit er in der anderen Welt die spanische Sprache lernte.

Danach gefiel es Gott, mir bei der Entdeckung eines Aufstands zu helfen, den Hauptmann Diego de Trujillo und Oberfeldwebel Juan González anzettelten, diese lumpigen Herren gedachten mir den Kopf abzuschneiden und eiligst auf der Brigantine »Santiago« flußabwärts zu fliehen, beiden hatte ich hohe Ämter gegeben, nachdem sie tatkräftig an der Niederlage und am Tode des Fürsten Don Fernando mitgewirkt hatten, jetzt zeigen sie sich mir dadurch erkenntlich, daß sie frevelhafte Fallen gegen mein Leben aushecken, ich befinde mich unter Verrätern, die mich von allen vier Seiten umzingeln und bedrohen, manchmal glaube ich, daß ich nicht Mandragoras Stimme höre, sondern die meines eigenen Herzens, das sich als Hausteufel maskiert, um mir die Gefahren zu enthüllen, ich befehle, daß Diego de Trujillo und Juan González erdrosselt werden und daß zugleich auch Juan de Cabañas dieselbe Strafe erhält, denn er war Gouverneur Ursúas Sekretär gewesen und weigerte sich später, unsere Rebellionsschwüre zu unterzeichnen, und hörte nie auf, mich mit verstocktem Groll anzublicken.

Die nächste Leiche war die des Komturs Juan Iñíguez de Guevara, unsere mit Masten und Segeln versehenen Brigantinen reisten schon in majestätischer Fahrt flußabwärts, der Komtur Juan Iñíguez de Guevara war ein heuchlerischer Frömmler, der auf dem Deck kniend Credos und nochmals Credos betete, in seinen Träumen sah er Gespenster und Leute aus der anderen Welt, einer meiner treuen Neger unterrichtete mich darüber, wie der alte Komtur in den Aufstand von Juan González und Diego de Trujillo verwickelt gewesen war, der Marañón riß uns unter dem schwachen Licht eines von Regenwolken verdunkelten Nachmittags mit sich, der ehrwürdige Komtur erforschte an die Bordkante der »Santiago« gelehnt das weitentfernte Ufer, sein schwarzgekleideter Rücken bildete einen unsichtbaren Körper zwischen den Schatten, ich sagte zu Antón Llamoso, er solle diesem alten Verräter seine verdiente Strafe geben, und verließ diesen Platz, woher hatte Antón Llamoso plötzlich jenes rostige und stumpfe Schwert, das er benutzte, um meinen Wünschen zu willfahren? Woher hatte der elende Komtur so viel Leben? Das sind Rätsel, die mein Geist nicht zu ergründen vermag, Antón Llamoso versetzte ihm sieben Hiebe, die nicht ausreichten, um ihn niederzustrecken, dann zog er seinen Dolch und stieß ihn ihm zweimal ins Kreuz, ohne daß irgendwelche Wirkungen zu sehen gewesen wären, am Ende nahm er ihn hoch und warf ihn in den Fluß, aus dem Wasser verlangte er schreiend nach der Beichte und Gottes Vergebung, ich hatte mich zum Heck des Schiffes begeben und sah, wie seine Leiche wie ein schwarzer Punkt in der Ferne verschwand. María de Arriola, die sich an meiner Seite befand und sehr empfindsam ist, war durch sein Unglück gerührt und betete ein Avemaria für sein Seelenheil.

Bald darauf kam es zu dem Tod von Juan Palomo und Pedro Gutiérrez, die ihre Unverschämtheit zugrunde richtete. Die Sache war die, daß wir in den zwei Brigantinen zu dicht aufeinander gedrängt waren, so viele waren wir: zweihundert oder mehr Spanier, zwanzig Neger und hundert Stück Dienerschaft, nicht gerechnet die Leute in den Pirogen, die in unserem Geleit fahren und zwangsläufig in die Schiffe umsteigen müssen, sobald wir ins Meer vorstoßen. Angesichts dieser Tatsache beschließe ich, die hundert Stück Dienerschaft oder, besser gesagt, die Indianer, die uns seit der Werft von Santa Cruz de Capocovar begleiten, an irgendeinem Ort zurückzulassen, sie werden schon den Weg finden, um sich mit ihren Rassenbrüdern, die diese Gegenden bewohnen, zu vertragen und zu verstehen. Frühmorgens nähern sich mir die Soldaten Juan Palomo und Pedro Gutiérrez, um mich zu bitten, daß ich meine Anordnung widerrufe, sie führen an, daß die menschenfresserischen Indianer dieser Urwälder sogleich unsere hilflosen Stücke Dienerschaft aufessen werden, Mandragora flüstert mir zu, daß nicht christliche Barmherzigkeit sie bewegt, sondern der Kummer, die Gesellschaft von zwei munteren und geschwängerten Indianerinnen zu verlieren, die mit ihnen schlafen und sie ergötzen, ich antworte den Antragstellern, daß die Geschichte von den Menschenfressern nur eine geschwätzige Erfindung ist, ich sage außerdem, daß mit zu viel Leuten aufs Meer hinausfahren zum Schiffbruch und Ertrinken aller führen könnte, Juan Palomo und Pedro Gutiérrez ziehen sich folgsam zurück, aber bei Anbruch der Nacht beginnen sie drohende Worte zu murmeln: »Lope de Aguirre hat viele unserer Freunde getötet, und jetzt läßt er uns unsere Dienerschaft hier; laßt uns tun, was wir tun müssen.« Was wir tun müssen, ist, beide zu erdrosseln. Juan Palomo schlägt mir mit dem Strick um den Hals vor, sein Todesurteil dahingehend umzuwandeln, daß er mit der Dienerschaft an Land gelassen wird, er verpflichtet sich, sie im Glauben Christi zu unterweisen, die Wahrheit ist, daß er niemals vorher Berufung zum Einsiedler zeigte, er wünscht und will nichts anderes, als auf freiem Felde weiterhin seine Indianerin zu besteigen, seine Heucheleien retten ihn nicht vor der gerechten Strafe.

Ein weiterer, der in diesen Tagen seinen Geist aufgab (diesmal ohne meine Vermittlung), war der unglückliche Pater Portillo, der schon seit vielen Monaten mit dem Tode rang, es aber nicht wagte, den letzten Atemzug zu tun, er sprach nur im Fieberwahn und wenige Worte, um sich an die viertausend Pesos zu erinnern, die ihm Gouverneur Ursúa stahl, und wie der besagte Gouverneur ihn gezwungen und wimmernd mit auf diesen Zug nahm, Pater Portillos Leiche ist ein elendes Bündel von Haut und Knochen, die Fische erlebten eine bittere Enttäuschung, als wir ihn in den Fluß warfen.

Wenn es noch einen Todesfall während unserer Fahrt auf dem Marañón gab, so den eines Indianers, den wir während eines Geplänkels gefangengenommen hatten, der Soldat Gonzalo Cerrato entriß ihm einen seiner Pfeile und fragte ihn mit Zeichen, ob der Pfeil giftig sei, ebenfalls mit Zeichen antwortete ihm der Gefangene, daß er es nicht sei, da machte ihm Cerrato mit der Pfeilspitze einen Kratzer ins linke Bein, aus dem Blut floß, der unbewegte Indianer sagte kein Wort und machte keine Gebärden, am nächsten Morgen fand man ihn durch seinen eigenen Pfeil vergiftet und tot, Lope de Aguirre sagt und versichert, daß es ihm nicht gefällt, Indianer zu töten, wie es García de Arce zu tun pflegte, Lope de Aguirre fügt hinzu, daß es ihm noch weniger gefällt, Neger zu töten, wie es der ruhmsüchtige Pedro de Ursúa in Panama tat, anstatt die Neger zu töten, werde ich ihnen allen noch am Tage meines Sieges die Freiheit schenken, erzählenswerter ist der Tod spanischer Hauptleute, die deine üblen und unterwürfigen Vasallen sind, König Philipp, den Gott beschütze.

Plötzlich war die ruhige Weite des Marañón bestreut mit kleinen Inseln, großen Inseln, zweitausend verschiedenen Inseln, der Himmel erzitterte geschüttelt von heftigen Unwettern, dröhnenden Donnerschlägen, grellen Blitzen, die Wasser sanken so sehr, daß die Brigantinen um zwei Fingerbreit auf den Sandbänken festliefen, hört Marañones! aus der Ferne steigt der gewaltige Wellengang der Flut heran, unglaubliche Berge salzigen Wassers rollen gegen die Strömung des Flusses, dringen in seine süße Unendlichkeit hinein, die Brigantinen drehen sich wie verrückt im Kreise, enden in den Wassern verlorener Kanäle, die Pirogen werden in große Höhen geworfen, fallen dann herunter und versinken in eiem Chaos von rasendem Schaum, die gerade aufgetauchten Inseln verschwinden unter der Brandung des Meeres, denn es ist das Meer, das zum Kampf eilt, unwillig, den mächtigen und ungestümen Fluß in sich eindringen zu lassen, das Getöse des Zusammenstoßes hallt in den grünen Abgründen des Urwaldes wider, löscht das Gekreisch von hunderttausend Vögeln aus, bringt die Schreie der Ruderer zum Schweigen, die der Strudel des Wassers begräbt, der Fluß erholt sich von dem ungeheuren Angriff, durchbricht die ihn abdämmende Mauer, verfolgt seinen Weg zum Meer, das sein Tod ist, jenes klare, von der Kante der Luft überwölbte Universum ist das Meer, jenes Tigerbrüllen gegen die Steilküste ist das Meer, jener unendliche blaue zu Füßen Gottes ausgebreitete Teppich ist das Meer, die »Santiago« und die »Victoria« fallen in den leuchtenden Schoß des ozeanischen Meeres, ein kleiner und alter hinkender und angesengter Soldat steht auf der Brücke der »Santiago« und befiehlt mit schrecklicher Stimme: Nehmt Kurs auf die Margarita! Dann geht er Schritt für Schritt zum Bug des Schiffes, und dort zerzaust ihm der Wind die weißen Haarsträhnen, er bietet der Unendlichkeit die Stirn und ruft: Ich bin Lope de Aguirre der Pilger! Ich bin der Zorn Gottes! Ich bin der starke Führer der unbesiegbaren Marañones! Ich bin der Fürst der Freiheit!

Lope de Aguirre der Pilger

Nach siebzehn Tagen Seefahrt entdeckten Lope de Aguirres Brigantinen am zwanzigsten Tage des Monats Juli des Jahres fünfzehnhunderteinundsechzig in der Ferne die Küsten der Margarita, bis zu diesem Augenblick war das Wetter sanft und gütig zu ihnen gewesen, nahe der Insel brach ein Sturm los, der die beiden Brigantinen voneinander trennte, so daß sie sich aus den Augen verloren. Es ist möglich, daß Lope de Aguirre darauf verzichtete, sich Puerto del Mar zu nähern, weil dies der einzige befestigte Platz des Landes war; oder vielleicht war der Grund die Unbeholfenheit der Steuerleute Juan Gómez und Juan de Valladares, die nicht mehr waren als ein Kalfaterer und ein Matrose, die in jenen Rang gehoben worden waren; Tatsache war, daß beide Brigantinen weit entfernt im oberen Teil der Insel und nicht an den Südstränden landeten, die für ihren Kurs günstiger gewesen wären.

Die »Santiago« bahnte sich ihren Weg durch tobende Wellen und warf in einer Gegend Anker, die die Guaiqueriindianer Paraguache nennen. Der Strand von Paraguache ist eine von niedrigen grünen Hügeln umgebene blaue Bucht, nicht weit weg kräht ein Hahn, ein Hahn! ruft Elvira, seit vielen Monaten hatten jene Pilger nicht den vertrauten Schrei eines Hahns gehört.

Die »Victoria« läuft unter dem Kommando von Feldmeister Martín Pérez de Sarrondo die Nordseite oberhalb von Paraguache an, man muß ein Kap umsegeln, wenn man den Seeweg nimmt, über Land sind es kaum zwei Meilen. Die Nachricht vom Auftauchen der beiden fremden Schiffe lief auf der ganzen Margarita von Haus zu Haus. Priester Pedro de Contreras schwörte Stein und Bein, daß es Piraten seien, die Häuser plünderten und Frauen vergewaltigten, Gott behüte sie! Aber eine Piroge mit Indianern, die sich der »Santiago« bis an die Bordkante näherte, erkundete, daß es sich um ehrliche spanische Seefahrer handelte, die von einem hinkenden und hinfälligen Greis befehligt wurden. Lope de Aguirre, für den List und Verstellung die wirksamsten Waffen im Krieg waren, hatte ebenso wie die Lanzen und Arkebusen seine Soldaten unter Deck versteckt, auf der Brücke zeigten sich den Blicken nur Frauen und Kranke. Nach den Indianern kamen zwei weiße Einwohner von Paraguache bis an die Schiffsseite heran, einer von ihnen, der sehr geschwätzig war und sich Gaspar Rodríguez nannte, stieg an Bord, Lope de Aguirre empfing ihn mit außerordentlicher Höflickeit, erzählte ihm mit schönen Worten die überaus traurige Geschichte, die er sich ausgedacht hatte. Wir sind die Überreste eines Zuges, der aus Peru aufbrach, um im Dienste des Königs Siedlungen zu gründen. Unser General und Oberhaupt, der tapfere Don Pedro de Ursúa, starb auf dem unbarmherzigen Amazonenfluß am Fieber. Nach diesem Unglück wählten die Soldaten mich, Lope de Aguirre, zu ihrem Führer und Wegweiser, damit ich sie zu einem sicheren Hafen brächte. Wir sind von Hunger, Anstrengungen und Krankheiten so erschöpft, daß wir uns kaum noch auf den Beinen halten können. Bevor wir unseren Weg nach Nombre de Dios fortsetzen, benötigen wir Lebensmittel und Medikamente, die wir gut bezahlen werden, denn wir bringen aus Peru unser Geld und unsere Besitztümer, die nicht geringfügig sind, mit. Gestatten mir Euer Gnaden, euch diesen Umhang aus Scharlachtuch mit goldenen Borten zum Geschenk zu machen, und auch diesen smaragdbesetzten Ring und diesen in Potosí gearbeiteten Kelch aus Silber.

Gaspar Rodríguez kehrte höchst erstaunt an Land zurück und begann die Freigebigkeit der übel zugerichteten Peruaner zu verbreiten, die Einwohner kamen teils aus Mitleid, teils aus Habgier mit reichen Vorräten beladen die Abhänge herunter: frisch geschlachtete Hammel, tote und gerupfte Hühner, Säcke voll Mais und Yucca, Körbe mit Früchten, große bauchige Tonkrüge voll Wein, sie sahen aus wie fromme Hirten auf dem Weg nach Bethlehem.

Vizegouverneur Juan Sarmiento de Villandrando war unter einem glückbringenden Stern auf die Welt gekommen. Es fehlten noch sechs Monate, bis er dreißig Jahre alt wurde, und schon hatte er das höchste Amt der Margarita für sich erobert, ohne eine weitere Anstrengung auf sich zu nehmen als die sehr angenehme, sich mit der Enkelin des Auditors Marcelo Villalobos zu verheiraten, der ein enger Freund von König Karl V. war. Dieser erhabene Kaiser hatte Villalobos die Perleninsel durch Schenkungsurkunde auf Lebenszeit und mit dem Privileg vermacht, sie seinen Nachkommen übertragen zu dürfen. So erhielt die Tochter des genannten Auditors Villalobos, Doña Aldonza Manrique, sie als Erbteil, das sie ihrerseits als prächtiges Hochzeitsgeschenk überreichte, als ihre Tochter Marcela und Don Juan Sarmiento de Villandrando die Liebesehe schlossen.

Sie haben vor drei Monaten geheiratet, und schon ist Doña Marcela guter Hoffnung, sie wird einen Sohn gebären, der bis ans Ende seiner Tage der stattlichste und umsichtigste Gouverneur in der ganzen Geschichte der Margarita sein wird, an eine so verheißungsvolle Zukunft denkt der Vizegouverneur, während er in einer weißen Hängematte liegt, die zwischen zwei Cotoperíbäumen hängt, plötzlich kommen in der Stadt Espíritu Santo zwei Bauern aus dem Norden an, die eine ungewöhnliche Nachricht bringen, Don Juan de Villandrando ahnt die günstige Gelegenheit, auf die er so sehr gewartet hat: nicht mehr lediglich Doña Marcelas Ehemann zu sein, sondern sich außerdem in den mächtigen Herrn über unzählige Reichtümer zu verwandeln.

»Eine Brigantine ankert in Paraguache und eine andere an der Nordseite, an Bord der genannten Schiffe sind mehr als hundert hungrige und hilflose Menschen, sie verließen Peru auf Befehl des Königs und befuhren die größten Flüsse des Universums, sie flehen Eure Exzellenz um Hilfe an, anschließend werden sie ihre Reise fortsetzen, sie sagen, daß sie den Schatz der Omaguas entdeckt haben, der noch reicher ist als das Eldorado, sie haben Truhen voller Silber und Gold bei sich.«

Don Juan de Villandrando sprang aus der Hängematte und ließ in aller Eile den Alkalden Manuel Rodríguez de Silva, den Ratsherrn Andrés de Salamanca und den Oberbüttel Cosme de León herbeirufen, um mit ihnen zu besprechen, wie den unglücklichen Pilgern auf die barmherzigste Weise geholfen werden könne. Noch am selben Abend ließen sie ihre Pferde satteln, Gouverneur Villandrando bestieg einen Schimmel namens Lucero, der sein liebstes Reittier war, und sie alle nahmen den Weg nach Norden mit dem sehnlichen Wunsch, im ersten Morgenlicht am Strand von Paraguache einzutreffen.

In den Weilern, durch die sie kamen, schlossen sich ihnen etliche Einwohner und Neugierige an, als sie zu den sandigen Seeufern hinunterritten, bestand die Karawane schon aus mehr als zwanzig Personen. Lope de Aguirre war von der »Santiago« an Land gestiegen, um sie achtungsvoll zu empfangen, er küßte dem Gouverneur die Hand und kniete nieder, um die Reverenz ergeben und demütig erscheinen zu lassen.

»Steht auf«, sagte Don Juan de Villandrando mit der ihm eigenen Artigkeit, »denn ich weiß schon, daß Ihr der Führer dieses Zuges seid, und wir werden Euch mit der Achtung behandeln, den solcher Rang verdient. Wir sind bereit, Euch jede Art von Hilfe und Beistand zu gewähren, deren Ihr bedürft.«

»Wir werden Euch bis zur Stunde unseres Todes dankbar sein für die Gefälligkeiten, die Ihr uns erweist«, antwortete Lope de Aguirre, während seine Soldaten den Neuankömmlingen von den Pferden halfen und die Tiere dann an den entferntesten Bäumen festbinden gingen.

Lope de Aguirre fuhr mit solcher Zungenfertigkeit zu sprechen fort, daß er die ganze Hochachtung des jungen Gouverneurs gewann, er malte ihm in lebhaften Farben den Marañónfluß und die wunderbaren Schätze der Omaguas aus, die sie entdeckt hatten, er beendete seine Rede mit der Bitte um die Erlaubnis, daß seine Soldaten an Land kommen dürften, ohne ihre Arkebusen und Lanzen abzulegen, um einige Geschäfte mit den Herren Einwohnern zu tätigen, gern entsprach der Gouverneur seiner Bitte, dann stieg Lope de Aguirre von neuem auf die »Santiago«, um die angenehme Nachricht zu überbringen, einen Augenblick später erschienen alle Soldaten, die im Schiffsraum versteckt gewesen waren, an Deck, mit ihren Panzerhemden bekleidet und ihren Waffen in den Händen tauchten sie plötzlich auf, eine große Salve von Arkebusenschüssen scheuchte die Baßtölpel hoch und ließ die Herzen des Gouverneurs und seiner Begleiter schneller schlagen.

Lope de Aguirre kam wieder vom Schiff herunter, diesmal folgten ihm fünfzig wohlbewaffnete Marañones, er sprach nicht in dem honigsüßen Ton von vorher, sondern folgendermaßen:

»Meine Herren, wir sind aus Peru gekommen und werden nach Peru zurückkehren, um Krieg zu führen, und nebenbei sage ich Euch, daß es nicht in unserem Sinne liegt, dem König zu dienen, denn der König von Spanien ist ein Mann wie jeder beliebige von uns, aber mit weniger Anrechten und Ansprüchen als wir Konquistadoren. Und da wir Euer Gnaden nicht vertrauen und keinen Grund haben, Euch zu vertrauen, befehlen wir Euch, die Waffen abzulegen und Euch gefangen zu geben, bis wir alles ehrlich erworben haben, was wir benötigen, um unser Unternehmen fortzusetzen.«

»Was ist das?« rief entsetzt der Gouverneur. Niemals zuvor waren seine Ohren durch eine so gotteslästerliche Sprache beleidigt worden. Fünf Lanzenspitzen berührten seine Rippen, auf seinen Kopf zielten ein Paar Arkebusen, das gleiche widerfuhr seinen Begleitern, alle lieferten ohne Ausnahme eiligst ihre Waffen ab, Diego de Tirado sprang mit einem Satz auf den feurigen Fuchs des Alkalden Rodríguez de Silva, desgleichen ergriffen der Baske Roberto de Zozaya und der Mestize Francisco Carrión zwei Grauschimmelstuten, Lope de Aguirre bestieg gelassen das weiße Pferd des Gouverneurs, niemals hatte Lucero auf seinem Rücken einen geschickteren und verteufelteren Reiter getragen als diesen.

Wie anders als der angenehme Hinweg war die schmerzliche Rückkehr des Gouverneurs Villandrando zu seiner Villa del Espíritu Santo! General Lope de Aguirre bot ihm ritterlich an, ihn hinter sich aufsitzen zu lassen, der Gouverneur wies diese Einladung, die er für Hohn hielt, beleidigt zurück, er wies sie während der ersten Wegmeile zurück, in der Mitte der zweiten Meile begannen seine Füße anzuschwellen und sein

Stolz unter der Sonne zu schmelzen, jetzt willigte er ein, hinten aufzusitzen, wenn auch darauf bedacht, dem Reiter nicht allzu nahe zu kommen, dessen Berührung ihn abstieß und Ekel verursachte, in so demütigendem Aufzug sah ihn seine besorgte Doña Marcela in die Hauptstadt einziehen.

Feldmeister Martín Pérez de Sarrondo, der sich den Leuten von Lope de Aguirre anschloß, als dieser Paraguache verließ, begibt sich jetzt an die Spitze der Reiter, die in der Abenddämmerung des zweiundzwanzigsten Juli, am Magdalenentag, triumphierend und siegreich in Villa del Espiritu Santo einreiten, ihre Arkebusen in die Luft schießen und den Einwohnern, die stumm und starr vor Staunen vor ihren Türen erscheinen, zurufen: »Es lebe Fürst Lope de Aguirre, der Führer der unbesiegbaren Marañones! Es lebe die Freiheit!«

Die Maßnahmen, die Lope de Aguirre traf, als er sich der Regierung der Margarita bemächtigte, waren weder so sinnlos noch so grausam, wie man Euer Gnaden erzählt hat. Die erste war die, Gouverneur Villandrando und die anderen Gefangenen in der Feste von Pueblo de la Mar einzuschließen, einem steinernen Wachtposten, der dem Wind mit seinen Schießscharten und seinem von Zinnen gekrönten Turm trotzte. Die Gefangenen gingen ohne Fußschellen und Ketten frei im Hof umher, und nach drei Tagen wurde allen erlaubt, nach Hause zurückzukehren.

Mit dem guten Vorsatz, jedes Zeichen und jede Spur der kaiserlichen Herrschaft über die Insel auszulöschen, ließ Lope de Aguirre mit Axthieben die hölzerne Säule zerstören, wo im Namen des Königs auf dem Platz des Ortes die Leute erhängt wurden, dann ließ er die Türen des Raumes zerstückeln, wo sich die königliche Kasse befand, beschlagnahmte die Goldmünzen und verbrannte die königlichen Kontobücher, die in der Kasse waren, verbrannte auch die Register und Aufzeichnungen, die Geschichte der Insel fing wieder von vorne an.

Lope de Aguirre traf Vorkehrungen, um sich vor Unruhen und Meutereien zu schützen, indem er folgenden Erlaß bekanntmachen ließ: »*Seine Exzellenz Lope de Aguirre, der Zorn Gottes, Fürst der Freiheit und des Reiches von Tierra Firme und von Chile und von den dazwischen liegenden Provinzen, der große und starke Führer der Marañones, befiehlt bei Todesstrafe, daß alle Personen, Anwohner und Bewohner, Anwesende und Ansässige dieser Insel, Seiner Exzellenz sogleich alle ihre Waffen, offensive sowie defensive, überbringen, und bei derselben Strafe sollen sich alle auf dem Lande befindlichen Personen in die Stadt begeben und die nicht auf dem Lande sind, nicht hinausgehen ohne Genehmigung und ohne Auftrag, denn so entspricht es ihrem Dienst.*« Und am selben Tage ließ er in einer Bucht alle Kanus, Pirogen und anderen kleinen Schiffe, die an jenen Küsten fuhren, vertäuen und mit großer Wachsamkeit beaufsichtigen, um zu verhindern, daß jemand sie benutzte und Nachrichten über das, was auf der Margarita vor sich ging, nach Tierra Firme brachte.

Um die Zahl seiner Marañones durch tapfere und bereitwillige Leute zu erhöhen, hielt Lope de Aguirre Ansprachen und zählte Gründe auf, während er die Männer des Ortes einlud, seinen Fahnen zu folgen. Er wolle keine gepreßten Soldaten, sondern freiwillige, die ihn nach Peru in den Krieg begleiteten, den er gegen die verruchten Auditoren und Ratsherren führen werde. Die Frucht dieser Bemühungen war, daß sich mehr als fünfzig Einwohner, größtenteils junge, obwohl es drei gab, die schon über vierzig Jahre alt waren, Lope de Aguirres Partei verschrieben, die für sie die Partei der Freiheit war.

Stets darauf bedacht, die Versorgung seines Heeres zu sichern, verpflichtete Lope de Aguirre die reichen Einwohner der Insel, Vieh und Proviant für den Unterhalt seiner Leute zu liefern; und er zwang die besagten Reichen, Marañones in ihren Häusern zu beherbergen und Inventur ihrer Weine und Speisen zu machen und sie auf Vorrat zu halten.

Da die Einheimischen, die auf den Viehweiden und Saatfeldern arbeiteten, ständig von den Regierenden und den Händlern betrogen wurden, befahl Lope de Aguirre, die Preise zu erhöhen, die ihnen für ihre Erzeugnisse und Arbeiten gezahlt wurden; es war Pflicht, drei Reales für die Hühner zu bezahlen, die vorher zwei gekostet hatten, und sechs Reales für die Hammel, die vorher für vier gekauft worden waren; und auch der Preis von Kühen und Kälbern, Mais und Früchten wurde im selben Verhältnis verbessert.

Schließlich bemühte sich Lope de Aguirre, die Unversehrtheit der ehrbaren Frauen zu beschützen. Von Doña Marcela, der Gemahlin des Gouverneurs, bis zu den nicht weniger tugendhaften Gattinnen des Dieners Juan Rodríguez und des Zimmermanns Pedro Pérez wurden alle schicklich im selben Hause untergebracht, in dem Elvira, die Tochter des Führers, wohnte. Lope de Aguirre zögerte nicht, die Todesstrafe zu verhängen, wenn irgendein Soldat sich erdreistete, die Hand (gegen den Willen des Opfers) an den Körper einer ehrbaren Frau zu legen.

Wegen dieser so verschiedenen Gründe haben wir weiter oben gesagt, daß Lope de Aguirres Regierung auf der Insel Margarita weder so grausam noch so unsinnig war, wie es Euer Gnaden die rachsüchtigen Mönche und die bösartigen Chronisten erzählt haben.*

*Der Autor, der alle seine früheren Bücher schrieb, indem er aus eigenen Erfahrungen und fremden Zeugnissen schöpfte, sah sich bei

Was dann geschah, erwarteten weder ich noch Euer Gnaden, Lope de Aguirre wurde verlassen und verkauft von dem Freund, dem er am meisten Vertrauen und Glauben geschenkt hatte, von da an wurde sein Wesen

dieser Gelegenheit einem fast unüberwindlichen Hindernis gegenüber: es gab auf dem ganzen Erdenrund keinen einzigen Überlebenden des sechzehnten Jahrhunderts, den man hätte befragen können. Der Autor unterwarf sich der Demütigung, wider seine Arbeitsmethoden und persönlichen Neigungen in Bibliotheken und Archiven herumzuschnüffeln. Über diesen unseligen Lope de Aguirre, den der Autor zum Helden seiner Geschichte wählte, sind hunderte von Bänden geschrieben worden, die zu lesen, analysieren und mit Randbemerkungen zu versehen waren. Mit bis dahin ungekannter Geduld konsultierte der Autor die Werke von einhundertachtundachtzig verschiedenen Verfassern, (nicht so verschieden, weil sie fast wörtlich voneinander abschreiben), darunter Chronisten von Indien, Memoirenschreiber, Historiker, Essayisten, Psychiater, Moralisten, Erzähler, Dichter, Dramatiker etc., die sich in irgendeiner Form mit Lope de Aguirre, seinen Abenteuern und seinem Tode beschäftigten. Am Ende dieses Buches erscheint die vollständige Liste seiner einhundertachtundachtzig Vorgänger nicht, denn es ist eine allgemeine Regel, daß wir Romanschriftsteller nicht verpflichtet sind, irgend jemandem über unsere Bibliographien Rechenschaft abzulegen.

Was der Autor jedoch hervorheben möchte, ist der unversöhnliche Haß, mit dem fast die Gesamtheit jener konsultierten Verfasser auf den Seiten ihrer Bücher den Führer der Marañones behandelt hat. Es genügt, hier und da einige der von ihnen in den jeweiligen Epochen und verschiedenen literarischen Gattungen geäußerten Urteile herauszugreifen, um das Maß des Hasses zu ermessen, den Lope de Aguirres Gestalt in ihren Federn erweckt:

»Mann ohne Religion und ohne Gesetz, der einem unbeirrbaren Willen und den Instinkten einer Hyäne gehorcht«;

»ein so grausamer Tyrann, wie ihn diese Welt niemals vorher sah«;

»verschlagen, eitel, treulos und betrügerisch; selten sagte er die Wahrheit; und niemals hielt er das gegebene Wort«;

»er war kein menschliches Wesen, sondern eine Höllenbrut«;

»lasterhaft, wollüstig, gefräßig, schlechter Christ und sogar lutheranischer Ketzer oder Schlimmeres«;

»es gibt kein Laster, das seiner Person nicht anhaftet«;

»jaguarisch, neurotisch, blasphemisch, gottlos, grausam, ausschweifend«;

»unausgeglichenes und blutrünstiges Wesen, das nichts anderes verdient als den Schimpf, den er seit Jahrhunderten erleidet«;

viel düsterer und mißtrauischer. Pedro de Munguía war mein engster Gefährte gewesen, mein Bruder im Glück und im Unglück seit alten Zeiten, seit jenem nie vergessenen Aufstand von Don Sebastián de Castilla in den

»schlaues und blutgieriges Raubtier, das seine Beute aus dem Hinterhalt fängt«;

»Verräter, der niemals gut über Gott noch über seine Heiligen noch über den Menschen noch Freund noch Feind noch sich selbst sprach«;

»seine Seele und sein Körper werden ewig Höllenstrafen erleiden«;

»nichts bewegte ihn, immer mit einem luziferischen Zorn, der alles Mitleid verabscheute«;

»nur zur Unterhaltung und Befriedigung tötete er Menschen ohne Anlaß und Schuld«;

»unbarmherziger als Nero und Herodes«;

»er war der böseste Mensch, den es seit Judas bis heute gab«;

»sein Leben war ein Gewebe von unerhörten Greueltaten, die die Feder sich niederzuschreiben und der Verstand sich zu glauben weigert«;

»seine Worte, sein Gebaren, sein Auftreten waren ein Ebenbild der Hölle«;

»wenn die Feder alle seine Freveltaten ausdrücken könnte, gäbe es nicht genügend Herzen, um die Grausamkeiten zu ertragen, und nicht genügend Augen, um die Tränen zu weinen, derartig waren die Beleidigungen, Räubereien und Greuel, die jenes wilde Tier beging«;

»ewig die Erinnerung an seine barbarische Grausamkeit, indem er sich als wildes Tier unter den Menschen auswies«;

»klares Beispiel für geistige Verwirrung«;

»man kann jenen kleinen, hinkenden und schwächlichen Homunkulus nicht einmal grausam nennen, denn da sein Wesen von den Teufeln des Irrsinns gefangen war, war er gänzlich ohne Verantwortung für seine Handlungen«;

»schlau und ränkevoll bis zur Verlogenheit, ungestüm und grausam bis zur Roheit«;

»ruchloser Tyrann, großer Verräter, als er niemanden zu töten hatte, tötete er seine eigene Tochter«.

Das genügt. Die Biographen und Interpreten Lope de Aguirres haben sich verschworen, auf seinem Andenken ein solches Arsenal von Schmähungen anzuhäufen, daß es ihnen gelungen ist, ihn in den größten Prototypen menschlicher Ruchlosigkeit zu verwandeln.

Es gab jedoch einen bedeutenden Schriftsteller, Politiker und Soldaten des 19. Jahrhunderts, der in Lope de Aguirre nicht nur den Töter von Menschen sah, sondern ihn dem Wesen nach als einen Vorläufer der amerikanischen Unabhängigkeit beurteilte. Jener

Charcas, zusammen töteten wir General Pedro Hinojosa, zusammen erlangten wir Vergebung unter der Bedingung, daß wir auszögen, den Aufstand von Francisco Hernández Girón zu bekämpfen, zusammen be-

Verteidiger von Lope de Aguirres Ideen hieß Simón Bolívar und ist uns Venezolanern unter dem Beinamen »Der Befreier« bekannt.

Simón Bolívar spielte bei mehreren Anlässen auf die Kühnheit des Führers der Marañones an, jedoch nicht etwa, um sie als verbrecherischen Irrsinn zu verurteilen, sondern um sie als unbeugsame Erhebung gegen die spanische Krone zu preisen. Der Befreier befahl am Nachmittage des 18. September 1821 einem seiner Adjutanten, den herausfordernden Brief, den Lope de Aguirre 1561 von Venezuela aus an Philipp II. schrieb, in seiner ganzen Länge zu kopieren und daß dieser Brief sofort in der Zeitung *El Correo Nacional* von Maracaibo zu veröffentlichen sei, die von Doktor Mariano Talavera geleitet wurde, einem klerikalen Journalisten, der es von seinen Vorurteilen verblendet wagte, General Bolívars Befehle nicht zu befolgen, das wenigstens lassen die Tatsachen schließen, denn in den weiteren Ausgaben von *El Correo Nacional* erscheint der berühmte Brief an keiner Stelle. Dagegen wurde in den Archiven jener Epoche eine vom 29. September 1821 in Maracaibo datierte Mitteilung des Obersten Francisco Delgado, Generalkommandant und Intendant der Heere der Republik von Kolumbien, gefunden, in der er den Kriegsminister unterrichtet, daß er die von General Bolívar gesandte Kopie des Briefes erhalten und den Auftrag gegeben hat, sie zu veröffentlichen. Der Befreier bezeichnet das Dokument der Ausbürgerung aus Spanien, das Aguirre und seine Marañones im amazonischen Urwald unterschrieben, als *»die erste Akte der Unabhängigkeit Amerikas«*.

Noch mehr, Lope de Aguirre. Durch eine glückliche Fügung der Geschichte wird zweihundertachtundfünfzig Jahre später ein weiterer Sohn treuer baskischer Vasallen denselben Weg nehmen, den du einschlugst, als sie dich in Barquisimeto töteten und dir den Kopf abschnitten. Du warst nicht so verrückt, Lope de Aguirre, wie deine Verleumder dich darstellten. Simón Bolívar wird, so wie du es erträumtest, die Gipfel der Anden an der Spitze seiner rebellischen und unerschrockenen Soldaten überqueren, er wird die königlichen Heere in den Ebenen des Neuen Königreiches von Granada mehrere Male besiegen, seinen siegreichen Marsch nach Peru fortsetzen und, so wie du es erträumtest, die Gouverneure und Minister des spanischen Königs, der nicht mehr Philipp II. sondern Ferdinand VII. heißt, für immer aus Indien hinauswerfen.
(Anmerkung des Verfassers)

fanden wir uns in der Schlacht von Chuquinga, wo ich an einem Bein verletzt und für immer hinkend wurde, zusammen kehrten wir zurück in die Einsamkeit von Cuzco, zusammen brachen wir auf zu dem Feldzug von Pedro de Ursúa, der den Schatz der Omaguas erobern wollte, zusammen trotzten wir den schrecklichen Ereignissen, die uns das Schicksal auf dem Marañónfluß vorbehielt. Ich ernannte dich zum Hauptmann meiner Wache, nachdem ich Nicolás de Zozaya, der seinerzeit der Geliebte von Doña Inés de Atienza zu werden trachtete und es niemals werden konnte, dieses Amtes enthoben hatte. An wen anders als an dich, Pedro de Munguía, konnte ich, Lope de Aguirre, denken, als es darum ging, jemandem den geheimsten und wichtigsten aller Aufträge anzuvertrauen?

Drei Einheimische, die jetzt mit emsiger Wachsamkeit im Lager der Marañones dienten, kamen zur Festung und brachten Lope de Aguirre außerordentliche Nachrichten:

»Auf diesen Meeren segeln zwei Schiffe, deren sich Eure Exzellenz mit großer Leichtigkeit bemächtigen könnten. Das erste der beiden gehört dem Händler Gaspar Plazuela, den Eure Exzellenz gefangensetzten, weil er sich weigerte, die Stelle zu verraten, wo er sein Schiff versteckt hatte. Durch ein Wunder der Jungfrau vom Tal erfuhren wir, daß dieses Schiff sich in einer Bucht eine halbe Meile nördlich von Punta de Piedra verborgen hält.«

»Und das andere?« sagte Lope de Aguirre.

»Das andere Schiff eignet sich großartig für die Zwecke und Pläne Eurer Exzellenz. Es ist ein mit Kanone und Feldschlangen bestücktes, seetüchtiges Schiff, das zur Zeit vor der Küste von Maracapana ankert, einem Ort auf dem Festland, jedoch ziemlich nahe von hier, denn wenn man über die Saline von

Araya hinausfährt, stößt man darauf. Dieses Schiff fährt unter dem Befehl und Kommando des Mönchs Francisco Montesinos, ein Teufelssohn und Provinzial des Dominikanerordens, der von der Margarita auslief, um die Indianer von Guayana zu Christen zu bekehren, und noch nicht über Maracapana hinausgekommen ist. Der Mönch hat dreißig Leute bei sich, die ihm wenig nützen werden, denn er ist ahnungslos und rechnet nicht mit Krieg.

Ein mit Kanonen und Feldschlangen bewaffnetes Schiff, das von einem Mönch verteidigt wird! Das war genau das, was Lope de Aguirre sehnlichst wünschte und brauchte. Die beiden Brigantinen, die sie bis zur Margarita gebracht hatten, landeten so mitgenommen und übel zugerichtet auf der Insel, daß er sie zerstören und verbrennen ließ. Jetzt verfügte er nur über drei kleine Schiffe, die er den Kaufleuten der Insel gewaltsam weggenommen hatte, und über ein weiteres Schiff von mittlerer Größe, das Gouverneur Villandrando gehörte und das die Zimmerleute noch nicht fertiggestellt hatten. Ein Schiff mit Kanonen, von einem Mönch verteidigt und wenige Meilen von hier vor Anker! Lope de Aguirre ließ augenblicklich Pedro de Munguía rufen.

»Nimm zwanzig gut ausgewählte Soldaten unter dein Kommando und dazu als Wegweiser den Neger Alfonso de Niebla, der ein treuer Diener ist und die Gegend kennt. Geh zuerst nach Punta de Piedra, überfall Gaspar Plazuelas Schiff und schick mir die ganze Ware dieses Schiffes mit dem Portugiesen Custodio Hernández, der dich begleiten wird. Sezt mit dem Rest der Leute deinen Weg fort bis Maracapana, wo du das Schiff des Provinzials vorfinden wirst. Such nicht den Kampf, sondern benutze List und Schnelligkeit, um jene Tölpel zu täuschen und dich des Schiffes zu bemächtigen, erzähle ihnen die wunderbare Geschichte von unseren Abenteuern auf dem Amazonenfluß, erzähle ihnen von den menschenfressenden Indianern und den Frauen mit drei Brüsten und den goldenen Nachttöpfen des Prinzen Quarica, töte Mönch Montesinos ohne Rücksicht, sobald er nicht Obacht gibt, alles weitere wird eine vergnügte und einfache Angelegenheit sein, wirf den Leichnam des Mönchs ins Meer und kehre unverzüglich mit dem bestückten Schiff in deiner Gewalt zum Hafen von Mompatare zurück. Mach dich hurtig auf, Munguía!«

Pedro de Munguía wählte die zwanzig Mann aus, an erster Stelle Rodrigo Gutiérrez aus Jeréz, der sein Gevatter war. Sie verließen Pueblo de la Mar mit Kurs auf Nordwesten in einer riesigen Piroge, die fünfunddreißig Mann aufnehmen konnte, wenn es nötig war. Die sechs Matrosen, die Gaspar Plazuelas Schiff in Punta de Piedra bewachten, ergaben sich, als sie den Donner von zwanzig Arkebusen hörten. Pedro de Munguía besetzte das Schiff und schickte Lope de Aguirre in Pirogen den Inhalt des Laderaums, der aus etlichen Arroben gesalzenen Fisches und aus Kassawafladen bestand. Der Verrat erfolgte hinterher.

»Mein lieber Freund und Gevatter Rodrigo Gutiérrez«, sagte Pedro de Munguía halblaut, sie saßen allein am Heck, die Sonne schien nun auf das ruhige Wasser, schon hatte Gaspar Plazuelas Schiff, das sie trug, den Bug Maracapana zugewandt, »ich habe viele Male gedacht, daß dieses unser Abenteuer im Dienst von Lope de Aguirre kein anderes Ende nehmen wird als Scheitern und Tod. Kein Tyrann, der in Indien gegen den König aufgestanden ist, entging dem Galgen oder der Garrotte, ob er nun mächtig war wie Pizarro, grausam wie Carvajal oder großmütig wie Hernández Girón.«

»Du hast nur zu recht«, antwortete Rodrigo Gutiérrez nach einer Weile, ohne die Augen zu heben, denn er hielt sie immer zu Boden gesenkt.

Jene Zustimmung genügte Pedro de Munguía, um mit seinem Treubruch fortzufahren. Er sprach mit den Soldaten Antón Pérez und Andrés Díaz über die Angelegenheit, und diese zeigten sich gern bereit, alles zu tun, was ihnen befohlen würde, vielleicht witterten sie die Gelegenheit, ihr Leben retten zu können, das nichts mehr wert war. Wenn Fähnrich Juan Martín, dem Lope de Aguirre den Auftrag gegeben hatte, eigenhändig den Mönch Montesinos zu töten, versuchen sollte, Widerstand zu leisten, würde es keinen anderen Ausweg geben, als ihn durch Dolchstiche zum Schweigen zu bringen.

Niemand widersetzte sich Pedro de Munguías Niedertracht, nicht einmal Fähnrich Juan Martín. Sie näherten sich der Küste von Maracapana, indem sie, wie Lope de Aguirre ihnen geraten hatte, weiße Fahnen hochhielten, aber nicht um dann die vorgetäuschte Freundschaft in Angriff zu verkehren, sondern um sich in aller Ungezwungenheit auf König Philipps Seite zu schlagen. Als Beweis für ihre Aufrichtigkeit und Unterwerfung händigten sie alle ihre Arkebusen, Panzerhemden und Schwerter einem Dominikanermönch namens Alvaro de Castro aus, der vor lauter Angst in seine Kutte harnte. Und als der Provinzial in Person erschien, gaben sie ihm einen vollständigen Bericht über den Zug, den Gouverneur Pedro de Ursúa von Peru aus unternommen hatte, und über Lope de Aguirres Erhebung in Machifaro, und über die Todesfälle, die dann eintraten, und die Schuld an all jenem Blut gaben sie der Verruchtheit des Führers der Marañones, Pedro de Munguía hörte nicht auf, Lope de Aguirre grausamer Tyrann, grausamer Tyrann, hundertmal grausamer Tyrann zu nennen.

Über die Maßen unruhig wurde der Provinzial beim Anhören der entsetzlichen Nachrichten, die ihm Pedro de Munguía und seine Gefolgsleute gaben, ein Schauder des Schreckens durchlief Maracapana, mehr als hundert mit Arkebusen und Piken bewaffnete Männer bestiegen das bestückte Schiff des Provinzials, sie würden die Margarita aus den Klauen jener fürchterlichen Bestie erlösen, obgleich die blutigen Verbrechen, von denen Pedro de Munguía berichtete, das furchtloseste Herz zum Erstarren bringen konnten.

Lope de Aguirre seinerseits dachte anfangs, Pedro de Munguías Verspätung sei darauf zurückzuführen, daß die Leute des Provinzials ihn gefangengenommen und gehenkt hätten. So großes Vertrauen hatte er in die Treue seines Hauptmanns der Wache, daß er keinerlei Verdacht schöpfte. Zu allem Unglück hatte sich der geschwätzige Mandragora, sein Hausteufel, in steinernes Schweigen vergraben. Lope de Aguirre rief seine Hauptleute zusammen und sagte voll Zorn und Grimm zu ihnen:

»Wenn es sich herausstellen sollte, daß mein treuer Hauptmann und Freund Pedro de Munguía durch die ruchlosen Hände dieses niederträchtigen Mönchs getötet worden ist, schwöre ich euch, daß alle Priester des Universums mir dafür büßen werden, denn das Blut von hundert Klöstern ist weniger wert als das eines Marañónsoldaten. Dich, Francisco Montesinos, verbrecherischer und knabenschändender Mönch, werde ich suchen und finden, wo immer auch du dich versteckst, um dich bei lebendigem Leibe abzuhäuten und eine Trommel aus deiner ekelhaften Haut zu machen.«

Aber jener heftige Schmerz, den ihm Pedro de Munguías vermeintlicher Tod verursachte, wandelte sich in luziferische Wut, als der schwarze Wegweiser Alfonso de Niebla, der einzige von den sechzehn Ausgesandten, der sich weigerte, in das Lager des Königs von Kastilien überzulaufen, in einem Kanu aus Maracapana fliehen konnte und mit verhängnisvollen Neuigkeiten in der Festung eintraf:

»Hauptmann der Wache Pedro de Munguía ist in den Dienst Seiner Majestät übergetreten, das Schiff des Provinzials ist auf dem Wege hierher und nicht, um sich Eurer Exzellenz zu ergeben, sondern um erbarmungslosen Krieg zu führen, er hat Feuerbomben und Kanonen und zweihundert Arkebusier bei sich, Pedro de Munguía kommt als Verräter und Gehilfe des Mönchs mit ihnen.«

Hauptmann der Wache Pedro de Munguía ist in den Dienst Seiner Majestät übergetreten! Niemals hatte ich in meiner Brust einen so heftigen Schlag gefühlt, weder als zweihundert ungerechte Peitschenhiebe mir auf dem Platz von Potosí den Rücken abhäuteten, noch als sie mich in der Schlacht von Chuquinga halbtot zu Boden streckten, noch als das widrige Geschick mich zwang, die ach so schöne Doña Inés de Atienza zu töten. Der Hauptmann der Wache Pedro de Munguía ist in den Dienst seiner Majestät übergetreten, und sein Verrat bedeutet, daß alle meine Pläne und Absichten sich jetzt in den Händen meiner Feinde befinden, daß ich nicht mehr überraschend Nombre de Dios überfallen kann und die Provinz Panama einnehmen, die entsprungenen Neger mit unseren Truppen vereinigen, ein Heer von dreitausend Mann bilden, Galeeren und Kanonen erbeuten, mit einer großen und unbesiegbaren Flotte in Peru einfallen und den König von Spanien mit der Standarte der Freiheit niederwerfen kann, alles wurde Schaum und Traum. Verflucht seist du, hundsgemeiner Mandragora, der du mir seinen Verrat nicht angezeigt hast, der du am Tage meines Todes meine Seele mit in die Hölle nehmen wirst aber den ich in dieser Zeit der

Treulosigkeiten aus meinem Körper vertreibe, du elender Teufel, den ich verfluche und bespucke. Ich werde das Blut durch die Täler der Margarita fließen lassen, das Blut deines ausschweifenden Mönchs und deiner gottlosen Minister, König Philipp, bis zu meinem Tode wird kein Schicksalsschlag meinen Rebellengeist zerbrechen können, einerlei ob alle meine Hauptleute, meine Marañones, meine Söhne mich verlassen und mich verkaufen.

Zum ersten Mal sah seine Tochter Elvira ihn so von Sinnen, zum ersten Mal sah sie ihn so alt, das war nicht der starke Führer der Marañones, das war nicht der Fürst der Freiheit, das war nur ein verrückter und unglücklicher Greis, der im Hof der Festung verworrenes Geschrei ausstieß. Da trat Elvira zu ihm und sagte diese unerhörten Worte zu ihm: »Küß mich, mein Vater.«

Lope de Aguirre hielt die Margarita vierzig Tage lang in Besitz, und in dieser Zeit ließ er fünfundzwanzig Todesurteile vollstrecken, die von Gelehrten und Romanzendichtern verdammt und geschmäht worden sind. In der Rechnung, die seine Feinde darüber führen, erscheinen die genannten Todesurteile folgendermaßen numeriert:

1. Tod des Diego de Balcázar.

Augenblicke bevor der Anker in den Wassern von Paraguache gelichtet wurde, befahl der grausame Tyrann, den Hauptmann Diego de Balcázar zu erdrosseln, dieser abscheuliche Befehl wurde von zwei Negern namens Francisco und Jorge ausgeführt, die die Stelle von

»Diego de Balcázars Unterwürfigkeit und Kniefälle vor Monarchen und Auditoren waren eine widerliche Sache«, sagt Lope de Aguirre. »In der Stadt der Könige spielte er Karten mit dem Vizekönig Hurtado de Mendoza, er selber prahlte mit diesem knechtischen Privileg. Niemals werde ich jene schroffe Geste vergessen können, als der genannte Diego de Balcázar nach Gouverneur Ursúas Tod zum Oberrichter des Lagers ernannt wurde und er dann mit lauter Stimme antwortete: »Den Stab nehme ich entgegen im Namen von König Philipp, unserem Herrn, und keinem andern.« Ich versuchte ihn kurze Zeit nach jener Schmähung zu strafen, aber der Schurke entkam meiner Gerechtigkeit dadurch, daß er sich unter Fürst Fernandos Rockschöße flüchtete und mit großer Keckheit rief Es lebe der König! Es lebe der König! Vor der Küste der Margarita kam schließlich für ihn die letzte Stunde, für uns die Stunde, in der wir nicht länger diesen verstockten Arschlecker des spanischen Königs lebendig und gegen seinen Willen unter uns haben wollten.«

2. Tod des Gonzalo Guiral de Fuentes.

Kaum hatte Diego de Balcázar seinen Geist aufgegeben, befahl der grausame Tyrann, auch einen anderen Offizier des Lagers namens Gonzalo Guiral de Fuentes zu erdrosseln, der ein sehr großer Freund des Fürsten Don Fernando gewesen war, und nichtsdestotrotz warnte er bei bestimmter Gelegenheit Lope de Aguirre vor der Falle, die ihm gestellt wurde, um ihn zu töten. Nichts nützte es ihm jetzt, daß er an diesen Dienst erinnerte, noch gewährte man ihm die Beichte, nach der er reuevoll vor seinem Tode verlangte; das Seil zerriß an seinem Hals, und sie mußten ihn mit Dolchstichen töten, und sie warfen seinen

»Meiner Treu«, sagte Lope de Aguirre, »gewiß war dieser Gonzalo Guiral einer von denen, die zu mir eilten, um mir die Verschwörung zu enthüllen, die Fürst Don Fernando und seine verstorbenen Hauptleute vorbereiteten, um mein Leben zu vernichten. Den Verrat liebt man, den Verräter haßt man, sagt das Sprichwort. Als er sein Urteil entgegennimmt, erbleicht Gonzalo Guiral und wirft mir als Sünde meine Undankbarkeit vor. Die Sache ist die, antworte ich ihm, daß in deinen Augen die Absicht zu lesen ist, mich zugunsten eines andern zu verraten, wie du Don Fernando zu meinen Gunsten verrietest. Was das Seil angeht, so schwöre ich Euer Gnaden, daß es zerriß, weil Guiral de Fuentes sich mit aller Kraft wehrte, anstatt gefaßt wie ein Soldat zu sterben.«

3. Tod des Sancho Pizarro.

Noch am selben Nachmittag seiner Ankunft in Paraguache befahl der grausame Tyrann einem Soldaten seines Lagers namens Martín Rodríguez, daß er über Land und von einem Guaiqueriindianer geführt zur Nordseite gehen sollte, wo die Brigantine des Martín Pérez de Sarrondo geankert hatte. Der besagte Soldat Martín Rodríguez hatte eine kurze Botschaft bei sich, die so lautete: »Machen sich Euer Gnaden unverzüglich auf, um sich mit uns zu vereinigen, und sorgt unterwegs dafür, daß der Hauptmann Sancho Pizarro getötet wird.« Der blutrünstige Feldmeister Martín Pérez de Sarrondo führte die erhaltenen Befehle mit größtem Wohlgefallen und Behagen aus. Nachdem er an Land gestiegen war, entfernte er sich mit fünf Männern vom Strand, und bei einem Hügel brachten sie Sancho Pizarro um, indem sie ihm viele Dolchstiche und Degenstöße versetzten, so wie der grausame Tyrann es

»Jener verfluchte Sancho Pizarro«, sagt Lope de Aguirre, »liegt mir schon seit Beginn unseres Zuges im Magen. Bedenken Euer Gnaden, daß der besagte Sancho Pizarro ein von General Pedro de Ursúa und von Juan Alonso de La Bandera geschätzter und geliebter Offizier war und daß beide ihm die gefährlichsten Aufgaben anvertrauten. Sancho Pizarro aus Trujillo war schlau und verstand seine Absichten zu tarnen, Sancho Pizarro war ein skorpionartiger Schurke, der im Todeskampf nicht gezögert hätte, die Ladung seiner Arkebuse auf die Brust seines Feindes abzufeuern, Gott gebe, daß jener Feind nicht Lope de Aguirre heißt! es war nötig, ihm zuvorzukommen, um zu verhindern, daß ein derartiges Unglück geschah.«

4. Tod des Alonso Enríquez de Orellana.

Zwei Tage nachdem der grausame Tyrann auf der Margarita an Land gegangen war, gab er Befehl, auf dem Platz von Villa del Espíritu Santo den Munitionshauptmann Alonso Enríquez de Orellana zu erdrosseln, weil man ihm sagte, der genannte Orellana habe sich in der Nacht der Ankunft betrunken und zu schreien begonnen, um den Sieg zu feiern. Diese Strafe wurde um Mitternacht vollzogen, ohne dem Beschuldigten zu erlauben, irgend etwas zu seiner Verteidigung anzuführen, noch ihm die Beichte zu gewähren, nach der er fromm

»Unter Aufsicht und Befehl des Hauptmanns Alonso Enríquez de Orellana befanden sich die Ausrüstung und das Kriegsgerät unseres Lagers«, sagt Lope de Aguirre. »Hören und vernehmen Euer Gnaden, daß noch am Tage unserer Ankunft in Villa del Espíritu Santo, bevor bekannt war, ob auf der Insel Gefolgsleute des Gouverneurs waren, die sich anschicken könnten, mit uns zu kämpfen, um ihn zu befreien, der besagte Hauptmann Alonso Enríquez de Orellana seinen Posten in der Festung verließ und sich in eine Schenke des Ortes begab, um Wein zu trinken, bis man ihn ohnmächtig und ohne Bewußtsein ins Lager brachte. Der Neger Hernando Mandinga, der mithalf, ihn zu schleppen, und der niemals weder Lügen gebraucht noch Verleumdungen ausspricht, bezeugt, daß Enríquez de Orellana in seiner Trunkenheit damit drohte, zu meutern, Prahlereien, die auch Bakkalaureus Gonzalo de Zuñiga hörte, aber für sich behielt. Ich ließ unverzüglich den lärmenden Munitionshauptmann Alonso Enríquez de Orellana erdrosseln und benutzte die Gelegenheit, den treuesten meiner Freunde, Antón Llamoso, der trotz seiner einzigartigen Treue noch nicht über den Feldwebel hinausgekommen war, in dieses Amt zu heben.«

5. und 6. Tod des Juan de Villatoro und des Pedro Sánchez del Castillo.

Zwei Tage danach flohen aus dem Lager des grausamen Tyrannen fünf Soldaten namens Gonzalo de Zuñiga, Francisco Vázquez, Pedrarias de Almesto, Juan de Villatoro und Pedro Sánchez del Castillo. General Lope de Aguirre, der wütig wie ein Tiger tobte und raste, ließ Gouverneur Villandrando und die Alkalden rufen und drohte ihnen, sie zu töten, wenn die Flüchtlinge nicht wieder auftauchten. Der bekümmerte Gouverneur und die entsetzten Alkalden befahlen, die Häuser und Berge der Insel zu durchsuchen, bis die fünf entflohenen Marañones gefangen würden, und so groß war ihr Eifer, daß sie schließlich Castillo und Villatoro fanden und sie in Ketten herbeibrachten, und vorher hatte Pedrarias de Almesto, der eine lange Wunde im Fuß hatte, sich freiwillig gestellt, während Zuñiga und Vázquez niemals gefunden wurden. Der grausame Tyrann ließ Castillo und Villatoro an ein und demselben Baum aufhängen und verschonte unerwartet Pedrarias de

»Verflucht seien alle Bakkalaurei der Welt!« sagt Lope de Aguirre. »Bakkalaurei sind Vázquez, Zuñiga und Pedrarias, und sie waren die einzigen, die aus dieser Geschichte mit dem Leben davongekommen sind. Euer Gnaden wissen sehr wohl, daß die Rebellionskriege in der Neuen Welt immer verloren wurden, weil die Feiglinge und die Wortbrüchigen in das Lager des Königs überliefen. Juan de Villatoro aus Córdoba und Pedro Sánchez del Castillo aus Badajoz wurden noch in der Nacht ihrer Gefangennahme erdrosselt, und Pedrarias de Almesto befreite ich von dieser Strafe aus einem Grunde, den ich später oder vielleicht nie nennen werde.«

7. Tod des Joanes de Iturriaga.

Zehn Tage nachdem der grausame Tyrann auf der Margarita eingetroffen war, beschloß er, den Hauptmann Joanes de Iturriaga zu töten, der bis dahin sein sehr geschätzter Freund und Landsmann gewesen war, und darüberhinaus wurde er wegen seines Wesens im ganzen Lager geachtet. Der Hauptmann Iturriaga war dabei, in Gesellschaft mehrerer anderer Marañones zu Abend zu essen und zu trinken, als der Feldmeister Martín Pérez de Sarrondo in Begleitung von zehn Helfern den Raum betrat, und alle zusammen töteten sie ihn mit Arkebusenschüssen und sagten, daß sie es auf Befehl des Generals Lope de Aguirre täten. Am Morgen, der auf diese Nacht folgte, schien den grausamen Tyrannen seine verbrecherische Handlung zu reuen, denn er ließ dem Hauptmann Joanes de Iturriaga ein prunkhaftes Begräbnis ausrichten, und der Pater Pedro de Contreras sang feierlich die Messe für

»Wegen dieses Todes und wegen keines anderen fühle ich Reue«, sagt Lope de Aguirre. »Ich verstehe jetzt, daß die Schuld für meinen Irrtum der Ruchlosigkeit meines Feldmeisters Martín Pérez de Sarrondo zuzuschreiben ist, den die Zuneigung, die alle Leute dem mutigen baskischen Hauptmann Joanes de Iturriaga entgegenbrachten, mit Neid erfüllte. Damals verzweifelte ich wegen der Verspätung von Pedro de Munguía, der aufgebrochen war, um das Schiff des Provinzials Montesinos zu kapern, und so lange mit seiner Rückkehr auf sich warten ließ, daß ich zu fürchten begann, ich würde ihn niemals wiedersehen. Unglücklicherweise kam der Feldmeister, um mir Ränke zu hinterbringen, und ich, der ich vor Wut blind war, glaubte sie ihm alle. Als ich meinen Fehler bemerkte, war es schon zu spät. Der einzige Trost war für mich nur, Hauptmann Joanes de Iturriaga ein Begräbnis zu bereiten, das seinem edlen Wesen würdig war. Das Totengeleit ging von der Festung aus, verweilte länger als eine Stunde in der Kirche und endete auf dem Friedhof. Vorweg trugen Mönche und Vorsänger das aufgerichtete Kreuz, und dann kamen auf Maultieren vier Trommler, die gedämpft ihre kleinen Trommeln schlugen, gefolgt von Pauken und großen Trommeln mit dumpfen Fellen, in der Mitte ging ich, Lope de Aguirre, betrübt und in Trauer, die Fahnen schleiften zum Zeichen der Trauer über den Boden, die Kirchenglocken läuteten mit düsterem Klang, die Trompeten und Schalmeien zerrissen sich in Totenklagen, die Altare waren mit schwarzen Floren bedeckt, Requiem aeternam sang Pater Contreras, aber Hauptmann Joanes de Iturriaga war tot und konnte die Glorias und die Ehren nicht mehr wahrnehmen, die ihm zuteil wurden.«

8, 9, 10, 11 und 12. Tod des Juan de Villandrando, des Manuel Rodríguez de Silva, des Cosme de León, des Pedro de Cáceres und des Juan Rodríguez.

Der grausame Tyrann war noch außer sich vor Zorn über die Flucht des Pedro de Munguía, und sein Grimm wuchs angesichts der Nähe des Schiffes des Provinzials, das eine Meile von Punta de Piedras entfernt gesehen worden war mit hundert Arkebusiern und einer Unmenge indianischer Pfeilschützen an Bord, dazu noch die Kanonen und Feldschlangen. Bevor er daran ging, gegen sie zu kämpfen, ließ der grausame Tyrann Todesstrafen an der Person des Gouverneurs Juan de Villandrando, des Alkalden Manuel Rodríguez de Silva, des Oberbüttels Cosme de León, des Ratsherrn Pedro de Cáceres und des Dieners Juan Rodríguez vollstrecken, die er in der Festung von Pueblo de la Mar gefangenhielt. Eines Montags ließ er sie aus ihren dunklen und unterirdischen Verliesen heraufsteigen, ohne daß ihnen die Fußschellen abgenommen wurden, die sie trugen, und er gab ihnen sein Wort, ihre Leben zu schonen und zu achten: »Seid versichert, meine Herren, daß selbst wenn Mönch Montesinos das größte Heer der Neuen Welt bei sich hätte und mit mir kämpfte und in der

Schlacht alle meine Gefährten sterben würden, keiner von Euch, das versichere ich Euch, Gefahr laufen noch sterben würde.« Getröstet durch diese Versprechen, beruhigten sich die Gemüter der Gefangenen einigermaßen, aber der falsche Tyrann dachte niemals daran, die Versprechen zu halten. Kaum waren die Gefangenen wieder in ihre Zellen gebracht worden, als hinter ihnen der unmenschliche Francisco Carrión eintrat, der Doña Inés de Atienza auf entsetzliche Weise im Urwald des Marañón getötet hatte; dann stiegen sogleich zwei Neger herab, die mit unheilverkündenden Seilen ausgerüstet waren, und vier Soldaten mit gezückten Schwertern; Francisco Carrión sagte den unglücklichen Gefangenen, daß sie ihre Seele Gott empfehlen sollten, denn sie würden sterben, und es bleibe keine Zeit, den Beichtvater zu rufen; Gouverneur Villandrando beklagte sich bitter, indem er sich darauf berief, daß General Lope de Aguirre ihnen wenige Augenblicke zuvor bei seinem Worte geschworen habe, ihr Leben zu schützen; mit erbärmlichem Wehklagen jammerten die anderen vier Unglücklichen; aber der verruchte Francisco Carrión verschloß seine Ohren vor ihren Beteuerungen und befahl den Negern, sie nacheinander zu erdrosseln, zuerst den Gouverneur, der der jüngste war, dann den Alkalden Manuel Rodríguez, anschließend den Oberbüttel Cosme de León, danach den Diener Juan Rodríguez und zuletzt den Ratsherrn Pedro de Cáceres, den zu töten großes Mitleid erregte, weil er lahm und einhändig war. Als der grausame Tyrann Kenntnis erhielt, daß sein Urteil vollstreckt war, befiel ihn große Freude, und er ließ die fünf toten Körper in zwei Löchern begraben, die in einer Ecke der Festung ausgehoben wurden. Aber bevor er ihnen ihr Begräbnis gewährte, versammelte er alle seine Soldaten um die Matte, auf der die sterblichen Hüllen lagen, und hielt ihnen diese schauerliche Rede: *»Seht, Marañones, was ihr getan habt! Außer den früheren Übeln und Freveln, die ihr am Marañónfluß begingt, als ihr euren Gouverneur Pedro de Ursúa und seinen Stellvertreter Juan de Vargas und viele andere tötetet, Don Fernando zum Fürsten ausrieft und darauf einen Eid schwort und mit eurem Namen unterzeichnetet, habt ihr jetzt auch den Gouverneur dieser Insel und ihre Alkalden und Richter getötet, seht sie an, hier sind sie! Deshalb sorge jeder einzelne von euch für sich und kämpfe um sein Leben, denn in keinem Teil der Welt könnt ihr sicher ohne mich leben, nachdem ihr so viele Verbrechen begangen habt. Und keiner sage, ich habe es nicht getan, oder, ich habe es nicht gesehen, denn ich bin nur ein einziger Mann, und nichts davon hätte ich tun können, es sei denn mit eurem Beistand und«*

»Niemals wurden bei einer Geschichte so große Lügen und Unwahrheiten erzählt wie bei der, die Euer Gnaden soeben gehört haben«, sagt Lope de Aguirre. »Ich bemühte mich mehrere Male, jenem Gouverneur Villandrando und seinen Alkalden Milde angedeihen zu lassen; kurz nachdem ich sie gefangengenommen hatte, schenkte ich ihnen die Freiheit; ich erlaubte ihnen, nach Hause zurückzukehren, und bat sie, mich in der gerechten Regierung der Insel zu unterstützen, ein Freundschaftsdienst, den sie schworen und versprachen. Ach! Nach drei Tagen kamen meine Späher, um mich zu benachrichtigen, daß der Gouverneur und seine Alkalden mir gegenüber niederträchtig handelten; ich hatte sie angewiesen, den Aruacaindianern, die zu Geschäften auf die Insel kamen, die Pirogen wegzunehmen und zu behalten; anstatt meinen Willen zu befolgen, rieten Gouverneur Villandrando und sein Oberbüttel Cosme de León den Aruacas, mit ihren Pirogen und ihren Geschichten nach Hause zu fliehen; da ließ ich sie wieder ins Gefängnis werfen und ihnen Fußschellen anlegen. Danach gab ich ihnen erneut mein Wort, ihr Leben zu verschonen, ja, gewiß, aber dann kam der portugiesische Soldat Gonzalo de Hernández zu mir und enthüllte mir neue Hinterhältigkeiten jener Halunken; der Gouverneur und seine Begleiter hatten ihr Ungestüm auch im Kerker nicht gezügelt, zum Teufel mit ihnen! sie erlaubten sich, Botschafter zum Schiff des Mönchs Montesinos zu schicken; »kommen Euer Gnaden an Land, um mit diesen Tyrannen zu kämpfen und sie zu vernichten«, sagten sie ihm in einem ihrer Schreiben. Sogleich wandelte sich meine Geduld in Wut, und ich betraute Hauptmann Francisco Carrión mit der Aufgabe, ihnen Gerechtigkeit widerfahren zu lassen, denn dies ist kein Fest mit Blumen und Zweigen, sondern ein Krieg auf Leben und Tod mit dem König von Spanien und seinen Ministern. Der einzige wahre Teil jener Geschichte, die Euer Gnaden hörten, ist der, wo erzählt wird, daß ich meine Soldaten vor den Leichen der fünf Erdrosselten versammelte und ihnen sagte, daß nun kein Marañón mehr umkehren oder zum Feinde überlaufen könne, denn nie und nimmer würden sie für ihre Verbrechen, die ebenso meine seien, Vergebung erlangen. Ihr Los ist es, bis zu ihrer Todesstunde an meiner Seite zu kämpfen, selbst wenn sie tausend Jahre leben sollten.«

13. Tod des Martín Pérez de Sarrondo.

Nachdem er den Gouverneur und seine Alkalden und Richter erdrosselt hatte, brach der grausame Tyrann in Begleitung von fünfundachtzig Arkebusiern nach Punta de Piedras auf, um dem Mönch Montesinos eine Schlacht zu liefern und ihn zu besiegen und Pedro de Munguía lebendig zu fangen, um ihn grausam zu Tode zu bringen. Als Befehlshaber und Oberhaupt von Villa del Espíritu Santo ließ er den Feldmeister Martín Pérez de Sarrondo zurück, der in derselben Nacht ein erinnerungswürdiges Fest feierte. Auf freiem Felde wurden drei fette Kälber gebraten, durch die Kehlen der Leute flossen mehrere Arroben Wein, ohne Unterlaß wurden die Trommeln und Pauken geschlagen, anstößige Verse gesungen, die auf die Hinterbacken des Provinzials anspielten. Der grausame Tyrann fand keine Spur von dem besagten Mönch in den Gewässern von Punta de Piedras, denn dessen Schiff hatte schon die Segel gesetzt und Kurs auf Pueblo de la Mar genommen (beide suchten sich zugleich, ohne sich zu finden); da kehrte Lope de Aguirre um und ging in großer Eile den Weg nach Villa del Espíritu Santo zurück, wo niemand ihn so schnell erwartete. In der Umgebung der Ortschaft begegnete er dem Infanteriehauptmann Cristóbal García, der ihm recht unangenehme Nachrichten brachte: sein Feldmeister Martín Pérez de Sarrondo hatte das Fest und den Wein benutzt, um seltsame Worte zu sprechen, die dunkle Absichten enthüllten; er sagte, daß die gegen Spanien begangenen Verbrechen und Verfehlungen in Frankreich nicht bestraft würden; er sagte, wenn der alte Lope de Aguirre einmal durch irgendeinen Umstand nicht mehr am Leben sein sollte, sei er, Martín Pérez de Sarrondo, da, um General und Führer der Marañones zu sein; Cristóbal García entnahm daraus, daß der Feldmeister einen Aufstand plante, um Lope de Aguirre zu töten und mit den Schiffen nach Frankreich zu fliehen. Cristóbal García war ein einfacher Kalfaterer, den Lope de Aguirre zum Hauptmann erhoben hatte, er verdankte Lope de Aguirre alles, was er war, deshalb kam er, um ihn vor der Gefahr zu warnen. Nachdem er ihn angehört hatte, beschloß der grausame Tyrann, Martín Pérez de Sarrondo zu töten, und als er in der Festung ankam, ließ er den Feldmeister zu sich rufen; er bat einen jungen Soldaten namens Nicolás de Chávez, dem Herbeigerufenen mit seiner Arkebuse in den Rücken zu schießen, sobald er durch die Tür trete, und der Jüngling war stolz darauf, es zu tun. Der Schuß von Nicolás de Chávez reichte nicht aus, den Feldmeister ganz zu töten, obwohl er ihm eine gefährliche und böse Wunde beibrachte, die ihn in Blut gebadet hinstürzen ließ, aber jener Bauer, der einen zähen Körper hatte, stand unter Schreien auf, die wie das Gebrüll einer vom Teufel besessenen Bestie dröhnten, und lief wie irre durch den Raum, wobei er den Boden und die Wände mit Blut und Eingeweiden bespritzte. Zuletzt stürzten sich drei Offiziere des Tyrannen mit Degen und Dolchen auf ihn, aber auch dann noch weigerte sich der, der so viele Tode auf dem Gewissen hatte, zu sterben, und verlangte die Beichte, die er keinem Sterbenden gewährt hatte, und es war schließlich der Jüngling Nicolás de Chávez, der ihm den letzten Dolchstich versetzte und ihm die Kehle durchschnitt mit seinem

»Tausend Tode wie diesen und noch viele mehr verdiente Martín Pérez de Sarrondo«, sagt Lope de Aguirre. »Niemals hätte er des Königs Vergebung erlangt, niemals wird er in der anderen Welt Gottes Vergebung erlangen; er wollte einen scheußlichen Verrat an mir begehen, der ihm weder vor dem König noch vor Gott irgend etwas genützt hätte; gerechter Himmel! da wünschen und suchen gerade die Männer mein Unheil, die ich für die treuesten hielt, weil ich sie belohnte und beschützte, mein Hauptmann der Wache Pedro de Munguía, mein Feldmeister Martín Pérez de Sarrondo; jetzt warte ich auf Antón Llamosos Verrat, das Herz kündigt ihn mir an, und meine Augen werden ihn sehen, du auch, Antón Llamoso, willst deinen Bruder töten, willst die Ehre deines Vaters schmälern?«

Letzteres sagte Lope de Aguirre mit lauter Stimme,

und dabei blickte er Antón Llamoso, der anwesend war, ins Gesicht. Es war, als ob ein glühender Blitz vom Himmel niedergefahren wäre und Antón Llamosos bäurischen Verstand entzündet hätte. Mit vor Schreck geweiteten Augen kniete er vor dem verwüsteten Körper des Feldmeisters nieder und antwortete folgendermaßen auf die Beleidigungen seines Führers:

»Ruhmreicher General Lope de Aguirre, Fürst der Freiheit, mein Bruder und Vater, ich schwöre bei den Gebeinen meiner Vorfahren, daß mir niemals der gemeine Gedanke in den Sinn gekommen ist, deine Autorität zu verleugnen. Über den Namen Gottes und den der Heiligen stelle ich deinen verehrten Namen, mein Vater. Verflucht sei für immer und in der Hölle schmore bis in alle Ewigkeit die Seele dieses schändlichen Martín Pérez de Sarrondo, der Verrat und Verbrechen gegen dich schmiedete. Ich muß sein Blut trinken, ich muß sein Gehirn und sein Herz kauen!«

Und er ließ seiner Rede die entsetzliche Handlung folgen, stürzte sich auf den toten Körper, sog mit seinen Lippen das Blut ein, das aus der durchschnittenen Kehle floß, schlürfte mit seinen Lippen das Hirn, das aus dem zerbrochenen Kopf quoll.

»Genug!« schrie Lope de Aguirre.

14. Tod des Martín Díaz de Almendáriz.

Der grausame Tyrann hatte in seiner Begleitung einen Herrn mit Namen Martín Díaz de Almendáriz, vom verstorbenen Gouverneur Pedro de Ursúa ein leiblicher Vetter, dem er das Leben geschenkt hatte und den er im Lager wie einen Gefangenen hielt. Zuletzt gab er ihm die Erlaubnis, frei auf der Margarita zurückzubleiben, wenn er es wünschte, sobald die aufständischen Schiffe die Insel verlassen hätten, um ihr Abenteuer fortzusetzen. Aber plötzlich änderte der grausame Tyrann seine gute Absicht zum Bösen und schickte

Francisco Carrión mit vier Henkern aus, die zu der Herberge des Martín Díaz de Almendáriz gingen und ihm

»Martín Díaz de Almendáriz konnte nicht mein Freund sein«, sagt Lope de Aguirre, »denn zwischen ihm und mir floß das Blut seines toten Vetters. Euer Gnaden müssen wissen, daß es einem guten General nicht ansteht, Feinde in seinem Rücken zu lassen. Aus diesen Gründen ließ ich ihn töten.«

15. und 16. Tod des Juan de Sanjuan und des Alonso Paredes de Rivera.

Das Schiff des Mönchs Montesinos drehte Runde um Runde um die Margarita, drohte manchmal damit, seine Arkebusier zum Kampf auszuschiffen, suchte ein andermal denjenigen Soldaten Schutz anzubieten, die dem Tyrannen widerwillig folgten und in Versuchung waren, ihn zu verlassen. Bei diesem Hin und Her wurden eines Tages die Marañones Juan de Sanjuan und Alonso Paredes de Rivera entdeckt, wie sie sich zwischen den Stranddisteln versteckt hielten. Der grausame Tyrann beschuldigte sie, auf die Gelegenheit gewartet zu haben, zum Schiff des Provinzials zu flüchten, und er ließ sie aufhängen am Galgen von

»Was sonst kann man mit jenen machen, die zum Feind überzulaufen versuchen?« sagt Lope de Aguirre. »Wissen Euer Gnaden das vielleicht?«

17. und 18. Tod des Jaime Domínguez und des Miguel de Loaiza.

Von den zwölf Aufrühren, die in dem weitentfernten Lande Machifaro Gouverneur Don Pedro de Ursúa töteten, sind nur noch drei oder vier am Leben, meine tote Inés de Atienza. Einer von ihnen ist Alonso de Villena, der gestern Truchseß des Fürsten Don Fernando war und heute Hauptfähnrich des grausamen Tyrannen und Teilhaber aller seiner Übeltaten und

Verbrechen ist. Alonso de Villena beginnt Lope de Aguirres tollkühnes Unternehmen für verloren zu halten, Alonso de Villena versucht eine Entlastung vorzubereiten, um sich morgen vor den königlichen Gerichten verteidigen zu können, Alonso de Villena läßt das Gerücht ausstreuen, daß er einen Aufstand gegen den Tyrannen plant, es versteht sich, daß die schwarzen Henker ihn holen gehen, aber Alonso de Villena ist schon über die Mauer des Hofes gesprungen und an einen sicheren Ort geflohen. Es gelang dem grausamen Tyrannen nicht mehr, am Kopfe des Alonso de Villena Vergeltung zu üben; er mußte sich trösten, indem er sich an zwei seiner Anhänger hielt; der erste namens Jaime Domínguez starb an sieben Dolchstichen, die ihm Juan de Aguirre versetzte, der Hofmeister und Verwandte des Tyrannen; der zweite hieß Miguel de Loaiza, und die Stricke der Neger rissen ihm den

»Auf Pedro de Munguías und Martín Pérez de Sarrondos Verrätereien folgten hier im Lager andere, so wie das Herz es mir ankündigte«, sagt Lope de Aguirre. »Ich weiß nicht, ob Euer Gnaden schon zu Ohren gekommen ist, wie Hauptmann Pedro Alonso Galeas mich bat, ihm ein feuriges Pferd zu leihen, das Gouverneur Villandrando gehört hatte, wie ich es ihm unvorsichtigerweise lieh und wie er mit Geschick und Verstellung vortäuschte, daß das Tier durchging; so entschwand er meinen Blicken, kam zu einem Strand und floh in einer Piroge, die die Guaiqueriindianer ihm bereitgestellt hatten, nach Tierra Firme. Jetzt ist es dieser Hurensohn Alonso de Villena, der aus der Stadt flieht und seine mitverschworenen Kameraden den Hörnern des Stiers überläßt. Noch viele Verrätereien mehr stehen in den Sternen geschrieben; vielleicht werde ich in der Stunde meines Todes allein und verlassen sein; aber meine Hand wird nicht einen Augenblick aufhören, mit den Mächtigen zu kämpfen und die Ruchlosen zu bestrafen, das schwöre ich vor Gott unserem Herrn.

19. Tod der Ana de Rojas.

Der unmenschlichste aller Tode, die der grausame Tyrann auf der Margarita veranlaßte, war, o Gott! der Tod der Ana de Rojas, der wunderschönen und vornehmen Dame von Villa del Espíritu Santo, die die Dichter »Glanz von hellem Licht« nennen werden. Ein tückischer Nachbar erzählte dem Tyrannen, daß der Aufständische Alonso de Villena vor seiner Flucht häufig das Haus der besagten Dame besucht hatte und daß im Saal die Pläne geschmiedet wurden, um ihn zu töten, und daß Doña Ana den Unterhaltungen beigewohnt hatte und mit ihnen einverstanden war. Die würdige Frau wurde sogleich ins Gefängnis geworfen, und da sie sich sträubte, als man ihr Fußschellen anlegen wollte, denn es beleidigte sie, daß die Kerkermeister ihre schönen Beine sehen und berühren sollten, befahl der grausame Tyrann empört, sie herauszuholen und zu erdrosseln. Das Herz des teuflischen Lope de Aguirre ließ sich durch die Bitten des Paters Contreras und verschiedener angesehener Frauen, die ihn um Gnade anflehten, nicht erweichen. Doña Ana de Rojas wurde an der Säule des Hauptplatzes erdrosselt, und nach ihrem Tode zielten die Arkebusier auf ihren lieblichen Leichnam, der erzitterte unter dem Winde von

»Sie war gewiß sehr schön, die Doña Ana de Rojas mit ihren blonden Haaren und ihren blauen Augen, wenngleich längst nicht so schön, wie es Doña Inés de Atienza war, bei Gott!« sagt Lope de Aguirre. »Dieser verfluchte Engel hatte beschlossen, mich zu töten, weil sie sich als neue Judith fühlte, wie sie am Fuße des Galgens beichtete, und in mir einen abscheulichen Holofernes sah, der ihr Vaterland unterjochte. Getrieben von ihren unheilvollen Absichten, lud mich Doña Ana in ihrem Hause zum Essen ein und bot mir dort einige Kuchen von ganz köstlichem Aussehen an, in deren Inneres sie genügend Gift getan hatte, um ein Heer auszurotten, wie auch ich ohne Zweifel gestorben wäre, wenn ich nicht rechtzeitig (durch zwei ihrer schwarzen Sklaven) vor der Falle gewarnt worden wäre, die die zarte und zerbrechliche Dame mir gestellt hatte. Was jene Geschichte von den Arkebusenschüssen angeht, die meine Marañones auf den Leichnam von Doña Ana de Rojas abgaben, so glauben mir Euer Gnaden, daß sie eine reine Erfindung meiner Feinde, der Mönche, ist, um mich vor der Welt schrecklicher und ruchloser erscheinen zu lassen, als ich es in Wirklichkeit bin. Niemals hätte ich erlaubt, daß Pulver und Kugeln verschwendet würden, um auf den wehrlosen Leichnam einer Frau zu schießen.«

20. und 21. Tod des Diego Gómez de Ampuero und des Bruders Francisco de Salamanca.

Als Doña Ana bereits auf dem Friedhof des Ortes begraben war, erfuhr der grausame Tyrann, daß der Ehemann der schönen Erdrosselten, ein vornehmer Herr namens Diego Gómez de Ampuero, untröstlich über den Tod seiner Dame weinte. Dem besagten Diego Gómez de Ampuero gestatten seine geringen Kräfte schon seit langer Zeit nicht mehr, da er alt und allzu krank war, den Körper seiner Gattin zu besitzen, obwohl er offensichtlich vergangene Zeiten nicht vergeudet hatte, denn er schaffte es, acht Kinder in ihrem Leib zu zeugen. Nun befand sich Diego Gómez de Ampuero in einem Landhaus eine halbe Meile von der Stadt zur Wiederherstellung seiner Gesundheit, denn für das andere gab es keine Hoffnung auf Besserung, als der grausame Tyrann Kenntnis erhielt von den Tränen, die der Witwer unaufhaltsam über den Tod seiner Frau vergoß, und Lope de Aguirre entschloß sich, ihn zu trösten, indem er seinem Leben ein Ende setzte. Dafür schickte er einen gewissen Bartolomé Paniagua hin, einen Feldhüter, der ein Sevillaner von so herzlosem Wesen war, daß er, bevor er nach Indien kam, auf Andalusiens Bauernhöfen christliche Kinder zu stehlen pflegte, um sie dann an die Mauren zu verkaufen. Dieser barbarische Henker begab sich in Begleitung von zwei Bütteln zu dem nahen Landhaus und teilte Diego Gómez de Ampuero mit, daß er mit dem Auftrag gekommen sei, ihn zu töten, worauf der Herr antwortete: »Da Doña Ana tot ist, macht auch mir das Leben keine Freude mehr«, und er bat darum, daß man ihm erlaube, einen Priester zu rufen, der ihm die Beichte abnehme. Paniagua willigte ein, daß Bruder Francisco de Salamanca dorthin käme, und ohne Bedenken ließ er beide erdrosseln, zuerst das Beichtkind und dann den Beichtvater, obwohl er von Lope de Aguirre nur die Ermächtigung hatte, einen

»Unser Oberbüttel Bartolomé Sánchez Paniagua kehrte in angstvoller Verwirrung zur Festung zurück, denn er war in der Ausführung seiner Befehle zu weit gegangen«, sagt Lope de Aguirre. »General Aguirre, sagte er zu mir, ich komme, um Eurer Exzellenz um Vergebung zu bitten für den Tod dieses Mönchs, der nicht in Betracht gezogen war, aber der Narr sah mich mit so zornigen Augen an, als wäre ich Satan in Person. Bekümmere dich nicht wegen des geschehenen Übels, mein guter Paniagua, antwortete ich ihm, aber wenn du jetzt meine ganze Nachsicht gewinnen möchtest, mußt du einen anderen Mönch desselben Ordens aufsuchen, der Francisco de Tordesillas heißt und der mir vorgestern, am Freitag, die Beichte abnahm und sich unverschämterweise weigerte, mir die Absolution zu erteilen. Und tu es schnell, Paniagua, damit deine Eilfertigkeit es den beiden Mönchen ermöglicht, zusammen und in glücklicher Brüderlichkeit zum Himmel aufzusteigen.«

22. Tod des Bruders Francisco de Tordesillas.

Der Oberbüttel Bartolomé Sánchez Paniagua ging zu Bruder Francisco de Tordesillas vom Dominikanerorden, um ihn zu töten, und er fand ihn auf den Knien betend vor dem Altar der sehr wundertätigen Jungfrau vom Tal. Der abgefeimte Paniagua holte ihn aus der Kirche, um sich das Sakrileg zu ersparen und trieb ihn mit Stößen zu einem benachbarten Haus. Der fromme Diener Gottes begriff, daß die letzte Stunde seines Lebens gekommen war; er warf sich bäuchlings zu Boden, und dort ausgestreckt und mit den Lippen dicht über der Erde betete er den Psalm Miserere Mei, das Credo, das Vaterunser und andere Gebete; und er hätte bis zum Morgengrauen weitergebetet, doch die Henker erinnern ihn daran, daß seiner Bittgebete schon zu viele sind und daß er sich zum Sterben anschicken muß, und schon hoben sie ihn vom Boden auf und warfen ihm das Seil um den Hals, um ihn zu erdrosseln. Da flehte der fromme Mönch die besagten Henker an, daß sie ihm den grausamsten und schmerzhaftesten Tod bereiteten, den sie könnten, denn er sehnte sich danach, seinen Tod der Barmherzigkeit Gottes als Opfergabe darzubringen und auf diese Weise seine Seele zu läutern. Ich werde dir deine Bitte gewähren, sagte der ruchlose Paniagua und legte ihm den Strick über den Mund, während er hinten den Knebel drehen ließ, wodurch sie ihn in Blut badeten und ihm die Lippen und das ganze Gesicht entstellten. Aber als sie sahen, daß das Sterben des unglücklichen Märtyrers zu lange auf sich warten ließ, legten sie ihm den Strick wieder an die Kehle und brachten ihn durch Ersticken um, so wie

»Er war bloß ein Mönch«, sagt Lope de Aguirre. »Vor allem sage ich Euer Gnaden, daß ich alles achte und einhalte, was die heilige Kirche zu Rom predigt, daß ich voll an Gottes Gebote glaube, aber ebenso verfluche und verabscheue ich die Mönche mit aller Kraft meines christlichen Herzens, die nicht gering ist. Die Ausschweifungen der Mönche in diesen Ländern sind so groß, daß es keinem von ihnen, so Gott will, gelingen wird, dem Höllenfeuer zu entrinnen. Sie sind nicht nach Indien gekommen, um Seelen zu retten, sondern um Geschäfte mit Waren zu machen, irdische Güter ohne Maß und Mäßigung anzuhäufen, für weniger als dreißig Geldstücke die Sakramente der Kirche zu verkaufen, ihre Wollust an nicht zu alten Mädchen zu befriedigen, die ihnen darüberhinaus als Köchinnen dienen, ohne Lohn und Barmherzigkeit die Indianer auszunützen, die ihnen zum Arbeiten zugeteilt worden sind. Diese Mönche, die hier in der Neuen Welt leben, sind Feinde der Armen, herrschsüchtig, gefräßig und geil, geizig und faul, sodomitisch und neidisch. Und hochmütig, mein Gott! hochmütiger als selbst Luzifer. Dieser Bruder Francisco de Tordesillas, der soeben unter den Händen des Oberbüttels Bartolomé Sánchez Paniagua gestorben ist und der sich vor dem Sterben als Märtyrer großtat, war der hochmütigste und elendeste von allen. Bereust du, Don Pedro de Ursúa und andere menschliche Wesen am Amazonenfluß getötet zu haben? fragte er mich mitten in meiner Beichte. Ja, ich bereue es, antwortete ich ihm. Bereust du, den Gouverneur dieser Insel und seine Alkalden und seine Richter umgebracht zu haben? fragte er mich dann. Ja, ich bereue es, antwortete ich ihm wiederum. Bereust du, dich erhoben und die Waffen ergriffen zu haben gegen deinen natürlichen König, den ruhmreichen Philipp von Spanien, den Gott schütze? endigte er. Dieses Letztere bereue ich nicht, noch beklage ich es, denn es ist keine Sünde, antwortete ich ihm. Da verweigerte er mir die Absolution mit den Worten, daß die Rebellion gegen den König in Gottes Augen eine schlimmere Schuld sei, als seinen Nächsten zu töten. Dir ist recht geschehen, Bruder Francisco de Tordesillas!«

23. Tod des Simón de Somorrostro.

Simón de Somorrostro hieß ein Greis von fünfzig Jahren, der in der Schar der Inselbewohner, die sich freiwillig im Heer der Marañones anwerben ließen, zur Festung kam. »Ich komme, um Eurer Exzellenz auf diesem Zuge zu dienen, bis ich Euch als Herrn von Peru sehe oder mein Leben bei diesem Unternehmen verliere«, so sagte Simón de Somorrostro, und der grausame Tyrann nahm ihn wohlgefällig auf und versah ihn mit Lanze, Waffenrock und Panzerhemd. Aber nach fünfzig Tagen bereute der besagte Simón de Somorrostro den unklugen Schritt, den er getan hatte, und ging zu Lope de Aguirre, um ihn um Einwilligung zu bitten, daß er den Kriegsdienst verlassen und zuhause bleiben dürfe, so wie er vorher gelebt hatte. Der grausame Tyrann ließ seine Neger Francisco und Jorge rufen und sagte zu ihnen: »Führt diesen Herrn, der sagt, daß er zu müde und zu alt für den Krieg ist, an einen sicheren Ort, wo die königliche Justiz ihm nichts Böses antun kann noch die Nachbarn ihn erzürnen noch die Sonne ihn verbrennen noch der Regen ihn naß machen kann.« Die beiden Neger verstanden die boshaften Worte des grausamen Tyrannen richtig, nahmen Simón de Somorrostro mit, und am ersten Baum, auf den sie stießen, hingen sie ihn an

»Niemand hatte Simón de Somorrostro, der gewiß nicht so alt war, wie er sagte, gebeten, an unserem Zuge teilzunehmen«, sagte Lope de Aguirre. »Er kam aus eigenem Antrieb und wollte umkehren, als seine Feigheit ihm dazu riet. Ich bin nicht schuld, wenn er es vorzog, erhängt zu sterben anstatt im Kampf gegen den König.«

24. Tod der Ana de Chávez.

Um diese Zeit, als er schon bereit war, nach Tierra Firme aufzubrechen, befahl der grausame Tyrann, eine unglückliche Frau zu töten, die auf der Insel wohnte und sich Ana de Chávez nannte. Man beschuldigte sie, einen Soldaten zu beherbergen, der aus der Festung geflohen war, und nicht zu melden, was sie wußte, und dem Geflohenen zu helfen, sich zu verstecken, wo man ihn niemals fand. Und obwohl die besagte Frau bei allen Heiligen des Himmels schwor, nichts von jener Flucht gewußt noch sie gedeckt zu haben, glaubte der grausame Tyrann ihr kein Wort und ließ sie hängen an

»Die verfluchte Hexe ließ sich Ana de Chávez, María de Chávez, Isabel de Chávez nennen, aber die Leute am Ort kannten sie nur als die Chávez, und niemand glaubte je daran, daß sie einen durch das christliche Gesetz bestätigten Ehemann hätte. In ganz Villa del Espíritu Santo munkelte man, daß sie, wenn sie Jünglinge in ihrem Hause beherbergte, es nicht tat, um den Rosenkranz zu beten, sondern um sich mit ihnen zu ergötzen. Niemals habe ich zugelassen, daß meine Soldaten Frauen Gewalt antun oder sie entehren, im Gegenteil, ich bewahre diese sicher und wohlbehalten vor jedwedem Übel. Diejenigen, die ehrenhafte Frauen sind, ehre ich sehr, aber den Huren und Dirnen wie jene da, die man die Chávez nannte, lasse ich die Schande und die Strafe zuteil werden, die ihre Laster und ihre Schlechtigkeit verdienen.«

25. Tod des Alonso Rodríguez.

Schon waren die Leute an Bord des kurz zuvor fertiggestellten Schiffes, das dem Gouverneur Villandrando gehört hatte, und an Bord der drei Schiffe, die den Kaufleuten der Insel weggenommen worden waren, als der grausame Tyrann seinen letzten Tod auf der Margarita befahl, der den Admiral Alonso Rodríguez traf, seinen engen und treuen Freund. Am Meeresstrand waren nur noch Lope de Aguirre und sechs seiner Hauptleute; da kam Admiral alonso Rodríguez zu ihnen, um zu bemerken, daß die Schiffe zu voll geladen seien und es nötig sei, drei Pferde und einen Hengst, den der Führer der Marañones sehr schätzte, auszuladen und an Land zurückzulassen. Der Tyrann erwiderte ihm, daß jene Tiere ihnen in Tierra Firme nützlich und einträglich sein würden, worauf Alonso Rodríguez anführte, daß sie in Borburata Gelegenheit haben würden, soviel Vieh zu holen, wie sie brauchten. Lope de Aguirre wandte ihm den Rücken und lenkte seine Schritte zu der Piroge, die sich bereit machte, ihn an Bord des Schiffes zu tragen, aber der unselige Alonso Rodríguez holte den grausamen Tyrannen ein, ohne zu ahnen, daß es ihn das Leben kosten würde, um ihm nun zu raten, aufs Land auszuweichen, denn sonst würden die Wellen ihn naß machen. Kaum hatte der grausame Tyrann ihn zuende gehört, da trübten sich ihm die Augen vor Zorn, und mit seinem scharfen Schwert versetzte er ihm mit beiden Händen einen Hieb, der ihn in den linken Arm traf und das Fleisch bis auf den Knochen spaltete. Sogleich bereute Lope de Aguirre, daß er zu weit gegangen war, und befahl dem Chirurgen, die Wunde zu versorgen, aber dann ging er mit sich zu Rate und befahl den Henkern, daß sie ihn töten sollten, während er sagte, daß jener Alonso Rodríguez für immer sein Feind sein würde und daß er nicht bereit wäre, Feinde mitzunehmen in seinem

»Ich sah gerade wie eine geisterhafte Vision über das Meer gebreitet den Verrat Pedro de Munguías, der mir den Weg versperrte, und in dem Augenblick kam Admiral Alonso Rodríguez, um mich zu belästigen und mir zweimal zu widersprechen, Gott möge ihm verziehen haben!« sagt Lope de Aguirre. »Zuletzt muß ich

Euer Gnaden sagen, daß ich jene fünfundzwanzig Tode, von denen man versichert, daß ich sie auf der Margarita veranlaßt hätte, gern alle gegen einen einzigen eintauschen würde, den so ersehnten Tod des Verräters Pedro de Munguía, den zu erleben Gottes Wille mir niemals gewährte.«

Das Schiff des Mönchs Francisco Montesinos wurde zu einem Gespenst, das die Insel umkreiste, zu einem schwarzen Vogel des Unglücks, der die Enthüllung von Lope de Aguirres Plänen in alle Häfen trug, zu einem bösartigen Teufel, der sein Streben nach Ruhm und Freiheit vereitelte. Was hätte der Führer der Marañones nicht dafür gegeben, wenn er den Tag erlebt hätte, da er dem Mönch in entscheidender Schlacht gegenüberstand, er konnte darin sterben, und das fürchtete er nicht, denn er konnte auch siegen und dem Provinzial sein gut bestücktes Schiff rauben und Pedro de Munguías Verrat bestrafen, wie es ihm gebührte.

Jene Schlacht mit dem fluchten Kleriker fand niemals statt. Das Schiff erschien zuerst vor der Küste von Punta de Piedras; Lope de Aguirre machte sich mit sechzig Fußsoldaten und fünfundzwanzig Reitern auf, um es zu treffen, aber das Schiff war schon mit Kurs auf Pueblo de la Mar wieder ausgelaufen. Lope de Aguirre kehrte nach Pueblo de la Mar zurück, um es zu erwarten; seine Ungeduld sah sich belohnt, als er es eines Dienstags in der Morgendämmerung am Horizont auftauchen sah, mit den Fahnen des Königs an den Marssegeln, mit den Wimpeln des Königs, die Heck und Bug schmückten. Lope de Aguirre kam sogleich mit seinen einhundertfünfzig Arkebusiern aus der Festung, zehn Soldaten schleppten die fünf Falkonetten aus Bronze, die Reiterei schwärmte am Strand aus. Auch die Männer Lope de Aguirres trugen Standarten und Fahnen, aber sie entfalteten sich nicht in den kaiserlichen Farben

Spaniens, sondern brannten in den rotschwarzen Symbolen der Rebellion, zwei rote Schwerter kreuzten einander auf schwarzem Taft, die Frauen der Insel hatten sie mit Ungestüm und Liebe genäht, jetzt schwangen die Marañones sie und riefen: Es lebe der Fürst der Freiheit!

Nein, ein Kampf fand niemals statt. Die einhundertfünfzig Arkebusier Lope de Aguirres schossen eine Salve ab, gleichsam als Herausforderung; der Mönch ließ vier Pirogen zu Wasser, die anscheinend landen wollten, dann aber in vorsichtiger Entfernung blieben, wo sie weder die Kugeln der Arkebusen noch die Munition der Falkonetten erreichten; auch die Kugeln und Nägel, die die Feldschlangen auf dem Schiff abschossen, gelangten nicht an den Strand. Plötzlich ließ der Mönch eine Piroge mit weißer Friedensfahne vorschicken (in ihrem Innern kamen zwanzig treffsichere Schützen mit brennenden Arkebusenlunten), Lope de Aguirre hielt nichts von solchen Finten, er gab ihnen nichts anderes zur Antwort als einen Kugelhagel, der sie zurückweichen ließ. Danach verloren die gegnerischen Parteien eine Stunde damit, Schüsse zu wechseln, die ins Wasser fielen, ohne ihr Ziel zu erreichen. Wohl kamen die Stimmen an, die Schmähungen, die harten spanischen Worte, die keine Knochen brechen:

Verräter! Ischariots!
Feiglinge! Weiberröcke!
Tyrannensklaven!
Mönchspäderasten!
Hurensöhne!
Mißgeburten!
Lutheraner! Kains!
Furzer! Hahnreis!
Dreckschmierer!
Schweine! Kuppler!

Scheißkerle!

Schwule! Latrinenlecker!

Schweinehunde! Kastraten!

Nichts als schmutzige Worte! Lope de Aguirre, der überzeugt und sicher war, daß die Soldaten des Provinzials niemals herunterkommen würden, um ihm eine Schlacht zu liefern, und daß auch seine Soldaten nicht auf das Schiff steigen könnten, kehrte schweigend zur Festung zurück, und dort diktierte er dem aufgeputzten Schreiber Pedrarias de Almesto einen Brief an den »herrlichsten und ehrwürdigsten Herrn Bruder Francisco Montesinos, Provinzial«, dessen ketzerische und beispiellose Sprache den frommen General des Dominikanerordens viele Male das Kreuz schlagen ließ:

»Bedenken wir, daß wir durch Gnade leben, denn der Fluß und das Meer und der Hunger haben uns mit dem Tode bedroht, und so mögen die, die gegen uns kämpfen wollen, bedenken, daß sie gegen die Geister toter Männer kämpfen . . . Euer Hochwürden Soldaten nenen uns Verräter, Ihr müßt sie strafen, damit sie so etwas nicht sagen, denn Don Philipp, König von Spanien, zu bekämpfen, ist eine Sache edler und großer Seelen . . . Obwohl wir auch wünschten, daß wir alle zusammen gingen und Euer Hochwürden unser Patriarch wäre, denn wer nach dem Glauben an Gott nicht mehr wert ist als ein anderer, ist nichts wert.«

»Caesar o nihil« war Lope de Aguirres Leitwort, und er schrieb es erneut an den Schluß jenes Briefes.

Nachdem er den Brief des Tyrannen erhalten und in höflicher und vernünftiger Form beantwortet hatte, »ich bitte Euer Gnaden um Gottes willen, daß Ihr aufhört, mehr Schäden auf der Insel anzurichten, und daß Ihr die Ehre der Kirchen und der Frauen hochachtet«, beschloß Bruder Francisco Montesinos, persönlich die

Nachricht von den Schandtaten, die sich auf der Margarita ereigneten, zur Audiencia in Santo Domingo zu bringen. Er kam mit seinem Schiff in Santo Domingo an, stets in Begleitung von Pedro de Munguía und acht seiner Gefährten, denn sechs weitere übergelaufene Marañones blieben in Maracapana. So haarsträubend waren die Erzählungen des Mönchs, und so viel Vertrauen hatte man in seine Aufrichtigkeit, daß der Vorsitzende Cepeda in größter Eile die Auditoren versammelte, die Festung bereitete sich zur Verteidigung vor, die Geschütze und die Munition wurden aus den Lagern geholt, in jedem Viertel bildeten sich Trupps und Schwadronen. Einer der Auditoren reiste mit einem Schiff nach Cabo de la Vela, Santa Marta, Cartagena und Nombre de Dios; ein anderer Auditor nahm in einem anderen Schiff Kurs auf die Inseln Puerto Rico, Jamaika und Kuba; sie überbrachten gleichlautende Briefe an die verschiedenen Gouverneure: »Nehmen Eure Exzellenz Kenntnis von der Anwesenheit eines Ungeheuers namens Lope de Aguirre auf der Insel Margarita, das sich anschickt, einen höchst verruchten und blutrünstigen Krieg gegen uns zu führen.«

»Nach Nombre de Dios und sonst nirgendwohin wird er sich begeben, denn das ist sein Weg, um nach Peru zu kommen«, sagte Pedro de Munguía mit absoluter Sicherheit.

Nombre de Dios traf äußerste Vorsichtsmaßnahmen, so daß jeder annehmen mochte, man erwarte dort den Angriff der Flotte von Suleiman dem Prächtigen. Zum Befehlshaber des Verteidigungsheeres wurde Hauptmann Juan de Umaña ernannt, ihn unterstützte Hauptmann Francisco Lozano, der mit allen seinen Leuten aus Veragua herbeikam; es wurden Schutzwehren aus mit Sand gefüllten Tonnen und mit Draht zusammengebundenen Steinen gebaut; vier Geschütze zielten auf das Meer; hinter jeder Mauer verschanzte sich ein Hauptmann mit fünfundzwanzig Soldaten unter seinem Kommando; mehr als sechshundert Mann bewachten die Stadt, nicht gerechnet die achthundert Neger, die scharfe Macheten trugen. Im Verlauf der Tage, beim Licht des Weins und dem Rollen der Würfel wuchs die Überheblichkeit der Großmäuler, »ich ganz allein schaffe es, jenen hinkenden Bettler mit Tyrannengehabe aufzuschlitzen«, »voll von Löchern werden dich meine Augen sehen, Lopillo de Agarrapijas«. Bis zu jener stockfinsteren Nacht, in der Hauptmann Juan de Umaña, verdrossen und verärgert durch die Prahlereien, hinter denen sich Angst und Entsetzen verbargen, fälschlich Alarm schlagen ließ; die Glocken läuteten Sturm, zwanzig Arkebusier schossen eine dröhnende Salve ab; die Schlafenden erhoben sich erschreckt von ihren Lagern, die Frauen schrien Heilige Jungfrau Maria! und Gott steh uns bei! mehr als zehn Prahlhänse versteckten sich in Küchen und Scheißhäusern, »Lope de Aguirre kommt!« »Der unmenschliche Marañón kommt!« »Der grausame Tyrann kommt uns erdrosseln!«

»Jammerschade, daß Lope de Aguirre nicht gekommen ist«, sagte Hauptmann Juan de Umaña.

Wieder in Santo Domingo zurück, sehen wir, daß die Audiencia sich beeilte, eine Flotte zusammenzustellen, die ausziehen sollte, um den Tyrannen zu bekämpfen und zu vernichten, gleich wo er sich befände. Ihr Admiral wurde Juan de Ojeda, ein Militär, der in dem Ruf stand, verwegen zu sein. Es war ohne Zweifel eine mächtige Flotte, bestehend aus vier Schiffen mit bis zu tausend Leuten, dazu Geschütze und der Segen Gottes und die sehr wirksamen Begnadigungsscheine für die Verräter, die überlaufen wollten: *»Hierdurch geben wir*

Euch Vollmacht und Befugnis, in unserem königlichen Namen allen Leuten verzeihen zu dürfen und zu verzeihen, gleich welche Verbrechen, Verrätereien und Erhebungen, Tyranneien und Tötungen auch immer sie begangen haben mögen in der Zeit, wo sie sich unter dem Befehl des Tyrannen befinden. Ich, der König.«

Die mächtige Flotte brauchte mehrere Wochen, bis sie in See stechen konnte. Als die Abreise endlich und mit des Himmels Hilfe vonstatten gehen konnte, war der arme Tyrann Lope de Aguirre schon tot.

Der Führer der Marañones sah sich gezwungen, seine Kriegspläne zu ändern. Als das Schiff des Provinzials am Horizont verschwand, verstand er nur allzu deutlich, welchen Kurs besagtes Schiff nehmen würde. Der Verräter Pedro de Munguía wird allen Gouverneuren und Auditoren des Königs meinen Plan hinterbringen, unvermutet Nombre de Dios und Panama anzugreifen, um von dort aus die Eroberung Perus zu unternehmen. Alle Häfen dieses Meeres werden mit wachsamen Augen und Waffen abends zu Bett gehen und morgens aufstehen, Nombre de Dios noch mehr als jeder andere Hafen.

»Wir werden nicht mehr nach Nombre de Dios fahren, sondern die Küste von Borburata überfallen, die am ahnungslosesten ist«, sagt Lope de Aguirre zu Diego Tirado, Roberto de Zozaya und Juan de Aguirre, die ihm verblüfft zuhören. »Wir werden landeinwärts in die Provinz von Venezuela eindringen, den Gouverneur Collado in Tocuyo zur Schacht stellen und ihn besiegen und ihn töten, dann werden wir die Berge der Anden überqueren, um zum Neuen Königreich von Granada zu gelangen und dort die Heerscharen des Königs zu zerstören, die sich uns entgegenstellen, wir werden bei Popayán und Quito hinübergehen, bis wir siegreich und triumphierend in Peru eintreffen, und in Peru werden wir die entscheidende Schlacht gegen den König von Spanien gewinnen, die die Freiheit von Chile und Charcas, von Peru und Quito, von Neu Granada, Venezuela und Panama besiegeln wird.

Er glich einem Wahnsinnigen, jener kleine Mann, der so unmögliche Taten ankündigte, aber Tatsache war, daß die ungeschlachten Marañones seinen Träumen Glauben schenkten.

»Die Heere des Königs, die vor Angst zittern, wenn sie unseren Namen hören, fürchte ich nicht«, sagt Lope de Aguirre. »Was ich fürchte, sind die Verrätereien, die schädlicher sind als alle kriegerischen Waffen, die niederträchtigen Begnadigungen, die der König anbietet, und morgen wird er sein Wort brechen, wie er es brach, als er Martín Robles und Tomás Vázquez und Alonso Díaz und Juan de Piedrahita und viele andere henken ließ. Euch Marañones, die ihr mit mir zieht und die ihr euch von Spanien lossagtet und die ihr mehrere Minister des Königs getötet habt, wird niemals vergeben werden. Nicht wahr, meine Söhne?«

Kurz bevor Aguirres Schiffe auslaufen sollten, meldete man ihm, ein von der Margarita gebürtiger mestizischer Anführer namens Francisco Fajardo sei mit Kriegsgebaren auf der Insel erschienen. Der besagte Francisco Fajardo war Sohn des spanischen Edelmanns Francisco de Fajardo und Doña Isabels, Kazikin der Kazikinnen, Enkelin des Kaziken Charaima und Base des Kaziken Naiguatá. Fajardos vornehmer Vater benutzte, während er auf Verfügung von Doña Aldonza Manrique Vizegouverneur der Insel war, sein Amt, um die Guaiqueríindianer auszurauben, zu mißhandeln und sie als Sklaven zu verkaufen. Was die Kazikin Doña Isabel betraf, so war sie so verliebt in ihren Mann, daß sie sich niemals den Ausschreitungen widersetzte, die er gegen die Leute ihrer Rasse beging.

Diese Geschichte erzählten die Einwohner Lope de Aguirre. Sie erzählten ihm auch, daß der Sohn des Gouverneurs und der Kazikin (derselbe Francisco Fajardo, der gestern mit sechzig Spaniern und zweihundert Indianern auf der Insel gelandet war, um den Tyrannen Aguirre zu suchen und ihn zu vertreiben oder zu töten) zu einem stattlichen und klugen Jüngling wurde, von blühendem Geist und anziehendem Äußeren und erwiesenermaßen mutig und stark, und daß er alle diese Tugenden aus freiem Willen in den Dienst des Königs von Spanien stellte. Der besagte Fajardo begann sein Unternehmen sehr friedfertig und ruhig, er ging von einem Hügel zum andern und riet den Indianern, Vasallen des Königs Philipp zu werden, er sprach wortgewandt die Sprachen Cumanagota und Guaiquerí, dank seiner Ermahnungen legten viele Krieger ihre Keulen nieder und boten sich an, das Land an der Seite der Konquistadoren zu bearbeiten. Aber als die weißen Hauptleute begannen, die Eingeboren zu demütigen und zu schlagen und die indianischen Frauen, die sich ihren Forderungen widersetzten, zu vergewaltigen, und als einer der Kaziken namens Paisana sich gegen die Vergewaltiger erhob und sich für das erlittene Unrecht rächen wollte, zögerte der Mestize Francisco Fajardo nicht, sich mit den Unterdrückern zu verbünden. Seine Treue zur Krone ging so weit, daß er den Kaziken Paisana gefangennahm, ohne sich um die weiße Fahne zu kümmern, die dieser schwang, und ihn zusammen mit zehn Caracaindianern, die ihn begleiteten, an einem Balken aufhing.

Lope de Aguirre beginnt rauh zu lachen. Aus dieser Geschichte geht hervor, daß der sehr wackere Krieger Francisco Fajardo Sohn und Enkel von indianischen Kaziken, aus Leibeskräften kämpft, um seine Rassenbrüder zu Vasallen zu machen. Während ich, Lope de

Aguirre, baskischer Soldat und in guten Zeiten Edelmann, mich von Spanien losgesagt habe, um mein Leben für die Freiheit derer einzsuetzen, die in diesen Teilen Indiens geboren sind. Lope de Aguirre hat ich weiß nicht wieviele Hauptleute getötet, weil sie sich weigerten, von ihrem König abtrünnig zu werden; Francisco Fajardo hat ich weiß nicht wieviele indianische Krieger getötet, weil sie sich gegen das königliche Joch erhoben; Lope de Aguirre und Francisco Fajardo, wir beide sind nicht aus demselben Holz geschnitzt, nicht wahr, meine Söhne?

Lope de Aguirre bedachte sich und schrieb Francisco Fajardo einen Brief, in dem er ihn zu bitten und zu überreden suchte, nicht länger dem König zu dienen und sich mit den Marañones zu vereinen. »Ich habe von Eurer Gnaden Mut und Verwegenheit Kunde erhalten, und ich habe gleichfalls erfahren, daß Euer Gnaden die genannten Tugenden mit dem Schwert in der Hand gebrauchen, um die Sache des Königs, Eures Herrn, zu verteidigen, was mich bekümmert und betrübt. Euer Gnaden zeigen sich stolz darüber, Sohn einer indianischen Kazikin zu sein, und behaupten, die Leute Eurer Rasse zärtlich zu lieben, aber wie könnt Ihr das tun, wenn Ihr denen dient, die Euren Blutsbrüdern Sklaverei, Marter und Tod bringen? Die Hauptleute und Minister des Königs, die diese Gegenden Venezuelas unterdrücken, ernähren ihre Hunde mit den Eingeweiden der Indianer, denen sie sie lebend herausreißen, binden ihre indianischen Gefangenen an die Bäume und verbrennen sie dann, begraben sie bis zum Hals im Sand und lassen sie verdursten, schleifen sie an den Schwanz eines Pferdes gebunden, verbrennen ihre Füße und Hände mit geschmolzenem Blei, vierteilen und pfählen sie mit unglaublicher Grausamkeit, das alles sahen Euer Gnaden mit eigenen Augen, als der verruchte Juan

Rodríguez Suárez aus Extremadura es in Eurer Gegenwart tat. Ich lade Euer Gnaden ein, sich unter unsere Fahne zu stellen und mit uns zusammen gegen den spanischen König zu kämpfen, um die Freiheit der Indianer, der Neger und aller menschlichen Wesen, die in diesen Teilen der Welt leben, zu erobern. Ich biete Euer Gnaden mit aufrichtigem Willen den Platz des Feldmeisters an, denn ich habe keinen ernannt, seit Martín Pérez de Sarrondo mich verraten wollte und ich eine exemplarische Strafe an ihm vollziehen mußte. Kommen Euer Gnaden herüber auf die Seite der Marañones, wo wir Euch viel Ehre bereiten werden, um unser Feldmeister zu sein, und bescheren Euer Gnaden nicht länger Schurken Glanz und Nutzen, die Euch verachten und beneiden und auf die geeignete Stunde lauern, wo sie Euer Gnaden den Kopf abschneiden und sich durch diesen Tod von einer mestizischen Person befreien können, die ihnen verhaßt ist.«

Empört antwortete Francisco Fajardo, daß er keinerlei Angebot, das aus den Händen eines Tyrannen komme, annehme noch zulasse, der besagte Fajardo schrieb »einen groben Verstand hat derjenige, der an der Treue zweifelt, die ich für den König, unseren Herrn, hege«, er schrieb, »ich fordere Euer Gnaden, Herr Tyrann, heraus, daß wir uns allein zu Fuß oder zu Pferde sehen, um unseren Streit mit der Lanze in der Hand auszutragen«.

Lope de Aguirre kümmerte sich nicht um die dreiste Forderung des Sohns der Kazikin. Er schloß alle seine Soldaten in der Feste ein und ließ sie dann über einen Steg, der zum Meeresstrand führte, hinaus, beging sein letztes Verbrechen auf der Insel, welches die schon berichtete Tötung des Admirals Alonso Rodríguez war, alle bestiegen die vier Schiffe und nahmen Kurs auf Borburata. Ohne diejenigen, die mit Pedro de Munguía zum König überliefen und die später flohen, verblieben Lope de Aguirre einhundertfünfzig Marañones. Außerdem nahm er zweihundert Indianer und Indianerinnen an Dienerschaft mit, acht Negersklaven, einige Pferde, sechs Geschütze und alles an Waffen und Ausrüstung, das er unterbringen konnte. Er nahm auch gegen dessen Willen, wenngleich mit dem Versprechen, ihn zum Bischof von Peru zu machen, den Lizentiaten Pedro de Contreras, Priester und Vikar der Margarita, mit.

Ein Matrose namens Pedro Barbudo mit Schellen an den Füßen dient als Steuermann auf dem neuen und größten Schiff, auf dem Lope de Aguirre reist. Die drei anderen Schiffe der kleinen Flotte haben keinen Kompaß (der Tyrann gestattete es nicht), der sie leitet; wenn die Sonne scheint, folgen sie leicht der Spur von Lope de Aguirres Schiff; nachts fahren sie hinter dem Licht einer Lampe her, die beim Leitschiff am Heck angezündet wird. In knapp zwei Tagen ist man in Borburata, sagten in Pueblo de la Mar die, die die Überfahrt schon einmal gemacht hatten. Vier Tage und Nächte waren bereits vergangen, und noch immer schlummerten die Schiffe bewegungslos in einer unerträglichen Windstille, das Meer schien eine unendliche Lagune ohne Wellen und Schaum, zum Donnerwetter, verdammter Hurensohn! Lope de Aguirre glaubte anfangs, daß jene Stille eine List des Steuermanns sei, um die Reise zu verhindern, und war nahe daran, den besagten Steuermann zu töten, aber dann begriff er, daß die Verzögerung der Schiffe nichts anderes war als das Werk Gottes, und da trat er entschlossen dem Allmächtigen gegenüber.

»Ich, o heiliger Gott, der ich dein ergebenster Diener und außerdem ein von deinem göttlichen Willen gesandtes Schwert bin, um die Niederträchtigen zu töten, verdiene nicht, derart schlecht behandelt zu werden. König Philipp ist eine Verkörperung des Teufels, ein luziferischer Monarch, Kuppler von verderbten Mönchen und lasterhaften Ministern; ich bin der Zorn Gottes, der vollstreckende Bote deines Grimms; verweigere mir nicht deinen Schutz in diesem harten Krieg, den ich gegen den bösen König führe.

Allmächtiger Gott, wenn du mir je Gutes tun willst, tu es jetzt, und bewahre die Seligkeit für deine Heiligen, denn sie dienen dir im Himmel, und meine Seligkeit, Herr, ist von dieser Welt. Im Himmel sind so viele elende Leute und so viele Bakkalaurei, daß ich nicht in dieses Paradies zu gehen wünsche, und ich habe keine Angst vor den Flammen der Hölle noch vor dem Tod, nichts anderes bewegt mich, mein Gott, an deinen heiligen Namen zu glauben, als die Abscheu vor den Ketzern, die deine Existenz leugnen, und vor den Pharisäern, die sündigen, indem sie sich hinter deiner heiligen Religion verschanzen. Vor diesem Krieg, den ich mit König Don Philipp führe, sage mir ohne zu zaudern, barmherziger Gott, für wen nimmst Du Partei?«

Einige Marañones hörten ihm halbtot vor Entsetzen zu, andere unterstützten im Chor seine Gotteslästerungen, Pater Contreras stammelte zitternde Ave Marias von einem Luk des Schiffes aus. Jehova änderte plötzlich seine Absichten, günstige Winde begannen zu wehen, es war am achten Tag der Seereise, als sich am Horizont die Umrisse von Borburata abzeichneten.

Leuchtendweiße Sandbänke und Salinen, weiße Brandung, die sich an den Felsen bricht, das sind die Strände von Borburata. Eine halbe Meile landeinwärts ist die Ortschaft Nuestra Señora de la Concepción, die erste Station eines Weges, der, wenn Gott es fügt, nach Valencia, Barquisimeto, Tocuyo, Mérida, Popayán, Quito, Peru führt. Die Einwohner und die Obrigkeit, durch Mönch Montesinos über Lope de Aguirres Anwesenheit auf der Margarita benachrichtigt, verließen ihre Häuser, als sie in der Ferne vier Schiffe entdeckten, die ohne jeden Zweifel die des grausamen Tyrannen waren. Die Marañones schifften sich aus, stießen ein Schwert und ein Kreuz als Symbol der Besitznahme in den Strand und gingen in den Ort, den sie leer vorfanden. Nur ein zerlumpter und bärtiger Mann näherte sich, um sie zu empfangen, es war Francisco Martín, einer von jenen Soldaten, die in Pedro de Munguías Begleitung zum Provinzial übergelaufen waren, und der es dann vorzog, in Borburata zu bleiben, als das Schiff des Mönchs diesen Hafen anlief.

»Pedro de Munguía und Rodrigo Gutiérrez täuschten mich mit lügenhaften Worten und lieferten mich unbewaffnet den Leuten des Königs aus, ich bin ein treuer und echter Marañón, ich will wieder zu euch kommen«, sagte Francisco Martín.

Lope de Aguirre umarmte ihn gerührt, nahm ihn mit großem Wohlwollen in seinem Lager auf, versah ihn mit Waffen und Kleidung und schickte ihn auf die Suche nach drei weiteren geflohenen Marañones, die sich in jener Gegend aufhielten. Francisco Martín irrte zwei Tage lang durch Lianendickicht und Kakteen, ohne auf seine Gefährten zu stoßen, er kehrte in die Ortschaft zurück, ohne ihnen den freundschaftlichen Brief aushändigen zu können, den Lope de Aguirre ihnen geschrieben hatte.

Inzwischen befahl der grausame Tyrann seinen ersten Tod in Tierra Firme, den des Portugiesen Antón Faría. Es geschah, weil der besagte Faría zu fliehen versuchte und sie ihn fingen, als er sich schon fast eine Meile entfernt hatte. Er sagte zur Entlastung seines Gewissens, daß er mit seinen eigenen Augen habe klären wollen, ob das Meer sie zu einer neuen Insel gebracht habe oder ob sie wirklich in Tierra Firme seien. Lope de Aguirre befahl, ihn am höchsten Baum aufzuhängen, damit er derart in die Höhe gehoben seine Ungewißheit überwinde.

Danach schickte Lope de Aguirre zehn Soldaten mit dem Befehl aus, die Schiffe anzuzünden, die sie von der Margarita hergebracht hatten, und ein weiteres, das in diesen Gewässern vor Anker lag. Es war sechs Uhr nachmittags, und die Flammen der Schiffe vereinigten sich mit denen der Abenddämmerung.

»Seht, wie das Holz unserer Schiffe brennt, meine Marañones, und wie in ihnen alle Hoffnungen auf Umkehr verglühen, falls etwa einer von euch sie noch hat«, sagte Lope de Aguirre mit lauter Stimme. »Jetzt bleibt uns kein anderer Weg, als mit den Waffen in der Hand zu kämpfen, bis wir bei dem Unternehmen sterben oder unsere Feinde besiegen und Peru erobern und in der Stadt der Könige unsere rotschwarzen Freiheitsfahnen hissen. Im Rücken haben wir ein einsames und tiefes Meer oder, besser gesagt, das Nichts und den Abgrund. Vor uns liegen die Ebenen und erheben sich die Berge, die wir überqueren müssen, erwarten uns Schlachten gegen die Vasallen des Königs, denen wir niemals ausweichen werden. Seht, wie unsere Schiffe zu Asche geworden sind, meine Marañones, und wie ihr Feuer uns erlöschend unwiderruflich dazu verdammt, zu kämpfen und zu siegen.«

Die achtzehn Tage, die Lope de Aguirre in Borburata verbrachte, vergingen mit den Bemühungen, die nötigen Lasttiere für den Transport der Ausrüstung und des Proviants zu besorgen. Die Marañones durchkämmten Weideplätze und Gehöfte und kehrten am Ende mit nichts anderem als zwanzig mageren und ungezähmten Stutenfohlen zurück. Zum Glück verstand Lope de Aguirre selbst das Pferdezähmen, es war sein Handwerk, und er konnte auch die übrigen die Kunstgriffe lehren, die für die Zähmung notwendig sind.

Mehrere Soldaten, die Fußpfade und Wege benutzten, um Vieh zu suchen oder Kaninchen und Tauben zu jagen, kehrten mit aufgerissenen Füßen zurück, die sie sich an den Stacheln verletzt hatten, die die Leute des Königs im Dickicht versteckten. Als er sie hinkend und blutend und einige durch das Gift, mit dem die Stacheln beschmiert worden waren, schwer angegriffen ankommen sah, geriet Lope de Aguirre in ungeheuren Zorn, rief alle seine Leute auf dem Platz des Ortes zusammen und sagte:

»Die Menschen haben einander in allen Teilen der Welt und zu allen Zeiten der Geschichte getötet, meine Marañones, und die Gründe für ihre Gemetzel verborgen und verschwiegen, aber das ist nicht unser Fall. Ich, Lope de Aguirre, dem nur noch wenig am Leben liegt, erkläre öffentlich und freimütig dem König von Kastilien, unserem Todfeind, den Krieg auf Leben und Tod.«

Darüberhinaus ließ er in den Straßen von Borburata feierlich einen Befehl bekanntmachen, der durch den Klang von Trommeln und Trompeten angezeigt und durch den Ausrufer verkündet wurde, der in alle Himmelsrichtungen rief: »Ich, Lope de Aguirre, der Zorn Gottes, der starke Führer der unbesiegbaren Marañones, der Fürst der Freiheit, verspreche, einen grausamen Krieg auf Leben und Tod gegen den König von Kastilien und seine Vasallen zu führen; jeder Spanier, der nicht für unsere Sache kämpft, wird als Verräter bestraft und unweigerlich mit der Arkebuse getötet werden; alle Diener des Königs müssen mit dem Tode rechnen, auch wenn sie unbeteiligt bleiben.«

Niemand konnte sich erklären, wie und warum Lope de Aguirre darauf verzichtete, sein neues und frisches Dekret noch am selben Abend anzuwenden, als seine Soldaten ihm den Alkalden von Borburata, Benito de Chávez, und seinen Schwiegersohn, den Oberbüttel

Julián de Mendoza, die sie in einem nahegelegenen Bauernhaus versteckt aufgespürt hatten, als Gefangene vorführten. Der grausame Tyrann entließ sie ohne weiteres in die Freiheit und bat sie feierlich, ihm nach allen Kräften zu helfen, unverzüglich seinen Zug nach Süden fortzusetzen.

Aber Lope de Aguirre verfuhr nicht mit der gleichen Großherzigkeit, als ein gewisser Pedro Núñez in seine Hände fiel, von dem man sagte, daß er ein geiziger Wucherer sei, und der zu seinem Unglück den Führer der Marañones mit falschen Angaben zu täuschen suchte. Das erste Gespräch zwischen dem Krieger und dem Händler war folgendes:

»Wissen Euer Gnaden, aus welchen Gründen die Bewohner von Borburata bei Erscheinen unserer Schiffe geflüchtet sind?«

»Sie flohen, weil sie große Angst hatten vor Eurer Exzellenz, Herr General.«

»Wissen Euer Gnaden, welches die Gründe für eine so große Angst waren?«

»Die Gründe für so große Angst waren die schrecklichen Nachrichten, die über Eure Exzellenz die ganze Tierra Firme durchliefen, Herr General.«

»Wissen Euer Gnaden, welcher Delikte mich die besagten schrecklichen Nachrichten beschuldigten?«

»Ganz gewiß weiß ich das nicht, Herr General.«

»Ganz gewiß wissen Euer Gnaden das, und ich rate Euer Gnaden, es mit klarer Stimme auszusprechen, wenn Ihr Euer Leben schätzt.«

»Ich schwöre Eurer Exzellenz bei der Heiligen Jungfrau, daß ich nichts weiß, Herr General.«

»Sprechen Euer Gnaden mit aller Offenheit, denn wenn Ihr das tut, gebe ich Euch mein Wort, daß Euch kein Leid geschehen soll.«

»Unter Berufung auf das Versprechen, das Eure

Exzellenz mir geben, sage und erkläre ich, daß das, was ich zu dieser Frage weiß, ist, daß man Eure Exzellenz und alle, die sich in Eurer Begleitung befinden, beschuldigt, grausam, tyrannisch und lutheranisch zu sein, Herr General.«

»Lutheranisch ich, der ich alle Martin Luthers der Welt gehängt sehen möchte? Lutheranisch ich, der danach strebt, für die göttlichen Gebote zum Märtyrer zu werden? Ein gewaltiger Narr und Dummkopf sind Euer Gnaden, daß Ihr Euch erlaubt, eine so schändliche Lüge zu wiederholen. So wahr Gott lebt! Wenn ich Euer Gnaden nicht mit eigenen Händen den Schädel einschlage, so ist es, weil ich nicht mein soeben gegebenes Wort brechen will.«

Drei Tage nach diesem Gespräch grub ein Marañón im Vorraum eines Hauses einen Krug mit Oliven aus und fand zwölf Goldtaler darin. Händler Pedro Núñez kehrte, diesmal ungerufen, in das Gasthaus zurück, in dem Lope de Aguirre wohnte.

»Ich bin der rechtmäßige Besitzer des Kruges und verlange als mein Eigentum, was er enthält und umschließt, Herr General.«

»Warum täuschten Euer Gnaden vor, daß der Krug nur Oliven enthielt, obwohl Euer Gnaden in Wahrheit Goldmünzen unter die Oliven gelegt hatten?«

»Ich tat es, um das Gold vor dem zu bewahren, der es mir wegnehmen wollte, Herr General.«

»Warum sagten Euer Gnaden, daß der Krug mit Pech verschlossen sei, obwohl Euer Gnaden es in Wahrheit mit Gips gemacht hatten?«

»Auf diese Frage weiß ich keine Antwort, und dafür bitte ich Eure Exzellenz auf den Knien um Vergebung.«

»Zum Teufel! Da logen Euer Gnaden, als Ihr schwort, daß die Leute uns für Lutheraner hielten, und als Ihr behauptetet, daß die Goldtaler Oliven seien, und als Ihr sagtet, daß der Gips Pech sei, Euer Gnaden sind der niederträchtigste Lügner, den ich in meinem Leben gesehen habe. Ich befehle, ihn zu erdrosseln.«

Und er wurde ohne Beichte erdrosselt.

»Bevor ich Borburata verließ, mußte ich einen Soldaten namens Diego Pérez töten lassen, weil er den Krieg scheute, unnütz und untauglich war und vor allem, weil ich seine Absicht zu fliehen ahnte«, sagt Lope de Aguirre. »Vorgestern kam Pater Contreras in mein Gasthaus und brachte eine Liste von Kranken, die nach seiner Ansicht unsere Reise nicht mitmachen könnten, weil das Fieber sie verzehrte und sie sich nicht auf den Beinen halten konnten, und diese Soldaten waren einer namens Paredes und ein Jiménez und ein Marquina und der besagte Diego Pérez dieser Geschichte, und ich gab ihnen allen vier die Erlaubnis, in Borburata zu bleiben, um sich zu kurieren. Am nächsten Tag um sechs Uhr morgens ritt ich auf einer gerade gezähmten Stute aus, und als ich in der Umgebung der Ortschaft ankam, stieß ich auf Diego Pérez, wie er sich am Ufer eines Baches im Wasser betrachtete wie ein neuer Narziß. Was tust du hier, Pérez, so krank bist du doch nicht, wie du gesagt hast? Doch, mir geht es sehr schlecht, Herr General, antwortete er mir mit heuchlerischer und kläglicher Stimme. Als ich diese Worte gehört hatte, kehrte ich ins Lager zurück und schickte den Oberbüttel Bartolomé Paniagua mit zwei Negern und dem Auftrag aus, Diego Pérez gefangenzunehmen und ihn an einem Kapokbaum aufzuhängen, und so kurierte er sich von einer Krankheit, die er niemals gehabt hatte.

Es ereigneten sich zwei weitere Todesfälle im Lager, kurz bevor wir nach Valencia aufbrachen«, sagt Lope de Aguirre. »Der erste war der Tod von Francisco Martín, dem Marañón, der sich wieder zu uns geschlagen hatte, nachdem er zusammen mit Pedro de Munguía zum König übergelaufen war, und der mit Dolchstichen von meinem Hofmeister Juan de Aguirre getötet wurde, der seiner seltsamen Erzählung niemals Glauben geschenkt hatte (Juan de Aguirre fand, ich weiß nicht wo, einen Beweis, auf dem dieser elende Francisco Martín geschrieben hatte: »Lope de Aguirre ist der größte Verräter und grausamste Mann, den je eine Frau geboren hat«). Der zweite Tod war der des Soldaten Antón García, den ein anderer Soldat namens Francisco Arana mit einem Arkebusenschuß tötete, der ihm versehentlich losging, obwohl er nach Ansicht Dritter absichtlich schoß, denn er haßte Antón García offenkundig. An keinem dieser beiden Todesfälle hatte ich weder in der Planung noch in der Ausführung teil, aber ich hütete mich, die Schuldigen zu bestrafen, denn Juan de Aguirre und Francisco Arana sind Marañones meines engsten Vertrauens und meiner größten Hoffnung.«

Schon waren die Stuten mit der Ausrüstung und dem Proviant beladen, schon hatte Lope de Aguirre alle seine Waffen angelegt, schon ordnete er den Abmarsch an, als Francisco Carrión mit einer Nachricht erschien, die den Führer der Marañones vor Wut erzittern ließ.

»Zwei Soldaten sind aus dem Lager geflohen!«

Es waren Pedrarias de Almesto und Diego de Alarcón, der Blitz soll sie erschlagen! Pedrarias de Almesto war zum ersten Mal auf der Margarita geflüchtet, und Lope de Aguirre war damals so unendlich großherzig, daß er ihm das Leben schenkte. Pedrarias de Almesto ist ein Schönschreiber mit zierlicher und deutlicher Schrift, er hat angefangen, einen Brief an König Philipp II. abzuschreiben, den Lope de Aguirre ihm abends beim Licht einer tönernen Öllampe diktiert.

Alle glaubten, daß Lope de Aguirre den Abmarsch

verschieben würde, um sich auf die Suche nach den Flüchtlingen zu machen, so groß war sein Zorn. Aber dem grausamen Tyrannen fiel eine sehr viel teuflischere List ein. Er ließ den Alkalden Benito de Chávez und seinen Schwiegersohn, den Oberbüttel Julián de Mendoza, holen und zusammen mit ihnen die ehrenhaften Gattinen der beiden, die sich alle sorglos zuhause aufhielten, und er sprach folgendermaßen zu ihnen:

»Ich muß Eure Tochter und Eure Frau mit nach Peru nehmen, Herr Alkalde, und jetzt fällt mir ein, daß die Tochter des Herrn Alkalden die Frau von Euer Gnaden, Herr Oberbüttel, ist. Ihr kennt das Land besser als sonst jemand und werdet Pedrarias de Almesto und Diego de Alarcón zu finden wissen, wo immer auch sie sich versteckt halten mögen. Ich verspreche Euch, daß ich Eure Frauen unter bestem Schutz mitnehmen werde, und ich verspreche Euch, sie Euch frisch und gesund an demselben Tage und Ort auszuhändigen, an dem Ihr mir meine verlorenen Soldaten bringen werdet«, und ohne eine Antwort der betrübten Ehemänner abzuwarten, machte er sich auf den Weg nach Valencia.

Elvira, María de Arriola, Juana Torralba und die zwei Damen aus Borburata führen den Zug an.

Wie hart war jener Marsch von Borburata nach Valencia, nach jedem Gipfel entdeckte man einen anderen, höheren Gipfel, die Pflanzen wucherten dornig und verschlungen, die Sonne brannte auf den Steinen und auf der trockenen Erde und auf den Köpfen der Menschen, die Lasttiere bogen sich unter dem Druck der Bürden und dem Feuer des Himmels. Lope de Aguirre ging zu Fuß, eingezwängt in ein stählernes Panzerhemd, den Kopf mit einem eisernen Helm bedeckt, er trug einen Dolch und ein Schwert im Gürtel, in seiner rechten Hand hielt er die Arkebuse, derart beladen bewegte sich sein kleiner Körper von einem Ende der Truppe zum andern, ergründete er den Gemütszustand seiner Leute, half er dem Ermatteten, der umzufallen drohte, zog er mit seinen Händen die Tiere aus den Sumpflachen, nahm er ein viel größeres Gewicht auf seine Schultern, als sie tragen konnten. Vorwärts, meine Marañones! Mut, Elvira, mein Kind, bald muß ein Fluß, muß Schatten auftauchen!

»Während wir so gingen und uns dem Gipfel eines Berges näherten, durchdrang eine höllische Krankheit meinen Körper«, sagt Lope de Aguirre. »Zuerst fühlte ich eine ungeheure Angst, die mein Herz zusammenpreßte, wie wenn man mir ankündigte, daß mein Kind Elvira in diesen Schluchten sterben würde, ich sah über dem Weg rote und gelbe Farben, die niemals dort gewesen waren, meine Stirn brannte wie feurige Glut, aus meinen Augen strömten siedende Tränen, und ich kann mich an nichts mehr von dem erinnern, was danach geschah.«

»Er klagte über einen Schmerz, der ihm die Brust sprengte«, sagt Elvira. »Die Indianer trugen ihn in einer Hängematte, die Torralba nähte die Fahnen zusammen und machte einen Baldachin, um die Sonne zu verdecken, die seine Augen blendete, plötzlich begann er nach dem Tod zu rufen, er schrie: Ich bin der Fürst der Gräber! An die hundert Mal bat er seine Soldaten, daß sie ihn töten sollten. Antón Llamoso, ich befehle dir, mich zu töten! Antón Llamoso befeuchtete ihm die Stirn mit von Flußwasser durchtränkten Tüchern, mein Vater schlief so fest ein, daß ich glaubte, er sei gestorben.«

Zehn Tage lagerten die Marañones vor Valencia ohne irgendwelche Zwischenfälle (außer der Erhängung des Soldaten Gonzalo Pagador, der sich auf der Suche nach

Papayen über die von General Aguirre festgesetzten und erlaubten Grenzen hinaus entfernt hatte), als sie Don Julián de Mendoza, den Oberbüttel von Borburata, zusammen mit vier Soldaten und einer Reihe indianischer Pfeilschützen ankommen sahen, die zwei mit Ketten und Halseisen gefesselte Gefangene anbrachten, die niemand anders waren als die flüchtigen Pedrarias de Almesto und Diego de Alarcón. Pedrarias de Almesto hatte eine lange Wunde am Hals, die kräftig blutete.

Julián de Mendoza war Überbringer eines Briefes des Alkalden von Borburata an den grausamen Tyrannen mit folgendermaßen lautender Anschrift: »An den allmächtigen Herrn Lope de Aguirre, Fürst von Peru und dem Südmeer.« Der besagte Brief strotzte vor Höflichkeit und Gehorsam, »durch meinen Schwiegersohn Julián de Mendoza schicke ich Eurer Exzellenz die beiden treulosen Flüchtlinge«, »ich flehe Eure Exzellenz inständigst an, mir meine Frau und meine Tochter zurückzugeben«.

Pedrarias de Almesto, der trotz seiner erwiesenen Tapferkeit gern prahlte und aufschnitt, erzählte seinen alten Gefährten die Abenteuer, die ihm begegnet waren.

»Nachdem wir in Borburata geflohen waren, versteckten Diego de Alarcón und ich uns in einem dichten Gestrüpp, und aus seinem Dickicht kamen wir erst heraus, als wir annehmen konnten, daß Lope de Aguirre schon zwei oder drei Meilen von der Ortschaft entfernt sei. Da dankten wir Gott unendliche Male, denn wir hielten uns für gerettet, und gingen direkt zur Kirche und riefen: »Wer im Ort ist, trete hervor, um dem König zu dienen, denn dazu sind wir hierhergekommen, und hißt die Fahne für den König, unseren Herrn!« Unendlich war unsere Betrübnis, als der Alkalde und seine Diener uns entgegenkamen und, anstatt uns wie verlorene Söhne zu empfangen, beleidigende Rufe ausstießen: »Gebt euch gefangen, Verräter! Es lebe General Lope de Aguirre!«

»Es gelang mir, mich mit meinem Schwert zu verteidigen«, fährt Pedrarias in seiner Erzählung fort, »und dann floh ich erneut ins Dickicht, während Alarcón gefangen und mit Fußschellen gefesselt zurückblieb, aber ich war auch nicht lange in Freiheit, denn ich sah mich gezwungen, in den Ort zurückzukehren, um nicht vor Hunger zu sterben, und die Häscher des Alkalden nahmen mich gefangen und fesselten mich mit Ketten an Diego de Alarcón und sagten uns, sie täten das, um uns dann gegen die beiden Frauen einzutauschen, die General Aguirre mitgenommen habe.

»Auf der Hälfte des Weges zwischen Borburata und Valencia«, erzählt Pedrarias weiter, »wollte ich meinen Bewachern entfliehen, aber Alarcón weigerte sich, mich auf jenem Unternehmen zu begleiten, denn er zöge es vor, so sagte er mit Tränen in den Augen, als Christ zu sterben, anstatt ein derartiges Risiko einzugehen. Angesichts dessen warf ich mich auf den Boden, schwor bei Gott, daß ich keinen Schritt weitergehen würde, denn ich wußte, daß General Aguirre mich töten würde, und hielt es für klüger, daß sie mich töteten, und auf diese Weise ersparte ich mir die noch fehlenden Meilen des beschwerlichen Weges. Ich protestierte und flehte so sehr und weigerte mich mit solcher Hartnäckigkeit aufzsutehen, daß Don Julián de Mendoza sein Schwert an einem Stein schärfte und sich entschloß, mir den Kopf abzuschlagen, wie ich es verlangte. »Bete das Credo, denn du wirst sterben«, sagte er zu mir, und ich begann es folgendermaßen zu beten: »Ich glaube an Gott den Allmächtigen, und ebenso glaube ich, daß Ihr ein großer Verräter seid und ein Pontius Pilatus«, wodurch Don Julián sich sehr beleidigt fühlte, er nahm mich beim Bart und schickte sich an, mir die Kehle durchzuschneiden, aber das Schwert war nicht so gut geschliffen, wie er dachte, denn es gelang ihm nicht, mich zu töten, sondern nur, mir diese Wunde zuzufügen, die ich hier am Hals habe. Die ganze Nacht blutete ich wie ein abgestochener Hahn, und als der Morgen anbrach, kamen Don Julián und seine vier Soldaten, um mich zu bitten, aufzustehen und den Weg fortzusetzen, und am Ende konnten sie mich überreden, und hier bin ich nun, damit General Aguirre mich ganz zu Tode bringt.«

An dieser Stelle traf Lope de Aguirre ein, um die beiden Gefangenen zu besuchen, und sagte zu ihnen:

»Was habt ihr getan, ihr Dummköpfe? Ich hatte mir fest vorgenommen, eine Trommel aus euren Häuten zu machen, und jetzt wird es geschehen; und dann werden wir sehen, ob König Philipp, dem ihr dienen wolltet, euch wieder vom Tode auferweckt; denn um euch die Wahrheit zu sagen, noch hat er den ersten Verstorbenen nicht wieder ins Leben gerufen.«

»Herr General«, antwortete Pedrarias, »ich ging zum König, und ein Alkalde Seiner Majestät nahm mich gefangen und schickte mich zu Euch. Ich schwöre bei Gott, wenn Ihr mir das Leben schenkt, werde ich besser als jeder andere in Eurem Lager dienen, und es wird keinen grausameren Tyrannen geben als mich, und ich werde keinen Alkalden noch Diener des Königs am Leben lassen, behandeln sie diejenigen doch so gut, die zu ihm überlaufen.«

Lope de Aguirre sah ihn fest und ohne mit der Wimper zu zucken an und versuchte zu ergründen, ob Pedrarias die Wahrheit gesagt hatte mit dem, was er gesagt hatte. Vielleicht schenkte er am Ende seinen Worten Glauben, oder vielleicht erinnerte er sich daran, daß Pedrarias sein Schreiber war und den Brief an König Philipp, den er ihm diktierte, noch nicht beendet hatte, oder vielleicht gab es andere Gründe, die niemand kannte, jedenfalls sagte der grausame Tyrann, nachdem er eine Weile in Schweigen verharrt hatte, zum Erstaunen aller:

»Ich las bei bestimmter Gelegenheit ein Geschichtsbuch und stieß auf eine Begebenheit, die einem großherzigen und gerechten römischen Kaiser widerfahren war, dem zwei desselben Verbrechens angeklagte Missetäter vorgeführt wurden. Während er ihnen aufmerksam in die Augen sah, erriet er, daß der eine stolz war auf das, was er getan hatte, während der andere seine Seele hingegeben hätte, um es ungeschehen zu machen, weshalb er letzterem verzieh und den anderen den Löwen im Zirkus vorwerfen ließ. Auf dieselbe Weise will ich in diesem Falle von meiner Befugnis Gebrauch machen, und kraft ihrer befehle ich, daß Pedrarias de Almesto auf Erden weiterlebt und daß Diego de Alarcón die Beichte ablegt, denn das Ende seiner Tage ist gekommen.«

Als sie das Todesurteil vernahmen, ergriffen Francisco Carrión und vier weitere Henker Diego de Alarcón, dann führten sie ihn durch die Straßen des Ortes, bevor sie ihn töteten, und die Stimme des Ausrufers sagte: »Dies ist die Gerechtigkeit, die Lope de Aguirre, der starke Führer der Marañones, walten läßt. Diesen Mann befiehlt er zu vierteilen, weil er dem Köig von Spanien diente. Jede Tat hat ihren Lohn.«

Dich töteten sie nicht, stets glücklicher Pedrarias de Almesto. Dir nähte man die Wunde mit sechs Stichen, und du wurdest so schnell gesund, daß du nach vier Tagen die Feder in der Hand hieltest und mit deiner schönen Schrift den Brief kopiertest, den Lope de Aguirre, der Pilger, an König Philipp, den Sohn des unbesiegbaren Karls, schrieb. Ein Brief (laut der Geschichte von Venezuela), »dessen Inhalt der klarste Beweis ist für die Derbheit seines dreisten Wesens und die Unehrerbietigkeiten, die sich die Schamlosigkeit und die Frechheit jenes Rohlings erlaubten«.

»Ich glaube wohl, erlauchtigster König und Herr, daß Du für mich und meine Marañones kein solcher gewesen bist, sondern grausam und undankbar warst für die guten Dienste, die wir Dir geleistet haben ... Da ich nicht länger die Grausamkeiten, die Deine Auditoren, Vizekönige und Gouverneure verüben, ertragen konnte, habe ich mich mit meinen Gefährten, deren Namen ich später nennen werde, aus Deinem Gehorsam gelöst, und haben wir uns von unserem Vaterland, das Spanien ist, losgesagt, um Dir in diesem Teil der Welt den grausamsten Krieg zu liefern, den unsere Kräfte aufrechtzuerhalten und zu ertragen vermögen ... Und das, glaube mir, König und Herr, haben wir tun müssen, weil wir die Quälereien und ungerechten Strafen Deiner Minister nicht mehr ertragen konnten, die, um ihre Kinder und Diener zu begünstigen, unseren Ruf, unser Leben und unsere Ehre mißbraucht und gestohlen haben ... Ich hinke auf dem rechten Bein wegen zwei Arkebusenschüssen, die ich im Tal von Chuquinga mit Marschall Alonso de Alvarado erhielt, als ich Deinem Ruf und Namen gegen Francisco Hernández Girón folgte, der gegen Dich rebellierte, wie ich und meine Gefährten es jetzt tun und bis zu unserem Tode tun werden, denn in der Tat haben wir in diesen Reichen schon erfahren, wie grausam und wortbrüchig Du bist, und so schenken wir in dieser Gegend Deinen Versprechen weniger Glauben als den Büchern Martin Luthers ... Sieh, sieh zu, spanischer König, daß Du weder grausam bist zu Deinen Vasallen noch undankbar, denn während Dein Vater und Du ohne irgendwelche

Kümmernisse in den spanischen Reichen sind, haben Dir Deine Vasallen auf Kosten ihres Blutes und Eigentums so viele Reiche und Herrschaftsbereiche gegeben, wie Du hier in diesem Teil hast ... Sieh ein, König und Herr, daß Du nicht mit dem Titel eines gerechten Königs irgendeinen Gewinn in diesem Erdteil davontragen kannst, wo Du nichts gewagt hast, ohne daß vorher diejenigen belohnt wurden, die dort gearbeitet und Schweiß vergossen haben ... Ich bin gewiß, daß wenige Könige in die Hölle kommen, weil Ihr wenige seid, denn wenn Ihr viele wäret, könnte niemand zum Himmel auffahren, weil ich glaube, daß Ihr schlimmer sein würdet als Luzifer, so groß sind Euer Ehrgeiz, Durst und Hunger, Euch mit menschlichem Blut zu übersättigen ... Und so, König und Herr, schwören und legen ich und meine zweihundert marañonischen Arkebusier, Konquistadoren, Edelleute einen feierlichen Eid vor Gott ab, daß wir nicht einen Deiner Minister am Leben lassen werden ... Und wenn ich und meine Gefährten, da wir nur allzu recht haben, entschlossen sind zu sterben, und dies gewiß ist und andere vergangene Dinge, hast Du, einzigartiger König, den Anlaß gegeben, weil Du Dich nicht um die Mühen Deiner Vasallen sorgst und nicht bedenkst, was Du ihnen alles schuldest ... Bei meinem christlichen Glauben schwöre ich, König und Herr, daß die Geißel des Himmels über Dich kommen wird, wenn Du den Übeln in diesen Ländern nicht abhilfst, und das sage ich, um Dir die Wahrheit anzuzeigen, obwohl ich und meine Gefährten Deine Barmherzigkeit weder erhoffen noch wünschen ... Und dann, erleuchteter König, bitten wir Dich nicht um Gefälligkeiten in Córdoba und in Valladolid noch in ganz Spanien, das Dein Patrimonium ist, laß es Dir angelegen sein, Herr, die Armen zu ernähren, die sich um die Früchte und Gewinne dieser Länder abgemüht haben, und bedenke, König und Herr, daß es einen Gott für alle gibt und die gleiche Gerechtigkeit und Belohnung, Paradies und Hölle . . . Möge Gott uns die Gnade schenken, daß wir durch unsere Waffen den Preis erlangen, den man uns schuldig ist, hat man uns doch verweigert, was uns rechtmäßig zustand . . . Sohn Deiner treuen Vasallen in baskischen Ländern, ich, Rebell bis zum Tode wegen Deiner Undankbarkeit. Lope de Aguirre der Pilger.«

Der Führer der Marañones hielt das gegebene Wort, er gab dem Alkalden von Borburata Frau und Tochter zurück, beide brachen frohen Herzens in Begleitung des Oberbüttels Julián de Mendoza auf, vorher verabschiedeten sie sich mit Küssen und Tränen von Elvira. Was den Brief betraf, den er an König Philipp geschrieben hatte, entschloß sich Lope de Aguirre, ihn durch Pater Pedro de Contreras zu schicken, den er mit der Absicht, ihm diese Mission anzuvertrauen, als Gefangenen von der Margarita mitgebracht hatte.

»Ich erteile Euch die Erlaubnis, in Euer Vikariat zurückzukehren, Pater Contreras, unter der Bedingung, daß Ihr mir bei dem heiligen Sakrament des Altars schwört, daß Ihr diesen Brief in die Hände von König Don Philipp II. selbst gelangen lassen werdet.«

Pater Contreras erschien der ihm abverlangte Schwur recht unmäßig, er versuchte ihn zu umgehen, indem er sagte, er gebe sein Wort, daß er den Brief zum König bringen werde, mein Wort ist eine ausreichende Bürgschaft, Herr General.

»Euer Wort genügt nicht«, sagte Lope de Aguirre. »Entweder Ihr schwört es beim Sakrament, oder ich schenke Euch die Freiheit nicht.«

Da schwor Pater Contreras bei der geweihten Hostie, es gab keinen anderen Ausweg, und unverzüglich setzte Lope de Aguirre den Steuermann Barbudo frei, damit er den Priester auf seiner Reise begleitete und ihm half, bis zur Real Audienca in Santo Domingo zu kommen.

In der Zwischenzeit hatte sich der blutrünstige Ruhm des grausamen Tyrannen in der ganzen Provinz Venezuela und im Neuen Königreich von Granada verbreitet und hatte Peru durchlaufen und Charcas und war bis nach Chile gelangt. Mehr als tausend waren von dem grausamen Tyrannen erdrosselt worden, sobald er einen Mönch auftauchen sah, riß er ihm die Kutte ab und schlug ihm den Kopf ab, selbst die Meßknaben entkamen seiner Wut nicht, Frauen ließ er nackend an die Schwänze der Pferde gebunden schleifen, Attila beging in Gallien nicht so viele Gewalttaten, Nero vergoß in Rom nicht so viel Christenblut, das war kein menschlicher Geist, sondern ein Gesandter des Teufels, er stank nach Schwefel und toten Fledermäusen und verbarg Hufe in seinen Stiefeln. *Vade retro, exi foras!*

Den Gouverneur von Venezuela, Don Pablo Collado, überkam eine unheilbare Angst. Der Lizentiat hatte in Salamanca zum Bakkalaureus studiert, wollte Mönch werden, aber die Liebe einer Asturierin verdarb ihm die Berufung, er heiratete sie und kam nach Indien, seine guten Beziehungen und seine eigenen Tugenden ließen ihn in das Amt des Gouverneurs aufsteigen, das er heute innehat. Eines Sonntags nach der Messe werden ihm schlimme Nachrichten überbracht: der perverse Tyrann, der sich Lope de Aguirre nennt, hat sich in Borburata ausgeschifft; Gott steh mir bei! Borburata ist eine von Bergen eingeschlossene Küste, es ist ein unmögliches Unterfangen, ihn mit den wenigen bewaffneten Männern und der nicht vorhandenen Artillerie bekämpfen zu wollen, über die ich verfügen kann. Dann kommen sie, um mir zu melden, daß der grausame Tyrann Valencia eingenommen hat; er befindet sich auf dem Weg in diese Gegend, er besteht darauf, mir eine Schlacht zu liefern und mich gefangenzunehmen und mich zu töten. Und ich bin hier in Tocuyo, niedergestreckt von Hämorrhoiden, die mich nicht zu Tische sitzen, viel weniger noch ein Pferd besteigen lassen. Ich träumte davon, nach Cuicas zu gehen, um mich von diesem Leiden zu erholen, das Klima ist sehr wohltuend, die Wasser heilen wie Balsam. Schließlich kommt das Gerücht auf, daß der Tyrann sich Barquisimeto mit wehenden schwarzen Fahnen nähert, ihm folgen zweihundert gewissenlose Marañones und zwanzig Neger, die die Schlingen um den Hals legen, heilige Eulalie, steh mir bei!

Der militärische Stil des Gouverneurs Collado ist Frucht oder Abbild einer in der Kriegsgeschichte unerhörten Vorsicht:

»Sobald man mir schreibt, um mir anzukündigen, daß der Tyrann Barquisimeto betritt, nehmen wir die Frauen und Töchter an die Spitze und die übrigen Leute dahinter; ist der Tyrann in Barquisimeto, sind wir in Tocuyo; der Tyrann in Tocuyo, wir in Humocaro; der Tyrann in Humocaro, wir in Carache; der Tyrann in Carache, wir in Trujillo; denn das ist der direkte Weg zum König.

Es war notwendig, daß Hauptmann Gutierre de la Peña, der ein tapferer Soldat war, im Hause des Gouverneurs erschien, damit Don Pablo Collado einen Teil seines verlorenen Mutes wiedergewann. Gutierre de la Peña war Ratsher von Coro gewesen, Gouverneur der Margarita und auch Gouverneur von Venezuela, bevor Collado es wurde. Der mit Hämorrhoiden behaftete Lizentiat, der auf einen Schlag alle sie trennenden Zwistigkeiten vergaß, empfing ihn mit folgenden Worten:

»Hauptmann Gutierre de la Peña, ich heiße Euch willkommen und ernenne Euch zum General unseres Lagers; Eurem tapferen Schwert vertrauen wir den Auftrag an, den Verräter Lope de Aguirre zu bekämpfen und zu besiegen.«

»Herr Gouverneur von Venezuela, ich ergreife gern die Gelegenheit, die Eure Exzellenz mir bieten, mit den Waffen in der Hand Seiner Majestät dem König zu dienen«, antwortete Gutierre de la Peña unerschrocken.

Darauf ließ Gouverneur Collado den Hauptmann Diego García de Paredes rufen, der sich nach Cuicas zurückgezogen hatte und mit dem er ebenfalls Streitigkeiten gehabt hatte, eilen Euer Gnaden herbei, um die Sache des Königs in dieser so verzweifelten Lage zu verteidigen. Nach drei Tagen kam García de Paredes in Tocuyo an, das die Hauptstadt ist, und kaum war er angekommen, als ich ihn zum Feldmeister ernannte, höher konnte er nicht, weil ich in aller Eile und Kürze schon Gutierre de la Peña in den Generalsrang erhoben hatte.

Der dritte Hauptmann, der Don Pablo Collados Ruf folgte, war Pedro Bravo de Molina, Oberrichter der Stadt Mérida, der sich mit seinen vierzig mit Lanzen und Schilden bewaffneten Reitern nach Tocuyo begab. Diejenigen, die Gouverneur Collado und Gutierre de la Peña in Tocuyo vereinigen konnten, und diejenigen, die García de Paredes aus Cuicas und Bravo de Molina aus Mérida mitbrachten, zusammengerechnet, besteht das Heer des Königs in dieser Gegend aus zweihundert Soldaten, die fast alle beritten sind.

Es hätten viel mehr sein können, bezweifeln Euer Gnaden das nicht, aber Lope de Aguirres Name flößte allen Köpfen Angst und Schrecken ein. So wie die Bewohner von Valencia beim Herannahen des Tyrannen in die Mangrovenwälder des Tacariguasees zogen und die von Barquisimeto sich in Dickichten und Schluchten versteckten, so nahmen die Männer von Tocuyo ihre Frauen und ihre Habe vornweg und versteckten sich, wo sie nur konnten. Mehrere Soldaten, die Pedro Bravo in Mérida angeworben hatte, wollten nach Hause zurückkehren, als sie erfuhren, daß man sie in den Kampf gegen den grausamen Tyrannen schicken würde.

»Wer nicht freiwillig gehen will, den werde ich gewaltsam mitnehmen«, mußte Pedro Bravo warnen, um dem Unwillen ein Ende zu machen.

Ich schwöre Euer Gnaden bei meinem Glauben, daß die Angst, die man auf der Gegenseite vor Lope de Aguirre hat, die mächtigste Angriffswaffe seiner marañonischen Heerscharen war, als klares Beispiel möge das von Don Pablo Collado dienen, den die bösen Zungen schließlich Pablo Hosenscheißer nannten.

Alle Vorkehrungen seiner Feinde kamen dem grausamen Tyrannen rechtzeitig zu Gehör dank der Nachrichten, die ihm der Alkalde von Borburata, Don Benito de Chávez, übermittelte, der von dem Tage an sein Freund war, an dem Lope de Aguirre ihm mit menschlichem Anstand seine Frau und seine Tochter zurückgegeben hatte. Der Führer der Marañones, der vor Zorn bebte und nach Ruhm eiferte, brach auf zur Begegnung mit dem Schicksal, das ihn in Barquisimeto erwartete. Der Monat Oktober hatte schon begonnen (der, wie es ein Hausteufel namens Mandragora, den er früher in seinem Leibe gehabt hatte, prophezeite, der Zeitpunkt seines Todes sein würde), als General Lope de Aguirre den Trommlern befahl, den Aufbruch anzukündigen.

Am Ausgang des Tores von Valencia hielt er seinen Soldaten diese lange Ansprache:

»Wohlan, Soldaten, führt euch gut, bedenkt, daß ich eure Übeltaten kenne und weiß, was jeder in seinem Herzen hat; bedenkt, daß ich Leute aus Peru kenne, die nichts anderes verstehen, als den Stein zu werfen und die Hand zu verbergen; bedenkt, Marañones, daß ich weiß, daß ihr mich töten oder in größter Bedrängnis zurücklassen wollt, sobald ihr euch auf den Berghängen Perus befindet; bedenkt, daß ich weiß, daß ihr mit meinem Blut das eure und eure Übeltaten reinwaschen wollt; bedenkt, daß ihr die Steine Perus mit dem Blut der Hauptleute färbtet, die ihr tötetet und den Hörnern des Stiers überließet, und daß es eure Gewohnheit ist, nachdem ihr die Welt zerstört und genossen habt, euch mit dem Blut der armen Hauptleute, die ihr immer wieder täuscht, zu befreien und reinzuwaschen. Beeilt euch, mich zu töten, denn so wahr ich lebe, ich werde euch zuvorkommen; wer mich zur Vesper verspeisen will, den werde ich zu Mittag essen; und ihr alle zusammen werdet mich nicht töten können, aber ich allein euch alle. Was habt ihr vor? Wißt ihr nicht, daß ihr einen Fürsten und Gouverneure, Statthalter und Alkalden, Mönche, Priester, Komture und Frauen getötet habt, daß ihr alles, was ihr fandet, geraubt und geplündert und getötet habt? Wißt ihr nicht, daß wir einen Krieg auf Leben und Tod führen und daß das kleinste Stück, das man euch abschneiden wird, das Ohr sein wird? Wißt ihr nicht, daß ihr ohne mich kein Leben habt, noch vor irgend etwas in dieser Welt fliehen könnt, und wenn ihr rechtschaffene Leute sein wollt, daß die ganze Welt nichts gegen euch ausrichten kann und Peru und alles übrige euch gehören wird? So wahr ich lebe, Marañones, wenn Gott uns Gesundheit bewahrt, soll es niemanden unter euch geben, der nicht in Peru Hauptmann über andere Leute sein wird, und ich werde dafür sorgen, daß die Reichen von Peru durch Marañones regiert werden, so wie die Goten Spanien regierten, weil sie seine Herren waren. Warum sollten wir aus Angst vor dem Tode nicht erstürmen, was wir so deutlich als uns gehörend sehen und was die Vorsehung für uns bereithält? Bedenkt, daß die indianischen Zauberer in den Tempeln von Cuzco einstimmig sagen, daß aus verborgenen Bergen und Ländern Leute kommen werden, die über Peru herrschen werden, und das sind wir; bedenkt, daß ich das sehr genau weiß.«

Drei Tage nachdem es die genannte Stadt Valencia hinter sich gelassen hatte, kam das Heer der Marañones bei einigen Hütten an, die ein Goldminenlager umgaben, ein Ort, der unter dem Namen Valle de Chirua bekannt ist. In den Gruben jener Minen arbeiteten mehrere Sklaventrupps. Auf dem Wege sagte Lope de Aguirre:

»Ich freue mich über alle Maßen, auf jene hundert Neger zu stoßen, die in den Minen von Chirua arbeiten, denn ich werde sie aus der Sklaverei erlösen, wie ich es mit den zwanzig tat, die bei unserem Zug sind, und wer weiß, ob nicht auch die von Chirua sich uns anschließen werden, um gegen den König zu kämpfen, der sie verachtet, und gegen die Besitzer, die sie in Ketten halten.«

Es mißfiel ihm sehr, die Minen verlassen vorzufinden, die Pickel und Schaufeln auf dem Boden verstreut, die Hühner in den Hühnerställen, der Mais in den Scheuern, nicht eine menschliche Seele in der ganzen Umgebung, die Vorarbeiter waren geflohen und hatten die schwarzen Sklaven mitgenommen.

»In den Reichen von Peru, die wir regieren werden«, sagte Lope de Aguirre, »wird jener unglückliche Teil der Menschen, die in der Sklaverei ächzen, frei sein; die Natur und die Gerechtigkeit befehlen uns, sie freizulassen; ich flehe um die volle Freiheit der Sklaven, wie ich um mein Leben und um das Leben meiner Tochter flehen würde.«

Sie nahmen die Schweine, die Hühner und den Mais mit und setzten ihren Weg fort, sie gingen direkt auf die dichten Wolken zu, die den Horizont verdunkelten. Plötzlich begann ein so schrecklicher Regenguß wie Noahs Sintflut, die Blitze drohten den Himmel zu zerreißen, die Donnerschläge hallten im Innern der Berge wider und ließen Elvira vor Angst erzittern, der Weg wurde zu einem Rosenkranz von Pfützen und Seen, die Lasttiere blieben im Morast stecken und rutschten an den Abhängen aus, die Helme waren schwer wie bleierne Turbane, der Nachmittag kam, und es regnete kräftig weiter, die Nacht kam, und der Regenguß wurde nicht um einen Tropfen schwächer, eine Stute erschrak vor dem Licht eines Blitzes und stürzte in die tiefe Schwärze einer Schlucht, man hörte Lope de Aguirres herausfordernde Stimme:

»Glaubt Gott, daß ich nicht nach Peru gehen und die Welt zerstören werde, wenn es regnet? Da täuscht er sich in mir!«

Ein noch entsetzlicherer Donner als alle vorhergehenden antwortete auf seine Blasphemie. Aber anstatt sich vor der Strenge des Firmaments zu beugen, rief der schlechte Christ noch lauter:

»Wenn die Natur sich unseren Plänen widersetzt, werden wir gegen sie kämpfen und sie zwingen, uns zu gehorchen!«

Wie durch einen Zauberspruch hörte das Unwetter auf. Sich den Weg durch Regen und Schatten bahnend, hatten die Marañones den Gipfel eines Berges erklommen, jetzt zog ein klarer Morgen ohne jedes Grau herauf, unten breitete sich eine grüne und friedliche Ebene aus, das war Valle de las Damas.

»Vorwärts, Marañones!« rief Lope de Aguirre und begann hinkend und fluchend allen voran den Abhang hinunterzusteigen.

Hauptmann Pedro Alonso Galeas, jener Marañón, der auf der Margarita aus Lope de Aguirres Lager floh, indem er die List anwandte, sich auf einem feurigen Pferd jeden Tag ein wenig weiter von der Ortschaft zu entfernen, erinnern Euer Gnaden sich seiner? Jener selbe Hauptmann Pedro Alonso Galeas wurde hinterher für Lope de Aguirre zu einem ebenso schädlichen Gegner wie der Verräter Pedro de Munguía. Denn so wie der genannte Pedro de Munguía den Ministern des Königs die militärischen Pläne und Absichten des Führers der Marañones auslieferte, unterrichtete Pedro Alonso Galeas sie seinerseits zuverlässig über die Leute und die Waffen, die Lope de Aguirre bei sich hatte, und über die tatsächliche Stimmung unter seinen Soldaten. Pedro Alonso Galeas kam als erster in Borburata an und wurde von einem mestizischen Diener des Königs namens Francisco Fajardo mit dem Auftrag losgeschickt, die königlichen Behörden zu warnen. Von dort begab er sich nach Barquisimeto, wo sein Erscheinen wie gerufen kam, denn es stellte in vielen besorgten Gemütern die Ruhe wieder her.

»Nur einhundertfünfzig Leute hat der grausame Tyrann bei sich, davon sind ihm knapp sechzig bedingungslos ergeben, der Rest wird sich Seiner Majestät unterstellen, sobald sich die Gelegenheit dazu ergibt, es ist nicht notwendig, diesen gottlosen Rebellen anzugreifen, es genügt, wenn wir in seine Nähe gehen und Zeit verstreichen lassen, damit die gefürchteten Marañones zu uns überlaufen können.«

Die Voraussage, die Pedro Alonso Galeas machte, hatte nichts Ungewöhnliches, auf diese Weise hatten alle Revolutionen in der Neuen Welt geendet, die von Gonzalo Pizarro und die von Sebastián de Castilla und die von Hernández Girón, nach dem ersten Mißerfolg machten die Leute von den Begnadigungsscheinen Gebrauch, den Führer ließen sie mit seiner Fahne allein, dann fingen ihn die Henker und schlugen ihm den Kopf ab, Lope de Aguirre sollte es nicht anders ergehen.

Pedro Alonso Galeas war kein Späher des grausamen

Tyrannen, wie viele anfangs vermuteten, sondern ein wirklicher Überläufer, der nützliche und genaue Angaben machte. Das begriff General Gutierre de la Peña sogleich und gab ihm seinen Hauptmannsrang zurück, den ihm Gouverneur Pedro de Ursúa verliehen hatte, bevor er den Zug zu den Omaguas unternahm, und er schickte ihn nach Tocuyo auf die Suche von Don Pablo Collado, der klägliche Briefe schrieb, um nicht nach Barquisimeto kommen zu müssen, »ich habe den Mund wund von dem großen Feuer, das aus mir herauskommt, das Fieber verbrennt mich, die Hämorrhoiden treiben mich in die Verbannung, ich muß unbedingt morgen nach Trujillo aufbrechen, wo es kalt ist, um mich ein wenig zu erholen«. Pedro Alonso Galeas mußte hinter ihm her und ihn auf halbem Wege nach Trujillo anhalten, er linderte ihm die Ängste, die ihm die durch seine Phantasie übertriebenen Kräfte des Tyrannen verursachten, sein Fieber und seine Hämorrhoiden besserten sich, der kleinmütige Gouverneur ließ sich schließlich herbei, in Begleitung von Pedro Bravo de Molina und seinen vierzig Reitern nach Barquisimeto zu gehen.

In Barquisimeto versammelten sich alle Autoritäten des Lagers zur Beratung, während Lope de Aguirre schon mit direktem Kurs auf die Stadt Valle de las Damas durchquerte.

»Der grausame Tyrann hat einhundertfünfzig Arkebusier bei sich, unser Heer besteht aus einhundertachtzig Reitern, die feindlichen Arkebusier könnten jedes Haus in ein Bollwerk verwandeln und mit großem Vorteil von dort aus schießen, ich schlage vor, daß wir uns von der Stadt entfernen und unsere Reiterei auf freiem Feld ausschwärmen lassen«, sagte Feldmeister García de Paredes.

General Gutierre de la Peña und Generalleutnant

Pedro Bravo de Molina waren der Meinung, daß der alte Soldat recht habe, und alle zusammen beschlossen, sich mit Waffen und Proviant zurückzuziehen und das Lager eine halbe Meile zurück in den Schluchten am Fluß zu errichten.

Der Führer der Marañones betrat die verlassene Stadt Barquisimeto am zweiundzwanzigsten Oktober, in der Vorhut befanden sich vierzig Arkebusier mit schußbereiten Waffen, dahinter kamen die goldgesäumten schwarzen Fahnen mit zwei gekreuzten bloßen, blutigen Schwertern, die Trompeten und Trommeln ertönten mit drohendem und siegreichem Klang, plötzliche Musketensalven donnerten in den Himmel. Es lebe der starke Führer der unbesiegbaren Marañones! Es lebe der Fürst der Freiheit! Gutierre de la Peñas Reiterei beobachtete sie von der Höhe eines Hügels; als Lope de Aguirre sie erblickte, stellte er seine Leute in Kampfform auf; da kehrten die des Königs in ihre Höhlen und Schluchten am Fluß zurück, um darauf zu warten, daß die Leute des grausamen Tyrannen zu ihnen überliefen, so wie Pedro Alonso Galeas es ihnen versprochen hatte.

Der grausame Tyrann ließ sich in einem riesigen Haus nieder, das einen ganzen Block einnahm, von hohen Lehmziegelmauern umschlossen und von Zinnen gekrönt war und das Hauptmann Damián de Barrios sich hatte bauen lassen, um darin Wohnung zu nehmen. Das genannte Haus hatte ein so militärisches Aussehen, daß die Soldaten es auf den Namen »die Festung« tauften, und so nannten sie es weiterhin bis zum Ende dieser Tragödie.

Lope de Aguirre bestimmte das beste Zimmer für Elvira, hängte seine eigene Hängematte in die Gänge zwischen die Hängematten von Antón Llamoso und

Juan de Aguirre, stellte Wachen an die Türen und zwischen die Zinnen und erteilte den Soldaten die Erlaubnis, die Ortschaft zu plündern, seid vorsichtig, Marañones! achtet die Ehre der Frauen (wenn ihr auf eine stoßt) und die Heiligkeit der Kirchen und ihrer Altäre.

Sie fanden nichts, das zu plündern wert gewesen wäre, die Häuser waren leer, denn selbst die Lahmen und die Taugenichtse waren mit den Soldaten davon gegangen, auch Vorräte fanden sie nicht außer vier quiekenden Schweinen und einer Reihe Knoblauchzöpfe, was es dagegegen reichlich gab, waren Begnadigungsscheine, die die Diener des Gouverneurs auf Tischen und Fußböden hinterlassen hatten, »allen Leuten und Soldaten, die in unsere Dienste übertreten, wird vergeben werden, welche Rebellionen und Tötungen auch immer sie begangen haben mögen in der Zeit, da sie unter dem Befehl des Tyrannen standen«, und Don Pablo Collado hatte unterzeichnet, so wie der Gouverneur einen Brief an General Lope de Aguirre unterzeichnet hatte, in dem er ihm sagte »kehren Euer Gnaden in den Dienst des Königs zurück, ich werde Euer Gnaden als Vermittler dienen, um die Vergebung Seiner Majestät zu erbitten.«

Brief und Scheine wurden Lope de Aguirre überbracht. Antón Llamoso nahm eines jener Papiere in die Hände, bediente sich seiner mit einer obszönen Geste und sagte:

»Seht her, Gouverneurchen Collado, was wir Marañones mit Euren Begnadigungsscheinen machen: wir wischen uns damit den Hintern!«

Aber Lope de Aguirre wußte, so wahr er lebte, daß nicht alle seine Leute bereit waren, sich wie der ungeschliffene und grobe Antón Llamoso den Hintern mit jenen Papieren zu wischen, »die unter ihrer guten Farbe und Form ein sehr grausames Gift verbargen«. Deshalb versammelte er alle Leute im Hof der Festung und sprach folgendermaßen zu ihnen:

»Hört, Marañones. Ich als in diesen Dingen erfahrener Mann will euch über die Versprechungen aufklären, die euch der Gouverneur in diesen falschen Begnadigungsscheinen macht, die ihr gefunden habt. Gewiß muß man euch daran erinnern, daß eure Tötungen und Rebellionen an Zahl und Bedeutung alle übertroffen haben, die in Spanien und Indien von Männer begangen wurden, die sich gegen die königliche Macht erhoben; der König selbst könnte euch gerechterweise nicht vergeben, wieviel weniger ein Lizentiat mit zwei Namen wie dieser Pablo Collado; selbst wenn der König euch vergeben wollte oder vergäbe, würden die Verwandten und Freunde derjenigen, die ihr getötet habt, euch verfolgen und zu töten suchen. Ich prophezeie euch, wenn ihr mich verlaßt und zum König überlauft, wird man mir nur einen Tod zufügen, euch jedoch dreitausend Arten von Toden und Erniedrigungen; laßt uns unser Leben so teuer wie möglich zu verkaufen suchen, Marañones, laßt uns das tun, was wir tun müssen, denn wenn wir jetzt auf der Pilgerschaft sind, ist es, um in das Land zu gelangen, in das wir wollen, nämlich Peru, wo man uns alles schuldig ist, und wenn wir angekommen sind, wird jeder den Lohn für seine Mühe erhalten.«

Nach dieser Rede befahl er, mehrere Häuser der Ortschaft in Brand zu stecken, und zwar diejenigen, die den Soldaten des Königs bei einem Überfall als Schanze dienen konnten. »Seht zu, daß die Flammen die Kirche nicht beschädigen!« sagte er mit lauter Stimme, aber die Häuser waren aus Stroh und die Kirche war es auch, deshalb ließ ein Funken, der von weither übersprang, sie wie Zunder brennen, und da veranlaßte der grausame Tyrann in aller Eile, daß die Ornate und die Heiligen herausgeholt wurden, um sie vor Zerstörung zu schützen. Gutierre de la Peña seinerseits ließ die wenigen Häuser verbrennen, die das erste Feuer verschont hatte, um zu verhindern, daß die Marañones sich ihrer bedienten, und nach den beiden Bränden stand in Barquisimeto nicht mehr als die vier Mauern, hinter denen Lope de Aguirre und seine Leute Zuflucht gesucht hatten.

Der Führer der Marañones ließ Schönschreiber Pedrarias de Almesto rufen, lud ihn ein, sich an den Tisch im Eßzimmer von Damián de Barrios zu setzen, und diktierte ihm eine Antwort auf den Brief des Gouverneurs Pablo Collado. Lope de Aguirre ließ niemals einen Brief unbeantwortet, er wollte keinesfalls bei dieser Gelegenheit, die die letzte war, die Regel durchbrechen.

»Einen Brief von Euer Gnaden erhielt ich, und ich danke ergebenst für die Versprechungen und Angebote, die darin zugesagt werden, obwohl ich jetzt und in der Todesstunde und nach dem Tode eine derartige Vergebung des Königs verabscheue und seine Gnade mir sogar verhaßt ist, und die Vergebungen von Euer Gnaden werden nicht einmal bis zur ersten Gewitterwolke dauern . . . Euer Gnaden sagen, daß Ihr tausend Leben im Dienste Seiner Majestät verlieren werdet, bewahren Euer Gnaden ein einziges, denn wenn Ihr das verliert, wird der König es nicht zurückrufen. Euer Gnaden tun sehr recht daran, dem König zu dienen, denn auf Kosten des Schweißes von so vielen Edelleuten und ohne die geringste Arbeit, eßt Ihr dank des Schweißes der Armen . . . Verflucht seien alle großen und kleinen Leute, weil sie es zulassen, daß ein Bakkalaureus dort hereinkommt, wo sie arbeiten, anstatt sie alle zu töten, denn sie sind der Grund für so viele Übel . . . Und da Euer Gnaden den Krieg angefangen haben, macht Euch darauf gefaßt, daß wir Euch hier viel zu tun geben werden, weil wir Leute

sind, die den Tod nicht fürchten . . . Und Gott unser Herr behüte und erhöhe die sehr herrliche Person Eurer Gnaden, wie Euer Gnaden es wünschen.«

Es vergingen drei Tage und Nächte, ohne daß ein einziger Soldat im Kampf starb, verwundet wurde auch niemand. Die Späher und Läufer der gegnerischen Lager begegneten sich plötzlich im dichten Gebüsch oder in der Dunkelheit der Nacht, und die einen wie die andern flohen kampflos, oder sie schossen ihre Kugeln von fern aufs Geratewohl ab. (Die zwei Waffen, die bei der Eroberung Indiens die größten spanischen Siege entschieden, waren die Arkebuse und das Pferd; in diesem Falle hatten Lope de Aguirres Marañones die Arkebusen; das Heer des Königs verfügte über die Pferde.) (Zwei weitere mächtige Waffen waren die Angst und der Verrat; Lope de Aguirre kam die entsetzliche Angst zugute, die sein Ruf als gottloser Tyrann den Leuten des Königs einflößte; die Leute des Königs zogen Nutzen aus dem Verrat, der in Lope de Aguirres Lager blühte wie giftige Nelken.) Beide Heere hatten Soldaten von großer Tapferkeit; zu den Offizieren des Königs zählten Gutierre de la Peña, García de Paredes, Pedro Bravo de Molina, Pedro Alonso Galeas, Hernando Serrada, Pedro Gavilla, García Valero, Francisco Infante, Gómez de Silva und Gouverneur Don Pablo Collado selbst, der durch ein Wunder sein blutiges Leiden gebessert sah und jetzt verlangte, daß der Ausgang dieses Krieges zwischem ihm und dem Tyrannen »im Zweikampf« entschieden werde. Unter den Marañones waren es Lope de Aguirre, Diego de Tirado, Juan de Aguirre, Roberto de Zozaya, Admiral Juan Gómez, der Genuese Juan Jerónimo de Espíndola, der alte Fähnrich

Blas Gutiérrez, Cristóbal García, Custodio Hernández, Bartolomé Paniagua, Francisco Carrión, Antón Llamoso, Hernando Mandinga, der kein schwarzer Sklave mehr war, sondern ein tapferer und treuer Feldwebel, und viele mehr. Aber es vergingen drei Tage, ohne daß die Reiterei des Königs die Festung angriff und ohne daß die rebellischen Arkebusier gegen die Feinde ausrückten. Heute im Morgengrauen, verflucht! liefen drei Soldaten zum König über, Juan de Talavera, Pedro Guerrero und Juan Rangel, die um Erlaubnis gebeten hatten, ihre Pferde im Fluß zu tränken; sie liefen zum König über und begannen dann alle drei von der entfernten Schlucht aus zu rufen, um die übrigen Marañones anzuspornen, ihrem falschen Beispiel zu folgen. Du begriffst sofort, Lope de Aguirre, daß sich noch länger in der Festung einzuschließen bedeutete, Gefahr zu laufen, daß noch mehr solcher Feiglinge und Verräter hinlaufen würden, um die Begnadigungsscheine anzunehmen, die ihnen Gouverneur Collado anbot. Der Führer der Marañones befahl Wachthauptmann Roberto de Zozaya und Infanteriehauptmann Cristóbal García, überraschend mit sechzig Arkebusiern in das feindliche Lager einzufallen und sich, wenn es ihnen nicht gelingen sollte, die Gegner beim Angriff zu überwältigen, in den Schutz eines Waldstücks zu flüchten, in dessen Gestrüpp die Pferde schwerlich eindringen konnten. So taten sie es, und nach einer Weile kam Lope de Aguirre mit dem Rest der Leute aus der Festung und vereinigte sich mit seinen Gefährten im Dickicht des Waldes. Endlich ist die Stunde gekommen, wo es heißt, die Schlacht zu gewinnen oder bei dem Unternehmen zu sterben, Lope de Aguirre, auf dem peruanischen Amboß geschmiedeter Rebell, im Tal von Chuquinga verwundeter Krieger, General und Führer der unbesiegbaren Marañones, du mußt in diesem letzten entscheidenden Augenblick beweisen, daß du ein echter Abkömmling der baskischen Rasse bist, ein würdiger Nacheiferer des erbarmungslosen Erzengels Michael, der ausführende Arm des Zorns Gottes. Ewiger Ruhm wird der Sieg über den erlauchten König Philipp, hier vertreten durch dunkle Anhänger, deinem Namen verleihen. Vorwärts, Marañones! Zielt auf die Brust und die Stirn jener Schurken! (Die Schüsse der Marañones schlugen in die Erde oder kreuzten die Lüfte über die feindlichen Köpfe hinweg.) Was ist los, Marañones? Ihr schießt auf die Sterne! (Wir hatten mehr als hundert Arkebusier, und keine ihrer Kugeln traf die Körper der Reiter des Königs und nicht einmal die Flanken ihrer Pferde.) Plötzlich geschah ein unerhörtes Unglück. Reiterhauptmann Diego de Tirado, der einer deiner vertrautesten und geschätztesten Freunde war, ein echter und wahrhaftiger Marañón mit der Seele eines Skorpions, Hauptmann Diego de Tirado verwandelte in schändliche Flucht, was ein Anlauf seines Pferdes schien, Hauptmann Diego de Tirado schlug sich mitten in der Schlacht auf die Seite Seiner Majestät, und du, Lope de Aguirre, erkanntest in jenem Augenblick mit voller Gewißheit, daß deine Sache verloren war und dein Tod ein nahe bevorstehendes Ereignis. Hauptmann Diego de Tirado ist der erste, der sich auf der Margarita ausschifft, Hauptmann Diego de Tirado entreißt Gouverneur Villandrando die Waffen, Hauptmann Diego de Tirado springt auf den Fuchs des Alkalden Rodrigo de Silva, Hauptmann Diego de Tirado durchreitet im Galopp die Straßen von Villa del Espíritu Santo und ruft: Es lebe General Lope de Aguirre, der Fürst der Freiheit! Hauptmann Diego de Tirado begleitet mich freiwillig bei allen tödlichen und strafenden Unternehmungen, »wenn dieser Diego Tirado mir treu bleibt, gehört mir die Welt« (das sagte ich jeden

Morgen), Hauptmann Diego de Tirado schlägt sich mitten in der Schlacht auf die Seite Seiner Majestät, eine halbe Stunde später sehe ich ihn in der Schlucht auf dem Pferd des Gouverneurs Collado reiten, während er uns zuruft: Auf, meine Herren, zur königlichen Fahne, zum König, der Gnaden verteilt! (Die Schüsse der Marañones zersprengen weiter Erdklumpen oder verlieren sich in den Wolken; die Soldaten des Königs haben nicht mehr als fünf Arkebusen bei sich, aber schon haben sie zwei unserer Männer verwundet, sie schießen eine Kugel in die Stirn der schwarzen Stute, auf der Lope de Aguirre reitet, sie fällt leblos um.) Du, Lope de Aguirre, der du schon deinen Tod als ein unvermeidliches und sehr nahes Ereignis siehst, erhebst dich vom Rücken der toten Stute und rufst von neuem: Auf sie, Marañones! Schießt nicht auf die Sterne, Marañones, schießt auf die Brust des Feindes! Ich allein könnte einen Krieg führen und diese minderwertigen Leute besiegen, aber mit Verrätern kann man keinen Krieg führen!

Lope de Aguirre weiß schon genau, daß er seine erste und letzte Schlacht gegen den König von Spanien verloren hat, er läßt die beiden verwundeten Soldaten aufheben und gibt den Befehl, daß sich alle in die Festung zurückziehen sollen. Unterstützt von Roberto de Zozaya, Cristóbal García, Juan de Aguirre und Antón Llamoso drängt er die Marañones mit seinen Rufen, bedroht er sie mit seinem Schwert: In die Festung, meine Herren, nieder mit dem König! Er treibt sie mit Stößen voran und zwingt sie, in das riesige Haus von Damián de Barrios hineinzugehen, Nieder mit dem König, Marañones, nieder mit dem König! Lope de Aguirre schließt mit den eigenen Händen die schweren Türen.

(Ein Gang im Haus von Damián de Barrios, das in eine Festung verwandelt ist. An den Enden hängen zwei Hängematten. In der Mitte plaudern lebhaft mehrere marañonische Offiziere. Im Hintergrund ist eine breite Tür, die zur Straße führt; links eine andere, die in Elviras Zimmer führt; und rechts eine dritte, die ins Innere des Hauses führt.)

JUAN DE AGUIRRE: Diese Flucht von Diego de Tirado war ein harter Schlag für ihn. Seit Pedro de Munguías Verrat sah ich nicht so viel Wut in seinen Augen funkeln.

ROBERTO DE ZOZAYA: In welche neuen Gedanken mag er jetzt versunken sein? *(Er zeigt auf die linke Tür.)* Es ist schon eine ganze Weile her, daß er durch diese Tür ging und nicht wieder herauskam.

JUAN GOMEZ: Ich vermute, daß ihn die Müdigkeit und die Erschöpfung schließlich überwältigt haben. Wißt Ihr, wie lange er nicht geschlafen hat?

ANTON LLAMOSO: Lope de Aguirres Körper benötigt weder Schlaf noch Ruhe noch Essen.

PEDRARIAS DE ALMESTO: Seit mehr als einem Monat schläft er nicht. Er sagt, daß der Schlaf keinen Sinn hat, daß er nach seinem Tode mehr als genug schlafen wird.

CRISTOBAL GARCIA: Er ist ein hinkender Zwerg mit Riesenkräften. Um die Abhänge hinaufzusteigen, belädt er sich die Schultern mit Waffen und Gepäck.

HERNANDO MANDINGA: Er fürchtet weder die Kugeln der Arkebusen noch die Schneide der Schwerter noch den König noch den Tod noch die Hölle. Er hat in seinem Körper einen Hausteufel, der ihn niemals verläßt.

JERNONIMO DE EESPINDOLA: Es stimmt alles, was Ihr gesagt habt, meine Herren, aber die erwähnten Kräfte seiner Seele haben nicht verhindert, daß wir uns jetzt in dieser unangenehmen Lage befinden, eingeschlossen in diesem finsteren Hause und bedrängt von den feindlichen Reitern, während wir Hunde und Maultiere essen, um nicht zu verhungern, wie Geizkragen die Wassertropfen zählen, um nicht zu verdursten, und auf den nächsten Morgen warten ohne eine andere Hoffnung als auf den Galgen und die Strafen der Hölle.

ANTON LLAMOSO: Solange der Fürst Lope de Aguirre lebt, der Führer Lope de Aguirre denkt, der General Lope de Aguirre kämpft, sind wir nicht verloren, meine Freunde. Er wird den Weg finden, um uns aus diesem dunklen Abgrund zu retten, er wird unsere Belagerer in die Flucht schlagen, er wird uns hinführen, um über Peru zu herrschen und für unsere Mühe den gerechten Preis zu bekommen.

(Zu Beginn von Antón Llamosos Worten tritt Lope de Aguirre durch die linke Tür herein und bleibt auf der Schwelle stehen, um ihn zuende sprechen zu lassen.)

LOPE DE AGUIRRE: Einzig und allein die Verrätereien suchen unseren Sieg zu vereiteln; die schmutzigen Verrätereien der Vergangenheit, der Gegenwart und der Zukunft. Wie denn könnten sie sich mit uns Marañones messen, dieser vor Angst vergehende Gouverneur, diese zwei alten Hauptleute mit nicht mehr als fünf Arkebusen, und diese hundert Soldaten, die höchstens Kuhhirten mit Schafspelzen und Rundschilden aus Kuhhaut und rostigen Schwertern sind? Wie denn könnten sie sich mit uns Marañones messen, die wir ein unerschrockenes Heer von Befreiern sind? Bei Gott, niemals würden sie sich derart brüsten, wenn es nicht diese Menge von Verrätereien gäbe, die ihnen zu Hilfe kommen. *(Er zieht ein Papier aus seiner Rocktasche.)* Ich habe diese Liste geschrieben mit den Namen derjenigen, die uns morgen verraten werden, es sind die, die sich krank stellen, um dem Kampf auszuweichen, die lau und melancholisch in den Ecken sitzen, die den Blick abwenden, wenn ich sie ansehe, die anstatt abends Würfel zu spielen, zu beten anfangen wie Nonnen im Kloster; ich wittere den Geruch von Scheiße, der von jenen ausgeht, die über Verrätereien nachsinnen. Ich will von ganzem Herzen verhindern, Hauptleute, daß die fünfzig Gemeinheiten dieser fünfzig unter uns befindlichen elenden Männer Wirklichkeit werden. Ich schlage Euch vor, sie schnell zu töten und auf diese Weise unsere Schar auf hundert hartnäckige Marañones zu begrenzen, die bereit sind, ihr ganzes Blut hinzugeben, damit die Gerechtigkeit siegt. Ich schlage Euch alsdann vor, Hauptleute, mit diesem Heer von hundert zornigen Unbesiegbaren zum Meer zurückzukehren, denn es ist ganz unmöglich für uns geworden, auf diesem Wege mit seinen Ebenen und Bergen nach Peru zu gelangen. Zum Meer zurückkehren, uns ein Schiff bauen und mit diesem Schiff unvorhergesehen Cartagena oder irgendeinen anderen Hafen, wo uns niemand erwartet, überfallen. *(Pause.)* Ich bin dafür, diese Pläne in die Tat umzusetzen, meine Herren, und hier ist die Liste derjenigen, die sterben müssen, um uns vor ihren Treuebrüchen zu bewahren und sie davor zu retten, als Verräter in die Gschichte einzugehen.

JUAN GOMEZ: Beim Himmel, Herr General! Wenn die drei Flüchtlinge, die Eure Exzellenz beim Abmarsch aus Valencia töten ließen, dreißig gewesen wären, würden die Leute es sich jetzt ganz gewiß sehr überlegen, ob sie zum König überlaufen. Vertrauen mir Eure Exzellenz, ich werde Euch in allem folgen und der Steuermann des Schiffes sein, das Ihr erwähntet.

(Alle übrigen Hauptleute außer Antón Llamoso sehen Admiral Juan Gómez mißbilligend und unwillig an.)

ROBERTO DE ZOZAYA: Noch fünfzig Leute mehr töten, Herr General? Ist das nicht eine unnütze und sinnlose Grausamkeit?

Custodio Hernandez: Mit dem Blut dieser Toten vergrößern wir unsere Schuld so sehr, daß selbst Gottes Macht es nicht schaffen wird, uns vor dem Galgen zu retten.

Cristobal Garcia: Wer kann uns versichern, daß wir mit so voreiligem Handeln nicht allerlei Unschuldigen das Leben nehmen? Bedenkt, daß Hauptmann Diego de Tirado uns gestern als der Entschlossenste von allen Marañones erschien, und trotzdem hinderte ihn unsere Meinung nicht, ins Lager des Königs überzulaufen. Dagegen gibt es andere, die wir immer für furchtsam hielten, und sie erweisen sich weiterhin als mutig und treu.

Lope de Aguirre: Ihr zweifelt und zögert, meine Herren, weil in irgendeinem Winkel Eures Herzens noch die Illusion pocht, den Schiffbruch zu umgehen, daß der König Euch die Rebellionen und Übeltaten verzeiht, die Ihr am Marañónfluß und auf der Insel Margarita begangen habt. Eine eitle Hoffnung hegt Ihr, denn mit Gottes Hilfe werdet Ihr alle am Galgen sterben und gevierteilt werden, so wie es mit mir selbst geschehen wird. Wenn wir heute dieses Unheil erleben, sind diejenigen schuld daran, die unentschlossen und ...

Jeronimo de Espindola: Schuld daran sind wir alle, schuld sind an erster Stelle Eure Exzellenz, Herr General. Meine Meinung ist, wir hätten auf der Margarita alle diejenigen zurücklassen sollen, die es vorzogen zu bleiben, anstatt sie gegen ihren Willen mitzunehmen, denn es sind diejenigen, die unter Zwang mitkommen, die Eure Exzellenz jetzt töten wollen.

Lope de Aguirre: Meine Herren Hauptleute, seit dem Tage, an dem Ihr mich zum General und Führer dieses Zuges ernanntet, so wahr ich lebe, ist es das erste Mal, daß Ihr anderer Meinung seid als ich. Was ist los mit Euch, Roberto de Zozaya? Ängstigt Euch die Nähe des Todes, Cristóbal García? Was Euch betrifft, Jerónimo de Espíndola, der Ihr so dreist und unverschämt zu mir gesprochen habt, mache ich Euch darauf aufmerksam, daß ich bei einem menschlichen Wesen niemals eine derartige Redensweise geduldet habe und daß ich Euch zum Tode verurteile, um eine derartige Frechheit zu bestrafen.

(Niemand rührt sich, um das Urteil zu vollstrecken. Antón Llamoso legt die Hand an den Schwertgriff, aber die Blicke der anderen Hauptleute halten ihn zurück. Lope de Aguirre geht bestürzt auf die linke Tür zu. Plötzlich dreht er sich um und gibt scharfe Befehle.)

LOPE DE AGUIRRE: Munitionshauptmann Antón Llamoso, bereiten Euer Gnaden den Abmarsch nach Borburata vor, lassen Euer Gnaden die Waffen in die Fuhrwerke und auf die Lasttiere laden, benachrichtigen Euer Gnaden alle Leute, daß sie morgen vor Tagesanbruch bereit und gerüstet zu sein haben. Infanteriehauptmann Francisco Carrión, ich befehle Euer Gnaden, in Begleitung des Oberbüttels Bartolomé Paniagua und des Feldwebels Hernando Mandinga den fünfzig Verdächtigen, deren Namen auf dieser Liste stehen, die Waffen abzunehmen und sie unbewaffnet sorgfältig unter Bewachung zu halten!

(Antón Llamoso, Francisco Carrión, Bartolomé Paniagua und Hernando Mandinga gehen hinaus.)

LOPE DE AGUIRRE *(zu den anderen Offizieren)*: Wir sind nicht verloren, meine Herren. Kein Mann ist verloren, solange er den Vorsatz und den Mut hat, es nicht zu sein. Wir müssen im Morgengrauen zum Meer aufbrechen, wenn der Feind unsere Absicht weder ahnt noch vermutet. Gutierre de la Peña wird uns später mit seiner Reiterei verfolgen, und wir werden sie in einem Bergpaß in einem Hinterhalt erwarten und mit unseren Arkebusen köpfen. Sobald wir uns auf den Weiden der

Ebene mit Pferden versehen haben, werden wir als ein Heer von abgehärteten und erfahrenen Marañones in Borburata ankommen. Wir werden die Schiffe überfallen, die dort vor Anker liegen, wir werden unverzüglich Kurs gen Westen nehmen und über Santa Marta oder Cartagena herfallen, wir werden unseren ersten Plan wieder aufnehmen, auf dem Weg über Panama nach Peru zu gehen, so wie es Almagro und Pizarro taten. Habt Vertrauen, Hauptleute, zu Lope de Aguirre, dem starken Führer der unbesiegabren Marañones!

STIMME DES WÄCHTERS *(von der Höhe der Zinnen):* Die Reiter des Königs nähern sich unseren Mauern, mit jeder Runde kommen sie dichter heran. In der feindlichen Schlucht zeigen sich zwei Krieger, die nach ihren Gebärden der Feldmeister und der Generalleutnant sein müssen.

LOPE DE AGUIRRE *(einem Hauptmann die Arkebuse entreißend)*: Zum Teufel, ich ziele besser als alle meine blinden Arkebusier, und ich muß es sogleich beweisen!

(Er will durch die Tür hinausgehen, die zur Straße führt. Er bleibt stehen, als er aus dem Innern des Hauses mehrere Soldaten im Haufen eintreten sieht.)

ERSTER SOLDAT: Eure Exzellenz, Herr General, haben uns die Arkebusen und die Lanzen abgenommen und bereiten sich jetzt darauf vor, uns unbewaffnet bis zum Meer zu führen, ohne Verteidigung und elend und der Willkür unserer Gegner ausgesetzt sollen wir über die Berge marschieren. Wollen Eure Exzellenz etwa, daß man uns alle tötet?

ZWEITER SOLDAT: Geben uns Eure Exzellenz die Waffen zurück, es gefällt uns nicht, daß wir gehen wie die Schafe zum Schlachthof.

SOLDATEN *(im Chor):* Wir wollen unsere Waffen!

LOPE DE AGUIRRE *(seinen Dolch ziehend und ihn sich auf die Brust setzend):* Mit diesem Dolch soll man mir das Herz herausschneiden, wenn ich irgendwann das Blut eines Marañóns vergießen sollte und ihn nicht behandelte wie meine eigene Person. Ich schwöre bei Gott dem Allmächtigen, Verehrten und Gepriesenen, daß ich von nun an nichts anderes tun werde als das, was jeder einzelne von Euren Gnaden befehlen. Wir werden den Krieg verlieren oder gewinnen, aber es muß die Meinung aller gelten, nicht nur meine.

SOLDATEN *(im Chor)*: Wir wollen unsere Waffen!

LOPE DE AGUIRRE *(er ist alt und krumm geworden in dem Maße, wie seine Hauptleute und Soldaten Achtung und Angst vor ihm verlieren):* Wenn es bisher einige Tode gegeben hat, meine Söhne, so begreift, daß ich sie zum Wohle aller und um euer Leben zu sichern, veranlaßte. Und allen sage ich von nun an, daß ihr bei dem Schwur, den ich geleistet habe, und um Gottes willen nicht zulaßt, daß wir von jenen Kassawa-Essern und Maisfladen-Fressern besiegt werden. Und wenn ihr zum König überlaufen wollt, so sei es in Peru, und auf diese Weise werde ich, wenn ich schon sterben muß, in jenem ruhmreichen Lande sterben, wo meine Knochen das genießen und von dem ausruhen werden, wofür mein Körper so sehr gearbeitet und gelitten hat.

SOLDATEN *(im Chor):* Wir wollen unsere Waffen!

(Lope de Aguirre nimmt die Arkebusen, Lanzen und Schwerter aus den Händen von Antón Llamoso und Francisco Carrión, die mit ihnen in den Armen eingetreten sind, und übergibt sie der Reihe nach den Soldaten.)

LOPE DE AGUIRRE: Nehmt, mein Sohn, Eure Arkebuse! Nehmt, mein Sohn, Eure Hellebarde! Vergebt mir den Fehler, daß ich Euch diese Waffen genommen habe. Mit ihnen werden wir König Philipp besiegen. Noch bleibt uns Zeit, es zu tun, meine Söhne.

STIMME DES WÄCHTERS *(von der Höhe der Zinnen)*: Die feindlichen Reiter kommen in Kampfform den Abhang herunter!

(Man hört Schüsse und Klänge von Trompeten und Trommeln außerhalb der Festung.)

LOPE DE AGUIRRE *(mit ungestümer Heftigkeit)*: Wir werden in dieser Festung sterben, Marañones, indem wir unsere Ehre wie wilde Löwen verteidigen. Wir werden zu keinem Meer mehr ziehen und auch kein Schiff mehr überfallen. Wir werden in dieser Festung wie hartnäckige Rebellen sterben. Antón Llamoso, befehlt, daß die Tiere abgesattelt, die Fuhrwerke entladen werden, daß meine Tochter Elvira ihr Pferd nicht besteigt. *(Der Gang hat sich mit Soldaten gefüllt, die aus dem Innern des Hauses gekommen sind, die einen mit Arkebusen, einige mit Schwertern oder Lanzen, andere mit leeren Händen.)* Nieder mit dem König, Marañones! Hauptmann Jerónimo de Espíndola, gehen Euer Gnaden mit zehn Leuten hinaus, um mit dem Feind zu scharmützeln!

(Jerónimo de Espíndola geht auf die Straße hinaus, gefolgt von zehn Arkebusiern, die er auswählt. Neue Schüsse ertönen.)

STIMME VON DIEGO DE TIRADO *(von der anderen Seite der Mauer)*: Lauft zum König über, meine Herren, der Gnade erweist!

STIMME VON PEDRO ALONSO GALEAS *(von der anderen Seite der Mauer)*: Verlaßt den Tyrannen, Marañones, der König wird euch vergeben!

LOPE DE AGUIRRE: Habt ihr gehört, Marañones? Das sind die Stimmen von Diego de Tirado und Pedro Alonso Galeas, die Stimmen der Verräter, die euch auffordern, eure Soldatenehre zu verkaufen. Kümmert euch nicht darum, Marañones, denn der Verrat ist eine traurigere und stinkendere Angelegenheit als der Tod.

(Außerhalb der Mauern ertönen Trompeten und Trommeln. Dann herrscht Stille, die von der Stimme Jerónimo de Espíndolas unterbrochen wird.)

STIMME VON JERONIMO DE ESPINDOLA: Ich spreche zu euch, Marañones, euer Hauptmann Jerónimo de Espíndola, der sich auch unter die Gnade des Königs begeben hat. Verliert euer Leben nicht, ihr habt nur eines auf dieser Welt. Nieder mit dem grausamen Tyrannen Lope de Aguirre! Kommt zum König, Marañones, alle eure Schuld wird euch vergeben werden, sobald ihr die Partei der Tyrannei verlaßt! Das sage ich euch, Jerónimo de Espíndola, euer Hauptmann und Gefährte.

LOPE DE AGUIRRE: Espíndola? Du auch, Espíndola? Du, der Genuese, der bei den Wunden Christi schwor, mir bis zum Tode treu zu sein? Du, Niederträchtiger, Schamloser, Schurke und Lump! *(Er geht finster von einem Ende des Ganges zum andern hin und her, während draußen weitere Rufe und Schüsse ertönen. Plötzlich bleibt er stehen, um die Offiziere und Soldaten zu schelten.)* Schert euch alle zum Teufel mit dem König! *(Er weist mit wütender Geste auf die Tür.)* Schert euch alle zum Teufel mit dem König, habe ich gesagt!

ERSTER SOLADAT *(eiligst durch die Tür hinausgehend, die auf die Straße führt):* Es lebe der König! Es lebe der König, der Gnade erweist!

ZWEI WEITERE SOLDATEN *(hinausgehend wie der erste):* Es lebe der König! Es lebe der König!

LOPE DE AGUIRRE: Worauf warten Euer Gnaden, Hauptmann Roberto de Zozaya, um mich wie die anderen zu verlassen? Welcher Skrupel hält Euer Gnaden zurück, Hauptmann Juan de Aguirre? Laufen Eure Gnaden doch zum König über, denn die Barmherzigkeit Seiner Majestät ist unendlich! Und auch Eure Gnaden, Juan Gómez, Francisco Carrión, Hernando Mandinga, Antón Llamoso. Nicht einer meiner Marañones bleibe bei mir!

ROBERTO DE ZOZAYA *(hinausgehend):* Es lebe König Philipp II.

Juan de Aguirre *(hinter ihm hinausgehend):* Nieder mit dem Tyrannen Lope de Aguirre!

(Unter Hochrufen auf den König gehen alle anderen hastig und durcheinander hinaus, bis auf Antón Llamoso, der sich nicht aus seiner Ecke gerührt hat. Der letzte, der sich zu entfliehen anschickt, ist Pedrarias de Almesto, der den Ereignissen mit großer Gelassenheit zugesehen hat.)

Lope de Aguirre *(ihn mit einer Geste zurückhaltend):* Ich bitte Euer Gnaden, Herr Pedrarias de Almesto, noch nicht zu gehen. Ich will den Tod nicht empfangen, bevor ich mit Euer Gnaden besprochen habe, was ich besprechen muß.

Pedrarias de Almesto: Mit mir, Herr General?

Lope de Aguirre: Ja, Herr Pedrarias de Almesto, mit Euer Gnaden. Euer Gnaden wissen sehr wohl, daß ich Euch dreimal das Leben geschenkt habe, und wissen auch, wie alle Leute sich einbildeten, daß meine Milde den Briefen zuzuschreiben sei, die ich Euer Gnaden diktierte und die Euer Gnaden mit schöner Schreiberschrift kopierten. Aber, meiner Treu, das war nicht der Grund. Es gab mehr als ausreichende Gründe, um Euer Gnaden dreimal zu töten, denn Euer Gnaden wollten mit dem Schwert in der Hand Gouverneur Pedro de Ursúa verteidigen und versuchten auf der Margarita aus unserem Lager zu fliehen und versuchten es erneut in Borburata. Es war klar zu sehen, daß Euer Gnaden nicht bereitwillig, sondern gezwungen mit auf diesen Zug kamen und daß Euer Gnaden niemals ein aufrichtiger Marañón waren, sondern ein Vasall meines Feindes Philipp II.

Pedrarias de Almesto: Nichtsdestotrotz schenkten mir Eure Exzellenz dreimal das Leben. Beim Himmel, ich verstehe das nicht!

Lope de Aguirre: Ich schenkte Euer Gnaden dreimal das Leben, und nicht wegen Eurer guten Schrift, das schwöre ich bei Gott, sondern weil Euer Gnaden als einzige Person auf der Welt imstande sind, meine Tochter Elvira davor zu beschützen, daß meine Feinde sie nach dem Sieg vergewaltigen und schänden. In dieser schrecklichen Zeit, die nun kommt, werden alle Marañones erdrosselt oder an den Galgen gehängt werden, außer Euer Gnaden, die Ihr vor den Gerichten beweisen werdet, daß Ihr immer ein treuer Diener des Königs wart und daß Ihr zweimal versuchtet, zu ihm überzulaufen, und daß Ihr gegen Euren Willen an dieser Tyrannei teilgenommen habt. Ich halte Euer Gnaden für einen gelehrten Herrn mit einem edlen Herz. Wenn Ihr meine Tochter Elvira unter Euren Schutz und in Eure Obhut nehmt, wird kein Bösewicht es wagen, die Hand an ihren Körper zu legen. Ich bitte Euer Gnaden demütig und auf Knien, wenn es nötig ist, meine Tochter vor Vergewaltigung zu retten und sie vor der Hurerei zu bewahren. Werden Euer Gnaden das dafür tun, daß ich Euch dreimal das Leben schenkte?

PEDRARIAS DE ALMESTO: Ich werde es nicht tun, General Lope de Aguirre, Gott weiß, daß ich es nicht tun werde. Wenn Eure Exzellenz mir dreimal das Leben schenkten, so tatet Ihr es ohne Zweifel, um dreimal zu vermeiden, daß Eure Exzellenz selbst mich töteten. Dreimal verdanke ich Euch das Leben, weil ich Euch sonst dreimal den Tod verdankt hätte, wir sind quitt, Herr General! Ich werde die Tochter Eurer Exzellenz nicht unter meinen Schutz nehmen, denn morgen werde ich meine Unschuld vor einigen Richtern, die mich erbittert zum Tode verurteilen wollen werden, unter Beweis stellen müssen, und schwerlich werde ich jener Strenge entrinnen können, wenn ich das geliebteste Wesen eines ruchlosen Tyrannen in meiner Obhut habe. Grüß Gott, Lope de Aguirre, sei verflucht!

(Er entfernt sich ohne Eile in Richtung der Tür. Antón

Llamoso zieht sein Schwert und stürzt sich auf ihn, um ihn zu töten.)

LOPE DE AGUIRRE: Nein, Antón Llamoso, laß ihn in Frieden gehen. Ich möchte ihm das Leben zum vierten Mal schenken.

PEDRARIAS DE ALMESTO *(hinausgehend):* Es lebe der König, meine Herren! Es lebe der glorreiche Philipp II., mein König und Herr!

LOPE DE AGUIRRE: Jetzt bleiben nur noch du und ich, Antón Llamoso, um auf unseren Tod zu warten. Aber vergiß nicht, daß du noch dem Galgen entkommen kannst, wenn du zu dem Mittel greifst, durch diese Tür zu fliehen und dabei zu rufen: Nieder mit Lope de Aguirre, dem grausamen Tyrannen! *(Pause)* Lauf du auch zum König über, Hauptmann Antón Llamoso, ich befehle es dir!

ANTON LLAMOSO: Ich werde nicht überlaufen, General Lope de Aguirre, Bruder Lope de Aguirre. Ich bin dein Freund im Leben gewesen, und niemand wird mich daran hindern, daß ich es auch im Tode bin. Ich werde an deiner Seite sterben, Lope de Aguirre, und ich werde bis zu dem Augenblick bei dir sein, wo die Äxte des Königs uns in Stücke hauen.

LOPE DE AGUIRRE: Und wenn sie uns dann in Stücke hauen, fliegen unsere Seelen gemeinsam in die Hölle, mein Sohn. Aber ich sage und meine, daß die höllischen Flammen uns nicht allzu sehr bekümmern sollten, denn wir werden sie mit Alexander, Cäsar, Pompejus und den Weisen von Griechenland teilen, was für uns viel Ruhm und Ehre bedeutet. Kurz vor meiner Todesstunde beklage ich mich nur über Gott, genauso wie es sein Sohn am Kreuze tat, weil er mich verlassen hat. Du kannst besser als irgend jemand sonst erzählen, Antón Llamoso, daß ich den katholischen Glauben mit der Muttermilch einsog, daß ich fromm in der Liebe zu Gott gelebt habe, daß ich alle seine Gebote befolgt habe bis auf das eine, daß uns zu töten verbietet, denn ohne zu töten kann man keinen Krieg führen, und Gott selbst hat mich geschaffen, um Krieger zu sein und mit der Lanze in der Hand mehr wert zu sein. Ich predigte meinen Soldaten, auf Erden das zu tun, was ihnen ihr Herz riet, und die Angst vor der Hölle bei ihren Taten zu vergessen, denn ich dachte aufrichtig, daß der Glaube an Gott allein genüge, um in den Himmel zu kommen. Ich vertraute in die unendliche Gerechtigkeit Gottes, die ihn zwingen würde, sich auf unsere Seite zu stellen in dem Kampf, den wir gegen König Philipp und seine Minister führen, die ungerechte und verderbte Vorbilder sind. Jetzt begreife ich, Heilige Jungfrau von Aránzazu, daß der Ewige Vater zum Anhänger des spanischen Königs wurde und von seinem Empyreum meinen Untergang verfügte. Wenn Gottes Wille es wollte, Heilige Jungfrau, würden die Hochmütigen und die Mächtigen vernichtet werden und die Sache der Armen und Demütigen siegen. Wo ich nun unter Mühen erfahren habe, daß er es nicht will, empfehle ich dem Teufel meine Seele und meinen Körper, meine Beine und Arme, meinen Schwanz und meine Hoden. Mich bringt es nicht zur Verzweiflung zu wissen, obwohl ich noch lebendig bin, daß meine Seele schon in der Hölle brennt. Und da der Rabe nicht schwärzer sein kann als seine Flügel, tröstet mich an meiner Verdammnis die Ahnung, daß der Ruhm der schrecklichen Dinge, die ich vollbracht habe, für immer im Gedächtnis der Leute bleiben wird. *(Die Stimme senkend)* Rette dich, mein Sohn, geh zum König über. *(Von neuem die Stimme hebend)* Hauptmann Antón Llamoso, das ist ein Befehl!

ANTON LLAMOSO: Zum ersten Mal gehorche ich einem Befehl Eurer Exzellenz nicht, General Aguirre.

(Die Stimme senkend) Ich habe den Entschluß gefaßt, an deiner Seite zu sterben, Lope de Aguirre, und so Gott will, ist die Stunde gekommen, ihn auszuführen.

(Schüsse und Rufe ertönen außerhalb der Mauern).

LOPE DE AGUIRRE: Wenn ich nun vernichtet hier in Venezuela sterben muß, wie es gewiß sofort geschehen wird, sage und verkünde ich, daß ich nicht mehr an Gott glaube und auch nicht an Mohammeds Sekte noch an Luther noch an die heidnischen Götter, und mein einziger Glauben ist, daß der Mensch auf der Erde nur geboren wird, um geboren zu werden und zu sterben, ohne daß es eine Zukunft noch eine Vergangenheit gibt. *(Neue Schüsse ertönen.)* Ich fürchte den König nicht noch den Tod noch die Hölle. Die einzige Gefahr, die mich vor Entsetzen und Angst zittern läßt, ist die Frage, was morgen aus meiner Tochter Elvira werden wird. In meine Gedanken hämmern sich die Worte des Ekklesiastes: »Die Tochter hält ihren Vater wach, denn die Sorge um sie raubt ihm den Schlaf aus Furcht, daß ihre Jungfräulichkeit befleckt wird.« In kurzer Zeit werde ich sterben müssen, werden wir sterben müssen, Freund Antón Llamoso, und es wird keines Mannes Schwert geben, das die Jungfräulichkeit ihres Körpers verteidigen wird, wenn die gemeinen Schurken zuhauf eindringen, um die Tochter des grausamen Tyrannen zu vergewaltigen, *(fast weinend)*, um mein Kind zu vergewaltigen, Antón Llamoso. *(Er faßt sich, nimmt eine Arkebuse, die auf den Boden geworfen liegt, wendet sich zur linken Tür, öffnet sie halb und ruft mit donnernder Stimme.)* Elvira! *(Pause)* Elvira!

(Elvira tritt ein, gefolgt von ihren beiden Dienerinnen, María de Arriola und Juana Torralba, und die drei gehen bis zur Mitte des Ganges. Lope de Aguirre spannt die Sehne und zündet die Lunte der Arkebuse an.)

LOPE DE AGUIRRE: Meine Tochter, nimm ein Kruzifix und befiehl dich Gott, denn ich werde dich töten.

JUANA TORRALBA *(außer sich)*: Das werdet Ihr nicht tun, Herr, um Gottes willen bitte ich Euch, tut es nicht. Fräulein Elvira ist unschuldig und rein wie eine Lilie auf dem Felde. Tötet sie nicht, Herr, der Teufel hat Euch getäuscht, als er Euch zu einem so schrecklichen und grausamen Verbrechen riet.

LOPE DE AGUIRRE: Vor dem Teufel und seinen Klauen will ich sie durch ihren Tod retten, Juana Torralba. Sogleich werden durch jene Tür König Philipps Häscher eintreten, begierig, ihr die ungeheure Schmach anzutun, die sie immer den Töchtern der besiegten Rebellen angetan haben. Sie werden ihr die Kleidung in Fetzen herunterreißen, sie werden in unserer Gegenwart ihr jungfräuliches Fleisch vergewaltigen, dann wird sie als Hure unter meinen Feinden bleiben! Lope de Aguirres Tochter eine Hure! Mein Kind Elvira die Matratze von Schurken! *(Pause)* Empfiehl dich Gott, meine Tochter, denn ich werde dich töten.

MARIA DE ARRIOLA: Habt Erbarmen, Herr! Fürchtet nicht um ihre Tugend, wir werden uns um sie kümmern. Fräulein Elvira wird ins Kloster gehen, ihren Willen und ihr Leben unserem Herrn Jesus Christus weihen! Habt Erbarmen, Herr!

(Lope de Aguirre zielt mit der Arkebuse auf Elvira, Juana Torralba läuft auf ihn zu, während sie versucht, das Mädchen mit ihrem Körper zu decken, sie ringt mit dem Vater, um ihm die Waffe zu entreißen, Lope de Aguirre überläßt ihr schließlich die Arkebuse und zieht einen Dolch aus seinem Gürtel.)

LOPE DE AGUIRRE: Geht beiseite, ihr verdammten Weiber, wenn ihr nicht wollt, daß ich euch zuerst töte! Laßt mich in Frieden, flieht, wie es alle Marañones taten, denn wenn ihr mir nicht gehorcht, werde ich sogleich euer Blut fließen lassen.

(Mit erhobenem Dolch geht er auf die beiden Frauen zu,

María de Arriola und Juana Torralba fliehen entsetzt durch die Tür, die zur Straße führt. Elvira hat sich nicht aus der Mitte des Ganges gerührt und auch Antón Llamoso nicht aus seinem Winkel, in den er sich zurückgezogen hat.)

ELVIRA: Mein Vater! *(Lope de Aguirre nähert sich ihr und versetzt ihr zwei Dolchstöße in die Brust. Elviras Blut durchtränkt den Rock und das Mieder aus gelbem Atlas. Die Tochter fällt zu Füßen des Vaters, der sie tötet, auf die Knie.)* Genug, mein Vater, genug!

LOPE DE AGUIRRE *(mit gebrochener Stimme):* Es fehlt nur noch einer, meine Tochter.

(Er versetzt ihr einen dritten Dolchstich. Elvira stirbt in seinen Armen. Hinter den Mauern jagen sich die Schüsse und wächst das Geschrei.)

STIMMEN VON SOLDATEN *(von der anderen Seite der Mauer)*: Es lebe Philipp II., unser König und Herr!

LOPE DE AGUIRRE: Es lebe Lope de Aguirre, Rebell bis zum Tode, der Fürst der Freiheit!

(Gruppenweise treten durch die Tür, die zur Straße führt, mehrere der Marañones ein, die vorher zum König übergelaufen sind: Pedro Alonso Galeas, Diego de Tirado, Pedrarias de Almesto, Juan de Chávez, Cristóbal Galindo, Custodio Hernández. Nach ihnen kommen die Leute des Königs herein: Feldmeister García de Paredes, Hauptmann Pedro Bravo de Molina, Hernando Serrada, Francisco Infante und viele mehr. Alle sind sie bewaffnet mit Arkebusen, Schwertern, Lanzen, Hellebarden, Piken und Dolchen.)

FRANCISCO LEDESMA *(ein Salmantiner, der in Tocuyo Schwerter schmiedet, sie aber niemals selber getragen hat, auf Lope de Aguirre zeigend):* Und dieser kleine alte Mann ist der berühmte Tyrann Lope de Aguirre? Das ist der, vor dem alle Angst hatten? Das ist der Gesandte Satans, der blutrünstige Mörder von Gouverneuren und Mönchen? Ich schwöre, wenn ich mit diesem Streit hätte, würde ich ihn mir schnappen und in Stücke hauen.

LOPE DE AGUIRRE *(ihn voll Verachtung ansehend):* Fort mit Euch, menschlicher Auswurf! Zehn, ja zwanzig Schwachköpfen wie Euch würde ich keine Dolchstiche, sondern zwanzig Hiebe mit dem Schuh versetzen! *(Ledesma weicht erschreckt einen Schritt zurück.)*

GARCIA DE PAREDES *(nähert sich mit der Hand am Schwertgriff Elviras Leiche):* Mich entsetzt nicht so sehr, Lope de Aguirre, daß Ihr Euch gegen den König auflehntet, auch nicht all die Grausamkeiten, die Ihr unter den Menschen begangen habt. Viel mehr entsetzt mich der gottlose Tod, den Ihr dieser Unschuldigen, die fast noch ein Kind war, zugefügt habt.

LOPE DE AGUIRRE: Herr Feldmeister, ich tat es, weil sie meine Tochter war, und ich durfte es tun.

GARCIA DE PAREDES: Hundertmal verdient Ihr, daß die Justiz des Königs Euch den Kopf abschlägt.

LOPE DE AGUIRRE: Mir den Kopf abschlagen? Glauben und meinen Eure Exzellenz, daß man meine Person, wenn man mir den Kopf abgeschlagen, meinen Körper gevierteilt und meine Reste den Hunden vorgeworfen hat, aus der Erinnerung der Menschen gelöscht hat? Ahnen Eure Exzellenz nicht, daß meine Missetaten und meine Heldentaten meinen Namen auf der ganzen Erde und bis in den neunten Himmel ertönen lassen werden? Begreifen Eure Exzellenz nicht, daß König Philipp II. mit dem Titel Tyrann in der Geschichte erscheinen muß und daß man Lope de Aguirre Fürst der Freiheit nennen wird?

GARCIA DE PAREDES: Bei Gott, so viel Frechheit kann ich nicht ertragen. *(Er zieht sein Schwert.)* Ihr zwingt mich, Euch in diesem Augenblick zu töten, Lope de Aguirre.

LOPE DE AGUIRRE: Herr Feldmeister, gewähren mir Eure Exzellenz die Frist von drei Tagen, die das Gesetz vorsieht, um mich anzuhören, und tötet mich nicht so schnell, denn ich will mit gerechtem Sinn große Dinge sagen. Bevor ich sterbe, muß ich erklären, welche und wieviele dieser reuigen Marañones ihrem König von Kastilien treu gewesen sind; und ich muß auch erklären, welche bis zum Überdruß Gouverneure und Mönche töteten, Dörfer verbrannten und verwüsteten und die königlichen Kassen aufbrachen. Ich muß diejenigen enttäuschen, die glauben, daß ihnen alle ihre Schuld und Verbrechen vergeben werden, wenn sie sich nur im Galopp und im letzten Augenblick ins Lager des Königs schlagen. Ich muß die Namen nennen . . .

(Während er spricht, richten die übergelaufenen Marañones ihre Arkebusen mit brennenden Lunten auf ihn. Als er die Worte sagt »ich muß die Namen nennen«, schießt einer von ihnen namens Juan de Chávez seine Waffe ab und trifft ihn schräg in den Arm.)

LOPE DE AGUIRRE *(schwankend und an einem Bettgestell hinter seinem Rücken Halt suchend)*: Schlechter Schuß, verräterischer Halunke!

(Ein anderer Marañón namens Cristóbal Galindo schießt seine Arkebuse ab und trifft den Führer mitten in die Brust.)

LOPE DE AGUIRRE: Das war ein guter Schuß, Hurensohn!

(Er führt die Hand zum Herzen, fällt auf das Lager und stirbt. Inmitten einer großen Stille tritt Custodio Hernández vor und schlägt Lope de Aguirre mit seinem Schwert den Kopf ab. Dann, während er die grauen Haare des abgeschlagenen und blutenden Kopfes packt, tritt er durch die Tür hinaus, die zur Straße führt. Alle folgen ihm, an ihrer Spitze García Paredes.)

PEDRARIS DE ALMESTO *(der als letzter hinausgeht)*: Es lebe der König, der Tyrann ist tot!

(Antón Llamoso ist unbeweglich in seiner Ecke stehengeblieben. Als alle fortgegangen sind, ohne sich um ihn zu kümmern, nähert Antón Llamoso sich den Leichen des Vaters und der Tochter, betrachtet sie lange mit ernstem Blick, bekreuzigt sich, und dann entweicht er wie ein Schatten durch die Tür, die ins Innere des Hauses führt.)

Nach deinem Tode fiel so große Dunkelheit auf deine Augen daß du dich im unendlichen Stollen der Nacht begraben glaubtest Berge von Gagat und Kohle lasteten auf deinem Denken eisige Kreise von Finsternis wanden sich um deinen Körper wie tote Schlangen die große Stille die dich einhüllte war ein Nebel aus klebrigem und fahlem Moos mehr als ein Jahrhundert verbrachtest du in jenen farblosen Schlaf versunken plötzlich weckte dich das fast sonnenhelle Licht eines Blitzes das anhaltende Rollen eines Donners der den Strang deiner Nerven zerfaserte ein tosender Kataklysmus spaltete die Felsen die deine winzige Gestalt bedeckten deine arme Seele wanderte über rauhe Abhänge und blaue Öden durchquerte vom Geheul wilder Wölfinnen und gehetzter Löwen umringte Wüsten du gelangtest an das Ufer eines Flusses mit schwarzem Schaum wo der zerzauste Riese der dort Fährmann war dich Blasphemien speiend und mit seinen Riemen Schlamm auf dich spritzend auf die gegenüberliegende Seite brachte die Lüfte die du einatmetest wurden zu ekelhaftem Gestank als ob dein Kopf in einen Nimbus von Exkrementen und Aas eintauchte du kamst an ein Ufer das von riesigen Geiern bewacht war die gierig nach deinen Eingeweiden spähten ein Schwarm von grünschwarzen Fliegen folgte deinen Schritten Tausende von Würmern mit schleimigen und haarigen Ringen krochen an deinen Knöcheln hoch und drangen in die Löcher deines Körpers du stiegst in ein Tal hinab dessen Gräser eine schutzlose Einsamkeit ausströmten die dem Herzen wehtat in der Ferne erdröhnte der Galopp einer Schar von

Tieren halb Menschen halb Pferde die dich mit erhobenen Vorderfüßen einkreisten einer von ihnen nahm dich in seine sehnigen Arme und trug dich zu dem mächtigen Lauf eines Flusses der aus Feuer und Blut war in seine siedenden Wellen eingetaucht bis in alle Ewigkeit werde ich ächzen! du Lope de Aguirre Rebell über deinen Tod hinaus kämpftest um jener schmachvollen Marter zu entfliehen so oft du es versuchtest traten die Zentauren dich mit ihren Hufen und verwundeten dich mit ihren Pfeilen eine Herde von grunzenden Teufeln heftete ihre Harpunen in deine Brust alle zusammen warfen sie dich erneut in den brennenden Quell sie zwangen dich von neuem ekelhafte Schlucke süßlichen und klumpigen Blutes zu schlürfen wer von der göttlichen Gerechtigkeit in die höllischen Kreise hinuntergestoßen wurde wird niemals aus ihren Tiefen entkommen können am Tor zur Hölle läßt er jede Hoffnung zurück ewig ist die Pein ewig sind der Schmerz und das Wehklagen der Reiche der sich in seinem irdischen Leben in Purpur kleidete erlangte von Abraham nicht einen Tropfen Wasser um seine von den Flammen glühende Zunge zu erfrischen noch erlaubte man ihm einen Augenblick lang auf die Erde zurückzukehren um seine Brüder zu warnen daß tausend Foltern sie erwarteten wenn sie nicht ihre sündhafte Lebensweise änderten niemandem gelingt es aus diesen Abgründen herauszukommen Lope de Aguirre Irrtum Euer Gnaden! ich komme heraus in der Vorstellung der Völker die mich nicht sterben läßt ich kreuze die Meere der Margarita auf einem weißen Pferde reitend das von der Linie des Horizonts herangaloppiert ich verkünde das Morgengrauen mit einem Trommelwirbel der aus den Wolken fällt ich drücke bei Herannahen der Mitternacht meine hinkenden Spuren in den Sand die Flügel der Baßtölpel sind Messer die meine Hände schleifen um das Licht zu schneiden das Heulen des Sturms ist meine Stimme die die Marañones mit Kriegsrufen anfeuert der Schimmer der fernen Felsen bin ich der Zorn Gottes von dessen rechter Faust das schöne abgeschlagene Haupt der Doña Ana de Rojas herabhängt die Fischer kehren mir den Rücken zu sie knien in ihren Booten nieder und beten ein Vaterunser Bewahre uns Herr vor allem Übel! ich gehe hinaus in die Savannen von Barquisimeto und suche ohne Hoffnung den traurigen Schatten meines Kindes Elvira mein Gespenst irrt durch das Gestrüpp wo sich früher das Haus des Damián de Barrios erhob heute ist es ein Dickicht voller Fledermäuse und Schlangen ein Friedhof der Ziegen und Stuten aus diesen groben Knochen stehe ich auf in den Nächten des abnehmenden Mondes meine Haare sind eine brennende Fackel die die Winde nicht auslöschen meine Füße sind irrende Flammen die über die Grasfelder gleiten ohne sie zu verbrennen an meiner Seite hinkt eine weiße Hündin die jedes Mal heult wenn im Innern einer Hütte ein Kind weint in meinen Spuren rattert der von dem Skelett eines Pferdes gezogene Karren des Todes in den Höhen läutet untröstlich eine Glocke ohne Glöckner meine Hände schwingen eine schwarze Fahne die von roten Zungen bekreuzigt wird das menschliche Wesen das es wagen sollte mir in die Augen zu sehen wird für immer das Gedächtnis verlieren ich entferne mich eine halbe Meile und kehre dann unvermeidlich zurück zu den Ruinen des Hauses des Damián de Barrios meine brüllenden Klagen zerreißen die Haut der Nacht von meinem Kind Elvira bleibt mir nichts als die Erinnerung an das Blut das ihr gelbes Mieder tränkte.

Anmerkungen der Übersetzerin
(Die Ziffern kennzeichnen die jeweilige Seite)

18 *Famongomadán vom Kochenden See:* Gestalt aus dem Ritterroman »Amadís von Gaula« (1508).

23 *Galaor:* Gestalt aus dem »Amadís von Gaula«.

23 *nere maitia* (baskisch): »mein Lieber«.

25 *nere bizia* (baskisch): »mein Leben«.

26 *nere biorza* (baskisch): »mein Herz«.

28 Die 1503 gegründete *Casa de la Contratación* kontrollierte den Schiffs- und Warenverkehr mit den überseeischen Provinzen und die Auswanderung dorthin.

28 *Giralda:* Turm der Kathedrale von Sevilla.

28 *Tierra Firme:* »Festland« — Bezeichnung für die kontinentalen Besitzungen in Panama, Kolumbien und Venezuela, im Gegensatz zu den »Inseln«.

37 *Azumbre:* Flüssigkeitsmaß — 2 Liter und 16 Milliliter.

38 *Española*: So benannte Christoph Kolumbus während seiner ersten Reise 1492 die Insel Haiti.

40 *Deseada:* »die Ersehnte« war die erste, zu den Kleinen Antillen gehörende Insel, die Christoph Kolumbus 1493 bei seiner zweiten Reise entdeckte.

43 *Castilla del Oro:* Bezeichnung für die zentralamerikanische Küste von Honduras bis Darién.

44 *Chunchos:* In den Bergen von Cuzco lebende Indianer.

50 *Real Audiencia:* Die »Königlichen Gerichtshöfe« in den überseeischen Provinzen übten nicht nur die richterliche Gewalt aus, sondern hatten auch verwaltungsmäßige und politische Funktionen.

51 *Encomendero:* Die spanische Krone trat die Tribute eines bestimmten indianischen Bezirks an einen »encomendero« ab, mit der Auflage, die Indianer zu beschützen und für ihre christliche Unterweisung zu sorgen.

51 *Auditor:* spanisch »oidor« — Mitglied der »Real Audiencia«.

53 *Tyrann:* Das entsprechende spanische Wort »tirano« hat hier wie in zeitgenössischen Quellen (z. B. die Manuskripte der in diesem Roman auftretenden Chronisten Francisco Vázquez und Pedrarias de Almesto) die Bedeutung von »Rebell, Verräter«.

54 *Nombre de Dios:* Colón (Panama).

56 *Gasca Gasqueta:* despektives Diminutiv.

59 *chacra yapuy quilla* (quechua): »Monat das Feld zu pflügen (bestellen)«.

77 *Charcas:* Indianerstamm und gleichnamige Provinz im Raum von Potosí.

82 *Viracocha:* Die alten Peruaner hielten die Konquistadoren für die Söhne ihrer höchsten Gottheit »Viracocha«.

95 Das Wortspiel ». . . ich bin Mata, welcher tötet!« beruht darauf, daß die 3. Pers. Sing. von töten auf spanisch »mata« lautet.

100 *Yayap churip Yspiritu Santup sutimpi Amén Jesús* (quechua): »Im Namen des Vaters, des Sohnes und des Heiligen Geistes; Jesus Christus. Amen.«

106 *Omaguas:* Indianerstämme nördlich des Amazonas im Raum zwischen dem Orinoco und dem Yapurá.

109 *Leal*: »treu«.

114 *Bautizacunqui cristiana tucunqui diostra yupanqui hanacman rinque hanacman rinque* (quechua): »Dich Christin zu taufen, macht Dich Gott gleich, Du zählst und zu Höherem wirst Du gehen, zu Höherem.«

158 *Florisando und Palmerín:* Florisando — Gestalt aus dem »Sechsten Buch von Amadís de Gaula«; Palmerín — Gestalt aus einer anderen Reihe von Ritterromanen, deren bekanntester der »Palmerín von England« ist.

195 *Bergantines:* »Brigantinen«.

232 *Kaiphas:* Jüdischer Hoherpriester, der Jesus Christus verurteilte und die Apostel verfolgte. Im Spanischen ist es gebräuchlich, einen gefühllosen, grausamen Menschen als »caifás« zu bezeichnen.

250 *Matanza:* »Gemetzel«.

251 *Jarcias:* »Takelwerk«.

275 *Arroba:* 11,502 kg bzw. nach Provinz sich änderndes Flüssigkeitsmaß.

308 *Lopillo de Agarrapijas:* Despektiv und vulgär, »agarrar« = greifen, anpacken, »pijas« = männliche Glieder.